Histoire de Paris d(des Gaulois jusqu'à nos ju

Théophile Lavallée

Alpha Editions

This edition published in 2023

ISBN : 9789357961981

Design and Setting By
Alpha Editions
www.alphaedis.com
Email - info@alphaedis.com

SECONDE PARTIE

HISTOIRE DES QUARTIERS DE PARIS

Préliminaires.

Paris est situé par 48° 50' 13" de latitude septentrionale, et par 19° 53' 45" de longitude occidentale (méridien de l'Ile-de-Fer). Il s'étend sur les deux rives de la Seine, qui le divise en deux parties inégales, outre les îles, et il occupe le fond d'un large bassin qui est circonscrit par une suite de collines peu élevées. En avant de ces collines est son mur d'octroi, percé de cinquante-huit portes; en arrière est son mur d'enceinte fortifiée.

La partie septentrionale, et la plus considérable de Paris, forme un demi-cercle dont le fleuve serait le diamètre: les hauteurs dont elle est enveloppée longent d'abord la Marne, s'abaissent entre Rosny et Montreuil, se relèvent dans le plateau de Belleville (137 mètres au-dessus de la mer), s'effacent dans la plaine Saint-Denis (57 mètres), s'escarpent dans la butte isolée de Montmartre (138 mètres), se prolongent par la haute plaine des Batignolles (65 mètres), et finissent par les coteaux de Chaillot et de Passy.

La partie méridionale forme aussi un demi-cercle dont la Seine serait le diamètre: elle est bornée, à l'est, par des terrains en pente douce qui se relèvent à peine dans le petit plateau d'Ivry et sont interrompus par le cours de la Bièvre; au sud par le plateau de Sainte-Geneviève, élevé de 67 mètres, et qui a derrière lui le plateau de Montrouge; à l'ouest, par de faibles éminences qui avoisinent les barrières du Maine et de Vaugirard et par la plaine de Grenelle.

La superficie de Paris, jusqu'au mur d'octroi, est de 34,398,000 mètres carrés, et jusqu'à l'enceinte fortifiée, de 267,558,000 mètres carrés. On a calculé qu'elle était, sous Jules César, de 44 arpents; sous Julien, de 113; sous Philippe-Auguste, de 739; sous Charles VI, de 1,284; sous François Ier, de 1,414; sous Henri IV, de 1,660; sous Louis XIV, de 3,228; sous Louis XV, de 3,919; sous Louis XVI, de 3,958. Le développement de sa circonférence est de 24,287 mètres ou de plus de 7 lieues anciennes. Il y a 7,800 mètres de la barrière de Charonne à celle de Passy, et 5,500 de la barrière des Martyrs à celle de la Santé. Paris renferme 1,500 rues, 43 marchés, 80 places, 120 impasses, 50 cloîtres, cours, etc. Le développement de toute sa voie publique est de 425 kilomètres, et sa surface, avec les trottoirs, d'environ 4,000,000 mètres carrés. Le nombre de ses maisons est de plus de 30,000. Sa population, d'après le recensement de 1851, était de 1,053,262 habitants; elle s'élève, d'après le recensement de 1856, à 1,130,000.

Le niveau de la Seine, pris au zéro du pont de la Tournelle, est de 33 mètres au-dessus de la mer; et l'élévation moyenne du sol au-dessus de ce niveau est de 22 mètres. Cette élévation est due, en grande partie, aux travaux humains, le terrain marécageux des bords du fleuve ayant été considérablement exhaussé pour devenir habitable et surtout pour l'établissement des ponts. On en trouve la preuve dans les anciennes chaussées, que des fouilles ont fait découvrir à cinq ou six mètres du sol actuel, et dans la situation de certains édifices, où l'on n'arrivait jadis que par de nombreux degrés et qui se trouvent à peine aujourd'hui au niveau du sol. C'est aussi à la main des hommes qu'est due la plus grande partie des inégalités du terrain, comme les boulevards formés des anciens remparts, les buttes Bonne-Nouvelle et Saint-Roch formées de dépôts d'immondices, etc.

La température moyenne de Paris est de 10°: les plus grands froids qu'on y ait éprouvés sont de -18°: les plus grandes chaleurs de +35°. En moyenne, il tombe annuellement à Paris une quantité de pluie égale à 456 millimètres. La quantité moyenne par jour est de 3 mill. 61.

Paris est la capitale de la France, le siége du gouvernement, de la Cour de cassation, de la Cour des comptes, de l'Institut, de l'Université, de la Banque de France, etc. Cette ville est le chef-lieu du département de la Seine, d'une Cour d'appel, où ressortissent les tribunaux de cinq départements, d'un tribunal de 1re instance, d'un tribunal de commerce, d'un archevêché qui a cinq évêchés suffragants, de la première division militaire, de Facultés de médecine, droit, sciences, etc.

Elle est administrée par un préfet de la Seine, un préfet de police et une commission municipale.

Cette ville était divisée, sous saint Louis, en quatre quartiers; sous Charles VI, en huit; sous Henri III, en seize; sous Louis XIV, en vingt; en 1789, en soixante districts; en 1791, en quarante-huit sections; elle est divisée, depuis 1796, en douze arrondissements. Chaque arrondissement a une mairie, une justice de paix, une église paroissiale avec une ou plusieurs églises succursales. Il se divise en quatre quartiers.

Si cette division de Paris en douze arrondissements et quarante-huit quartiers était basée sur les caractères du sol, la formation historique ou l'état politique de la ville, nous n'aurions qu'à la suivre pour décrire ce monde tant de fois déjà décrit, depuis Corrozet jusqu'à Dulaure, et dont l'histoire est toujours à refaire, tant il change fréquemment; mais cette division, qui semble avoir été enfantée par le hasard, manque complétement d'ordre et de régularité; et ses zigzags, aussi capricieux que bizarres, semblent avoir été inventés à plaisir pour augmenter le dédale des rues parisiennes. Nous chercherons donc dans l'histoire de la formation de la ville une voie de description plus facile et plus logique.

C'est à la Seine que Paris doit sa naissance; c'est à la religion qu'il doit ses premiers agrandissements. Longtemps sa vie et son activité restèrent concentrées sur le fleuve nourricier, qui seul rapprochait cette ville des contrées voisines; mais quand elle sortit des roseaux de la Cité, elle s'étendit d'abord sur les routes qui, rayonnant de la Cité ou de ses alentours, la menaient à des autels révérés: ces routes étaient, sur la rive droite, celles de l'abbaye Saint-Antoine-des-Champs, du manoir des Templiers, de l'abbaye de Saint-Denis, du prieuré Saint-Martin, de la butte Montmartre, de l'église Saint-Honoré; sur la rive gauche, celles de l'abbaye Saint-Victor, de l'église Saint-Marcel, des couvents des Chartreux et des Jacobins, de l'abbaye Saint-Germain-des-Prés, etc. Elles devinrent les artères par lesquelles la vie et la population de Paris, partant de la Cité et de son voisinage, s'en allèrent successivement, et en s'épanouissant à droite et à gauche, jusqu'aux limites où nous les voyons arrêtées. Ces routes, ces rues artérielles, ces grandes voies de communication, ayant été l'origine des principaux quartiers et faubourgs de la ville, nous donneront, par leur histoire et leur description, l'histoire et la description de la ville entière. Ainsi, après avoir parlé de la Seine, de ses îles, de ses quais, de ses ponts, nous aborderons l'histoire de Paris septentrional par la place de Grève, la rue et le faubourg Saint-Antoine, ce qui nous donnera la description des rues qui débouchent dans cette grande voie, celle de l'Hôtel-de-Ville, de la Bastille, de la barrière du Trône, etc.; nous la continuerons par la Vieille-Rue-du-Temple, ensuite par les rue et faubourg du Temple, par les rue et faubourg Saint-Martin, etc. De même nous aborderons l'histoire de Paris méridional par la place Maubert et la rue Saint-Victor; nous la continuerons par la montagne Sainte-Geneviève et le faubourg Saint-Marcel, ensuite par la rue Saint-Jacques, etc. Les exceptions que nous ferons à ce mode général de description seront encore amenées par l'histoire de la formation des divers quartiers; en effet, les agrandissements modernes de la ville n'ont pas eu pour cause le zèle religieux, mais les nécessités du commerce, la volonté des rois et les caprices de la mode; aussi, dans les quartiers nouveaux, les rues artérielles rayonnent, non jusqu'à la Cité ou à ses alentours, mais sur la rive droite jusqu'au Palais-Royal, sur la rive gauche jusqu'à l'église Saint-Germain-des-Prés; c'est pourquoi nous devrons prendre un mode exceptionnel de description pour les quartiers de la Bourse et de la Chaussée-d'Antin, pour les quartiers Saint-Germain et des Invalides.

LIVRE PREMIER.

LA SEINE, SES ÎLES, SES QUAIS ET SES PONTS.

CHAPITRE PREMIER.

LA SEINE.

La Seine traverse Paris du sud-est au nord-ouest dans une longueur de 8 kilomètres. Sa largeur la plus grande est au-dessous du Pont-Neuf, où elle a 263 mètres; à son entrée dans la ville, près du pont d'Austerlitz, elle en a 165, et à sa sortie, près du pont d'Iéna, 136. Sa plus petite largeur est dans son petit bras, vers le pont Saint-Michel, où elle a 49 mètres. Sa vitesse moyenne est de 54 centimètres par seconde. Nous avons déjà dit que sa hauteur au-dessus du niveau de la mer était de 33 mètres: dans les inondations, elle dépasse cette hauteur de 6 à 8 mètres.

La Seine est un fleuve assez prosaïque et uniforme: elle ne déborde et n'est à sec que rarement. Cependant, depuis que les montagnes où elle prend naissance ont été déboisées, depuis que les marais qui la bordaient jadis ont été desséchés, enfin depuis que le fond de son lit s'est successivement exhaussé, elle garde un niveau moins égal que dans les anciens temps; mais ses débordements ne présentent plus rien de redoutable depuis qu'elle est enfermée dans deux hautes murailles de pierre infranchissables. Les inondations les plus fameuses sont celles de 583, 842, 1206, 1280, 1325, 1407, 1499, 1616, 1658, 1663, 1719, 1733, 1740, 1764, 1799, 1802, 1836, 1844.

Elle reçoit à Paris la *Bièvre*, qui naît dans le vallon de Bouviers, à 5 kilomètres de Versailles, entre dans la ville près des barrières de Lourcine et de Croulebarbe, traverse par plusieurs bras, qui ne sont que des ruisseaux infects, les faubourgs Saint-Marcel et Saint-Victor, et finit, sous forme d'égout recouvert, sur le quai de l'Hôpital. La largeur de cette rivière ne dépasse pas 3 mètres. Elle était autrefois redoutable par ses inondations, mais, aujourd'hui, le volume de ses eaux est si peu considérable, qu'il est question de le doubler en construisant un vaste réservoir près de sa source. Cette rivière alimente de nombreuses teintureries, tanneries, et, entre autres, la célèbre manufacture des Gobelins.

La Seine recevait autrefois à Paris un deuxième affluent: c'était le *ruisseau de Ménilmontant*, qui traversait les faubourgs septentrionaux de Paris et allait finir près de Chaillot. Ce ruisseau est à sec et son lit forme un égout couvert.

Un cours d'eau artificiel, le *canal Saint-Martin*, traverse les quartiers septentrionaux de la ville et unit la Seine au canal de l'Ourcq: c'est la deuxième partie du canal de la Seine à la Seine, dont la première partie est le canal Saint-Denis. Nous le décrirons plus tard.

CHAPITRE II.

LES ÎLES.

La Seine n'était pas autrefois retenue par les fortes digues dans lesquelles nous la voyons aujourd'hui renfermée; elle formait donc, avec les sables et les pierres qu'elle entraînait, des atterrissements, des bancs, des îles, qui la plupart ont été emportés dans les débordements, ou réunies au rivage, ou jointes entre elles. Dans le moyen âge, on en trouvait dix, dont il ne reste que deux, l'île Saint-Louis et la Cité. Ces îles, ordinairement couvertes de sable et de limon, bordées de roseaux et de saules, inondées dans les grandes eaux, étaient:

1° L'*île aux Javiaux* ou *île Louviers*, qui appartenait en 1408 à Nicolas de Louviers, prévôt des marchands: couverte, dans l'origine, de pâturages, elle fut acquise par la ville en 1700, et affermée à des marchands de bois. En 1847, le petit bras de la rivière qui la séparait de la rive droite a été comblé, et elle se trouve réunie au quai Morland. On a le projet d'y construire deux rues et un quai. Depuis les journées de juin 1848, des campements provisoires y ont été établis pour une partie de l'armée de Paris.

2° Les *îles Notre-Dame* et *aux Vaches*, qui forment aujourd'hui l'île Saint-Louis, dont nous parlerons tout à l'heure.

3° L'*île de la Cité*, dont nous parlerons tout à l'heure.

4° L'*île aux Juifs* était située au couchant de la Cité, entre le jardin du Palais et le quai des Augustins: elle appartenait à l'abbaye Saint-Germain-des-Prés et fut, en 1313, le théâtre du supplice de Jacques Molay, grand-maître de l'ordre des Templiers. Près d'elle était l'*île à la Gourdaine*, sur laquelle se trouvait un moulin. Ces deux îles furent concédées par Henri IV à Achille de Harlay, qui les réunit à la Cité et en forma la place Dauphine, ainsi que l'éperon du Pont-Neuf, où s'élève la statue de Henri IV.

5° L'*île du Louvre* n'était qu'un banc de sable, qui a disparu dans la construction du port Saint-Nicolas.

6° Les *îles aux Treilles* et *de Seine* étaient situées depuis le pont des Tuileries jusqu'au pont des Invalides: elles contenaient ensemble 20 arpents, étaient couvertes de saussaies et d'oseraies, et furent vendues en 1645 pour être réunies à la rive gauche.

7° L'*île du Gros-Caillou* ou *des Cygnes*, grand banc de sable situé en face de Chaillot et qu'on a détruit en 1820.

CHAPITRE III.

ÎLE SAINT-LOUIS.

Les *îles Notre-Dame* et *aux Vaches*, qui ont formé l'*île Saint-Louis*, n'étaient séparées que par un petit canal qui occupait à peu près l'emplacement de la rue Poultier. Elles étaient assez élevées, couvertes de prairies, bordées de peupliers et appartenaient à l'église Notre-Dame de temps immémorial, car l'on trouve que Charles-Martel enleva à cette église la propriété de ces îles et que Charles-le-Chauve la lui restitua en 867. Une fête y fut donnée en 1313 par Philippe-le-Bel [1]; on y prêcha une croisade, et le roi, avec ses deux fils, y prit la croix. En 1614, Christophe *Marie*, architecte, de concert avec deux financiers nommés *Regratier* et *Poultier*, obtint la concession de ces deux îles à la condition de les réunir, de les border de quais, d'y construire des rues et des maisons, enfin de les faire communiquer par un pont avec la ville. Le pont *Marie* et les rues *Regratière* et *Poultier* rappellent les noms des trois hommes qui commencèrent cette grande entreprise; mais il fallut plus de trente ans pour couvrir ce nouveau quartier de rues bien alignées, de quais superbes, de beaux hôtels, où allèrent principalement se loger les gens d'affaires, qu'on appelait alors traitants ou partisans. Lorsque Colbert fit rendre gorge, en 1665, à ces sangsues de l'État, il y eut, sur 90 millions, 8 millions de taxes mises sur les financiers de l'île Saint-Louis. Cette île prit dès lors un aspect calme, grave, sérieux, qu'elle n'a pas entièrement perdu: aujourd'hui encore, c'est un quartier qui, par les mœurs paisibles de ses habitants, l'absence de grands établissements de commerce, les nombreux hôtels qu'il a conservés, a une physionomie particulière et ressemble à une ville de province [2]. Il n'a joué presque aucun rôle dans nos troubles civils.

L'île Saint-Louis est unie à la rive droite par les ponts Marie et Louis-Philippe et par la passerelle de Damiette, à la rive gauche par le pont de la Tournelle et la passerelle de Constantine, à la Cité par les ponts Louis-Philippe et de la Cité. Sa superficie est de 110,000 mètres carrés. Elle forme un quartier du neuvième arrondissement, dit de l'*île Saint-Louis*, et qui, pendant la révolution, s'appelait *section de la Fraternité*.

Elle est coupée à angle droit et régulièrement par deux grandes rues: la rue des *Deux-Ponts*, qui aboutit aux ponts Marie et de la Tournelle et qui est une des grandes voies de communication de la rive droite à la rive gauche de la Seine; la rue *Saint-Louis*, où se trouve une église du même nom, qui date de 1618 et qui a été reconstruite en 1726. C'est un petit édifice, sans portail et sans ornements, qui renferme le tombeau de Quinault.

Parmi les maisons de l'île Saint-Louis, on remarque les hôtels *Lambert* et *Bretonvilliers*.

L'hôtel Lambert, situé rue Saint-Louis, n° 2, c'est-à-dire à la pointe orientale de l'île, dans une situation pittoresque, d'où l'on embrasse les deux rives de la Seine, a été bâti par l'architecte Levau pour Lambert de Thorigny, maître des comptes, qu'on appelait Lambert *le Riche* et qui était en effet l'un des financiers les plus opulents de son temps. C'était un chef-d'œuvre d'élégance, de bien-être et de bon goût. Lebrun y avait peint la grande galerie, dite galerie d'Hercule; Lesueur, le salon de l'Amour, le cabinet des Muses, l'appartement des Bains, un vestibule et l'escalier. «Rien ne peut donner, dit M. Vitet, une plus juste idée de l'admirable organisation de Lesueur, rien ne fait mieux connaître la souplesse de son esprit et son aptitude à percevoir la beauté sous toutes ses formes, que les charmantes et si nombreuses compositions créées par lui pour l'hôtel Lambert. Son imagination presque dévote accepta sans restriction, quoique avec une chaste réserve, toutes les données de la mythologie: il semblait qu'il voulût frayer la route à Fénelon pour passer du cloître à l'Olympe, en lui apprenant comment on peut mêler au plus sévère parfum d'antiquité cette tendresse d'expression et cette sensibilité pénétrante qui n'appartient qu'aux âmes chrétiennes.» L'hôtel Lambert devint en 1739 la propriété de la marquise Du Châtelet, et le cabinet des Muses fut habité pendant quatre ans par Voltaire, qui écrivait à Frédéric: «C'est une maison faite pour un souverain qui serait philosophe.» Il appartint ensuite au fermier général Dupin, qui le vendit à Marin Lahaye, son confrère. En 1777, les peintures du cabinet des Muses et du salon de l'Amour furent achetées par Louis XVI et transportées au Louvre. Pendant la révolution, l'hôtel Lambert fut acquis par M. de Montalivet, et une partie des tableaux de l'appartement des Bains fut transportée dans un château de ce ministre. Il ne reste aujourd'hui des peintures qui ont fait la gloire de cet hôtel qu'une partie de la galerie de Lebrun, la coupole de l'appartement des Bains et des fragments de l'escalier et du vestibule. L'hôtel Lambert a été acheté en 1842 par la princesse Czartorinska, qui l'habite et l'a fait restaurer.

L'hôtel *Bretonvilliers*, situé rue Bretonvilliers, n° 2, et quai de Béthune, dit autrefois quai des Balcons, avait été construit par Ducerceau pour Le Ragois de Bretonvilliers, président de la Chambre des comptes. Sa position sur la Seine est telle que Tallemant des Réaux dit: «Après le sérail de Constantinople, c'est le bâtiment du monde le mieux situé.» Il avait été décoré par Vouet, et l'on y voyait des peintures de Mignard, de Poussin, de Bourdon, etc. Tout cela a entièrement disparu, ainsi que la plus grande partie de l'hôtel, qui, dès 1719, renferma les bureaux de la ferme générale, et, en 1793, devint le centre des manufactures d'armes établies à Paris.

Sur le quai d'Orléans était l'hôtel Turgot, où ce grand ministre mourut en 1783. Dans la rue *Regratière* a demeuré l'évêque Gobel, qui le premier se *déprêtrisa* devant la Convention et périt avec la faction hébertiste [3].

CHAPITRE IV.

ÎLE DE LA CITÉ.

L'île de la Cité a plus de 200,000 mètres carrés de superficie. Elle est bordée par les quais Napoléon, Desaix, de l'Horloge, des Orfèvres, du Marché-Neuf et de l'Archevêché. Sa communication avec la rive droite s'effectue par les ponts Louis-Philippe, d'Arcole, Notre-Dame, au Change et le Pont-Neuf; avec la rive gauche par les ponts Neuf, Saint-Michel, Petit-Pont, Saint-Charles, aux Doubles, de l'Archevêché; avec l'île Saint-Louis par les ponts de la Cité et Louis-Philippe. Elle forme deux quartiers: celui *de la Cité*, qui appartient au neuvième arrondissement; celui du *Palais de Justice*, qui appartient au onzième.

L'histoire de cette île, vénérable berceau de Paris, est l'histoire de la ville elle-même jusqu'au XIIIe siècle. Le Paris des deux rives n'avait alors qu'une médiocre importance: à cause de Notre-Dame et du Palais, ces deux métropoles religieuse et politique, tous les événements se concentraient dans la Cité, et la population, les églises, les établissements de tout genre ne cessaient de s'y entasser. A partir du XIIIe siècle et à mesure que le Paris des deux rives s'agrandit, la Cité perd de son importance, mais non de sa popularité, car elle reste le centre des affaires politiques, et même, à cause du Parlement, le centre des affaires commerciales: elle garde ce caractère jusqu'à la fin du XVIIe siècle. A dater de cette époque, et surtout de 1789, la Cité cesse de jouer le premier rôle dans l'histoire de Paris; la richesse s'en est éloignée; il n'y reste qu'une population misérable et souffrante; elle devient même un repaire de vagabonds, de repris de justice et de prostituées; aucun événement ne vient la remettre en saillie, et elle ne garde d'importance politique que par le Palais de Justice et surtout par la Préfecture de police, positions de premier ordre, dont les révolutions ne manquent jamais de s'emparer.

La Cité présentait encore, il y a soixante ans, l'aspect peu séduisant qu'elle avait au moyen âge: à l'extérieur, privée de quais, sauf dans sa partie occidentale, ayant ses maisons hautes, fétides, obscures, pressées sur les bords de la Seine, bordée d'eaux sales, d'herbes dégoûtantes, de blanchisseries, de guenilles suspendues de toutes parts, elle offrait à l'intérieur un amas inextricable de ruelles hideuses, de masures noires, de bouges infects, ruche abominable où nos pères se sont entassés pendant des siècles, et dans laquelle on ne comptait pas moins de cinquante-deux rues, six impasses, trois places, dix paroisses, vingt et une églises ou chapelles, deux couvents, outre l'Hôtel-Dieu, les Enfants-Trouvés, le Palais avec ses dépendances, l'Archevêché, le cloître Notre-Dame et la cathédrale. Aujourd'hui, on a fait pénétrer du jour et de l'air dans ce triste quartier, où de tels déblaiements ont été opérés, qu'il n'y restera bientôt plus que dix à douze rues, avec Notre-Dame, l'Hôtel-Dieu et le Palais de Justice.

Mais, quelque embellie ou défigurée que soit la Cité, il y reste assez de débris du passé pour qu'on se sente pris d'un trouble indéfinissable à l'aspect de ce sol exhaussé à force de poussière humaine et de ruines de tout genre, de ces rues sales, tortueuses, où jamais ne pénètre un rayon de soleil, où quatre hommes ne sauraient passer de front, de ces maisons qui suintent le froid et l'humidité, avec leurs auvents en saillie, leurs portes basses, leurs escaliers de bois vermoulu, de ces logis noirs, fétides, misérables, qui ont pourtant hébergé des magistrats, des prélats, de grandes dames, où tant de générations se sont écoulées comme les flots de la Seine, aussi rapides, aussi fugitives, sans laisser plus de traces. Alors la pensée se plonge avec tristesse dans les ténèbres du passé; elle interroge ce pavé, ces murs, ces édifices, qui ont vu tant d'événements, où tant de passions s'agitèrent; elle ressuscite cette population si profondément ignorante et misérable, mais qui n'avait conscience ni de son ignorance ni de sa misère, qui vivait calme et résignée à l'ombre de la vieille Notre-Dame, respirant tranquillement, joyeusement même, cet air méphitique, qui semblait alors imprégné de foi et de dévotion.

Nous allons commencer la description de la Cité par celle de ses quais; nous la continuerons par ses quatre rues transversales, d'Arcole, de la Cité, de la Barillerie, de Harlay, avec les rues qui y aboutissent et les monuments qui s'y trouvent.

§ Ier.

Quais de la Cité.

Quai Napoléon.--Il date de 1802. Auparavant, la Seine était bordée de ce côté par les jardins du chapitre Notre-Dame, par le petit port Saint Landry, enfin par de hautes maisons appartenant à la rue Basse-des-Ursins et qui plongeaient leur pied dans la rivière. La plus remarquable de ces maisons était l'hôtel des Ursins, qui avait été bâti par le vertueux Juvénal des Ursins; il était terminé du côté de la Seine par deux grosses tourelles surmontées chacune d'une terrasse et réunies par une arcade à balcon, d'où l'on jouissait d'une vue magnifique. Cet hôtel fut détruit en 1553, et sur son emplacement l'on ouvrit la rue Haute-des-Ursins.

On remarque aujourd'hui sur le quai Napoléon une jolie maison bâtie récemment et qui est ornée des médaillons d'Héloïse et d'Abailard; elle a été construite sur l'emplacement de la maison du chanoine Fulbert, oncle d'Héloïse, laquelle était située rue du Chantre, n°1 [4]. On montrait dans celle-ci un petit escalier et un cabinet tombant en ruines et qu'on croyait dater du temps des amants du XIIe siècle, dont l'histoire est encore aujourd'hui si fraîche dans les souvenirs populaires. Paris n'a pourtant pas rendu à la mémoire d'Héloïse, de cette femme si complète par le cœur et par l'esprit, qui ouvre la série des illustres Parisiennes, de cette ancêtre, de cette parente de madame de Sévigné et de madame Roland, tous les honneurs qu'elle méritait; et l'on s'étonne que, dans la foule des statues élevées aux célébrités de la capitale, l'on ait oublié celle de cette glorieuse fille, de cette autre patronne de Paris, la première de son temps par son intelligence et son savoir, par son éloquence et ses malheurs.

Quai Desaix.--Il date de 1800. Auparavant, c'était le derrière des maisons de la rue de la Pelleterie qui bordait la rivière. Ce quai étant très-large, la partie méridionale est occupée par un marché aux fleurs, planté d'arbres, orné de fontaines, qui a été ouvert en 1808.

Quai de l'Horloge.--Il a été commencé en 1560 et achevé en 1611. Il doit son nom à une tour construite en 1370 et où fut placée, par les ordres de Charles V, une horloge publique, qui avait été faite par un Allemand, Henri de Vic. La lanterne contenait une cloche qui ne sonnait que pour les cérémonies royales et qui donna le signal de la Saint-Barthélémy. Elle fut restaurée sous Henri III et ornée de sculptures de Jean Goujon. On vient de la reconstruire à grands frais, d'y placer une horloge imitée de celle de Henri de Vic et l'on en a fait une sorte de donjon fortifié, d'où l'on explore les deux rives de la Seine. Le quai de l'Horloge est principalement habité par des opticiens.

Quai des Orfèvres.--Il a été construit de 1580 à 1643 et a pris son nom des nombreux orfèvres qui l'habitaient et dont quelques-uns l'habitent encore. Il n'allait d'abord que jusqu'à la rue de Jérusalem: là commençait la rue Saint-Louis, dont les maisons bordaient la rivière et qui se prolongeait jusqu'au pont Saint-Michel; c'était par cette rue, qui communiquait par la petite rue Sainte-Anne avec la cour de la Sainte-Chapelle, que les rois se rendaient au Palais. Elle a été détruite en 1808 et le quai prolongé jusqu'au pont Saint-Michel.

Quais du Marché-Neuf et *de l'Archevêché.*--Le milieu de ce quai a été ouvert en 1568 pour y établir un marché; ses deux extrémités étaient garnies de maisons bordant la Seine et dont la dernière, voisine du petit pont, a été récemment détruite. On trouve sur ce quai le plus affligeant édifice public qui soit dans Paris: c'est *la Morgue*, où l'on expose, jusqu'à ce qu'ils soient reconnus, les individus trouvés morts hors de leur domicile. La Morgue reçoit annuellement 360 à 480 cadavres.

A partir du Petit-Pont, la ligne des quais de la Cité est interrompue par les bâtiments de l'Hôtel-Dieu, qui bordent la Seine jusqu'au Pont-aux-Doubles. Au delà de ce pont commence le *quai de l'Archevêché*, qui date de 1800 et s'est d'abord appelé *quai Catinat;* avant cette époque, c'étaient les jardins de l'archevêque et du chapitre qui bordaient la Seine.

§ II.

Rue d'Arcole et le Parvis Notre-Dame.

La rue d'*Arcole* commence au quai Napoléon, en face le pont d'Arcole, et finit au Parvis Notre-Dame: c'est une grande et large voie qui a été formée récemment des anciennes rues du *Chevet Saint-Landry* et de *Saint-Pierre-aux-Bœufs*.

La première tirait son nom d'une église dont la fondation se perd dans la nuit des temps et où les reliques de saint Landry, évêque de Paris, furent transportées, lorsque la ville fut assiégée par les Normands. L'entrée de cette église, qui fut reconstruite en 1477, était dans la rue Saint-Landry, et son chevet dans la rue qui en prenait le nom. On y remarquait le beau monument sculpté par Girardon pour la sépulture de sa femme, le tombeau de la famille Boucherat et celui de Pierre Broussel, ce *père du peuple* au temps de la Fronde. Broussel demeurait rue Saint-Landry, n° 7, et sa maison existe encore; c'est là qu'il fut arrêté le 26 août 1648; c'est là que commença l'émeute qui ébranla le trône du jeune Louis XIV. L'église Saint-Landry a été démolie en 1790; on a trouvé dans ses fondations un amas d'ossements humains, qui semble le reste d'une bataille livrée en cet endroit, ainsi que les ruines du monument triomphal élevé en 383 par le tyran Maxime pour sa victoire sur Gratien [5]: ces ruines ont été retrouvées dans une grande muraille qui enveloppait toute la Cité et qui datait probablement de la domination franque.

Dans la rue Saint-Pierre-aux-Bœufs était une église aussi ancienne que Saint-Landry, et dont le surnom venait d'un marché de boucherie établi, dès les premiers siècles de notre histoire, dans son voisinage, marché qui fut transféré au XIIᵉ siècle près du Châtelet. Cette église, qui occupait l'emplacement de la maison n° 15, a été démolie; mais son élégant portail a été transporté à l'église Saint-Séverin, dont il forme la porte latérale.

Le *Parvis Notre-Dame* est une grande place sur laquelle se trouvent, outre la cathédrale, l'Hôtel-Dieu et l'administration des hospices de Paris. Elle date de la fondation même de Notre-Dame, et, bien qu'elle fût jadis beaucoup moins grande qu'aujourd'hui, elle renfermait des écoles publiques, le bureau des pauvres, les églises Saint-Christophe et Sainte-Geneviève-des-Ardents, enfin l'échelle patibulaire et la prison de l'évêque de Paris. C'est là qu'on amenait les condamnés pour faire amende honorable, une torche à la main, et entendre lire leur arrêt de mort. Ce lugubre spectacle fut donné une dernière fois, le 19 février 1790, pour le supplice du marquis de Favras. On y faisait aussi des exécutions criminelles. Enfin, près de l'église Saint-Christophe et sous la protection de Notre-Dame, se tenait le marché au pain pour les pauvres, où venaient vendre en franchise les boulangers des environs de la ville. Le Parvis commença à être déblayé en 1748 par la destruction des églises Saint-Christophe et Sainte-Geneviève, sur l'emplacement desquelles on élargit les rues Saint-Christophe et Neuve-Notre-Dame, et l'on bâtit l'hospice pour les enfants trouvés, remplacé aujourd'hui par l'administration générale des hôpitaux; les autres agrandissements de la place ont été faits depuis la révolution, et principalement aux dépens de l'Hôtel-Dieu et du cloître Notre-Dame.

§ III.

L'église Notre-Dame.

Du temps de Tibère, les *nautes* ou bateliers parisiens élevèrent, à la pointe occidentale de la Cité, un monument à Jupiter. Des fouilles faites en 1711 sous le chœur de Notre-Dame amenèrent la découverte d'une partie des pierres qui avaient formé ce monument; l'une d'elles avait pour inscription:

«Sous Tibère César Auguste, à Jupiter très-bon, très-grand, les nautes parisiens élevèrent publiquement cet autel [6].»

Ce monument se composait de pierres cubiques ornées de bas-reliefs représentant des divinités romaines et gauloises, des soldats romains, des animaux; sa hauteur devait être de six à huit pieds; il était probablement surmonté d'une statue de Jupiter et avait autour de lui deux autels et d'autres ornements accessoires. On ne sait à quelle époque fut détruit ce monument; mais, dès le VIᵉ siècle, sur son emplacement, existait une chapelle dédiée à saint Étienne, à laquelle on adjoignit, dans le siècle suivant, une autre chapelle dédiée à Notre-Dame. Ces deux petits édifices composaient l'*église sacro-sainte des Parisiens* ou la cathédrale. Des fouilles faites en 1847 dans le parvis ont mis à découvert les substructions de cette église qui étaient superposées à des constructions romaines. On croit que c'est dans cette cathédrale que Frédégonde se réfugia après le meurtre de son époux, comme dans un asile inviolable, et que Gontran sollicita le peuple «de ne pas le tuer comme il avait déjà tué ses frères [7].» Un concile y fut tenu en 829.

L'église Notre-Dame, telle qu'elle existe aujourd'hui, date de 1161. Sa construction est due à l'évêque de Paris, Maurice de Sully, et le pape Alexandre III en posa la première pierre. On put y célébrer l'office divin dès 1185, et la masse de l'édifice fut achevée en 1223; mais il fallut encore plus d'un siècle pour achever les innombrables détails de sculpture que nos pères y ont prodigués, le triple portail et la triple galerie de sa façade, ses portails latéraux, ses trois grandes fenêtres à vitraux, toutes ces arabesques, ces dentelles, ces colonnettes, ces statues, ces pierres travaillées à jour, qui font de Notre-Dame l'un des plus précieux monuments du moyen âge.

Cet édifice a 130 mètres de long sur 48 de large et 35 de hauteur. Les deux tours ont 68 mètres d'élévation. On a cru longtemps qu'il était bâti sur pilotis et qu'un perron de onze marches y conduisait: l'inexactitude de ces deux assertions vulgaires a été démontrée par les travaux de 1711 et les fouilles de 1847.

L'histoire de cet édifice populaire et vénéré est liée à l'histoire de Paris et même à l'histoire de France. Que de fêtes y ont été célébrées! que de baptêmes et de mariages royaux, de *Te Deum* et de *De profundis!* que de générations ont passé sous ces sombres portails! que de drapeaux conquis par nos armes ont été suspendus sous ces antiques voûtes! Tous nos rois y sont venus remercier Dieu de leurs victoires, tous se sont empressés d'ajouter quelque chose à sa splendeur. Philippe-le-Bel, en mémoire de sa bataille de Mons-en-Puelle, avait fait placer à l'entrée du chœur sa statue équestre élevée sur deux colonnes. Louis XIV fit reconstruire tout le sanctuaire avec une grande magnificence: alors fut placée la belle descente de croix, œuvre de Coustou aîné, qui orne encore le maître-autel, et aux deux côtés de laquelle se trouvaient les figures agenouillées de Louis XIII et de Louis XIV offrant leur couronne à la Vierge.

Dans l'église Notre-Dame se trouvaient les sépultures de la plupart des évêques de Paris, du maréchal de Guébriant, de Gilles Ménage, etc.

Quand la révolution arriva, les Parisiens associèrent la vieille cathédrale à leur enthousiasme pour la liberté: on y chanta des *Te Deum* pour la prise de la Bastille, pour la nuit du 4 août, pour la séance du 4 février, pour l'acceptation de la Constitution; Bailly et La Fayette y firent le serment «de consacrer leur vie à la défense de la liberté conquise;» la garde nationale y vint faire bénir ses drapeaux. Mais, en 1793, quand la Commune de Paris tomba sous la stupide domination des hébertistes, Notre-Dame fut dépouillée de ses objets d'art, mutilée dans toutes ses parties, principalement dans sa façade, enfin transformée en un théâtre impie pour le culte de la Raison [8]. Après la cessation de ces saturnales, l'église fut fermée et servit quelquefois aux rassemblements de la section de la Cité, section très-révolutionnaire; c'est là que se réfugièrent les meneurs de la journée du 12 germinal. Nous avons vu qu'elle fut rendue au clergé constitutionnel sous le Directoire, mais que les théophilanthropes en firent un temple à l'Être suprême; qu'il s'y tint en 1801 un concile où assistèrent cent vingt prêtres ou évoques constitutionnels; que, le 18 avril 1802, une messe et un *Te Deum* y furent célébrés pour le rétablissement officiel du culte catholique; enfin que, le 2 décembre 1804, dans cette basilique de saint Louis et de Louis XIV, où semblait empreinte toute la monarchie ancienne, Napoléon fut sacré, comme Pépin-le-Bref, de la main du successeur des apôtres.

Notre-Dame a eu la meilleure part des déblaiements modernes de la Cité. Autrefois elle avait sur sa gauche l'Archevêché, sur sa droite le Cloître, et nous avons dit que son parvis était encombré par l'Hôtel-Dieu, deux églises et plusieurs maisons. L'*Archevêché* était le vieux palais construit en 1161 par Maurice de Sully, siége de l'officialité, devant lequel avaient lieu les duels judiciaires; il servit de citadelle au cardinal de Retz pendant les troubles de la Fronde, fut reconstruit en 1697 par le cardinal de Noailles et embelli en 1750 par l'archevêque de Beaumont [9]. L'Assemblée constituante y siégea du 19 octobre au 9 novembre 1789; la Convention nationale en fit un annexe de l'Hôtel-Dieu. Ses bâtiments et ses jardins bordaient la Seine et se prolongeaient jusqu'à la pointe orientale de l'île par une promenade réservée dite le Terrain.

Le *Cloître* était compris entre l'église, la rivière et une ligne tirée de la rue de la Colombe au Parvis; il renfermait dix rues, les deux églises Saint-Jean-le-Rond et Saint-Denis-du-Pas, l'une appuyée au chevet, l'autre au côté droit de Notre-Dame, et qui lui servirent successivement de baptistère, la chapelle Saint-Aignan, les écoles épiscopales, des maisons, des jardins, etc. C'était le domaine du chapitre de Notre-Dame, qui, sous Charlemagne, était déjà célèbre par ses écoles, et qui a donné à l'église six papes, vingt-neuf cardinaux et une multitude d'évêques [10]. Avec le Cloître et l'Archevêché, la cathédrale ressemblait à une forteresse occupant toute la partie orientale de la Cité, ceinte de grosses murailles et ouverte seulement par trois portes fortifiées. Aujourd'hui, l'Archevêché a disparu; il a été démoli le 14 février 1831 dans un jour de fureur populaire; à sa place est une vaste promenade plantée d'arbres, ornée d'une jolie fontaine, et qui se confond avec le quai. Le Cloître a été ouvert par des quais et des rues; l'église Saint-Jean-le-Rond, sur les marches de laquelle d'Alembert enfant fut exposé, a été détruite en 1748; l'église Saint-Denis-du-Pas, en 1813.

Grâce à ces travaux, la vieille cathédrale, débarrassée de tous ses entours, s'élève aujourd'hui tout isolée à la pointe de la Cité, comme autrefois l'autel de Jupiter, qu'elle a remplacé. Cependant, on ne saurait affirmer que ces changements n'ont pas ôté au monument quelque chose de son caractère imposant et sévère: les vieilles églises gothiques s'accommodent mal de nos grandes rues, de nos grandes places, de notre grand jour; et elles ne sont jamais plus majestueuses que lorsqu'on les voit pressées, serrées avec amour par un troupeau d'humbles maisons qui semblent se fourrer sous leurs ailes.

Depuis quelques années, une restauration presque complète de Notre-Dame a été entreprise; elle tend principalement à rendre à sa façade, à ses tours, à ses portails, les riches ornements de sculpture dont les mutilations révolutionnaires l'avaient dépouillée. De plus, un monument doit être élevé, dans l'intérieur, à la mémoire du saint archevêque tombé en 1848 sous les balles de la guerre civile en disant: Puisse mon sang être le dernier versé!

Enfin, sur son flanc méridional, on vient de construire un édifice plein d'élégance et de goût destiné à servir de sacristie et qui est un abrégé de la cathédrale elle-même.

§ IV.

L'Hôtel-Dieu.

L'Hôtel-Dieu, d'après une tradition qui n'est rien moins que certaine, a été fondé vers le milieu du VIIIe siècle par saint Landry, huitième évêque de Paris. Il prit de l'accroissement sous Philippe-Auguste; mais, si l'on en juge par un don de ce roi, les malades n'y étaient pas traités avec luxe: «Pour le salut de notre âme, dit-il, nous accordons, pour l'usage des pauvres demeurant à la Maison-Dieu de Paris, toute la paille de notre chambre et de notre maison, toutes les fois que nous quitterons cette ville pour aller coucher ailleurs.» Saint Louis fut plus généreux, et ses libéralités permirent de donner des secours annuellement à plus de six mille malades et de faire desservir la maison par trente frères, vingt-cinq sœurs et quatre prêtres: aussi est-il regardé comme le véritable fondateur de l'Hôtel-Dieu. Presque tous les rois suivirent l'exemple de saint Louis en dotant cet hôpital, qui fut successivement agrandi et reconstruit; mais c'est seulement de nos jours qu'il a été administré avec intelligence et humanité. Trois ans avant la révolution, il ne renfermait que 1,200 lits et avait journellement de 2,500 à 6,000 malades; aussi en entassait-on jusqu'à six dans un même lit; la mortalité y était de 1 sur 4-1/2, et, sur 1,100,000 malades reçus en cinquante ans, plus de 240,000 étaient morts; enfin, la négligence des administrateurs fut la cause de deux incendies effroyables qui firent périr des centaines de victimes. La situation de cet établissement, tombeau de la plus grande partie de la population parisienne, fut révélée en 1785 par Bailly à l'Académie des sciences, et le rapport de ce savant fit jeter un cri d'horreur universel. Tout le monde s'empressa de faire des sacrifices pour réparer ce grand opprobre de la capitale, et huit millions furent souscrits à cet effet en moins d'un an. Comme on désespérait d'assainir ce cloaque, on résolut de le transporter hors de la Cité et de le remplacer par quatre hôpitaux placés aux quatre extrémités de la ville; mais, au moment où l'on allait se mettre à l'œuvre, le ministre Brienne s'empara des fonds de la souscription et les employa pour les dépenses ordinaires de l'État. Enfin la révolution arriva, et la suppression des couvents permit de désencombrer l'Hôtel-Dieu en distribuant ses hôtes dans de nouveaux hôpitaux. On dégagea ses abords; on lui ajouta de nouveaux bâtiments sur la rive gauche de la Seine; on agrandit et on assainit ses salles de douleur. Enfin, les améliorations furent telles, que cet hôpital, aujourd'hui plus vaste qu'autrefois, ne renferme que huit cents lits, et que la mortalité n'y est plus que de 1 sur 9. Sa dépense annuelle s'élève à environ 700,000 francs.

Une partie de cette somme provient de l'impôt prélevé sur les spectacles, impôt qui date de 1716 et contre lequel les acteurs et les gens de plaisir n'ont cessé de réclamer.

Le dernier des Estienne, le peintre Lantara, le poète Gilbert sont morts à l'Hôtel-Dieu! Combien d'autres existences, usées par le malheur et pleines d'avenir, s'y sont éteintes, ignorées, abandonnées, en maudissant la société et la vie! Que de drames inconnus se sont passés dans ces tristes salles!

L'entrée de cet hôpital est aujourd'hui décorée d'un portique d'une belle simplicité et d'un péristyle où l'on trouve les statues de saint Vincent de Paul, cet ami si tendre des pauvres, à qui Paris doit tant de beaux établissements de charité, et de Monthyon [11], ce magnifique bienfaiteur de l'Hôtel-Dieu dont le tombeau a été dignement placé dans cet hospice.

La chapelle de l'Hôtel-Dieu avait été bâtie en 1380 par les soins d'Oudard de Maucreux, bourgeois de Paris et changeur, elle a été démolie en 1802 et remplacée par l'ancienne église de Saint-Julien-le-Pauvre, dont nous parlerons plus tard.

Près de l'Hôtel-Dieu et dans les bâtiments élevés en 1748 pour servir d'hospice aux enfants trouvés se trouve le siége de l'administration générale des hôpitaux, dite aujourd'hui de l'*assistance publique*.

D'après la loi du 10 janvier 1849, cette administration comprend le service des secours et celui des hôpitaux et hospices; elle est conférée, sous l'autorité du préfet de la Seine, à un directeur assisté d'un conseil de surveillance composé de vingt membres; elle réunit sous sa direction seize hôpitaux, onze hospices, sept autres établissements charitables.

Les *hôpitaux* sont des établissements consacrés au traitement des malades indigents curables; ils se divisent en hôpitaux généraux et hôpitaux spéciaux: les hôpitaux généraux sont au nombre de neuf et contiennent ensemble 3,715 lits; ce sont: *l'Hôtel-Dieu, Sainte-Marguerite, La Riboissière,* la *Pitié,* la *Charité, Saint-Antoine, Necker, Cochin, Beaujon.* Ces neuf hôpitaux sont indistinctement affectés au traitement des blessures et des maladies aiguës. Il faut leur ajouter la Maison de Santé, rue du Faubourg-Saint-Denis, où l'on est admis en payant par journée. Les hôpitaux spéciaux sont au nombre de six et contiennent 2,809 lits; ce sont: *Saint-Louis,* du *Midi,* de *Lourcine,* des *Enfants malades,* d'*accouchement,* des *cliniques.* Ils sont exclusivement réservés au traitement d'affections particulières.

Les *hospices* sont des asiles ouverts à ceux que l'indigence et la vieillesse, l'enfance et l'abandon, l'aliénation ou des infirmités incurables mettent hors d'état de pourvoir eux-mêmes aux besoins de leur existence. On les subdivise en hospices proprement dits, où l'admission est gratuite, et maisons de retraite, où l'on paye une petite pension. Les hospices sont au nombre de huit: la *Vieillesse-Hommes* ou *Bicêtre*, la *Vieillesse-Femmes* ou la *Salpêtrière*, les *Incurables-Hommes*, les *Incurables-Femmes*, les *Enfants-Trouvés*, les *Orphelins*, *Saint-Michel* ou *Boulard*, à Saint-Mandé, de la *Reconnaissance* ou *Brézin*, à Garches, *Devillas*, rue du Regard. Ces trois derniers sont dus à des dotations particulières. Les maisons de retraite sont; les *Ménages*, *La Rochefoucauld*, *Sainte-Perrine*.

On compte en outre à Paris 12 bureaux de bienfaisance et 34 maisons chargées de la distribution des secours à domicile, 4 sociétés pour le soulagement des femmes en couches, 25 sociétés pour le soulagement et l'éducation des enfants, 11 sociétés pour la visite des pauvres, des malades et des vieillards, 7 maisons de correction et de réhabilitation, 11 congrégations religieuses vouées spécialement au service des pauvres, 33 écoles gratuites des frères, 28 écoles de sœurs, 12 écoles d'adultes ou d'apprentis, etc., etc.

§ V.

Rue de la Cité.

Cette rue est l'artère principale de l'île et va du pont Notre-Dame au Petit-Pont; sa dénomination est nouvelle, et elle est formée des anciennes rues de la *Lanterne*, de la *Juiverie* et du *Marché-Palu*.

A l'entrée de la rue de la Lanterne, au coin de la rue du Haut-Moulin, était l'église *Saint-Denis-de-la-Chartre*, ainsi appelée d'une chartre ou prison qui en était voisine, et où, suivant une tradition, saint Denis avait été enfermé; elle datait du XIe siècle et fut démolie en 1810. Les maisons qui avoisinaient cette église jusqu'à la rivière formaient le *Bas de Saint-Denis* et étaient un lieu d'asile pour les ouvriers, qui pouvaient y travailler sans maîtrise. Près de Saint-Denis et dans la rue du Haut-Moulin était la chapelle *Saint-Symphorien-de-la-Chartre*, qui fut cédée en 1702 à la communauté des peintres, sculpteurs et graveurs, dite *Académie de Saint-Luc*. Cette académie datait de 1391; elle fut réunie à l'académie royale de sculpture et de peinture en 1676; mais elle continua de subsister comme *maîtrise* des peintres, sculpteurs, graveurs et enlumineurs. Elle renfermait, depuis 1706, au-dessus de sa chapelle, une école de dessin qui ne ressemblait guère à la fastueuse école des Beaux-Arts, mais d'où, en revanche, sont sortis les meilleurs artistes du XVIIIe siècle.

La rue de la *Juiverie* tirait son nom des Juifs qui y étaient parqués au XIIe siècle: ils y avaient des écoles et une synagogue, qui fut remplacée en 1183 par l'église de la *Madeleine*. Cette église, située au coin de la rue de la Licorne, était le siége «de la grande confrérie des seigneurs, prêtres, bourgeois et bourgeoises de Paris, laquelle est la mère de toutes les confréries, car elle est si ancienne qu'on ne sait pas quand elle a commencé [12].» Tous les rois et reines ont fait partie de cette confrérie, qui a subsisté jusqu'en 1789. En face de l'église de la

Madeleine était le cabaret de la Pomme-de-Pin, dont nous avons parlé ailleurs [13].

La rue du *Marché-Palu* devait son nom à un marché qui y existait depuis le temps des Romains et qui était situé dans un terrain marécageux (*palus*). C'est dans cette rue qu'habitait le boulanger François, qui fut massacré en 1789 dans une émeute populaire, et dont la mort amena la proclamation de la loi martiale.

Les rues qui aboutissent dans la rue de la Cité sont:

1° Rue de *Constantine*, qui est aujourd'hui la grande artère longitudinale de la Cité. C'est une voie nouvelle et qui a été formée principalement avec l'ancienne rue de la *Vieille-Draperie*. Celle-ci tirait son nom des marchands drapiers auxquels Philippe-Auguste concéda les maisons des Juifs, qu'il venait de chasser de son royaume et qui étaient auparavant établis dans cette rue; aussi l'appelait-on la *Juiverie des drapiers*. La draperie était alors une des principales industries parisiennes, les drapiers formant la plus ancienne des confréries et le premier des six corps marchands.

La rue de la Vieille-Draperie renfermait deux églises, aujourd'hui démolies, Saint-Pierre-des-Arcis et Sainte-Croix.

2° Rue de la *Calandre*, l'une des plus anciennes voies de la ville. D'après une tradition très-accréditée, saint Marcel, *évêque de Paris et bourgeois du Paradis*, était né au IVᵉ siècle dans la maison qui a aujourd'hui le n° 10; aussi, dans les processions où l'on portait la châsse du saint, une station solennelle était faite devant cette maison. C'était une rue très-fréquentée et qui a vu, tout étroite, sale et tortueuse qu'elle nous paraisse, de nombreuses entrées royales et cérémonies publiques: ainsi, en 1420, à l'entrée de Henri V, roi d'Angleterre, «fust fait en la rue de la Calandre un moult piteux mystère de la Passion au vif.»

Entre les rues de la Calandre, de la Vieille-Draperie, de la Barillerie et aux Fèves, était autrefois un îlot de maisons qu'on appelait la *ceinture de saint Éloi*: cet évêque y avait demeuré dans une maison qui existait encore au XIIIᵉ siècle sous le nom de *maison au Fèvre* [14], et il y fonda un monastère de femmes sous la direction de sainte Aure. Ce monastère devint un couvent d'hommes en 1107, et il passa en 1639 aux Barnabites. L'église qui fut reconstruite à cette époque et qui est cachée dans une cour de la place du Palais, renferme aujourd'hui les archives de la comptabilité générale de l'État.

En face de l'église des Barnabites était jadis une petite place, qui a été absorbée par la place du Palais et qui fut formée par la démolition de la maison de Jean Châtel, assassin de Henri IV. Cette maison fut brûlée par sentence du Parlement et l'on a retrouvé récemment ses fondations encore calcinées et ensoufrées. A sa place avait été élevée en 1594 une pyramide, qui rappelait le crime, la part qu'y avaient prise les Jésuites et le bannissement de ces religieux «comme corrupteurs de la jeunesse, perturbateurs de la paix publique, ennemis du roy et de l'Estat.» Cette pyramide, qui était un objet d'art remarquable, ne subsista que dix ans.

3° Rue *Neuve-Notre-Dame*.--Cette rue neuve est bien ancienne, car elle fut ouverte par Maurice de Sully pour donner accès vers la cathédrale. On y trouvait jadis l'église *Sainte-Geneviève-des-Ardents*, dont l'origine est inconnue, mais qui avait été bâtie, disait-on, sur l'emplacement de la maison habitée par la vierge de Nanterre. Elle fut détruite en 1748 pour construire un hospice aux enfants trouvés. Nous avons dit que les bâtiments de cet hospice étaient aujourd'hui occupés par l'administration de l'assistance publique.

4° Rue du *Marché-Neuf*.--On y trouvait l'église de *Saint Germain-le-Vieux*, dont l'origine est inconnue, et qui est aujourd'hui démolie. C'est dans cette rue que, en 1588, les Suisses et le maréchal de Biron furent enveloppés par les bourgeois, «qui les auroient taillés en pièces s'ils ne s'étoient mis à genoux, rendant leurs armes et criant: Bons chrétiens!»

§ VI.

Rue de la Barillerie.

La rue de la Barillerie a pris son nom des barils qu'on y fabriquait dans le temps où Paris était environné de vignobles renommés. Nous avons dit ailleurs [15] que c'est, avec les rues de la Calandre et du Marché-Palu, la plus ancienne voie de la ville, puisque probablement elle a été traversée par César et ses légions. Jusqu'à la fin du dernier siècle, c'était une rue étroite, sombre, tortueuse, quoique très-fréquentée, comme ayant les principales entrées du Palais. En 1787, elle fut élargie, alignée, reconstruite avec la régularité qu'elle a aujourd'hui; et c'est alors qu'on ouvrit devant le Palais la place demi-circulaire où se dresse l'échafaud pour les expositions judiciaires.

La partie de la rue de la Barillerie qui est comprise entre cette place et le Pont-au-Change se nommait autrefois rue *Saint-Barthélémy*, à cause d'une grande église qui y était située, au coin de la rue de la Pelleterie. Cette église était l'un des monuments les plus respectables de Paris par son antiquité. Elle datait du Ve siècle et servait de chapelle au Palais; une chronique de 965 dit «qu'elle avait été bâtie très-anciennement par la munificence des rois.» Hugues Capet l'agrandit et en fit une abbaye de l'ordre de Saint-Benoît. En 1138, elle devint paroisse royale. Reconstruite au XIVe siècle, réparée et décorée au commencement du XVIIe, elle tombait de nouveau en ruines en 1770, et on la rebâtissait sur un nouveau plan quand la révolution arriva; alors elle fut vendue, et cet édifice vénéré de nos pères subit les plus tristes transformations: avec ses fondations et matériaux on construisit le *théâtre de la Cité* ou *des Variétés*, ainsi que deux passages obscurs. Ce théâtre eut un grand succès jusqu'en 1799, principalement à cause de ses pièces révolutionnaires. Il fut fermé en 1807, et l'on établit à sa place le *Spectacle des Veillées*, où l'on trouvait réunis un théâtre, un bal, des cafés, des promenades champêtres. Aujourd'hui, c'est l'ignoble salle de bal dite du *Prado*.

Dans la rue de la Barillerie est l'entrée principale du Palais de Justice.

§ VII.

Le Palais de Justice et la Préfecture de police.

Le *Palais* est probablement d'origine romaine. Il fut habité par les rois francs, et quelques historiens ont pensé que c'est là que les enfants de Clodomir furent massacrés par leurs oncles. Le roi Eudes le fortifia contre les Normands. Robert le fit reconstruire et agrandir; tous ses successeurs jusqu'à Charles V l'habitèrent, et presque tous y moururent. Saint-Louis en fit un monument presque nouveau en y bâtissant:

1° Plusieurs chambres qui portent son nom et dont la principale était, dit-on, sa chambre à coucher: elle a servi jusqu'à Louis XII de salle de cérémonie, puis elle devint la grand'chambre du Parlement. C'est là que se tenaient les lits de justice; c'est là que furent cassés les testaments de Louis XIII et de Louis XIV; c'est là que se firent en 1648 les fameuses assemblées du Parlement, des Cours des comptes et des aides, où l'on voulait changer la constitution de l'État et qui amenèrent les troubles de la Fronde. C'est là que Louis XIV entra un jour, en habit de chasse, et brisa la puissance politique du Parlement par les fameux mots: L'État, c'est moi! Dans cette même salle, le 10 mars 1793, on installa le tribunal révolutionnaire, qui jusqu'au 27 juillet 1794, envoya à l'échafaud 2,669 victimes. Aujourd'hui, c'est là que siége la Cour de cassation. Que de douleurs, de désespoirs, de malédictions sous ces voûtes que Louis IX avait sanctifiées de ses prières, de son calme sommeil, de ses pieuses méditations!

2° La *grand'salle*, qui, pendant plusieurs siècles, excita l'admiration des Parisiens par sa vaste étendue, ses statues de tous les rois, sa magnifique charpente dorée, son pavé de marbre, ses «hauts et plantureux lambris tout rehaussés d'or et d'azur.» C'est dans cette salle que, pendant trois cents ans, se sont faites toutes les grandes réunions politiques, les fêtes, les réceptions; c'est là que dix générations se sont entassées pour assister à ces spectacles; c'est là que s'est passée pour ainsi dire toute l'histoire de France. Cette histoire existe dans des milliers de registres, de parchemins, de documents, qui encombrent les greniers situés au-dessus de la grand'salle et qui ne seront jamais complétement dépouillés: là sont les archives du Parlement.

3° La *Sainte-Chapelle*, qui fut bâtie en 1245 pour y déposer la sainte couronne d'épines et autres reliques données ou vendues à Saint-Louis, pour une somme équivalant à 3 ou 4 millions, par Baudouin II, empereur de Constantinople. La construction de ce chef-d'œuvre de Pierre de Montereau, dont le plan est si pur, les détails si élégants, l'ensemble si harmonieux, ne dura que trois ans et ne coûta qu'une somme équivalant à 1,200,000 francs. La Sainte-Chapelle se compose de deux églises, l'une basse, l'autre haute, toutes deux également légères, gracieuses, et ornées des plus riches vitraux. Une flèche élevée de 75 pieds complétait ce bel édifice, l'un des modèles les plus précieux de l'architecture du moyen âge: brûlée en 1630, reconstruite sous Louis XIV, elle fut de nouveau brûlée en 1787, et vient d'être rétablie avec la plus riche élégance. A l'époque de la révolution, la Sainte-Chapelle devint un magasin de farine, et elle fut alors dépouillée de son trésor si riche en antiquités, en bijoux religieux, en manuscrits d'église couverts de pierreries, de ses châsses d'or, de ses objets d'art, de ses statues, qui furent transportées au musée des Augustins; puis elle fut transformée, sous le Consulat, en dépôt d'archives judiciaires, et elle subit alors les mutilations les plus barbares: vitraux, décorations murales, colonnettes, détails de sculpture, tout fut détruit. Depuis quelques années, une restauration complète de ce monument, honneur du vieux Paris, a été entreprise avec une grande fidélité historique [16] et il est aujourd'hui rendu au culte catholique. Boileau, qui a chanté la Sainte-Chapelle, était né près de cet édifice; il y a été enterré en 1711, «sous la place même du fameux lutrin.»

Le Palais figurait au temps de saint Louis un amas de tourelles, de constructions massives, de petites cours, de hautes murailles. Il n'en reste que les tours de la Conciergerie, qui, à cette époque, baignaient leur pied dans la Seine. Le jardin occupait le terrain où sont les cours Neuve et de Lamoignon, avec toutes les maisons qui les environnent; à l'endroit où est à présent la rue de Harlay, il était séparé par un bras de la rivière des îles aux Juifs et à la Gourdaine.

Sous Philippe-le-Bel, on fit au Palais de nouveaux agrandissements; et alors fut placée dans la grand'salle la fameuse table de marbre, qui servait tour à tour de tribunal, de réfectoire pour les banquets royaux, de théâtre pour «des esbattements de la bazoche.» Charles V et ses deux successeurs cessèrent d'habiter le Palais; mais le Parlement, qui y siégeait depuis qu'il était devenu permanent, continua d'y séjourner. Alors la Conciergerie, qui avait été jusqu'alors la demeure des portiers du Palais, devint une prison, qui fut bientôt ensanglantée par le massacre des Armagnacs. On sait que, dans les temps modernes, elle a renfermé tantôt les plus grands criminels, tantôt les plus illustres victimes, Ravaillac, Damiens, Louvel, Fieschi; Marie-Antoinette,

Bailly, Malesherbes, madame Roland, les Girondins, etc. Ce fut en 1793 la plus horrible des prisons de Paris, et selon l'expression du temps, «d'antichambre de la guillotine.»

Louis XI prit séjour au Palais: on y fit alors quelques embellissements, parmi lesquels la galerie qui sert de salle des Pas-Perdus à la Cour de cassation et qui a été splendidement restaurée en 1833. Sous les successeurs de Louis XI, le Palais cessa définitivement d'être la demeure royale et ne fut plus que le séjour de la justice, c'est-à-dire du Parlement [17], de la Cour des comptes, dont l'hôtel fut construit sous Louis XII, de la Cour des aides, qui siégeait dans le local de la Cour d'appel, de la connétablie et d'une foule d'autres juridictions particulières. En même temps, des marchands vinrent s'établir à ses portes, dans ses galeries et ses escaliers. Enfin, lorsque sous Henri IV, on eut agrandi la Cité en lui ajoutant les îles aux Juifs et à la Gourdaine, lorsqu'on eut construit les quais de l'Horloge et des Orfèvres, le Pont-Neuf, la rue de Harlay, la place Dauphine, etc., le Palais devint le monument de Paris le plus considérable et le plus important. «En 1618, le feu, dit Félibien, prit à la charpente de la grand'salle, et tout le lambris, qui étoit d'un bois sec et vernissé, s'embrasa en peu de temps. Les solives et les poutres qui soutenoient le comble tombèrent par grosses pièces sur les boutiques des marchands, sur les bancs des procureurs et sur la chapelle, remplie alors de cierges et de torches, qui s'enflammèrent à l'instant et augmentèrent l'incendie. Les marchands, accourus au bruit du feu, ne purent presque rien sauver de leurs marchandises. L'embrasement augmenta par un vent du midi fort violent, consuma en moins d'une demi-heure les requestes de l'hostel, le greffe du trésor, la première chambre des enquestes et le parquet des huissiers, etc.» La grand'salle fut reconstruite en 1622 sur les dessins de Jacques Debrosses; elle est divisée en deux nefs par deux rangs de piliers et a 222 pieds de long sur 84 de large. C'est aujourd'hui la salle des Pas-Perdus, sur laquelle s'ouvrent la plupart des tribunaux, salle régulière, mais profondément triste, dont l'aspect est glacial, surtout quand on la voit pratiquée par les agents et les victimes de la chicane.

On sait quel rôle politique le Parlement joua pendant la minorité de Louis XIV. Le Palais devint alors un théâtre perpétuel d'assemblées, d'émeutes, de tumultes, de scandales, les gentilshommes du prince de Condé et du cardinal de Retz firent plusieurs fois «un camp de ce temple de la justice,» et faillirent l'ensanglanter. Tout cela fut terminé par la fameuse visite de Louis XIV au Parlement: alors le Palais perdit son importance politique. En 1671, on bâtit les cours de Harlay et de Lamoignon, «pour dégager, dit l'ordonnance royale, les avenues du Palais, qui est aujourd'hui le centre de la ville et le lieu du plus grand concours de ses habitants.» Les galeries étaient devenues en effet un lieu de promenade très-fréquenté, même par la noblesse, qui venait courtiser les marchandes dans leurs boutiques. Les plus renommées de ces boutiques étaient celles des libraires: on sait que l'échoppe de Barbin a été illustrée par Boileau.

En 1776, un nouvel incendie débarrassa l'entrée du Palais de ses deux petites portes sombres et hideuses, de la rue étroite et tortueuse par laquelle on y arrivait, des maisons fangeuses dont il était obstrué. Alors fut construite, en même temps que les maisons actuelles de la rue de la Barillerie, la lourde et fastueuse façade que nous voyons aujourd'hui, avec sa riche grille, ses deux ailes, sa grande cour. Alors la *cour du Mai*, célèbre par les fêtes de la bazoche, par tant d'entrées royales et d'émeutes populaires, par tant de livres illustres et condamnés qui furent brûlés de la main du bourreau, fut régularisée et agrandie. Dans cette cour est la principale entrée de la Conciergerie, qui occupe une partie du palais de saint Louis, son préau, sa salle des gardes, ses cuisines, etc. Ces dernières, qui sont enfoncées à cinq mètres au-dessous du sol, sont devenues le dépôt où l'on entasse les prévenus. C'est dans cette cour que, dans les journées de septembre, furent amenés les prisonniers de la Conciergerie, dont 288 furent massacrés. «Le peuple, dit Prudhomme, avait placé l'un de ses tribunaux au pied même du grand escalier du Palais; le pavé de la cour était baigné de sang; les cadavres amoncelés présentaient l'horrible image d'un boucherie d'hommes. Pendant un jour entier, on y jugea à mort.»

De grands travaux ont été récemment entrepris pour ajouter au Palais de nouveaux bâtiments et donner à cette assemblage informe, mais respectable de constructions de tous les âges, cette froide et insignifiante unité qui semble le caractère dominant de notre époque. Avec cette unité, il ne sera plus possible de reconnaître le vieux monument tant chéri de nos pères, témoin de tant d'événements, de tant de larmes, de tant de passions, qui a vu les drames sanglants des Mérovingiens, le siége de Paris par les Normands, le massacre des maréchaux sous Étienne Marcel, les saturnales de la Ligue et de la Fronde, les condamnations de Biron, de Marillac, de Fouquet, de Lally, les massacres juridiques de Fouquier-Tinville, temple de cette magistrature qui a donné à la France la liberté civile, qui a été le frein unique de tous les despotismes, qui a cassé les testaments de trois rois, abaissé la noblesse, contenu le clergé, et dont les traditions glorieuses semblent aujourd'hui et pour jamais perdues.

Dans la nouvelle enceinte du Palais sera comprise la *Préfecture de police* qui occupe aujourd'hui l'hôtel de la Cour des comptes et l'hôtel des premiers présidents du Parlement, mais qui doit être installée dans des bâtiments nouveaux.

L'hôtel de la Cour des comptes avait été bâti en 1504 par Joconde et était un des monuments les plus précieux de la renaissance. Il fut détruit entièrement par un incendie en 1737 et rebâti en 1740, tel que nous le voyons aujourd'hui.

Il sert depuis quelques années de demeure au préfet de police et doit être démoli.

L'hôtel des premiers présidents du Parlement, dont l'entrée principale se trouve rue de Jérusalem, a été bâti en 1607. Pendant la révolution, il fut habité par les quatre maires de Paris, Pétion, Chambon, Pache et Fleuriot. C'est là que siégeait en 1792 l'infâme comité municipal de surveillance, qui fit les massacres de septembre. En 1800, on y établit la Préfecture de police. Que de misères, d'intrigues, de crimes, de malheurs ont passé le seuil de cet enfer de la capitale! Ah! si ses murs pouvaient parler! On le démolit aujourd'hui pour le reconstruire sur un plan tout nouveau.

Nous avons dit ailleurs l'origine de l'importante et impopulaire magistrature de la police. La Reynie, le premier lieutenant, a eu, de 1667 à 1789, quinze successeurs. Dubois, le premier préfet, a eu, de 1800 jusqu'à ce jour, vingt-sept successeurs.

Le préfet de police dispose d'un budget de 20 millions; il a sous ses ordres, outre une armée de garde municipale et de sergents de ville, trois cents employés dans ses bureaux, six cents commissaires, inspecteurs, contrôleurs de tout genre, six cents agents de police, etc.

§ VIII.

Rue de Harlay et place Dauphine.

Nous venons de voir à quelle époque a été construite la rue de *Harlay*. Tous les bâtiments qui sont compris entre cette rue, les quais des Orfèvres et de l'Horloge et le Pont-neuf ont la même origine. Ils entourent une petite place, dite *Dauphine*, qui fait communiquer la rue de Harlay avec le Pont-Neuf et qui est ornée d'une fontaine surmontée d'un mauvais buste de Desaix. La place Dauphine fut, en 1788, le théâtre du premier attroupement précurseur de la révolution, à l'occasion du renvoi du ministre Brienne: les soldats qui voulurent le dissiper furent mis en fuite par le peuple.

CHAPITRE V.

LES QUAIS.

C'est une des grandes beautés de Paris que cette double ligne de larges chaussées de pierre qui forment au fleuve deux barrières infranchissables, et sur lesquelles se dressent deux rangées, tantôt de palais superbes, tantôt d'antiques maisons qui tirent de leur situation, de l'espace et du grand air un aspect monumental. Les quais datent à peine de deux siècles; la plupart ont même été construits ou refaits depuis cinquante ans. Nos pères pardonnaient à la Seine ses caprices, ses colères, ses inondations, pourvu qu'ils pussent jouir sur ses bords de la fraîche verdure des roseaux et des saules; leurs bateaux si pleins, si nombreux, venaient aisément y aborder; leurs maisons, leurs moulins y baignaient leurs pieds; leurs tanneries, leurs mégisseries, leurs blanchisseries y trempaient les mains à plaisir. La Seine était alors plus que de nos jours, importante et chère aux Parisiens, quand la ville était ramassée sur ses bords et dans ses îles, quand chacun avait sa part de ses eaux et de ses bienfaits, quand elle était, faute de grands chemins, la route unique du commerce. Aussi ne voulait-on pas s'en éloigner, et, comme si l'espace manquait, on pressait les unes sur les autres les rues voisines de la rivière; on élevait les maisons qui les bordaient à des hauteurs prodigieuses; on couvrait même les ponts de constructions, et c'étaient les habitations les plus chères, les plus élégantes, les plus fréquentées de la ville. Emprisonner dans des murailles le fleuve nourricier eût paru aussi étrange qu'inutile: aussi l'on se contenta pendant longtemps de lui bâtir, dans les endroits ou il prenait trop de liberté, quelques *palées* ou rangées de pieux, quelques estacades en bois; ainsi en était-il au port de la Grève, au port Saint-Landry, au port du Louvre, où abordaient les *naulées* de vins, de grains, de bois, de fruits. Mais quand la population eut augmenté, quand les industries qui se servaient de la rivière eurent fait de ses bords un cloaque de boues et d'ordures, quand les inondations eurent enlevé vingt fois, trente fois, les ponts et les maisons de ses rives, on commença à construire de véritables quais.

Sous Philippe-le-Bel, le terrain situé entre le couvent des Augustins et la rivière était bas, planté de saules et souvent inondé, bien que dans l'été il fût un lieu de rendez-vous et de plaisirs. Le roi ordonna de détruire les saules et de construire une grande levée, ce qui fut exécuté en 1313; et ce quai, dit des *Augustins*, fut le premier qui fut construit dans Paris. Le deuxième fut probablement le quai de la *Mégisserie*. Le terrain de ce quai allait jadis en pente douce jusqu'à la rivière, et il contenait les basses-cours et les jardins de la rue Saint-Germain-l'Auxerrois; là était aussi le port au sel. Sous Charles V, on remblaya le terrain, qui fut garni d'un talus de maçonnerie, et il devint le quai de la *Saunerie*, dit plus tard de la Mégisserie, à cause des métiers qui vinrent s'y établir. Dans l'endroit le plus profond de ce quai, appelé *Vallée de misère*, se tenait le marché à la volaille, et dans le voisinage du Châtelet était le Parloir-aux-Bourgeois, avant qu'il fût établi sur la place de Grève. Vers le XVIᵉ siècle, ce quai fut appelé de la Ferraille, à cause des nombreux étalages de marchands de fer qu'on y voyait encore il y a quelques années; c'était aussi un marché de vieille friperie, dont les échoppes étaient tenues par les pacifiques soldats du guet.

Sous Charles V, on bâtit encore, depuis la place de Grève jusqu'à l'hôtel Saint-Paul, une levée plantée d'arbres, qu'on appela le quai des *Ormes*. Sous François Iᵉʳ, on répara les quais des Ormes et de la Saunerie; on prolongea jusqu'à la rue de Hurepoix celui des Augustins, qui fut bordé de beaux hôtels; on commença le quai du *Louvre* et celui de l'*École*, ainsi appelé de l'école Saint-Germain-l'Auxerrois; on fit des abreuvoirs et des rampes qui descendaient des rues voisines au-dessous des maisons bordant la rivière: la plus fameuse de ces rampes était celle de l'abreuvoir *Popin*, qui a subsisté jusqu'à nos jours; elle tirait son nom d'une famille parisienne très-riche et très-ancienne, et dont un des membres fut prévôt des marchands sous Philippe-le-Bel.

La fondation du couvent des Minimes de Chaillot, sur l'emplacement d'un manoir cédé par Anne de Bretagne, amena, sous Henri II, la création du quai des *Bons-Hommes* situé alors hors de la ville. Les quais jouèrent un rôle sanglant pendant les guerres religieuses: c'est là que furent traînées les victimes de la Saint-Barthélémy pour être jetées à la rivière. On lit, à ce sujet, dans les comptes de l'Hôtel-de-Ville: «Des charrettes chargées de corps morts, damoisels, femmes, filles, hommes et enfants, furent menées et déchargées à la rivière. Les cadavres s'arrêtèrent partie à la petite île du Louvre, partie à celle Maquerelle, ce qui mit dans la nécessité de les tirer de l'eau et de les enterrer pour éviter l'infection [18].» Les quais et les ponts virent les barricades de 1588 et les processions de la Ligue; c'est par la Seine et les quais que Henri IV se rendit maître de Paris; c'est par les quais et les ponts que commencèrent les barricades de 1648.

Sous Henri IV et sous Louis XIII, la construction des quais continua avec plus d'activité. Outre ceux de la Cité et de l'île Saint-Louis, on bâtit le quai de l'arsenal par les soins de Sully, le quai *Malaquais* par les soins de Marguerite de Valois.

Au commencement du XVIIᵉ siècle, le terrain qui est entre le Pont-au-Change et le pont Notre-Dame allait en pente jusqu'à la rivière et n'était couvert que de tas d'immondices et de hideuses baraques où étaient la tuerie et l'escorcherie de la ville. En 1641, le marquis de *Gesvres* obtint la concession de ce terrain, et il y bâtit un quai porté sur arcades et ayant parapet, qui n'avait que neuf pieds de large et était bordé de maisons derrière lesquelles s'ouvrait une rue parallèle, dite aussi de Gesvres. Quelques années après, on couvrit le parapet de petites boutiques avec des étages en saillie sur la largeur du quai, et celui-ci ne fut plus qu'un passage couvert entre les deux ponts. En 1786, on détruisit les boutiques et les maisons, et la rue de Gesvres fut confondue avec le quai, qui fut mis plus tard à l'alignement des quais de la Mégisserie et Lepelletier. Mazarin fit faire le quai des *Théatins* (quai Voltaire), ainsi appelé d'un couvent, aujourd'hui détruit, le quai des *Quatre-nations*, devant le collége de ce nom, et qui était fastueusement orné de balustrades et de sculptures. En 1662, la ville fit faire, «depuis le bout du Pont-Neuf jusques à la porte de Nesle,» le quai de *Nesle*, aujourd'hui Conti; en 1673, elle ordonna aux teinturiers et tanneurs de la Grève d'aller s'établir au faubourg Saint-Marcel, et le quai *Lepelletier*, qui doit son nom au prévôt des marchands, depuis ministre des finances, fut construit [19]; on le ferma avec des grilles, ainsi que le quai de Gesvres, à cause des riches marchands qui s'y établirent. On commença aussi, sous Louis XIV, le quai des *Tuileries*, chemin fangeux par lequel Henri III s'était jadis enfui de Paris, et alors garni de cabarets de planches fréquentés par les gardes-françaises; le quai de la *Conférence*, qui commençait à la porte de même nom et bordait la promenade du Cours-la-Reine; le quai de la *Grenouillère*, ainsi appelé des marais qui l'obstruaient ou des cabarets où le peuple allait *grenouiller*; c'est aujourd'hui le quai d'*Orsay*, qui n'a été achevé que sous l'Empire. Enfin, l'on agrandit le quai de la Tournelle, ainsi appelé d'une tour de l'enceinte de Philippe-Auguste, dont nous parlerons. Sous Louis XV et Louis XVI, on ne fit point de quais nouveaux, mais on continua les anciens: on les déblaya des maisons qui les obstruaient, et on les embellit de monuments, parmi lesquels nous remarquerons seulement l'hôtel des Monnaies, sur le quai Conti.

Les quais étaient alors plus vivants, plus fréquentés, plus commerçants qu'ils ne le sont aujourd'hui, eu égard à la population. Leurs nombreux ports étaient encombrés de marchandises: au port Saint-Paul était le marché aux fruits et aux poissons; aux quai des Ormes, le marché aux veaux; à la Grève, le foin, le blé, le charbon; au port Saint-Nicolas, les bateaux venant du Havre et qui apportaient les produits du Midi; au port de la Tournelle, les arrivages du bois, du plâtre, de la tuile; au port Saint-Bernard, le marché aux vins, etc. Mais la partie de la Seine la plus tumultueuse et la plus gaie était celle que bordaient les quais des Augustins et de Nesle, de la Mégisserie et de l'École, débouchés du Pont-Neuf: là abondaient les marchands de ferraille, de fleurs, d'oiseaux, les marionnettes et les bêtes savantes, les bateleurs, les vendeurs d'images et de livres, surtout les racoleurs, qui faisaient ce trafic de chair humaine plus tard exploité par les assurances militaires.

Les quais ont eu leur part des journées révolutionnaires. C'est sur le quai du Louvre que, le 10 août, se réunirent les bataillons des faubourgs Saint-Antoine et Saint-Marcel; c'est par là qu'ils pénétrèrent dans le Carrousel. C'est par le Pont-Neuf, le quai Voltaire et le Pont-Royal que, le 13 vendémiaire, les bataillons royalistes du faubourg Saint-Germain s'avancèrent contre la Convention et qu'ils furent dispersés par le canon de Bonaparte. C'est par les quais que les combattants de 1830 ont enlevé l'Hôtel-de-Ville et le Louvre, et plus d'une maison porte encore les traces de la bataille. Les quais ont vu Louis XVI, après la prise de la Bastille, allant à l'Hôtel-de-Ville, à travers deux haies de piques menaçantes; ils ont vu les Parisiens marchant, au 5 octobre, sur Versailles, les fêtes païennes de la Convention, les marches triomphales de l'Empire; ils ont vu les canons des Prussiens braqués sur les ponts pendant le pillage de nos musées; ils ont vu les cortéges de la Restauration et la marche de Louis-Philippe vers l'Hôtel-de-Ville à travers les pavés de Juillet; ils ont vu en 1848, les journées du 16 avril et du 15 mai, enfin une partie de la bataille de juin.

C'est depuis la Révolution, c'est surtout depuis l'Empire que les bords de la Seine ont pris une face toute nouvelle, que le fleuve a été enfermé complètement dans son magnifique lit de pierres, que les quais sont devenus une promenade continue de plusieurs lieues sur chaque rive: alors ont été construits ou achevés, sur la rive droite, les quais de la *Rapée*, *Morland*, de la *Conférence*, de *Billy*; sur la rive gauche, les quais d'*Austerlitz*, *Saint-Bernard*, *Montebello*, d'*Orsay*, des *Invalides*, etc. La Restauration et le gouvernement de 1830 ont continué ces travaux si nobles, si utiles, qui donnent à la capitale un aspect unique parmi toutes les villes du monde, et Paris se vante à juste titre d'avoir, dans les quais de la Seine, un monument qui, par son caractère de solidité et de grandeur, peut rivaliser avec ceux des Romains.

Les principaux édifices ou monuments publics qui se trouvent ou se trouvaient sur les quais sont:

Sur la rive droite:

1° L'*Arsenal*, sur le quai Morland. Dès le XIVe siècle, la ville avait établi, dans un terrain dit le Champ-au-Plâtre et situé entre la Bastille et le couvent des Célestins, des granges qui renfermaient des dépôts d'armes. En 1533, François Ier s'empara de ces granges et y fit construire des forges pour son artillerie. Henri II les agrandit et leur ajouta des moulins à poudre et des logements pour les officiers. Toutes ces constructions furent détruites en 1562 par l'explosion de vingt milliers de poudre; on les rétablit, et, sous Henri IV, on y ajouta, outre un bastion et un mail du côté de la Seine, un vaste hôtel, qui était la demeure de Sully, grand maître de l'artillerie. Sous Louis XIII, l'Arsenal fut habité temporairement par Richelieu pendant qu'on bâtissait le Palais-Cardinal. Sous Louis XIV, cet édifice, à cause de son voisinage de la Bastille, fut plusieurs fois occupé par des commissions judiciaires. C'est là que fut jugé Fouquet; c'est là que se tint la chambre ardente devant laquelle comparurent la Voisin, le maréchal de Luxembourg, la duchesse de Bouillon et tant d'autres. En 1718, l'Arsenal fut presque entièrement rebâti et composé de deux corps de bâtiments, l'un voisin de la Bastille, l'autre voisin de la rivière, réunis par un vaste jardin public et une allée d'ormes. Le petit Arsenal était habité par le grand maître de l'artillerie et son état-major; le grand était ordinairement occupé par quelque prince ou seigneur. En 1785, le comte d'Artois, ayant acheté la belle bibliothèque du marquis de Paulmy, la déposa dans les bâtiments de l'Arsenal, où elle devint publique sous le nom de Bibliothèque de *Monsieur*. En 1788, «cet établissement ayant cessé d'être nécessaire, au moyen des fonderies, forges, manufactures d'armes et de poudre établis dans différentes provinces,» Louis XVI supprima l'Arsenal, ainsi que les offices militaires et de justice qui y étaient attachés; il ordonna de vendre les bâtiments avec les terrains et de construire des rues sur leur emplacement. La Révolution empêcha l'exécution de cette ordonnance, et les deux corps de bâtiments de l'Arsenal existent encore, séparés par la rue de l'Orme; le *petit Arsenal* renferme la *direction générale des poudres et salpêtres*, l'ancien hôtel du gouverneur renferme la *bibliothèque de l'Arsenal*, riche aujourd'hui de plus de deux cent mille volumes et de dix mille manuscrits; on y voit encore quelques peintures de Mignard. La grande porte, qui était en face du quai des Célestins, a été détruite pour ouvrir la rue de Sully; les jardins ont formé le boulevard Bourdon et les terrains où l'on a bâti les *greniers de réserve* pour l'approvisionnement de Paris; le mail a formé le quai Morland. Les bâtiments de l'Arsenal ont été habités par madame de Genlis, Alexandre Duval, etc.; c'est là qu'est mort Charles Nodier.

2° L'*Hôtel-de-Ville* et la *place de Grève*. (Voir liv. II, ch. 1er.)

3° La *place du Châtelet*, à la rencontre des quais de Gesvres et de la Mégisserie. Le grand et le petit *Châtelets* étaient, comme nous l'avons dit ailleurs, deux tours bâties d'abord en bois et destinées à défendre les extrémités du grand et du petit *Ponts*; on faisait remonter leur origine à César ou à Julien, et elles servirent à défendre Paris contre les Normands. Le grand Châtelet fut transformé en château fort sous Louis-le-Gros, agrandi par saint Louis, qui l'entoura de fossés, reconstruit en 1485 et en 1684. Il ne resta alors que trois tourelles de l'ancien édifice, avec un passage étroit et obscur, qui faisait communiquer le pont avec la rue Saint-Denis et qu'on appelait rue Saint-Leufroy, à cause d'une chapelle voisine détruite en 1684. A cette époque existait encore une salle-basse qu'on appelait chambre de César et où se lisait cette inscription: *Tributum Cæsaris*. C'était probablement le bureau où, du temps des Romains, se payaient les droits pour les marchandises qui entraient dans la ville. On ignore l'époque à laquelle le Châtelet devint la maison de justice du prévôt de Paris. En 1551, Henri II en fit le siége d'un présidial. Louis XIV incorpora à ce tribunal toutes les juridictions particulières de la ville. En 1789, le Châlelet était le plus important des présidiaux du Parlement de Paris et se composait: du *prévôt*, président honoraire, des trois lieutenants *civil*, *criminel* et *de police* [20], de 60 conseillers, de 13 avocats du roi, de 50 greffiers, de 550 huissiers, de 230 procureurs, etc. C'est à ce tribunal que furent portés les procès politiques au commencement de la Révolution: c'est lui qui condamna à mort Favras. Le Châtelet, étant à la fois une forteresse et une prison, a été le théâtre de nombreuses tragédies: les plus sanglantes sont le massacre des Armagnacs en 1418, la pendaison des magistrats Brisson, Larcher et Tardif en 1591, le massacre de septembre 1792, où périrent deux cent seize prisonniers. Ce monument sinistre, qui, outre son tribunal, renfermait le dépôt des poids et mesures, la Morgue, etc., fut détruit en 1802, et sur ses ruines on ouvrit une grande place, au milieu de laquelle s'élève, depuis 1807, une fontaine ou colonne monumentale de style égyptien, surmontée d'une statue dorée de la Victoire, œuvre de Bosio. La place du Châtelet a été le théâtre d'un violent combat dans les journées de 1830. Elle est aujourd'hui transformée et agrandie par la destruction de toutes les maisons qui l'entouraient et sur ses faces s'ouvrent quatre grandes voies dont trois tout à fait nouvelles: 1° Au couchant la grande rue des Halles; 2° au nord-ouest, la rue St-Denis dont toute la partie inférieure est élargie et de construction nouvelle; 3° au nord-est le grand boulevard de Sébastopol, dont nous parlerons plus loin; 4° à l'est la grande rue qui doit mener en face de l'Hôtel-de-Ville.

4° Le *Louvre*, les *Tuileries* et la *place de la Concorde*. (Voir liv. II, ch. XI.)

5° La *maison de François Ier*, sur le quai des Champs-Élysées. C'est un petit chef-d'œuvre de la renaissance, dont on attribue les ornements à Jean Goujon, et qui, de Moret, où il avait été bâti, a été transporté à Paris, au coin de la rue Bayard, par l'architecte Bret, en 1826.

6° La *pompe à feu de Chaillot*, sur le quai de Billy, machine hydraulique qui alimente les fontaines de toute la partie nord-ouest de Paris.

7° Les bâtiments de la *manutention des vivres* pour la garnison de Paris, sur le quai de Billy. Ils ont été construits sur l'emplacement de la manufacture de tapis de la couronne, dite de la *Savonnerie*, fondée par Henri IV, restaurée en 1713, abandonnée pendant la Révolution, et, sous la Restauration, réunie aux Gobelins.

8° A l'extrémité du quai de Billy se trouvait autrefois le *couvent des Bons-Hommes* ou des Minimes, fondé par Anne de Bretagne. L'église dédiée à Notre-Dame-de-Grâce renfermait le tombeau du maréchal de Rantzau. Une partie des bâtiments existe encore.

Sur la rive gauche:

1° Le *Jardin-des-Plantes*. (Voir liv. III, ch. Ier.)

2° *La Halle-aux-Vins*.--Elle date de 1664 et fut d'abord établie sur un petit terrain dépendant de l'abbaye Saint-Victor, à l'angle du quai et de la rue des

Fossés-Saint-Bernard. En 1808, l'abbaye ayant été détruite, la halle prit un immense développement et renferma tous les terrains compris entre les rues Cuvier, Saint-Victor et des Fossés-Saint-Bernard, c'est-à-dire une superficie de 134,000 mètres. Elle est composée de cinq masses principales de constructions, séparées par des rues et des allées d'arbres, et ressemble à une petite ville. On peut y renfermer plus de deux cent mille pièces de vin. Ce magnifique entrepôt, dont les distributions sont si commodes, les abords si faciles, appartient à la ville de Paris, qui en loue les celliers, caves et galeries, et il lui a coûté près de 20 millions. Les vins qui y sont emmagasinés n'acquittent les droits d'octroi qu'à la sortie de l'entrepôt.

3° La *Tournelle* et la *porte Saint-Bernard*,--Le château de la Tournelle était une grosse tour carrée bâtie par Philippe-Auguste en 1185, et qui correspondait à la tour Loriot (quai des Célestins). A la demande de saint Vincent-de-Paul, on y logea les galériens en attendant le jour de leur départ pour les bagnes: auparavant, «ces coupables gémissaient dans les cachots de la Conciergerie, dénués de tout secours spirituel, exténués par la misère, livrés à toute l'horreur de leur situation.» A côté de cette tour était la porte Saint-Bernard, qui fut détruite en 1670: sur son emplacement on construisit en 1674, sur les dessins de Blondel, un arc de triomphe à la gloire de Louis XIV. Cet arc et la Tournelle furent détruits en 1787.

4° Sur le quai de la Tournelle se trouvent encore: 1° au n° 3, l'hôtel de Nesmond, rebâti par le président de même nom et qui s'était appelé auparavant de *Tyron*, de *Bar*, de *Montpensier*; il avait appartenu aux princes de Lorraine et joua un grand rôle à l'époque de la Fronde; 2° au n° 5, la Pharmacie centrale des hôpitaux de Paris, établie dans l'ancien couvent des *Miramiones* ou filles de Sainte-Geneviève, qui se consacraient au soulagement des malades et des pauvres. Ce couvent avait été fondé en 1661 par l'une des plus saintes femmes dont s'honore l'histoire de Paris, madame Beauharnais de Miramion, que madame de Sévigné appelle une *mère de l'Église*: devenue veuve à seize ans, elle consacra sa fortune et sa vie à des œuvres de charité, et on la vit pendant deux années nourrir de son patrimoine sept cents pauvres que l'Hôpital-Général avait été contraint de chasser. Elle fut enterrée dans le couvent des Miramiones.

5° Le *petit Châtelet*.--Le petit Châtelet fut transformé en château fort et en prison sous Charles V; il était, comme le grand Châtelet, dans la dépendance du prévôt de Paris. Cette forteresse hideuse, qui interceptait le passage et l'air à l'entrée de la rue Saint-Jacques, a été démolie en 1782.

6° Le *couvent des Augustins*.--Le *marché à la Volaille*.--Le couvent des Augustins avait été fondé en 1293 sur l'emplacement d'une chapelle. Son église fut édifiée par Charles V, dont la statue décorait le portail; elle renfermait les tombeaux de Philippe de Comines, de Rémy Belleau, de Dufaur de Pibrac, de Jérôme Lhuillier, etc. Les jardins et dépendances occupaient l'espace compris entre les rues des Grands-Augustins, Christine, d'Anjou et de Nevers. Sa salle capitulaire, son réfectoire, sa bibliothèque étaient très-vastes: aussi c'était dans ce couvent que se tenaient les assemblées de l'ordre du Saint-Esprit et du clergé; c'était là aussi que siégeait le Parlement quand le Palais était occupé par quelque fête royale: ce corps s'y trouvait rassemblé quand Henri IV fut assassiné, et c'est là que Marie de Médicis fut déclarée régente. Les Augustins ont fourni à l'Église de savants théologiens, mais ils étaient renommés pour leur indocilité: en 1658, sous le règne du grand roi, ils soutinrent un siége, où il y eut des blessés et des morts, pour résister à un arrêt du Parlement. Sur l'emplacement de ce couvent a été bâti le *marché à la Volaille*, et ouverte la rue du Pont-de-Lodi. Une partie de l'hôtel de l'abbé existe encore dans cette rue au n° 3.

7° *Hôtel de Nesle ou de Nevers.--Hôtel des Monnaies.*--L'hôtel de Nesle avait été bâti par Amaury de Nesle, qui le vendit à Philippe-le-Bel; il passa à Jeanne de Bourgogne, épouse de Philippe-le-Long, et c'est à elle qu'une tradition très-hasardée attribue les crimes qui ont rendu fameuse la tour de Nesle. Cet hôtel devint sous Charles VI la demeure du duc de Berry, qui l'agrandit et l'embellit[21]. Il était alors borné au couchant par la porte et la tour de Nesle, au delà desquelles était un large fossé, dit la *petite Seine*, qu'on ne passait que sur un pont de quatre arches. En 1552, Henri II ordonna «que les pourpris, maisons et place du grand Nesle seraient vendus.» Le duc de Nevers en acheta la plus grande partie et y fit construire sur un plan très-élégant un hôtel dont l'intérieur était magnifique. Les princesses de la maison de Nevers-Gonzague l'ont rendu célèbre. C'est là que Henriette de Clèves, duchesse de Nevers, pleura la mort de Coconnas, son amant, décapité en 1574, et dont elle conservait la tête embaumée près de son lit. Soixante ans après, la petite-fille de Henriette, Marie de Gonzague, pleurait dans la même chambre la mort tragique de son amant Cinq-Mars: ce qui ne l'empêcha pas d'épouser successivement Ladislas IV et Casimir, rois de Pologne. L'hôtel de Nevers devint, à cette époque, la propriété de Duplessis de Guénégaud, ministre d'État, ami éclairé des arts et des lettres, qui en fit le séjour le plus brillant de Paris, le plus fréquenté des grandes dames et des beaux esprits. C'est là que Boileau lut ses premières satires et Racine sa première tragédie. Dans les dépendances de cette belle maison était l'hôtel Sillery, qui fut habité par Gourville, l'intendant du duc de la Rochefoucauld, si fameux par son esprit d'intrigue. En 1670, l'hôtel de Nevers fut acheté par la princesse de Conti, et sa famille le garda jusqu'en 1768, où il fut acquis par l'État et démoli pour construire sur son emplacement l'hôtel des Monnaies. Cet hôtel, bâti sur les dessins de l'architecte Antoine, est un des monuments les plus remarquables de Paris: il renferme, outre les ateliers nécessaires à la fabrication des monnaies, au contrôle des objets d'or et d'argent, etc., un beau cabinet de minéralogie et une précieuse collection de monnaies françaises et étrangères. C'est le siége de l'administration chargée de l'exécution des lois monétaires.

8° Le *collége des Quatre-Nations*.--Le *palais de l'Institut*.--Mazarin, par son testament, avait fondé un collége, dit des Quatre-Nations, pour les enfants nobles des quatre provinces réunies à la France pendant son ministère. Ce collége fut bâti par les architectes Levau, Lambert et d'Orbay, sur une partie de l'ancien hôtel de Nesle et sur l'emplacement même de la tour et de la porte de Nesle, détruites en 1763. Sa façade sur le bord de la Seine, en face du Louvre, est monumentale et d'un bel aspect. Dans l'église, où se tiennent aujourd'hui les séances publiques de l'Institut, était le tombeau du cardinal, œuvre de Coysevox, et qui se trouve maintenant au musée de Versailles. Le collége des Quatre-Nations subsista jusqu'en 1792; il servit de prison à l'époque de la terreur et devint en 1806 le siége de l'Institut national établi en 1795, ou des cinq Académies, française, des sciences, des inscriptions et belles-lettres, des beaux-arts, des sciences morales et politiques. Les Académies, jusqu'à l'époque de la Révolution, avaient tenu leurs séances au Louvre. Au collége des Quatre-Nations avait été adjointe la bibliothèque de Mazarin, rassemblée à grands frais par Gabriel Naudé et composée alors de quarante mille volumes. Cette bibliothèque existe encore et a aujourd'hui triplé ses richesses.

9° Sur le quai Malaquais, entre la tour de Nesle et la rue des Saints-Pères, était un magnifique hôtel bâti par Marguerite de Valois après son divorce; les jardins bordaient la Seine. Il a été détruit vers la fin du XVIIᵉ siècle, et sur son emplacement ont été construites de belles maisons dont quelques-unes ont de la célébrité: au n° 1 est mort en 1818 l'antiquaire Visconti; au n° 3 a habité le conventionnel Buzot et est mort, en 1807, le peintre Vien; au n° 11 était l'hôtel de Juigné, qui a été habité sous l'Empire par les ministres de la police; au n° 17 est l'hôtel de Bouillon, bâti par le président Tambonneau, habité par une nièce de Mazarin, la duchesse de Bouillon, qui y rassemblait les beaux esprits de son temps: elle y est morte en 1714. Cet hôtel attenait à l'hôtel Mazarin, aujourd'hui détruit et qui a appartenu successivement aux familles de Créquy, de la Trémoille de Lauzun.

10° Sur le quai Voltaire était, au n° 21, un couvent de Théatins, fondé en 1648 par Mazarin. L'église, construite en 1662, possédait le cœur du fondateur et le tombeau de Boursault. En 1790, elle fut attribuée aux prêtres réfractaires, qui se trouvèrent forcés par des émeutes populaires à l'abandonner. Elle devint en 1800 une salle de spectacle, en 1805 le café des Muses, et elle a été détruite en 1821.

Le quai des Théatins était rempli d'hôtels de la noblesse: hôtels Tessé, Choiseul, Bauffremont, d'Aumont, Mailly; hôtels du ministre Chamillard et du maréchal de Saxe. Au n° 5 a demeuré le conventionnel Thibaudeau; au n°

9 est mort Denon, conservateur des musées sous l'Empire; au n° 23 était la maison du marquis de Villette, où Voltaire a demeuré pendant les quatre derniers mois de sa vie; c'est là qu'en 1778 il a reçu les hommages de tout Paris.

11° La *caserne d'Orsay*.--Dans le XVIIe siècle, c'était l'hôtel d'Egmont, qui devint en 1740 l'hôtel des coches ou voitures de la cour. En 1795, on l'attribua au casernement de la légion de police, et en 1800, à celui de la garde consulaire. On y ajouta alors deux grandes ailes, qui doublèrent son étendue, et il prit le nom de *quartier Bonaparte*. Depuis cette époque, il n'a pas cessé d'être une caserne de cavalerie. C'est une des plus belles de Paris, et, à cause de sa position en face des Tuileries, elle a une grande importance.

12° Le *palais d'Orsay*, commencé en 1810 et terminé en 1842. C'est un monument très-imposant par sa masse et son étendue, mais dont l'utilité ne répond pas aux sommes énormes qu'on y a dépensées et qui dépassent dix millions: il sert aux séances du *Conseil d'État* et renferme la *Cour des comptes*.

13° Le *palais de la Légion d'honneur*, bâtiment prétentieux et bizarre qui fut construit en 1786 pour le prince de Salm. C'est là que madame de Staël réunissait, sous le Directoire, les hommes politiques et les écrivains du temps. Il fut acheté par Napoléon, qui y plaça la chancellerie de la Légion d'honneur.

14° *Palais Bourbon*.--Il a été bâti en 1722 par le duc de Bourbon; et il avait son entrée par la rue de l'Université. Il devint, sous la Convention, la maison de la Révolution, où siégeaient la commission des travaux publics et l'administration des charrois militaires, et plus tard le lieu où se faisaient les cours de l'école des travaux publics ou École Polytechnique. Sous le Directoire, on y construisit une salle pour les séances du conseil des Cinq-Cents; en 1801, on y plaça le Corps Législatif, et, de 1806 à 1807, on construisit, sur les dessins de Poyet, la façade et le péristyle qui regardent la place de la Concorde, mais qui ne sont qu'un ornement, puisqu'ils ne servent pas d'entrée. Il devint le palais de la Chambre des députés en 1814, et c'est là que sont nés tous les gouvernements et les constitutions que la France a eus depuis cette époque. Louis XVIII y *octroya* la Charte le 2 juin 1814; le 8 juillet 1815, les Prussiens en fermèrent les portes à la représentation nationale; le 9 août 1830, Louis-Philippe y vint prononcer son serment à la Charte nouvelle; le 24 février 1848, il fut envahi par les insurgés, qui y nommèrent un gouvernement provisoire; le 4 mai, l'Assemblée constituante y ouvrit sa session, et, suivant le *Moniteur*, y «acclama la République vingt-quatre fois et d'un cri unanime.» Le 15 mai, une multitude égarée par quelques factieux envahit le palais de l'Assemblée nationale et en fut bientôt chassée par la force armée. Le 24 juin, tous les pouvoirs exécutifs y furent délégués au général Cavaignac. Le 20 décembre, Louis Napoléon Bonaparte, élu président de la République, y «jura de rester fidèle à la République démocratique, une et indivisible.» Le 2 déc. 1851, l'Assemblée législative y fut détruite par un nouveau 18 brumaire; enfin, depuis cette époque, le Corps Législatif y tient ses séances.

Le Palais-Bourbon, depuis que les représentations nationales l'ont pris pour demeure, a subi des changements considérables; les principales consistent: 1° dans la construction d'une belle salle des séances; 2° dans la destruction du bel hôtel Lassay, dépendant du palais, qui a servi longtemps de demeure au président de la Chambre des députés. Sur l'emplacement des jardins on a élevé un magnifique bâtiment qui renferme le ministère des affaires étrangères.

CHAPITRE VI.

LES PONTS.

Les deux plus anciens ponts de Paris sont le *Pont-au-Change* et le *Petit-Pont*, qui datent du temps des Gaulois. Ils joignaient les deux extrémités de la voie tortueuse, dont nous avons déjà parlé, qui traversait la Cité sur l'emplacement des rues de la Barillerie, de la Calandre et du Marché-Palu; et c'est ce qui amena probablement leur construction. Le premier, appelé d'abord *Grand-Pont*, prit en 1140, son nom actuel des changeurs qui s'y établirent et qui y restèrent jusqu'au XVIe siècle; il a été détruit souvent par les eaux ou par le feu, et reconstruit pour la dernière fois en 1647, avec deux rangées de maisons qu'on fit disparaître en 1786 [22]. Il avait, à son extrémité septentrionale, deux entrées formées par un groupe triangulaire de maisons, lequel était orné d'un monument à la gloire de Louis XIV: l'une communiquait au Châtelet, l'autre au quai de Gesvres. Le Petit-Pont a subi à peu près les mêmes vicissitudes que le Pont-au-Change: rebâti pour la première fois en 1185, il a été huit fois détruit par les eaux ou par le feu, et sa dernière reconstruction est de 1718, époque où un immense incendie le détruisit avec les vingt-deux maisons qu'il portait. C'est devers le Petit-Pont que la procession de la Ligue, en 1590, «rencontrant de male ou de bonne fortune le coche où étoit le légat Cajetan, les capitaines, comme chose due à leur chef, se délibérèrent de faire une salve et révérence militaire, de quoi l'un d'entre eux abattit l'un des domestiques du légat.» Le Petit-Pont a été l'un des théâtres de la bataille de juin 1848.

Le Grand et le Petit-Pont furent, pendant mille à douze cents ans, les seules constructions de ce genre à Paris. En 1378, on construisit le pont *Saint-Michel*, qui tire son nom d'une chapelle du Palais qui en était voisine: détruit plusieurs fois par les grandes eaux, il fut reconstruit en 1618 tel qu'il est aujourd'hui, avec deux lignes de maisons qui disparurent en 1808 [23]. C'est sur ce pont que le président Brisson et ses collègues furent arrêtés par les ligueurs. En 1413, on construisit le pont *Notre-Dame*, qui, en 1449, par la négligence des magistrats, se trouvait dans un tel état, qu'il s'écroula dans la Seine: heureusement on avait eu le temps de faire évacuer les maisons; le prévôt et les échevins n'en furent pas moins arrêtés, destitués et condamnés à une longue prison. Le pont fut reconstruit par le jacobin Jean Joconde, et, selon l'usage, on en fit une rue en y plaçant de chaque côté trente belles maisons d'architecture uniforme. «Pour la joie, disait une inscription, du parachèvement de si grand et magnifique œuvre, fut crié Noël et grande joie démenée avec trompettes et clairons qui sonnèrent par long espace de temps.» Ce pont fut pendant plus d'un siècle la promenade la plus fréquentée et le rendez-vous des beaux de la capitale. On détruisit ses soixante maisons en 1786; mais on y a laissé subsister une construction très-utile, quoique trèslaide: c'est le bâtiment de la *pompe Notre-Dame*, qui fournit à Paris journellement deux millions de litres d'eau.

Jusqu'au XVIᵉ siècle, on n'eut besoin que de ces quatre ponts [24], qui prolongeaient, à travers la Cité, les quatre grandes artères de la ville, c'est-à-dire la rue Saint-Denis avec la rue de la Harpe, la rue Saint-Martin avec la rue Saint-Jacques. En effet, Paris n'avait fait encore que se gonfler sans s'allonger sur les deux rives de la Seine, et la Cité pouvait, jusqu'à cette époque, être regardée comme le diamètre du cercle qu'il formait. Mais quand le quartier Saint-Honoré d'un côté, le faubourg Saint-Germain d'un autre côté, commencèrent à se bâtir, il fallut les unir par un pont: ce fut le Pont-Neuf, dont la première pierre fut posée par Henri III en 1578, et qui ne fut achevé qu'en 1602. Commencé par Jean-Baptiste Ducerceau, il fut terminé par Marchand; sa longueur est de 232 mètres. Alors la Cité fut agrandie par l'adjonction des îlots voisins, et l'on construisit sur ces remblais la place Dauphine et le terre-plein de Henri IV, sur lesquels le nouveau pont dut s'appuyer. Nous avons dit ailleurs (*Hist. gén. de Paris*, p. 66) qu'il devint, pendant plus d'un siècle, la promenade favorite des Parisiens, le rendez-vous des oisifs, des charlatans et des saltimbanques. C'était aussi le marché aux vieux livres; mais un arrêt du Parlement, en 1649, en délogea les bouquinistes. Enfin, c'était le lieu où les recruteurs et racoleurs exerçaient leur industrie. «Ces vendeurs de chair humaine, dit Mercier, font des hommes pour les colonels, qui les revendent au roi: ces héros coûtent trente livres pièce... Ils se promènent la tête haute, l'épée sur la hanche, appellent tout haut les jeunes gens qui passent, leur frappent sur l'épaule, les prennent sous le bras, les invitent à venir avec eux d'une voix qu'ils tâchent de rendre mignarde. Ils ont leurs boutiques dans les environs, avec un drapeau armorié qui flotte et leur sert d'enseigne [25].» Le Pont-Neuf, dans le temps où il fut construit, était une voie de communication très-importante, puisqu'il unissait les trois parties de Paris, à une époque où le commerce, par suite de l'établissement de la foire Saint-Germain et des galeries marchandes du Palais, était à peu près également réparti sur les deux rives de la Seine. La suppression de la foire Saint-Germain, en 1786, en même temps qu'elle enleva la vie à la rive gauche, a tué la joie et la foule au Pont-Neuf. Le pont n'en est pas moins resté, par sa position unique et centrale, le plus fréquenté et le plus important de Paris. Deux monuments ont contribué à le rendre populaire, le *Roi de bronze* et la *Samaritaine.*

Le monument de Henri IV a été commencé en 1614: le cheval, œuvre de Jean de Boulogne, fut d'abord placé seul et resta sans cavalier jusqu'en 1635, où Richelieu fit monter la statue de Henri IV. C'est devant ce monument que fut mutilé le cadavre du maréchal d'Ancre; c'est là que le peuple brûla l'effigie du ministre Brienne en 1788. Après le 10 août, le cheval de bronze et son cavalier furent renversés et convertis en canons: à leur place on établit une batterie destinée à sonner l'alarme et qui retentit dans toutes les journées révolutionnaires. Une nouvelle statue équestre de Henri IV, œuvre de Lemot, a été rétablie en 1817.

La *Samaritaine* était un bâtiment élevé sur pilotis dans la rivière, qui renfermait une pompe aspirante chargée de donner de l'eau au quartier du Louvre: il avait été construit en 1608 et fut restauré avec magnificence en 1715 et 1772. Sur sa façade était une fontaine ornée de figures de bronze représentant Jésus-Christ et la Samaritaine et surmontée d'une horloge à carillons, qui jouait des airs dans les jours de fêtes. Ce bâtiment a été détruit en 1813. La Samaritaine et la statue de Henri IV étaient des monuments très-chers aux Parisiens: les *dialogues de la Samaritaine avec le Roi de bronze* ont été le titre et le sujet d'une infinité de pamphlets, surtout à l'époque de la Fronde.

Après la construction du Pont-Neuf, on éleva les ponts *Marie* et de la *Tournelle* pour faire communiquer le quartier Saint-Antoine avec la place Maubert, quand l'île Saint-Louis commença à être bâtie. Le premier ne fut achevé qu'en 1635; l'inondation de 1658 en détruisit deux arches et avec elles vingt-deux maisons et cinquante personnes; on le rétablit avec sa double ligne de maisons, qui furent démolies en 1786. Le second, qui était en bois, fut terminé en 1620 et reconstruit en pierre en 1656; il a été récemment élargi et restauré.

L'agrandissement du faubourg Saint-Germain et du quartier du Louvre fit construire en 1642 le pont *Barbier* ou *Sainte-Anne*, à la place du *bac* qui existait vis-à-vis de la rue qui en a pris le nom. Ce pont était en bois; on l'appelait aussi Pont-Rouge, parce qu'on le peignit de cette couleur; il fut emporté par les eaux en 1684, et on lui substitua le *Pont-Royal* dont l'exécution est due au dominicain François Romain.

A ces huit ponts il faut ajouter: 1° le pont aux *Doubles* ou de l'*Hôtel-Dieu*, construit en 1634 pour faire communiquer la Cité avec la place Maubert et sur lequel on prélevait un péage d'un *double* denier; la moitié de la largeur du pont était occupée par des salles de l'Hôtel-Dieu. Il a été entièrement reconstruit. 2° Le *Pont-Rouge*, pont de bois construit en 1617 pour faire communiquer la Cité avec l'île Saint-Louis; il a été détruit plusieurs fois et remplacé en 1842 par une passerelle suspendue, dite pont de la *Cité*.

Ces dix ponts sont les seuls qui existaient à l'époque de la Révolution. En 1787, on avait commencé, sur les dessins de Perronet, le pont Louis XVI, dit aussi de la *Révolution* et aujourd'hui de la *Concorde*; mais il attendit le 14 juillet 1789 pour être terminé: ce jour-là, le peuple lui fournit des matériaux en démolissant la Bastille, et c'est avec ces pierres fameuses qu'il a été achevé. Ce pont, qui mène de la place de la Concorde au Palais-Bourbon, a vu passer, surtout dans ces dernières années, bien des cortéges et plus d'une révolution!

Sous l'Empire ont été faits les ponts: d'*Austerlitz*, commencé en 1802, achevé en 1807, reconstruit en 1834; des *Arts*, commencé en 1802, achevé en 1804; d'*Iéna*, commencé en 1809, achevé en 1813. Le premier fait communiquer le quartier de la Bastille avec celui du Jardin-des-Plantes ou le boulevard Mazas avec le boulevard de l'Hôpital; le deuxième va du Louvre au palais de l'Institut, et n'est praticable que pour les piétons; le troisième, qui est le plus beau et le plus élégant de Paris, conduit de Chaillot au Champ-de-Mars: en 1815, les Prussiens le minèrent pour le faire sauter.

Les ponts suspendus des *Invalides* et d'*Arcole* ont été construits en 1829 et en 1831; démolis et reconstruits en 1853 et 1854. Le dernier, qui mène de la place de Grève à la Cité, a été le théâtre d'un combat en 1830. Les ponts *Louis-Philippe*, de l'*Archevêché*, du *Carrousel* datent de 1832 à 1836. Enfin on a construit récemment, en 1855, le pont de l'*Alma* qui unit le quartier de Chaillot et celui du Gros-Caillou, et en face duquel on doit ouvrir une avenue allant à la barrière de l'Étoile. Le nombre des ponts de Paris s'élève ainsi à dix-neuf. Ce nombre est insuffisant: avec dix-neuf ponts, le Paris de nos jours, qui s'étend sur la Seine pendant deux lieues, a réellement moins de voies de communication entre ses deux rives que le Paris du moyen âge, qui bordait le fleuve pendant quelques centaines de mètres, avec ses quatre et même ses cinq ponts. Ajoutons à cela que, jusqu'en 1848, sept de ces ponts étaient à péage, c'est-à-dire interdits à la plupart des habitants. Après la révolution de février, la municipalité a enfin compris qu'elle doit aux citoyens la libre et gratuite circulation sur les ponts comme dans les rues, et la capitale a été enfin délivrée de ces ponts à péage, invention inique du temps de l'Empire, et que le Paris de saint Louis ne connaissait pas.

LIVRE II.

PARIS SEPTENTRIONAL.

CHAPITRE PREMIER.

LA PLACE DE GRÈVE, LA RUE SAINT-ANTOINE, LA PLACE DE LA BASTILLE, LE FAUBOURG SAINT-ANTOINE.

§ Ier.

La Place de Grève et l'Hôtel-de-ville.

La place de Grève ou de l'Hôtel-de-Ville n'était, dans l'origine, comme son nom l'indique, qu'une *grève*, que le fleuve couvrait souvent de ses eaux. Il s'y tint, à une époque très-reculée d'où datent probablement ses premières maisons, un marché qui fut supprimé en 1141. Vers la fin du XIIIe siècle, le Parloir-aux-Bourgeois, qui s'était tenu d'abord à la *Vallée de misère*, près du grand Châtelet, vint s'y établir dans une maison dite *aux Piliers*, et alors commença la célébrité de cette place destinée aux rassemblements populaires, aux réjouissances publiques, aux exécutions criminelles, et qui a été témoin de tant de tumultes, de tant de fêtes, surtout de tant de supplices! Que de foules se sont entassées là autour de l'échafaud! que d'hommes on y a tués, innocents ou coupables! que de tortures y ont été soufferts, depuis 1310, où la première victime, Marguerite Porrette, fut brûlée pour hérésie religieuse, jusqu'en 1822, où Bories, Goubin, Pommier, Raoulx furent décapités pour hérésie politique! «Si tous les cris, dit Charles Nodier, que le désespoir y a poussés sous la barre et sous la hache, dans les étreintes de la corde et dans les flammes des bûchers, pouvaient se confondre en un seul, il serait entendu de la France entière.»

Les plus fameux de ces supplices sont ceux de Jean de Montaigu, surintendant des finances, en 1409, du connétable de Saint-Pol en 1475, de Jacques de Pavanes en 1525, de Louis de Berquin en 1529, de Barthélémy Milon en 1535 (les trois premières victimes de la réforme à Paris), d'Anne Dubourg en 1559, de Briquemaut et Cavagnes en 1572, de la Mole et Coconnas en 1574, de Montgomery en 1574, de Ravaillac en 1610, d'Éléonore Galigaï en 1617, de Montmorency-Bouteville et des Chapelles en 1627, du maréchal de Marillac en 1632, de la marquise de Brinvilliers en 1676, du comte de Horn en 1720, de Cartouche en 1721, de Damiens en 1757, de Lally en 1766, de Favras en 1790, de Fouquier-Tinville et de quinze autres membres du tribunal révolutionnaire le 18 floréal an III, de Demerville, Arena, Topino, Ceracchi, en 1801, de Georges Cadoudal et de ses compagnons en 1803, de Pleignier, Carbonneau et Tolleron en 1816, de Louvel en 1820, des quatre sergents de la Rochelle en 1822. Après la révolution de juillet, l'échafaud a été transporté à la barrière Saint-Jacques.

Que d'événements a vus cette place célèbre! Pour les énumérer, il faudrait faire toute l'histoire de Paris. Étienne Marcel, les bouchers de Jean-Sans-Peur, la Ligue, la Fronde, La Fayette et Bailly, la Commune du 10 août et du 31 mai, le Gouvernement provisoire de 1848 y ont successivement rassemblé leurs bandes tumultueuses, leurs compagnies bourgeoises, leurs bataillons populaires; c'est là qu'ont commencé ou qu'ont fini, depuis soixante ans, toutes les journées révolutionnaires. Au coin du quai Lepelletier a été tué Flesselles; au coin de la rue de la Vannerie, aujourd'hui détruite, au-dessus de la porte d'un épicier que décorait un buste de Louis XIV, a été pendu Foulon; sur les marches de l'Hôtel-de-Ville a été assassiné Mandat. La place de Grève a vu la multitude demandant des armes le 13 juillet 1789, le lendemain revenant victorieuse de la Bastille, le surlendemain faisant la haie sur le passage de Louis XVI; elle a vu, le 5 octobre, la Fayette entraîné par la garde nationale à Versailles, les apprêts du 10 août et du 31 mai, la défaite des faubourgs au 9 thermidor. Que de fêtes sous l'Empire! et elles devaient se terminer, au bruit des étrangers maîtres de Paris, par la municipalité demandant la déchéance de l'empereur! Que de fêtes sous la Restauration! et elles devaient se terminer par le peuple conquérant à coups de fusil l'Hôtel-de-Ville, et la Fayette intronisant une nouvelle dynastie! Que de fêtes sous Louis-Philippe! et elles devaient finir par une nouvelle invasion populaire, l'installation du Gouvernement provisoire, la proclamation de la République! La place de Grève offrit alors, et pendant plusieurs mois, le plus étrange, le plus confus, le plus animé des spectacles: nuit et jour elle se trouvait couverte d'une foule tumultueuse, tantôt enthousiaste, tantôt menaçante, irritée, entraînée, éblouie, fascinée, qui ne cessait d'envahir les escaliers, les cours, les salons de l'Hôtel-de-Ville, bivouaquant ici, pérorant là, s'exaltant ou s'apaisant aux harangues harmonieuses, aux paroles passionnées de ses tribuns; enfin discréditant, ruinant elle-même sa puissance par la folle journée du 16 avril, où l'Hôtel-de-Ville, menacé par une colonne de cent mille hommes ignorants ou égarés, trouva son salut dans le dévouement de la garde nationale; par la criminelle tentative du 15 mai, où l'Hôtel-de-Ville fut un moment au pouvoir de quelques factieux; par la sacrilège bataille de juin, où l'Hôtel-de-Ville fut pendant trois jours bloqué par l'insurrection, qui s'efforçait de s'emparer de ce Louvre de la multitude.

Aujourd'hui, le calme est rétabli sur cette place, qui est redevenue ce qu'elle est depuis un siècle, le lieu de rassemblement des ouvriers qui cherchent de l'ouvrage, principalement des ouvriers en bâtiment. De là est venu le mot *faire grève*, pour signifier les chômages volontaires des corps de métiers, comme on en a vu tant de fois depuis trente ans. La place a d'ailleurs doublé d'étendue et de magnificence, par les démolitions faites sur toutes ses faces: ainsi la face occidentale a été reculée, rebâtie et ouverte par une large voie bordée de maisons qui ressemblent à des palais: c'est le boulevard *de l'Hôtel-de-Ville* qui joint la place du Châtelet et a absorbé les affreuses rues du quartier des Arcis;

le flanc méridional est bordé par la nouvelle rue de Rivoli qui met l'Hôtel-de-Ville en communication d'une part avec la barrière de l'Étoile, d'autre part avec la barrière du Trône, et en fait ainsi, comme dans les temps anciens, le centre de Paris. Nous verrons plus loin les changements faits derrière l'Hôtel-de-Ville; disons d'abord l'histoire du monument.

Nous avons vu que le corps municipal de Paris remonte aux *nautes*, corporation de marchands par eau établie du temps des Romains, et peut-être avant leur domination, qui devint au XIIe siècle la *hanse* parisienne[26]. Le chef de cette corporation prit en 1258 le titre de *prévôt des marchands* et ses confrères celui d'*échevins*. Le prévôt et les quatre échevins, qui plus tard furent assistés de vingt-six conseillers, étaient élus et devaient être nés à Paris; ils comptaient dans la noblesse; presque tous ont consacré les revenus de leur charge à l'embellissement de la ville; presque tous ont laissé une mémoire recommandable et tout occupée du bien public. «On espluche avec tant de soin, dit un écrivain du XVIe siècle, la vie de ceux qui aspirent à ces belles dignitez, qu'il est impossible que homme y puisse parvenir qui soit le moins du monde marqué de quelque note d'infamie, ressentant dénigrement de renommée, tant est saincte cette authorité et honneur d'eschevinage que la seule opinion de vice peut lui donner empeschement.» Les plus célèbres des prévôts sont: Étienne Barbette, Jean Gentien, Étienne Marcel, Jean Desmarets, Michel Lallier, Jean Bureau, Auguste de Thou, Lachapelle-Marteau, François Miron, Jean Scarron, Claude Lepelletier, Étienne Turgot, Jérôme Bignon, Lamichodière, Caumartin, Flesselles. Jusqu'au règne de Louis XIV, les libertés municipales, qui n'avaient subi qu'une interruption de vingt-neuf années (de 1382 à 1411), restèrent intactes, sans que la royauté en conçût le moindre ombrage; mais après la Fronde, elles devinrent à peu près nulles. Dans les derniers temps de la monarchie absolue, quand arrivait l'élection du prévôt, le roi écrivait aux Parisiens: «Nous désirons que vous ayez à donner votre voix à M...;» et l'homme de la cour était élu. «Le prévôt des marchands et les échevins, dit Mercier, ont des places lucratives, honorifiques; mais ce sont des fantômes du côté du pouvoir. Tout est entre les mains de la police, jusqu'à l'approvisionnement de la ville, de sorte que celle-ci n'a plus, dans ses propres et anciens magistrats municipaux, le principe de sa sûreté et le gage de sa subsistance... Ce qu'on appelle l'Hôtel-de-Ville est devenu, pour ainsi dire, un objet de dérision, tant ce corps est étranger aux citoyens [27].»

Nous avons vu dans l'*Histoire générale de Paris* que l'ancienne municipalité finit le 14 juillet 1789 avec le dernier prévôt des marchands; que la loi du 21 mai 1790 donna à la capitale une administration nouvelle, composée d'un maire, d'un conseil municipal et d'un conseil général; que cette administration fut renversée par la révolution du 10 août, qui créa la puissance de la fameuse Commune de Paris, puissance qui dura jusqu'au 9 thermidor; que diverses commissions provisoires furent alors chargées de l'administration de la ville jusqu'en 1800, où la loi du 28 pluviôse an VIII confia cette administration à deux préfets, l'un de la Seine, l'autre de police, et à un conseil municipal; enfin, que cet état de choses fut modifié par la loi du 20 avril 1834. La révolution de 1848 fit disparaître l'administration municipale créée par cette loi; un maire, membre du Gouvernement provisoire, concentra entre ses mains tous les pouvoirs; mais cette dictature ne dura que jusqu'au 20 juillet, où fut rétablie la préfecture de la Seine. Depuis cette époque, Paris est administré par deux préfets, l'un de la Seine, l'autre de police; le premier est assisté d'une *commission municipale* nommée par le gouvernement.

Le premier *Hôtel-de-Ville* qu'ait eu la place de Grève s'appelait la *Maison-aux-Piliers*, à cause des piliers de bois qui soutenaient son humble façade, ou *Maison-aux-Dauphins*, parce qu'elle avait appartenu aux dauphins de Viennois. Elle fut acquise pour la ville par Étienne Marcel, prévôt des marchands, le 7 juillet 1357, au prix de 2,880 livres parisis. «Il y avoit, dit Sauval, dans cette maison, deux cours, un poulailler, des cuisines hautes et basses, grandes et petites, des estuves, une chambre de parade, une d'audience appelée plaidoyer, une salle couverte d'ardoises, longue de cinq toises et large de trois, et plusieurs autres commodités.» C'est dans cet hôtel que se passèrent, pendant deux siècles, les événements les plus graves de l'histoire parisienne; c'est là que furent prises tant de résolutions utiles à la ville et à l'État; c'est là que nos rois trouvèrent toujours «un asseuré refuge et recours dans leurs urgentes affaires.»

Sous le règne de François Ier, la Maison-aux-Piliers tombant en ruines, il fut résolu de la remplacer par un hôtel digne de Paris. La première pierre en fut posée le 15 juillet 1533 par Pierre Viole, prévôt des marchands. «Pendant que l'on faisoit l'assiette de cette pierre, dit Dubreuil, sonnoient les fifres, tambourins, trompettes et clairons, artillerie, cinquante hacquebutes à croc de la ville avec les hacquebutiers d'icelle ville qui sont en grand nombre; et aussi sonnoient à carillon les cloches de Saint-Jean-en-Grève, de Saint-Esprit et de Saint-Jacques-de-la-Boucherie. Aussi, au milieu de la Grève, il y avoit vin défoncé, tables dressées, pain et vin pour donner à boire à tous venants, en criant par le menu peuple à haute vois: Vive le roy et messieurs de la ville!»

L'édifice, construit sur les dessins de Dominique de Cortone, assisté de Jean Asselin, maître des œuvres de la ville, ne s'éleva que lentement: en 1550, il n'avait qu'un étage; interrompu pendant les guerres civiles, il fut repris en 1605 sous la direction de Ducerceau et par les soins de François Miron, prévôt des marchands; il ne fut achevé qu'en 1628. Il présentait une seule façade formée d'un corps de bâtiment avec deux pavillons et surmontée d'une campanille; au-dessus de la porte d'entrée était une statue de Henri IV, œuvre remarquable de Pierre Biard. La cour, entourée de portiques, était décorée d'une statue de Louis XIV, chef-d'œuvre de Coysevox. La principale salle était celle du *Trône*, qui servait pour les réceptions, les fêtes, les banquets, et qui était ornée de tableaux de Largillière, de Troy, de Porbus, représentant des cérémonies royales ou municipales. C'est, de tout l'hôtel, la pièce la plus féconde en souvenirs historiques; là, dans cette salle où les Parisiens avaient reçu à genoux Henri IV et Louis XIV, la Commune du 10 août s'installa pour diriger l'attaque des Tuileries; là elle fut vaincue avec Robespierre, qui s'y fracassa la tête d'un coup de pistolet.

En 1801, l'Hôtel-de-Ville fut agrandi au moyen de la démolition: 1° de l'*hôpital du Saint-Esprit*, fondé en 1362 pour des orphelins nés à Paris, enfants légitimes de parents décédés à l'Hôtel-Dieu; il était contigu à l'Hôtel-de-Ville, et près de lui se trouvait le *Bureau des pauvres*, qui avait «le droit de lever tous les ans une taxe d'aumône sur tous les habitants de la ville, de tels rangs et qualités qu'ils puissent être;» sur l'emplacement de l'hôpital du Saint-Esprit, on construisit alors un hôtel pour le préfet de la Seine. 2° De l'église *Saint-Jean-en-Grève*, située rue du Martroy, derrière l'Hôtel-de-Ville; c'était l'une des mieux ornées et des plus fréquentées de Paris; elle avait eu pour curé Jean Gerson et renfermait le tombeau de Simon Vouet. Une chapelle, dite salle Saint-Jean, a servi jusqu'en 1837 de salle d'assemblée pour la ville.

Malgré ces augmentations, l'Hôtel-de-Ville était insuffisant pour les services administratifs, et différents bureaux avaient été placés dans des maisons voisines; enfin, en 1836, il fut agrandi sur un vaste plan gigantesque et au moyen de la destruction des rues du *Martroy*, qui passait jadis sous l'édifice, du *Tourniquet-Saint-Jean*, ou du *Pet-au-Diable*, de la *Levrette*, des *Audriettes*, d'une partie des rues de la *Mortellerie* et de la *Tixeranderie*, etc. En prolongeant la façade primitive au moyen de deux ailes bâties dans le même style, en ajoutant trois faces à peu près semblables à celle qui existait primitivement, on en a fait un palais magnifique, de forme rectangulaire, ayant 180 mètres de long sur 80 mètres de large, dont la position sur le bord de la Seine, en face de la Cité, est vraiment monumentale, et dont l'intérieur est décoré avec la richesse la plus élégante et le luxe le plus somptueux. De nombreuses statues d'hommes célèbres, la plupart nés à Paris, mais qui n'ont pas tous été heureusement choisis, ornent l'ancienne façade. On pénètre par trois grandes portes dans les appartements du préfet, dans la cour d'honneur et dans les bureaux de la préfecture. Il serait difficile d'énumérer les pièces, galeries, salons, objets d'art, bibliothèque, tableaux, statues, qui composent ou décorent ce palais. La galerie des fêtes occupe seule 48 mètres de long sur 13 de large.

L'histoire de l'Hôtel-de-Ville serait l'histoire même de Paris, l'histoire même de la France. A toutes les époques, il s'est passé dans cet édifice des événements, il en est sorti des résolutions qui ont influé sur le sort du pays; mais il en est deux surtout où il a dominé la France et ébranlé le monde: c'est d'abord du 10 août 1792 au 27 juillet 1794, pendant le règne de la sanglante

Commune, qui gouvernait la Convention; c'est ensuite du 24 février au 4 mai 1848, pendant la tumultueuse dictature du Gouvernement provisoire.

§ II.

La rue et le quartier Saint-Antoine.

La place de Grève communiquait autrefois avec le quartier Saint-Antoine au moyen d'une arcade pratiquée dans l'épaisseur de l'Hôtel-de-Ville, laquelle s'ouvrait sur la rue du *Martroy*, ainsi appelée probablement de quelques martyrs qui furent enterrés dans un champ de sépultures dont nous allons parler. Elle se prolongeait par la rue du *Monceau-Saint-Gervais*, qui prenait son nom de l'éminence où elle était pratiquée, éminence formée anciennement d'immondices, et dont l'emplacement était, du temps des Romains, un cimetière [28]. Dans cette rue et devant le portail de Saint-Gervais, on a vu jusqu'en 1800 un arbre, dit l'orme Saint-Gervais, dont la première plantation remontait probablement au temps des Druides et qui peut-être a donné naissance au proverbe: Attendez-moi sous l'orme. Sous son ombrage, les juges rendaient la justice, les vassaux venaient payer leurs redevances, les bourgeois se réunissaient après la messe pour parler d'affaires, les amants se donnaient rendez-vous. A la place de la rue du Monceau, tortueuse, populaire et très-fréquentée, on avait ouvert, en 1836, une large et belle voie, dite *François-Miron*, qui dégageait la façade de l'église Saint-Gervais: on vient de la détruire pour ouvrir sur les derrières de l'Hôtel-de-Ville une vaste place, où l'on a construit une énorme caserne qui ressemble à la fois à un palais et à une forteresse, qu'on appelle *Caserne Napoléon*.

Le prolongement de la rue François-Miron était la rue du *Pourtour-Saint-Gervais*, qui longe l'église de même nom; elle vient d'être aussi détruite par son côté méridional. L'église *Saint-Gervais* est la plus ancienne du nord de Paris, car elle existait au VIe siècle sous l'épiscopat de saint Germain, qui, suivant Fortunat, venait y faire ses prières. A cette époque, cette *basilique*, ainsi que l'appelle le même poète, avec le grand orme qui ombrageait sa face, s'élevait sur une éminence battue par les vagues de la Seine dans ses inondations qui souvent couvraient toute la place de Grève; elle avait une enceinte qui la protégea contre les Normands, et autour d'elle était un bourg de pêcheurs et de bateliers dont la voie dite de la Mortellerie formait la grande rue. Elle fut reconstruite en 1212, en 1420 et en 1581; ses voûtes gothiques très-élevées sont aussi hardies qu'élégantes; son portail, d'architecture moderne, œuvre de Jacques Debrosses, date de 1616 et jouit d'une grande renommée: c'est une décoration en placage où l'on a appliqué assez étrangement les ordres antiques à une église du moyen âge; mais il a un aspect de grandeur qui séduit, et a servi de modèle pendant plus d'un siècle pour toutes les façades d'églises. L'église Saint-Gervais possède des vitraux de Jean Cousin et de Pinaigrier, des tableaux d'Albert Durer, de Champagne et de Lesueur, etc. Elle est célèbre, dans les troubles de la Ligue, par son curé Wincestre, l'un des ennemis acharnés de Henri III, et par sa confrérie du Cordon, qui «dressait des rôles de soupçonnés politiques» et dominait le conseil de l'Union. Bossuet, le 25 janvier 1686, prononça dans cette église l'oraison funèbre du chancelier Le Tellier. On y voit le tombeau somptueux de ce ministre, «qui mourut, dit son épitaphe, huit jours après qu'il eut scellé la révocation de l'édit de Nantes, content d'avoir vu consommer ce grand ouvrage.» On y trouvait aussi les sépultures du poète Scarron, né et mort à Paris, de Philippe de Champagne, du savant Ducange, des chanceliers Boucherat et Voisin, du ministre et prévôt des marchands Claude Lepelletier, de Crébillon, etc. En face de Saint-Gervais demeurait Voltaire, en 1733; la marquise du Châtelet et la duchesse de Saint-Pierre allaient souvent l'y surprendre et lui demander à souper.

La rue du Pourtour aboutit à la place *Baudoyer*, autrefois *Bagauda* et *Baudet*, qui tirait son nom d'une porte de Paris dont nous allons parler. Cette place étroite et mal bâtie, qui était dans le moyen âge le rendez-vous des oisifs et des nouvellistes, a été le théâtre d'un des plus terribles combats de juin 1848.

A la place Baudoyer commence la rue Saint-Antoine.

La rue *Saint-Antoine*, avec le faubourg du même nom, est une de ces rues populeuses qui sont des villes entières: c'est celle qui donne la vie à toute la partie orientale de Paris. Elle doit son nom à l'abbaye Saint-Antoine-des-Champs, vers laquelle elle conduisait; mais elle existait avant la fondation de cette abbaye, qui date de 1198, et s'appela d'abord rue de la *Porte-Baudet*, à cause d'une porte de l'enceinte de Philippe-Auguste, qui était située près de la rue Culture-Sainte-Catherine, puis rue du *Pont-Perrin*, à cause d'un pont construit sur un égout, vers la rue du Petit-Musc. Comme elle joignait la place de Grève à l'hôtel Saint-Paul, au palais des Tournelles, à la Bastille, elle a été le théâtre de fêtes, de joutes, de combats, enfin de tous les événements qui ont réjoui ou attristé ces demeures royales. C'est à la porte Saint-Antoine, au lieu même où l'on éleva la Bastille, qu'Étienne Marcel fut tué; c'est par la rue Saint-Antoine que les Parisiens envahirent trois fois l'hôtel Saint-Paul sous Charles VI; c'est dans la rue Saint-Antoine que se livra la bataille entre les Bourguignons et les Armagnacs, après que Perrinet-Leclerc eut livré aux premiers l'entrée de Paris; c'est là que les Anglais engagèrent leur dernier combat avant d'être chassés de la capitale; c'est là, devant le palais des Tournelles, que Henri II fut tué dans un tournoi; c'est là, à l'entrée de la rue des Tournelles, que les mignons de Henri III, Quélus, Maugirou et Livarot se battirent en duel contre d'Entragues, Riberac et Schomberg; c'est par la porte Saint-Antoine que le duc de Guise fit sortir les Suisses désarmés et tremblants après les barricades de 1588; c'est à la porte Saint-Antoine que les ligueurs firent leur dernière résistance aux troupes de Henri IV; c'est par la porte Saint-Antoine que Condé, battu par Turenne, se réfugia dans Paris. Dans les temps modernes, la rue Saint-Antoine, rue de grands hôtels et de grands seigneurs au XVIIe siècle, rue industrielle et marchande depuis cinquante ans, a été le théâtre de rassemblements non moins formidables, d'événements non moins sanglants: c'est à la porte Saint-Antoine que tonna, au 14 juillet 1789, le premier coup de canon qui devait ébranler tous les trônes; c'est dans la rue Saint-Antoine que, le 28 juillet 1830, se livra un combat acharné entre le peuple et la garde royale, qui, venant des boulevards, cherchait à gagner l'Hôtel-de-Ville; c'est à la porte Saint-Antoine que commença la grande émeute de 1832. C'est dans la rue Saint-Antoine que l'insurrection de juin 1848 se montra la plus redoutable et la plus furieuse: pendant trois jours, elle fut maîtresse de tout le quartier, cernant l'Hôtel-de-Ville et s'efforçant de l'enlever; et, quand elle se mit en retraite, le canon dut battre en brèche ses maisons, dont quelques-unes portent encore les traces de la lutte.

La rue Saint-Antoine doit sa principale illustration aux hôtels Saint-Paul et des Tournelles, séjours des rois de France pendant deux siècles.

L'*hôtel Saint-Paul*, qui occupait l'espace compris entre les rues Saint-Antoine, Saint-Paul, le quai des Célestins et le fossé de la Bastille, c'est-à-dire plus de trente arpents, se composait d'hôtels divers achetés ou construits par Charles V [29] et réunis entre eux sans ordre et sans plan par douze galeries, huit jardins, six préaux et un grand nombre de cours. Ces hôtels étaient: l'hôtel du Petit-Musc (au coin de la rue du Petit-Musc), l'hôtel du Pont-Perrin (à l'autre coin de la même rue), l'hôtel Beautreillis (rue Beautreillis), les hôtels de la Reine, d'Étampes et Saint-Maur (rue Saint-Paul), les hôtels de Sens, du Roi et des Lions, près de la Seine. On y trouvait de plus l'hôtel neuf d'Orléans, près de l'Arsenal, le couvent des Célestins, etc. Enfin, outre les hôtels, il y avait des bâtiments pour la conciergerie, la lingerie, la pelleterie, la bouteillerie, la fruiterie, la fauconnerie, la ménagerie, des forges pour l'artillerie, des écuries, celliers, colombiers, chantiers, etc. Ce n'était pas un palais, mais un manoir semblable à ceux qu'avaient les rois francs, une sorte de grande ferme romaine, comme le témoignent les noms des rues ouvertes sur son emplacement (la Cerisaie, le Beautreillis, les Lions, etc.), comme le témoigne le treillage dont étaient garnies les fenêtres «pour empescher les pigeons de faire leurs ordures dans les chambres.» L'hôtel Saint-Paul fut habité par Charles V et ses successeurs jusqu'à Louis XII. Il fut détruit et vendu sous François Ier, et l'on bâtit tout un quartier sur son emplacement. De toutes les maisons qui succédèrent à l'hôtel Saint-Paul, nous ne remarquerons que celle qui fut élevée à la place de l'hôtel du Petit-Musc: elle devint l'hôtel du Petit-Bourbon, qui fut habité successivement par Anne de Bretagne, la duchesse d'Étampes et Diane de Poitiers. Le duc de Mayenne, chef de la Ligue, l'acheta et le fit reconstruire par Ducerceau; après lui, il devint la demeure du comte d'Harcourt, puis «il fut vendu, dit Sauval, à Montauron (celui-là à qui Corneille a dédié *Cinna*), partisan si renommé, que la fortune éleva si haut que, se trouvant trop à l'étroit dans la maison d'un prince, il acheta quelques maisons pour être logé plus commodément.» A la fin du siècle dernier, cet hôtel appartenait au chancelier d'Ormesson. Aujourd'hui, c'est une maison particulière.

L'*hôtel des Tournelles*, bâti en 1390 par le chancelier d'Orgemont et acheté par Charles VI, ne devint célèbre que lorsque le duc de Bedford s'y logea, en 1422, et l'agrandit. Charles VII et Louis XI en firent leur demeure ordinaire. Louis XII y mourut. Sous François Ier, il devint un immense palais, décoré somptueusement à l'intérieur, renfermant dix corps de bâtiment assemblés très-confusément, douze galeries, deux parcs, sept jardins, et son enceinte comprenait tout le terrain qui s'étend entre les rues Saint-Antoine, des Tournelles, Saint-Gilles, Saint-Anastase, Thorigny, Payenne, Neuve-Sainte-Catherine et de l'Égout. A la mort de Henri II, cette maison royale cessa d'être habitée; les terrains et les bâtiments furent successivement vendus, et l'on établit sur une partie de son emplacement le marché aux chevaux. En 1604, Henri IV fit construire quelques bâtiments pour y fonder une manufacture de soieries; puis, changeant d'avis, il fit commencer une vaste place quadrangulaire, dite place Royale, et qui a soixante-dix toises de côté; il bâtit lui-même le pavillon et le côté parallèles à la rue Saint-Antoine, et céda les trois autres côtés à des particuliers, à la charge d'y élever des pavillons uniformes. Ces bâtiments sont en briques et soutenus par une suite d'arcades qui forment une galerie continue; le milieu de la place est occupé par un vaste préau fermé de grilles. En 1620, la place était terminée, et elle devint, pendant plus d'un siècle, le quartier de la mode et du beau monde. Quelle procession de femmes charmantes, de galants seigneurs, de beaux esprits a passé sous ces arcades aujourd'hui si tristes! que de fêtes et de duels dans cette promenade aujourd'hui si paisible! Le 6 mars 1612, Marie de Médicis y donna un magnifique carrousel pour célébrer son alliance avec l'Espagne. En 1627, Montmorency-Bouteville y engagea le fameux duel qui l'envoya à l'échafaud. En 1639, la place fut ornée d'une statue équestre portant cette inscription:

Pour la glorieuse et immortelle mémoire du très-grand et très-invincible Louis-Le-Juste, treizième du nom, roi de France et de Navarre. Armand, cardinal et duc de Richelieu, son premier ministre dans tous ses illustres et généreux desseins, comblé d'honneurs et de bienfaits par un si bon maître, lui a fait élever cette statue pour une marque éternelle de son zèle, de sa fidélité et de sa reconnoissance.

Cette statue fut détruite en 1792, et la place prit le nom d'abord des *Fédérés*, puis de l'*Indivisibilité*, puis des *Vosges*, en l'honneur du département qui, en l'an VIII, s'était le plus empressé de payer ses contributions. En 1792, on y éleva un des amphithéâtres d'enrôlement; en 1793, on y brûla «des drapeaux souillés des signes de la féodalité, les titres de noblesse, les brevets et décorations des chevaliers de Saint-Louis;» en 1794, on y établit, adossées aux grilles, soixante-quatre forges pour la fabrication des canons; en 1810, la ville y donna un grand banquet à la garde impériale; en 1814, la place reprit son nom, et on y éleva une nouvelle statue en marbre à Louis XIII, œuvre de Dupaty et de Cortot, qu'on aurait pu sans dommage laisser dans la carrière.

Il serait trop long d'énumérer les personnages illustres qui ont habité les beaux hôtels de la place Royale; nous n'en nommerons qu'un seul, parce qu'il résume la société si spirituelle et si séduisante du XVIIe siècle: dans un de ces hôtels est née, en 1626, Marie de Rabutin-Chantal, marquise de Sévigné. Tout le quartier Saint-Antoine, qui était alors le quartier du grand monde, est plein des souvenirs de cette femme charmante, l'honneur éternel de Paris, et pour laquelle, comme pour tant d'autres célébrités populaires, l'édilité parisienne n'a pas eu un souvenir.

Aujourd'hui, la place Royale, qui a gardé ses pavillons élégants et ses beaux hôtels, est une jolie promenade, mais que la noblesse et la magistrature ont depuis longtemps abandonnée, et qui ne voit guère, au lieu des beaux et des raffinés du XVIIe siècle, que les vieilles gens et les rentiers du Marais. Cette place, où se trouve, dans l'hôtel Villedeuil (n° 14), la *mairie du huitième arrondissement*, a été, pendant les journées de juin 1848, prise par les insurgés.

Outre les hôtels Saint-Paul et des Tournelles, la rue Saint-Antoine renfermait de nombreux hôtels de seigneurs, dont quelques-uns existent encore: l'hôtel de Beauvais, œuvre de Lepaute, où se plaçait ordinairement la famille royale pour voir les entrées solennelles; l'hôtel de Sully, bâti par Ducerceau pour le ministre de Henri IV, etc. Elle renfermait aussi plusieurs monuments religieux que nous allons décrire et dont un seul existe encore:

1° Le *couvent-hospice du Petit-Saint-Antoine*.--Le moyen âge avait des maladies étranges et terribles, fléaux de Dieu sous lesquels des populations entières mouraient sans murmure, et que la charité cherchait à conjurer par des fondations pieuses: de ces maladies était le *feu sacré* ou *mal des Ardents*, ou *mal Saint-Antoine*. Une congrégation s'étant formée pour soigner les infortunés atteints de ce mal, Charles V, en 1360, lui donna un manoir appelé la *Saussaie*, situé entre les rues Saint-Antoine et du Roi-de-Sicile, pour y établir un hôpital. Cette maison, rebâtie en 1689, devint un collége pour les religieux de l'ordre de Saint-Antoine et fut démolie en 1790. Sur son emplacement fut établi un passage dit du Petit-Saint-Antoine, qui a été détruit quand on a ouvert le prolongement de la rue de Rivoli.

2° L'*église Saint-Louis-Saint-Paul*.--Sur l'emplacement de cette église passait le mur d'enceinte de Philippe-Auguste: au XVe siècle, on y construisit un hôtel qui appartint aux Montmorency et fut donné en 1580 par le cardinal de Bourbon aux Jésuites «pour leur fonder, dresser et établir une maison professe.» Cette maison, dans laquelle ont demeuré les confesseurs des rois, les PP. Bourdaloue, Daniel, Gaillard, etc., fut donnée, après la destruction de l'ordre des Jésuites, aux chanoines réguliers de l'ordre de Sainte-Catherine-du-Val-des-Écoliers; et on y établit, jusqu'en 1790, la bibliothèque publique de Paris. Elle est occupée aujourd'hui par le collége ou *lycée Charlemagne*. L'église a été bâtie en 1612 par les soins de Louis XIII et de Richelieu, qui y célébra lui-même la première messe; son portail, qui a un grand aspect, est chargé d'ornements de mauvais goût. Elle renfermait les cœurs de Louis XIII, de Louis XIV et de plusieurs autres princes, le tombeau du chancelier Birague, œuvre de Germain Pilon, le mausolée du père du grand Condé, œuvre de Sarrazin, le tombeau du savant Huet, évêque d'Avranches. C'est là que Bourdaloue a prononcé la plupart de ses sermons.

3° Le *couvent de Sainte-Catherine-du-Val-des-Écoliers*.--«En 1201, dit Jaillot, quatre professeurs célèbres de l'Université de Paris, préférant la solitude au monde et la vie privée à la réputation que leurs lumières et leurs talents leur avaient acquise, se retirèrent dans une vallée déserte de la Champagne.» Ils y bâtirent des cellules et un oratoire; leurs écoliers les y suivirent; une congrégation se forma, dit l'ordre du Val-des-Écoliers, et, par un élan de ferveur digne de ces temps de foi naïve, l'ardente jeunesse dont elle se composait, mit son vœu de chasteté sous le patronage d'une vierge, sainte Catherine. En moins de trente ans, cet ordre comptait vingt prieurés; l'un d'eux fut établi à Paris en 1228 par Nicolas Giboin, bourgeois, qui donna à cet effet trois arpents de terre qu'il possédait près de la porte Baudet. L'église fut fondée par les sergents d'armes de la garde du roi, en mémoire de la bataille de Bouvines. Voici les inscriptions qu'on lisait sur deux pierres du portail, où l'on voyait l'effigie de saint Louis entre deux archers de sa garde:

«*A la prière des sergents d'armes, monsieur sainct Loys fonda ceste église et y mist la première pierre; et fust pour la joye de la victoire qui fust au pont de Bovines, l'an* 1214.»--«*Les sergents d'armes pour le temps gardoient ledit pont, et vouèrent que si Dieu leur donnoit victoire, ils fonderoient une église en l'honneur de madame saincte Katherine; ainsi fust-il.*»

Les sergents d'armes avaient fait de cette église le siége de leur confrérie, et presque tous y avaient leur sépulture. C'est là que furent enterrés les maréchaux de Champagne et de Normandie tués par l'ordre d'Étienne Marcel; c'est devant son portail que furent exposés les cadavres d'Étienne Marcel et de cinquante-quatre de ses compagnons tués à la porte Saint-Antoine; c'est dans son cimetière que furent enterrés secrètement Nicolas Desmarest et d'autres victimes de la réaction de 1383.

L'ordre de Sainte-Catherine fut réuni en 1629 à la congrégation de Sainte-Geneviève, et la maison de la rue Saint-Antoine devint le noviciat de cette congrégation. En 1767, comme les bâtiments tombaient en ruines, ce noviciat fut transféré dans la maison des Jésuites, dont l'ordre venait d'être supprimé.

Dans cette translation, l'église, monument touchant d'une victoire nationale, dont le portail avait été reconstruit par François Mansard, semblait avoir droit à quelque respect; mais à cette époque, alors qu'on avait derrière soi la bataille de Rosbach, on la démolit, et, sur les plans de Soufflot, on construisit à sa place le triste marché que nous voyons aujourd'hui avec les rues étroites qui l'avoisinent, et on les baptisa, non pas de ces noms barbares et oubliés de *Monsieur-Sainct-Loys* et du *Pont-de-Bovines*, mais des noms illustres de MM. les ministres de cette époque.

4° Le *temple des protestants de la confession de Genève.*--Cet édifice occupe l'emplacement de l'hôtel de Cossé, où mourut le mignon de Henri III, Quélus, après le duel de la rue des Tournelles: «Ce fut dans une chambre, dit Saint-Foix, qu'on peut dire avoir été sanctifiée depuis, servant à présent de chœur aux *Filles de la Visitation-Sainte-Marie.*» En effet, c'est dans cet hôtel que ces religieuses, instituées par saint François de Sales, furent établies en 1629 par madame de Chantal, la sainte aïeule de madame de Sévigné. L'église, remarquable par son dôme et ses belles peintures, fut construite en 1634 par François Mansard. On y trouvait le tombeau du fameux ministre Fouquet, mort à Pignerol en 1680. La maison des Filles de la Visitation a été supprimée en 1790; sur l'emplacement du couvent on a ouvert une rue; l'église a été affectée en 1800 au culte protestant.

Plusieurs rues importantes ou célèbres aboutissaient ou aboutissent à la rue Saint-Antoine.

1° *Place du Marché Saint-Jean.*--C'était, dit-on, un ancien cimetière romain, sur l'emplacement duquel fut construit un hôtel qui appartenait au sire de Craon, assassin du connétable de Clisson. Cet hôtel ayant été détruit en expiation du crime, son emplacement redevint un cimetière, qui fut souvent le lieu d'exécutions judiciaires: ainsi, en 1535, un des premiers martyrs de la réforme, Étienne de la Forge, riche marchand de Paris, y fut brûlé. On supprima ce cimetière en 1772, et on le remplaça par un marché qui a été détruit en 1818. Cette place, avec ses abords, a été l'un des principaux théâtres de l'insurrection de juin. Elle a disparu dans les démolitions opérées derrière l'Hôtel-de-Ville, pour prolonger la rue de Rivoli.

2° Rue des *Barres.*--Elle doit son nom à un hôtel (n° 4) bâti en 1250 et qui appartenait, sous Charles IV, à Louis de Boisredon, l'un des amants d'Isabelle de Bavière. C'est là que ce chevalier fut pris par l'ordre du monarque, mis à la question, enfermé dans un sac et jeté à la rivière avec ces mots: Laissez passer la justice du roi. Cet hôtel devint ensuite la propriété des sires de Charny, et, au XVIIIᵉ siècle, on y établit les bureaux de l'administration des aides. En 1792, il devint le chef-lieu de la section de la *Maison Commune*, et c'est là que le 9 thermidor, après la prise de l'Hôtel-de-Ville, fut transporté tout sanglant Robespierre le jeune, qui venait de se jeter par une fenêtre.

3° Rue *Geoffroy-Lasnier*.--Elle tire son nom d'une famille bourgeoise du XVIᵉ siècle, qui possédait presque toute cette rue. Au n° 26 est établie la *mairie du neuvième arrondissement*, dans une maison qui fut bâtie, dit-on, pour le premier connétable de Montmorency.

4° Rues de *Jouy* et du *Figuier*.--La rue de Jouy doit son nom à un hôtel qui appartenait à l'abbé de Jouy et qui devint la propriété de Jean de Montaigu, surintendant des finances sous Charles VI. Dans la rue du Figuier est l'hôtel de Sens, un des débris les plus curieux de l'architecture du moyen âge. L'évêché de Paris étant autrefois dépendant de l'archevêché de Sens, les archevêques de Sens venaient souvent dans la capitale et y avaient un hôtel. Cet hôtel fut rebâti à la fin du XVᵉ siècle par Tristan de Salazar, et il devint la demeure de plusieurs personnages célèbres, le chancelier Duprat, les cardinaux de Lorraine, Pellevé, Duperron, Marguerite de Valois après son divorce, etc. Il passa dans la suite aux archevêques de Paris, fut vendu en 1790, et, aujourd'hui à demi-détruit, renferme dans ses murs dégradés un établissement de roulage.

5° Rue *Pavée* [30]. --Dans cette rue étaient ou sont encore plusieurs hôtels célèbres:

1. L'hôtel de *Brienne*, qui a formé, avec l'hôtel de Sicile ou de la *Force*, la prison de ce nom. L'hôtel de la Force, situé rue du Roi-de-Sicile, était, dans l'origine, un vaste manoir qui appartint d'abord à Charles d'Anjou, frère de saint Louis, *roi de Sicile*, puis à Charles d'Alençon, fils de Philippe-le-Hardi, puis à Charles VI, qui l'acheta en 1390, «pour avoir en la ville un ostel auquel il se pust princièrement ordonner pour les joustes que faire se pourraient en la Couture Sainte-Catherine.» Il passa ensuite et successivement aux rois de Navarre, aux comtes de Tancarville, au cardinal de Meudon, qui le fit reconstruire dans le style de la renaissance, au chancelier Birague, qui en fit une somptueuse résidence, au ministre Chavigny, à Jacques Chaumont, duc de la Force, dont il prit définitivement le nom. En 1715, il fut partagé: une partie forma l'hôtel de Brienne, dit plus tard la *petite-Force*; l'autre fut acquise par le gouvernement, qui, en 1754, y plaça l'administration des revenus de l'École militaire. En 1780, la réforme effectuée dans les prisons ayant fait supprimer le Petit-Châtelet et le For-l'Évêque, on transforma les hôtels de la Force et de Brienne en prison pour les remplacer, et l'on y fit alors de vastes constructions, entre autres cette porte de la Petite-Force, dans la rue Pavée, dont l'architecture énergique disait si clairement qu'elle était une porte de prison. On déposa alors à la Force les débiteurs civils, les mendiants, les prostituées, les femmes condamnées, etc. En 1792, elle devint une prison politique, et c'est à sa porte, dans la petite rue des Ballets, que les 2 et 3 septembre, furent massacrés 167 détenus royalistes, parmi lesquels était la princesse de Lamballe. Plus tard, on y renferma Vergniaud, Valazé, Kersaint, Miranda, Hérault de Séchelles, Linguet et les soixante-treize députés girondins qui avaient fait une

protestation contre la journée du 31 mai: parmi eux était Mercier, l'auteur spirituel et si hardi du *Tableau de Paris*. On y renferma aussi madame Dubarry, les ducs de Villeroy et de Charost, le constituant Levis de Mirepoix, l'astronome Bochard de Saron, l'aventurier baron de Trenck, Adam Lux, député de Mayence, etc. La plupart de ces détenus ne sortirent de la prison que pour aller à l'échafaud. Sous l'Empire, la Force resta en partie une prison politique, et c'est là que Mallet alla chercher ses complices, Lahorie et Guidal. Sous le règne de Louis-Philippe, on y renferma les républicains Godefroy Cavaignac, Guinard, Trélat, Gervais, Caussidière, Blanqui, Barbès, etc. La Force était, dans ces derniers temps, la prison la plus vaste et la plus irrégulière de Paris, le réceptacle de tous les crimes, de toutes les infamies, la sentine de la civilisation, l'effroi et le désespoir de l'homme qui croit à la grandeur de l'espèce humaine. On l'a détruite, depuis quelques années et l'on a ouvert une rue [31] sur son emplacement.

2. L'hôtel de *Savoisy*, qui appartint à un seigneur de la cour de Charles VI. Les valets de ce seigneur ayant insulté les suppôts de l'Université, il fut condamné à de grosses amendes et à la démolition de la maison: ce qui fut exécuté. On ne la rétablit que cent douze ans après, «par grâce spéciale de l'Université,» et elle devint, au XVIe siècle, l'hôtel de Lorraine ou Desmarets, dont une partie existe encore.

3. L'hôtel de *Lamoignon*.--Il avait été bâti par Diane, fille naturelle de Henri II; qui le légua à son neveu le duc d'Angoulême, bâtard de Charles IX. «Ce seigneur, dit Tallemant des Réaux, eût été l'un des plus grands hommes de son siècle, s'il eût pu se défaire de l'humeur d'escroc que Dieu lui avoit donnée. Quand ses gens lui demandoient leurs gages, il leur disoit: C'est à vous de vous pourvoir; quatre rues aboutissent à l'hôtel d'Angoulême; vous êtes en beau lieu, profitez-en.» Cet hôtel fut acheté par le président de Lamoignon en 1684; et c'est là que ce grand magistrat, l'ami de Boileau et de Racine, avait institué une *Académie de belle littérature*, dont étaient Guy Patin, son fils Charles, le père Rapin, etc. Dans cette maison, encore parfaitement conservée et où l'on a inscrit en lettres d'or le nom de Lamoignon, est né le vertueux Malesherbes.

6° Rue *Culture-Sainte-Catherine*.--En 1391, le connétable de Clisson, revenant le soir de l'hôtel Saint-Paul à son hôtel de la rue du Chaume, fut, dans la rue Culture-Sainte-Catherine, assailli par vingt meurtriers, à la tête desquels était le sire de Craon: percé de trois coups d'épée, il tomba de cheval et donna de la tête dans la porte d'un boulanger, qui s'ouvrit; les assassins, le croyant mort, se sauvèrent. Dans cette rue étaient ou sont encore plusieurs maisons célèbres: au n° 23 est l'hôtel de Ligneris, qui fut bâti en 1544, sur les dessins de Pierre Lescot, par Bullant, et décoré par Goujon; il passa en 1578 à la famille Carnavalet, qui y fit faire des embellissements par Ducerceau et François Mansard. Madame de Sévigné l'habita pendant sept ans, et c'est là qu'elle écrivit la plupart de ses lettres; son salon existe encore. Dans cet hôtel, qui rappelle tant de souvenirs, qui inspire de si douces émotions, fut établie, sous la République, la direction de la librairie, et, sous l'Empire, l'école des ponts et chaussées; aujourd'hui, c'est une maison d'éducation. Au n° 29 était le couvent des *Filles bleues* ou Annonciades célestes, établi en 1621 par la marquise de Verneuil, cette maîtresse de Henri IV dont l'ambition causa tant d'embarras à ce monarque. La veuve du maréchal de Rantzau, y prit le voile et y mourut.

La rue Culture-Sainte-Catherine aboutit à la rue Saint-Antoine dans une sorte de place qu'on appelle *Birague*, et où s'élevait une fontaine bâtie aux frais du chancelier du même nom. Cette place se trouve en partie absorbée par la nouvelle rue de Rivoli qui aboutit, en cet endroit, dans la rue Saint-Antoine.

7° Rue *Saint-Paul*, ainsi appelée d'une église de même nom. Cette église, d'abord chapelle d'un cimetière, devint paroisse en 1125 et fut rebâtie sous Charles V dans un style aussi lourd que massif. Elle renfermait des tableaux et des vitraux précieux, le mausolée de J. Hardouin Mansard, œuvre de Coysevox, le tombeau de Jean Nicot, qui rapporta d'Amérique le tabac, celui du sculpteur Biard, et, dans son cimetière, ceux de François Mansard, du maréchal de Biron, qui avait été décapité à la Bastille, de Rabelais, de Nicole Gilles, de la comtesse de la Suze, de Desmarets de Saint-Sorlin et de plusieurs autres écrivains. L'homme au masque de fer y fut aussi enterré en 1703 sous le nom de Marchiali. Nous avons dit que Henri III y avait fait élever des tombeaux magnifiques à trois de ses favoris, tombeaux qui furent détruits par le peuple en disant: «qu'il n'appartenoit pas à ces méchants, morts en reniant Dieu, sangsues du peuple et mignons du tyran, d'avoir si braves monuments et si superbes en l'église de Dieu, et que leurs corps n'étoient pas dignes d'autre parement que d'un gibet.» Cette église, supprimée en 1790, a été détruite en 1800.

A l'extrémité de la rue Saint-Paul, et donnant sur le quai des Ormes était une maison qu'on vient de démolir pour élargir ce quai, et qui appartenait en 1624 au poète Des Yveteaux, précepteur de Louis XIII. Elle passa à l'avocat Patru, puis à Sarrazin, puis à Segrais. Mademoiselle de Scudéry, Racan et Saint-Amand y demeurèrent. Dans le siècle suivant, elle appartenait à Lancry, peintre de madame de Pompadour. M. de Sénancour y a demeuré sous l'Empire.

Dans la rue Saint-Paul aboutissent: 1° la rue *Neuve-Saint-Paul*; au n° 10 de cette rue était l'hôtel de la marquise de Brinvilliers; 2° la rue des *Barrés*, ainsi appelée des Carmes, qui y avaient un couvent: comme ces religieux portaient un manteau marqué de bandes noires et blanches, le peuple les appelait les barrés. Le couvent fut donné, en 1260, par saint Louis à des religieuses qu'on appelait *Béguines*, et qui furent remplacées sous Louis XI par les filles de

Sainte-Claire ou «religieuses de la tierce ordre pénitente et observance de monsieur saint François.» Ce roi, si dévot à la sainte Vierge et qui avait institué les trois récitations de l'*Ave Maria*, ordonna que le monastère en prendrait le nom. Ces religieuses se livraient à des austérités inconcevables: «Elles n'ont aucun revenu, dit Jaillot, ne vivent que d'aumônes, ne font jamais gras, même en maladie, jeûnent tous les jours, excepté le dimanche, marchent pieds nus et à plate terre, n'ont point de cellules ni de sœurs converses, ne portent point de linge, couchent sur la dure et vont au chœur à minuit, où elles restent debout jusqu'à trois heures; malgré cela, ce couvent a toujours été très-nombreux.»

Dans le couvent de l'*Ave Maria* était le tombeau de Mathieu Molé; aujourd'hui cette maison est devenue une caserne d'infanterie.

8° Rue du *Petit-Musc*.--Le vrai nom de cette rue est *Pute y muce*, parce qu'elle servait de repaire à des femmes perdues. A son extrémité, près de la Seine, était le couvent des *Célestins*. Ces religieux furent établis à Paris en 1352 par Garnier Marcel, parent du fameux prévôt des marchands, qui donna aux Célestins le terrain de leur couvent, où il fut lui-même enterré. Charles V bâtit le monastère et l'église en 1366, et l'on voyait sa statue et celle de sa femme sur le portail, avec le titre de fondateurs. L'un des fils de ce roi, le duc d'Orléans, qui fut assassiné par Jean-Sans-Peur, ajouta au côté droit de cette église une vaste chapelle, où il fut enterré avec sa femme, Valentine de Milan, et deux de ses fils. Cette chapelle, avec celles de Rostaing et de Gesvres qui y furent adjointes, composait une sorte d'église annexée à la première et qui était l'un des édifices les plus curieux de Paris par la quantité de marbres funéraires, de statues, de colonnes, qu'elle renfermait. «Il n'y a pas de lieu dans le royaume, dit Piganiol, plus digne de la curiosité des amateurs des beaux-arts, et les chefs-d'œuvre de sculpture y sont, pour ainsi dire, entassés.» En effet, on y trouvait, outre le tombeau d'Orléans, monument magnifique orné des statues des douze apôtres, les tombeaux de Renée d'Orléans-Longueville, des ducs de Brissac, de Tresmes, de Gesvres, de Sébastien Zamet, de l'amiral Henri Chabot: celui-ci avait été sculpté par Jean Cousin et Paul Ponce. Une colonne, œuvre de Paul Ponce, supportait dans une urne le cœur de François II; une autre, œuvre de Barthélemy Prieur, renfermait le cœur d'Anne de Montmorency; un obélisque, orné de bas-reliefs, de trophées et de statues, renfermait les cœurs des princes de Longueville: c'était l'un des plus beaux ouvrages de François Anguier; enfin, on y trouvait le magnifique groupe des trois Grâces, chef-d'œuvre de Germain Pilon, supportant dans une urne de bronze les cœurs de Henri II, de Charles IX et de François, duc d'Anjou. Outre les objets d'art contenus dans la chapelle d'Orléans, l'église renfermait encore les tombeaux de Lusignan, roi d'Arménie, de la duchesse de Bedford, fille de Jean-Sans-Peur, de la femme de Charles V, d'Antonio Perez, le favori disgracié de Philippe II, et d'une foule d'autres seigneurs et grandes dames. Enfin, le cloître, rebâti dans le XVIIe siècle, était orné d'une magnifique colonnade, de statues, de bas-reliefs, de plafonds peints, de pavés en mosaïque.

Les Célestins, qui n'ont rendu que de médiocres services à la religion et aux lettres, furent supprimés en 1780, et l'on fit de leur maison un hôpital. En 1792, cette maison devint un magasin d'approvisionnement pour les armées; l'église fut en partie démolie; ses monuments furent dispersés ou détruits; aujourd'hui, il en reste à peine quelques pans de muraille. Son emplacement est occupé par une vaste caserne qui ressemble à une citadelle, et l'on chercherait vainement dans cette masse de constructions modernes, au milieu de ses bruyants habitants, sur ce sol profané par les pieds des chevaux, quelque chose qui rappelle la paisible maison que les arts semblaient avoir prise pour asile et dont le nom vivra autant que ceux de nos grands statuaires du XVIe siècle.

9° *Impasse Guémenée.*--Cette impasse doit son nom à l'hôtel Lavardin ou Guémenée, dont l'entrée principale est sur la place Royale. Marion de Lorme demeurait dans cette impasse, près d'une maison appartenant au cardinal de Richelieu et où celui-ci, dit-on, recevait la belle courtisane.

10° Rue *Lesdiguières*, qui a été ouverte sur l'emplacement de l'hôtel Lesdiguières. Cet hôtel, situé rue de la Cerisaie, fut bâti par Zamet, financier florentin, venu en France à la suite de Catherine de Médicis et qui s'intitulait «seigneur de dix-huit cent mille écus;» il en fit un séjour de luxe et même de débauche, où Henri IV venait souvent. Gabrielle d'Estrées y dînait lorsqu'elle fut prise subitement du mal ou du poison dont elle mourut. A la mort de Zamet, cet hôtel fut vendu au connétable de Lesdiguières. C'est la que demeurait, chez sa nièce, la duchesse de Lesdiguières, dans les dernières années de sa vie, le fameux cardinal de Retz; c'est là qu'il recevait une société choisie: «Nous tâchons, dit madame de Sévigné, d'amuser notre bon cardinal. Corneille lui a lu une pièce qui sera jouée dans quelque temps et qui fait souvenir des anciennes; Molière lui lira samedi *Trissotin*, qui est une fort plaisante chose; Despréaux lui donnera son *Lutrin* et sa *Poétique*: voilà tout ce qu'on peut faire pour son service. «Le cardinal de Retz mourut à l'hôtel Lesdiguières en 1679. En 1716, cet hôtel passa au maréchal de Villeroy: c'est là que Pierre-le-Grand logea en 1717 et qu'il reçut les visites de Louis XV et du régent. Il a été démoli en 1760.

11° Rue des *Tournelles.*--Cette rue, aujourd'hui si obscure et si bourgeoise, était au XVIIe siècle la plus illustre, la plus fréquentée de Paris, à cause des personnages célèbres qui l'habitaient. On y trouvait en effet, au n° 32, l'hôtel de Ninon de Lenclos, cette moderne Léontium, mélange d'esprit, de raison, de décence, de caprice, de dérèglement, personnage étrange qui fut recherché, dans sa vieillesse comme dans l'éclat de sa beauté, par tous les gens d'esprit, de goût et de naissance; c'est là qu'elle recevait madame de Sévigné et madame Scarron, Condé et Molière; c'est là qu'elle devina Voltaire et qu'elle mourut en 1706. Son salon, où Molière lut le *Tartufe* en présence de Racine, de La Fontaine, de Chapelle, existe encore. On y trouvait de plus l'hôtel de Jules Hardouin Mansard, où ce grand architecte mourut; la maison de Mignard; celle de madame de Coulanges, cette amie si vive, si spirituelle de madame de Sévigné; celle de madame de la Fayette, où mourut mademoiselle Choin en 1741. Enfin, on y trouvait une maison où, en 1666, la veuve de Scarron se retira dans un petit appartement, où elle vécut solitaire, occupée de bonnes œuvres et de dévotion, «ayant disait-elle, pour principales lectures le livre de Job et celui des Maximes.» C'est là qu'on vint la chercher, en 1669, pour élever les enfants du roi et de madame de Montespan.

§ III.

La place de la Bastille et les boulevards.

La rue Saint-Antoine, à la hauteur de la rue des Tournelles, s'élargit en une vaste place, qui a trois parties distinctes: la première, plantée d'arbres, qui garde le nom de rue Saint-Antoine et va jusqu'aux boulevards; la deuxième, sous laquelle passe le canal Saint-Martin et où s'élève la colonne de Juillet; la troisième, qui est en avant du faubourg Saint-Antoine et où s'ouvrent trois grandes rues dont nous parlerons plus loin. Ces deux dernières parties portent le nom de *place de la Bastille.*

La Bastille, était une massive forteresse, de forme rectangulaire, qui occupait la première partie de la place dont nous venons de parler, l'emplacement de la rue de l'Orme jusqu'au petit Arsenal, et une partie du boulevard Bourdon. Sa face orientale, c'est-à-dire tournée vers le faubourg, et en avant de laquelle se trouvait une grosse courtine bastionnée construite sous Henri II, se composait de quatre tours ayant un développement de quarante toises; cette face se trouvait à cinquante pas de la colonne de Juillet, qui occupe l'emplacement même de la courtine. La face occidentale, composée aussi de quatre tours, regardait la rue Saint-Antoine; quant aux deux autres faces, elles se composaient de deux massifs de bâtiments servant à relier les deux faces principales, et elles regardaient, l'une la rue Jean-Beausire, l'autre l'Arsenal. L'entrée de la Bastille était dans la rue Saint-Antoine, vers le commencement de la rue de l'Orme, et elle se composait de cinq portes et de deux ponts-levis. Le bastion de Henri II était bordé d'un large fossé se prolongeant jusqu'à la Seine, le long des terrains de l'Arsenal, et qui existe encore avec ses hauts murs de revêtement: c'est aujourd'hui la gare de l'Arsenal, par laquelle le canal Saint-Martin se réunit à la Seine.

La Bastille a joué le principal rôle dans tous les combats dont Paris a été le théâtre jusqu'en 1789, et elle a été occupée ou attaquée par tous les partis pendant les guerres des Bourguignons et des Armagnacs, des Anglais, de la Ligue, de la Fronde. On sait comment nos pères, en prenant et en détruisant ce symbole de l'ancien régime, ont donné le signal d'une révolution qui a bouleversé le monde.

Comme prison d'État, la Bastille a eu la renommée la plus sinistre et a renfermé, avec des criminels, bien des victimes, bien des innocents. Ses hôtes les plus fameux ont été: le connétable de Saint-Pol, le duc de Nemours, l'évêque de Verdun sous Louis XI, Achille de Harlay sous la Ligue, Biron, qui y eut la tête tranchée, la maréchale d'Ancre, qui y fut jugée, Bassompierre, d'Ornano, Châteauneuf et tant d'autres ennemis de Richelieu, Fouquet, Pélisson, le masque de fer et une foule de protestants et de jansénistes sous Louis XIV; le duc de Richelieu, Voltaire, Lally-Tollendal, Labourdonnais sous Louis XV; Leprévôt de Beaumont, Linguet, Brissot, le cardinal de Rohan sous Louis XVI.

Après sa destruction, de nombreuses fêtes patriotiques furent données sur son emplacement: la plus brillante, la plus joyeuse fut celle du 14 juillet 1790; la plus étrange, la plus païenne fut celle du 10 août 1793. Du 21 au 25 prairial an II, la place de la Bastille servit aux exécutions du tribunal révolutionnaire et vit tomber quatre-vingt-dix-sept têtes. Ses ruines ne furent complétement déblayées que sous l'Empire, où l'on élargit la fin de la rue Saint-Antoine et l'on ouvrit le boulevard Bourdon.

Vers l'endroit où commence le boulevard Beaumarchais, à côté de la Bastille, à l'extrémité de la rue Saint Antoine, était autrefois une porte de la ville célèbre par la mort d'Étienne Marcel; elle fut remplacée sous Henri II par un arc de triomphe dont les sculptures étaient de Jean Goujon, et qui, restauré par Blondel en 1670 et consacré à la gloire de Louis XIV, fut démoli en 1778.

Au milieu de la place de la Bastille, au point où se rencontrent la rue et le faubourg Saint-Antoine avec la ligne des boulevards et le canal Saint-Martin, dans une des plus belles positions de la ville, s'élève une colonne de bronze, haute de cinquante-deux mètres, surmontée d'une statue de la Liberté. Elle a été édifiée en mémoire de la révolution de 1830 et renferme dans ses caveaux souterrains la sépulture des citoyens tués dans les journées de Juillet; on y a ajouté, depuis 1848, celle des victimes des journées de Février. C'est au pied de cette colonne que, le 27 février 1848, le Gouvernement provisoire, au milieu d'une foule immense, proclama la République. C'est là que, dans les tristes journées de juin, fut rassemblée une armée entière pour enlever le faubourg Saint-Antoine, dernière citadelle de l'insurrection; c'est là que vingt canons tiraient sur les maisons d'où partait un feu continu; c'est là que fut tué le général Négrier.

La place de la Bastille a sur sa droite les boulevards Contrescarpe et Bourdon qui bordent de chaque côté le bassin du canal Saint-Martin et aboutissent à la Seine en face du pont d'Austerlitz, sur la place Mazas.

Le boulevard *Contrescarpe*, formé de la contrescarpe de l'ancien fossé de la Bastille, est remarquable seulement par la rue nouvelle de *Lyon* qui mène à l'embarcadère du chemin de fer de Lyon.

Le boulevard *Bourdon*, ainsi nommé d'un colonel tué à Iéna, a été ouvert en 1806 sur l'emplacement de la Bastille et des jardins de l'Arsenal. Là sont les greniers de réserve pour l'approvisionnement de Paris, construits en 1807. C'est sur ce boulevard qu'a commencé l'insurrection de juin 1832.

La place *Mazas* où aboutissent les boulevards de la Contrescarpe et Bourdon, porte le nom d'un colonel tué à Iéna. De cette place qui borde la Seine et avoisine le pont d'Austerlitz, part un grand boulevard au N. E. qui porte le même nom et aboutit à la place du Trône. On y trouve une vaste prison, dite *Mazas*, ou la *nouvelle Force*, située en face de l'*embarcadère du chemin de fer de Lyon*. Cette prison occupe 33 hectares de terrain et a été construite dans le système d'isolement complet des détenus. A cet effet elle se compose de six ailes ou corps de bâtiments n'en formant réellement qu'un seul, puisque tous six se réunissent à un centre comme les rayons d'un éventail. De ce centre on embrasse d'un coup d'œil ce qui se passe dans les six galeries, et l'on fait partir tous les ordres. Les six galeries à deux étages renferment 1200 cellules. La prison Mazas a été ouverte en 1850. Les plus illustres détenus qu'elle ait renfermés sont les généraux et les représentants arrêtés dans la nuit du 2 décembre 1851.

Au boulevard Beaumarchais commence la ligne des *boulevards intérieurs du nord*, ces anciens remparts de la ville, qui ont été transformés depuis 1668 en une promenade de 4,600 mètres de longueur. Cette promenade est restée, pendant près d'un siècle, une sorte de désert où l'on menait paître les bestiaux, qui n'était bordée au nord que par les derrières des jardins de la ville, au midi que par de grands terrains en culture; elle n'était guère pratiquée que par des vagabonds et des malfaiteurs. Sous Louis XV, elle devint une promenade champêtre, terrassée, sablée, composée de deux et même, en quelques endroits, de quatre allées d'arbres, bordée de quelques petites maisons, de nombreux jardins, de guinguettes, de petits théâtres, où le peuple se portait le dimanche pour y trouver le grand air et les lieux de plaisir; le beau monde, le jeudi, pour y faire voir ses toilettes et ses équipages. Après la révolution, quelques boutiques commencèrent à s'y établir, quelques maisons bourgeoises à s'y construire, d'abord sur le côté septentrional qui touchait la ville, ensuite sur le côté méridional, qui resta longtemps bordé de *rues basses* établies sur les anciens fossés; mais c'est seulement depuis trente à quarante ans que les grands magasins, les riches boutiques, les splendides cafés, enfin la plupart des théâtres, en venant se presser sur les boulevards, les ont presque complètement transformés, et ont fait, de cette grande et unique voie de communication, le centre du Paris moderne, le centre de sa splendeur et de son luxe, de ses affaires et de ses plaisirs, la promenade la plus magnifique, la plus variée, la plus fréquentée de l'Europe, le lieu le mieux connu, le plus fameux du monde entier. L'ancienne défense de la grande cité en est aujourd'hui la parure: Paris s'est fait de sa vieille ceinture murale une écharpe verdoyante, pleine d'éclat et de séductions, tantôt large et tranquille, tantôt étroite et remuante, qui semble flotter, se gonfler, se serrer au gré capricieux de la mode et de la civilisation, et dont les deux bouts vont tremper dans la Seine, l'un près de la place où la révolution a commencé, l'autre près de la place où ses plus terribles événements se sont accomplis. Que de tumultes et de fêtes, que de triomphes et de douleurs, que de mascarades et de convois funèbres, que de rassemblements et de combats ont vus les boulevards! Ils ont vu les cortéges brillants de l'Empire, l'entrée des étrangers en 1814, les revues de la garde nationale sous Louis-Philippe, les convois funèbres de Périer, de Lamarque et de La Fayette, les troubles de 1820, les révolutions de 1830 et de 1848, l'insurrection de 1832, les manifestations du 16 avril et du 15 mai, la bataille des journées de juin! Les boulevards ont chacun sa physionomie, ses mœurs, son caractère, ses costumes; ils changent d'aspect avec chaque grande rue qui vient à les couper; nous les verrons successivement montrer leurs faces diverses à mesure que nous étudierons ces rues, et, pour le présent, nous ne parlerons que du boulevard *Saint-Antoine* ou *Beaumarchais*.

Ce boulevard est le premier qui ait été planté; il était encore, il y a quelques années, très-large, mais presque complètement désert, et, jusqu'en 1777, il resta bordé d'un fossé large et profond qui fut remplacé, à cette époque, par une rue basse, dite rue *Amelot* (nom du ministre de Louis XVI qui avait le département de Paris). En 1787, Beaumarchais acheta le terrain d'un vaste bastion qui était à l'extrémité de ce boulevard, près de la place de la Bastille, et s'y fit bâtir une magnifique maison avec un délicieux jardin qui a subsisté jusqu'en 1818. Il y mourut en 1799 et y fut enterré. Quand le canal Saint-Martin fut ouvert et qu'on voulut le faire déboucher dans le grand fossé de la Bastille, il fallut détruire la maison de Beaumarchais, et, sur l'emplacement du jardin, l'on construisit des maisons particulières. A dater de cette époque, le boulevard Saint-Antoine, qui prit en 1831 le nom de Beaumarchais, commença à devenir moins triste et moins désert. Enfin, en 1845, l'administration municipale ayant aliéné les contre-allées de la partie méridionale, il s'est élevé sur leur emplacement une suite de jolies maisons en pierre, chargées d'ornements et de sculptures, qui font du boulevard Beaumarchais une voie publique aussi magnifique que régulière, où le commerce, la population, le luxe même commencent à se porter.

§ IV.

Le faubourg Saint-Antoine.

C'est à de pauvres ouvriers cherchant la liberté du travail que le faubourg Saint-Antoine doit sa naissance. L'abbaye Saint-Antoine-des-Champs, fondée vers la fin du XIIᵉ siècle, était un lieu privilégié, et son vaste enclos servait de refuge aux malheureuses «gens de mestier» qui travaillaient sans maîtrise. Autour de cet enclos et sous la protection des abbesses, *dames* de toutes les terres voisines, il se forma un bourg populeux auquel furent réunis plus tard les hameaux de *Popincourt*, de la *Croix-Faubin*, de *Picpus*, de *Reuilly* et de la *Râpée*.

Le bourg Saint-Antoine fut plusieurs fois dévasté dans les guerres des Anglais et dans celles de la Ligue. Devenu faubourg de Paris sous Louis XIII, il servit, de théâtre à la bataille entre Turenne et Condé. Quand la France devint industrielle, sous l'administration de Colbert, il commença à avoir de grandes fabriques, et sa population prit de l'importance. Enfin, quand la révolution éclata, il y joua le premier rôle et fut à la fois son quartier général et son armée d'avant-garde. Au 27 avril 1789, il préludait au tumulte révolutionnaire par l'incendie de la maison Réveillon; au 14 juillet, il était tout entier sous les murs de la Bastille; aux 5 et 6 octobre, il envoyait ses légions de femmes affamées à Versailles; au 10 août, conduit par le brasseur Santerre, qui avait sa demeure au nº 232 du faubourg, il conquérait les Tuileries. Il régna dans Paris pendant le règne des Montagnards, et il suffisait de ces mots: le faubourg descend! pour faire trembler la Convention. On l'appelait alors le faubourg de *Gloire*. Sa puissance tomba avec celle de Robespierre. On sait comment, au 1ᵉʳ prairial, il fut vaincu, et, le lendemain de cette journée, investi et forcé de livrer ses armes: ce fut pour lui une véritable abdication. Dès lors, il sembla tout entier voué à l'industrie, et se contenta d'envoyer ses enfants défendre la révolution sur les champs de bataille: parmi ces glorieux *faubouriens*, on compte Augereau et Westermann. Napoléon fut populaire dans le faubourg: il alla plusieurs fois le visiter, s'inquiéta de ses travaux, de sa prospérité, et il voulait faire construire une grande rue qui serait allée du Louvre à la barrière du Trône. Ce fut pourtant dans une maison du faubourg que fut ourdi l'audacieux complot qui pensa, en 1812, renverser le vainqueur de la Moskowa: au nº 333, au coin de la Petite rue Saint-Denis, se voit une maison de santé qui, aujourd'hui, renferme des aliénés: c'est de là qu'est sorti Mallet!

Sous la Restauration, le faubourg Saint-Antoine, toujours peuplé d'ouvriers pauvres et laborieux, resta paisible, oublieux de toute question politique, uniquement occupé des progrès de ses industries. En 1830, il prit part aux journées de juillet; la garde royale pénétra dans le faubourg, où des barricades avaient été élevées; mais elle ne put aller que jusqu'à la rue de Charonne, et, après un combat où plusieurs maisons furent canonnées, elle battit en retraite. En juin 1832, une partie de sa population prit part à la première insurrection républicaine; un combat fut livré sur la place de la Bastille, et la maison qui fait l'angle du faubourg et de la rue de la Roquette, maison habitée par l'épicier Pepin, ne fut soumise que par le canon. En février 1848, il crut trouver dans la République non-seulement la fin des souffrances réelles de sa population ouvrière, mais la réalisation de doctrines chimériques sur l'organisation du travail: aussi, quand il eut dépensé «ses trois mois de misère au service de la République,» égaré par la souffrance, le désespoir et des prédications anarchiques, il se révolta. Dans les néfastes journées de juin, le faubourg Saint-Antoine fut le quartier général et la citadelle de l'insurrection; il se liait avec les deux autres centres de la bataille, d'un côté par les faubourgs du Temple et Saint-Martin, d'un autre côté par les faubourgs Saint-Victor et Saint-Marcel, et lui-même devait occuper l'Hôtel-de-Ville. Pendant trois jours, il fut maître de son propre terrain, repoussa toute proposition d'accommodement et se fortifia; une immense barricade fermait la grande rue du faubourg et les rues de la Roquette et de Charonne, garnies de combattants; soixante autres barricades, élevées de vingt pas en vingt pas, hérissaient la grande rue et les rues voisines. Quand l'insurrection eut été vaincue dans tout le reste de Paris, le front de cette grande forteresse fut battu en brèche par plus de vingt mille hommes, pendant que ses flancs étaient attaqués de toutes parts; ses maisons furent criblées de boulets; une d'elles, à l'entrée de la rue de Roquette, fut entièrement incendiée et détruite. Ce fut au milieu de ce combat que l'archevêque de Paris se présenta à la grande barricade, la traversa par la maison qui fait l'angle du faubourg et de la rue de Charonne, et, au moment où il adressait des paroles de paix aux insurgés, tomba frappé mortellement d'une balle. Le lendemain, l'insurrection, voyant tout Paris soumis et la résistance inutile, capitula.

Le faubourg Saint-Antoine est une grande et large voie, entièrement peuplée de fabricants, principalement de fabricants d'ébénisterie, lesquels n'ont pas d'égaux dans le monde et dont les produits, chefs-d'œuvre de goût, d'élégance et de bon marché, vont partout, en Amérique comme en Europe, dans les plus modestes habitations comme dans les palais des rois. On y trouve aussi des filatures de coton, des fabriques de machines, des scieries de bois, des brasseries, etc. Dans cette grande cité du travail, il n'y a point de ces palais sculptés, de ces hôtels splendides que nous trouverons dans les quartiers de la finance et de la noblesse; il n'y a que des maisons hautes, profondes, humbles comme la population qui s'y presse, où l'on n'entend que le bruit de la scie et du marteau; et l'on n'y trouve, triste symbole de la misère, qui n'est que trop souvent la récompense de l'ingrat labeur, on n'y trouve d'autres édifices publics que deux hôpitaux.

1° L'*Hospice des enfants malades*.--Cet hôpital fut fondé en 1669 par la reine Marie-Thérèse pour les enfants trouvés; il fut affecté en 1800 et en 1809 aux orphelins des deux sexes; en 1840, il devint un hôpital-annexe de l'Hôtel-Dieu; en 1854, il a été transformé en hospice pour les enfants malades.

2° L'*hôpital Saint-Antoine*, qui occupe les bâtiments de l'abbaye de même nom. Cette abbaye fut fondée par Foulques de Neuilly, le prédicateur de la quatrième croisade; elle occupait tout l'espace compris entre la rue du faubourg, la grande et la petite rue de Reuilly, les rues de Charenton et Lenoir; son église, d'une architecture pleine d'élégance et de détails précieux, avait été bâtie par saint Louis. L'abbesse jouissait de 40,000 livres de revenu. Derrière ses murs, à l'angle des grande et petite rues de Reuilly, le 12 mai 1310, cinquante-quatre templiers furent brûlés. Son enclos était fortifié et servait de refuge aux habitants du bourg; mais, en 1590, il fut forcé successivement par les troupes de Henri IV et celles de la Ligue, et le couvent mis au pillage. En 1770, il fut magnifiquement reconstruit, et, en 1795, par un décret de la Convention, transformé en hôpital assimilé à l'Hôtel-Dieu et renfermant trois cent vingt lits.

Le faubourg se termine à la *place* et à la *barrière du Trône*, qui tirent leur nom d'un trône que les édiles parisiens y firent élever pour l'entrée de Louis XIV et de Marie-Thérèse en 1660. Les deux colonnes qui ornent la barrière étaient le commencement d'un monument qu'on devait construire en mémoire de cet événement, monument dont le plan avait été donné par Perrault, qui fut fait seulement en plâtre et démoli en 1716. Sous le règne de Louis-Philippe, on a placé sur ces colonnes les statues colossales de Philippe-Auguste et de saint Louis. Pendant les derniers temps de la terreur, l'échafaud fut dressé sur la place du Trône, et, en vingt jours, il s'y fit, au lieu même où le grand roi reçut l'hommage de ses sujets, un effroyable holocauste de quatre cent vingt-trois victimes. Le 30 mars 1814, la barrière du Trône, qui conduit au château de Vincennes, fut le théâtre d'un glorieux combat soutenu contre les Russes par la garde nationale et les élèves de l'École Polytechnique.

Six grandes rues partent du faubourg Saint-Antoine, comme les branches d'un arbre énorme; ce sont, à droite, les rues de Charenton, Reuilly, de Picpus; à gauche, les rues de la Roquette, de Charonne et de Montreuil.

1° La rue de *Charenton* commence à la place de la Bastille et finit à la barrière qui ouvre la route des départements de l'est; son extrémité s'appelait autrefois la vallée de Fécamp; elle est célèbre, en 1621, par une attaque des catholiques contre les protestants, qui revenaient de leur prêche de Charenton. Vers la fin de cette rue était jadis une maison de campagne, dont il ne reste plus que la porte d'entrée avec quelques murailles, et qui avait de magnifiques jardins s'étendant jusqu'à la rivière. On l'appelait la Folie-Rambouillet; elle avait été construite, au temps de Louis XIII, par un financier de ce nom, beau-père du chroniqueur Tallemant des Réaux. Sauval fait une description pompeuse de cette habitation, qui excita les murmures des associés de Rambouillet: «car c'étoit trop découvrir le profit qu'ils faisoient aux cinq grosses fermes.» Près de cette maison, dont une rue voisine a gardé le nom, était établie la plus formidable des barricades de Condé dans la bataille du faubourg Saint-Antoine, et c'est là que furent tués les plus illustres seigneurs des deux partis. «Le prince y reçut plusieurs coups dans la cuirasse, et ce fut une espèce de miracle qu'il n'y demeurât pas comme tant d'autres. Il faisoit alors une chaleur insupportable, et lui qui étoit armé et agissoit plus que tous les autres, étoit tellement fondu de sueur et étouffé dans ses armes, qu'il fut contraint de se faire débotter et désarmer, et de se jeter tout nu sur l'herbe d'un pré, où il se tourna et vautra comme les chevaux qui se veulent délasser; puis il se fit rhabiller et armer, et il retourna au combat [32].»

On trouve dans la rue de Charenton: l'*hospice des Quinze-Vingts*, fondé par saint Louis pour trois cents aveugles, et qui fut établi dans la rue Saint-Honoré jusqu'en 1779; à cette époque, le cardinal de Rohan, si tristement fameux par l'affaire du collier, le transféra dans un hôtel de la rue de Charenton, occupé jusque-là par les mousquetaires noirs. Il renferme ou nourrit huit cents aveugles.

2° La rue de *Reuilly* doit son nom au château de *Romiliacum*, bâti par les rois de la première race. Ce château, qui était encore du domaine royal en 1359 et formait un fief seigneurial au XVIIIᵉ siècle, était situé à la rencontre des grande et petite rues de Reuilly. C'est dans ce Versailles des Mérovingiens, au dire de Frédégaire, que Dagobert avait une sorte de harem, où il épousa successivement Gomatrude, Nanthilde. Au n° 24 était la manufacture de glaces établie en 1666 par Colbert; c'est aujourd'hui une caserne d'infanterie.

3° La rue de *Picpus* est célèbre par ses établissements charitables ou religieux. Au n° 8 est la maison hospitalière d'Enghien, fondée par la duchesse de Bourbon en 1819 et qui renferme cinquante lits. Aux n° 15, 17 et 19 se trouvait le couvent des chanoinesses, dites de Notre-Dame-de-Lépante, fondé en 1647, et dont une partie est occupée par la congrégation des Dames du Sacré-Cœur. Dans le cimetière de cette maison, qui servit de prison pendant la terreur, furent inhumées les cinq cent vingt victimes, suppliciées à la place de la Bastille et à la barrière du Trône. Il fut concédé par l'empereur aux familles de ces victimes, qui seules ont le droit d'y être enterrées. C'est là qu'est la sépulture de La Fayette. Au n° 23 est la maison mère des Dames de la congrégation de la Mère de Dieu. Au n° 37 se trouvait le couvent des Franciscains réformés, fondé en 1601 et regardé comme le chef-lieu de l'ordre. L'église renfermait les tombeaux du cardinal Duperron, du maréchal de Choiseul, etc.

4° La rue de la *Roquette* renfermait: 1° l'hôtel des chevaliers de l'arbalète et de l'arquebuse, compagnie royale dont les priviléges furent donnés par Louis VI et confirmés par tous les rois jusqu'à Louis XVI; 2° l'hôtel de *Bel-Esbat*, qui appartenait à Henri III, et où, en 1588, il faillit être enlevé par les ligueurs. Cet hôtel fut transformé, en 1636, en couvent des Hospitalières de la Charité-Notre-Dame, lequel renfermait un hospice pour les vieilles femmes. Il est aujourd'hui détruit, et à sa place on a construit en 1836 deux vastes bâtiments qui, sans doute, ont été placés l'un en face de l'autre pour faire image et comme enseignement philosophique: l'un est le *Pénitencier des jeunes détenus*, l'autre le *Dépôt des condamnés*. Ces deux prisons, dites *modèles* et remarquables en effet par leur construction, ont coûté près de quatre millions. Sur la place qui les sépare se font les exécutions criminelles.

La rue de la Roquette conduit au *cimetière de l'Est* ou du Père-Lachaise. Sur l'emplacement de ce cimetière il y avait, dans le XVe siècle, une maison de campagne appartenant à un épicier de Paris et qu'on appelait la Folie-Régnault. Elle fut achetée par les Jésuites de la rue Saint-Antoine en 1626, prit le nom de Mont-Louis et fut habitée et embellie par le père Lachaise, confesseur de Louis XIV. En 1763, on la vendit, et en 1804 la ville de Paris l'acheta pour y établir un cimetière. C'est la plus vaste nécropole de Paris et la plus heureusement située; du riant coteau qu'elle occupe, on découvre une grande partie de la ville et des campagnes voisines; son sol accidenté, coupé de ravins, de plateaux, de belles allées, de sentiers sinueux, couvert d'arbres, d'arbustes, de fleurs, où se pressent les monuments sépulcraux, chapelles, pyramides, pierres, croix de bois, est une promenade pittoresque où rien n'inspire la tristesse, où l'on pourrait croire, aux inscriptions placées sur les tombes, que la population de Paris est la plus vertueuse du globe. Là se voient le tombeau d'Abeilard et d'Héloïse, bijou gothique dont la place était dans une église et non en plein air [33], les sépultures de Molière et de La Fontaine, de Delille, de Boufflers, de Parny; les monuments de Masséna, de Gouvion-Saint-Cyr, de Foy, de Périer, etc. La mode, qui se mêle de tout, a fait de ce cimetière, destiné aux quartiers les plus populeux de Paris, le rendez-vous mortuaire de toutes les illustrations.

5° La rue de *Charonne* est une voie aussi populeuse, aussi industrielle, aussi pauvre que la rue du Faubourg-Saint-Antoine. C'est là surtout qu'on trouve ces vastes cours habitées par des centaines de familles, où, de la cave au grenier, toutes les chambres sont de petits ateliers d'ébénisterie. Cette rue renferme ou renfermait plusieurs couvents: au n° 86 est le couvent des Filles de la Croix, de l'ordre de Saint-Dominique, établi en 1641; les bâtiments n'ayant pas été aliénés pendant la révolution, ils ont été rendus à ces religieuses en 1817. Au n° 88 était le couvent de la Madeleine de Trainel, fondé en 1654; l'abbesse de Chelles, fille du régent, s'y retira pour s'y occuper de théologie, de chimie et d'histoire naturelle; elle y mourut en 1743. C'est là qu'est mort aussi le chancelier d'Argenson. Au n° 97 était le prieuré de Notre-Dame-de-Bon-Secours, l'asile ordinaire des femmes séparées de leurs maris. Il fut transformé sous l'empire en une filature de coton dirigée par l'illustre Richard Lenoir et que les événements de 1814 ruinèrent complètement. Napoléon visita plusieurs fois cet établissement et y assista à une grande fête. Il fut en 1846 transformé en hôpital, et aujourd'hui est détruit. Une rue a été ouverte sur son emplacement.

Près de la rue de Charonne est l'église paroissiale du huitième arrondissement, *Sainte-Marguerite*. On y remarque une descente de croix de Girardon et un monument élevé à la mémoire du fils de Louis XVI, lequel fut enterré dans le cimetière de cette église.

Dans la rue de Charonne débouche le passage *Vaucanson*, qui a été ouvert en 1840 sur l'emplacement de l'hôtel Mortagne, où demeurait l'illustre mécanicien. Dans cet hôtel était une collection de cinq cents machines léguée en 1782 au gouvernement par Vaucanson, et qui a été plus tard le noyau du Conservatoire des arts et métiers.

6° Nous n'avons rien à dire de la rue *Montreuil*, si ce n'est qu'elle conduit à un village célèbre par ses fruits, et qu'elle possède une caserne.

CHAPITRE II.

LA VIEILLE-RUE-DU-TEMPLE, LE MARAIS ET LA RUE DE MÉNILMONTANT.

La *Vieille-Rue-du-Temple* commence à la place Baudoyer et finit au boulevard du Temple sous le nom de *Filles-du-Calvaire*. C'est une rue étroite et mal bâtie dans sa partie inférieure, large et belle dans sa partie supérieure. La partie inférieure est très-ancienne, car elle était déjà dite *vieille* au XIIIᵉ siècle; la partie supérieure n'a été bâtie que dans le XVIᵉ: ce n'était, avant cette époque, qu'un chemin à travers champs et appelé de la *Coulture-du-Temple* ou de la *Coulture-Barbette*; les noms des rues voisines de l'*Oseille* et du *Pont-aux-Choux* indiquent quelle était la nature de ces champs. Comme la Vieille-Rue-du-Temple ne menait à aucun monument religieux, comme elle n'avait pas de porte sur le rempart de Charles VI, comme elle ne se prolongeait par aucun faubourg, elle n'a joué qu'un rôle très-médiocre dans l'histoire de Paris, excepté dans sa partie inférieure, où il y avait une porte de l'enceinte de Philippe-Auguste, dite porte Barbette, située près de la rue des Francs-Bourgeois. Nous avons dit ailleurs que l'hôtel voisin de cette porte, et qui lui avait donné son nom, appartenait à Isabelle de Bavière, et que c'est en sortant de cet hôtel que Louis, duc d'Orléans, en 1407, fut assassiné par les satellites de Jean-Sans-Peur.

Aujourd'hui, la Vieille-Rue-du-Temple est la principale artère du *Marais*. Ce quartier, le premier qui ait été régulièrement bâti, était sous Henri IV, Louis XIII et le commencement du règne de Louis XIV, le quartier de la noblesse; il devint plus tard celui de la magistrature, de la bourgeoisie retirée du commerce, et il prit de cette population paisible une renommée de calme et de placidité, mais aussi de sottise et d'ennui, qu'il n'a pas encore complètement perdu. «Là règne, disait Mercier en 1784, l'amas complet de tous les vieux préjugés.» Cependant, depuis trente ans, le Marais a changé d'aspect; c'est toujours un quartier bien aéré et bien bâti; mais il a été envahi par les fabriques soit du faubourg Saint-Antoine, soit du quartier Saint-Martin, qui se trouvaient trop pressées dans ces deux grands centres de l'industrie parisienne, et, de jour en jour, son ancienne population est obligée de s'en éloigner.

On trouve dans la Vieille-Rue-du-Temple:

1° Le *Marché des Blancs-Manteaux*.--Sur l'emplacement de ce marché se trouvait, au XVIᵉ siècle, l'hôtel d'Adjacet, qui appartenait à l'un des favoris de Henri III; il passa au marquis d'O, autre favori du même roi, fut vendu en 1655 et devint le couvent des *Hospitalières de Saint-Anastase*. Ce couvent fut supprimé en 1790, et, sur ses débris, a été construit en 1813 le marché des Blancs-Manteaux.

2° L'*Imprimerie impériale*.--Elle est établie dans l'hôtel de Strasbourg, qui fut construit en 1712 par le cardinal de Rohan et qui communiquait avec l'hôtel de Soubise; cette imprimerie, fondée par le connétable de Luynes et complétée par Richelieu, non pour le service de l'État, mais uniquement dans l'intérêt des lettres, fut d'abord placée au Louvre, puis à l'hôtel où est aujourd'hui la Banque de France, enfin, en 1809, dans le bâtiment actuel. Ce n'est que depuis 1795 qu'elle est devenue l'imprimerie du gouvernement; elle occupe trois à quatre cents ouvriers, cent vingt-cinq presses ordinaires et dix presses mécaniques, et possède quarante-six alphabets des langues d'origine latine, seize des autres langues de l'Europe et cinquante-six des langues orientales.

Dans la Vieille-rue-du-Temple se trouvaient: l'hôtel d'Argenson, qui fut habité par le fameux garde des sceaux; l'hôtel Le Pelletier, qui fut habité par le prévôt des marchands, ministre sous Louis XIV, etc.

Dans la rue des *Filles-du-Calvaire* se trouvait un couvent, chef-lieu d'une congrégation, qui fut fondé en 1633 par le fameux P. Joseph, et où l'on conservait le cœur du fondateur. Sur ses débris on établit, en 1792, un théâtre qui a subsisté jusqu'en 1807 sous le nom de Théâtre de la Vieille-Rue-du-Temple. La rue Neuve-Ménilmontant a été ouverte sur son emplacement.

Voici les rues les plus remarquables qui débouchent dans la Vieille-Rue-du-Temple:

1° Rue *Sainte-Croix-de-la-Bretonnerie*.--«Sous le règne de saint Louis, dit Saint-Foix, il n'y avait encore dans ce quartier que quelques maisons éparses et éloignées les unes des autres. Renaud de Brehan, vicomte de Podouse et de l'Isle, occupait une de ces maisons. Il avait épousé, en 1225, la fille de Léolyn, prince de Galles et était venu à Paris pour quelque négociation secrète contre l'Angleterre. La nuit du vendredi au samedi saint 1228, cinq Anglais entrèrent dans son *vergier*, le défièrent et l'insultèrent. Il n'avait avec lui qu'un chapelain et qu'un domestique; ils le secondèrent si bien que trois de ces Anglais furent tués; les deux autres s'enfuirent; le chapelain mourut le lendemain de ses blessures. Brehan, avant que de partir de Paris, acheta cette maison et le *vergier*, et les donna à son brave et fidèle domestique, appelé Galleran. Le nom de *Champ-aux-Bretons*, qu'on donna au jardin à l'occasion de ce combat, devint le nom de toute la rue.» Elle prit celui de Sainte-Croix quand les religieux de ce nom vinrent s'y établir en 1258. «Revint une autre manière de frères, dit Joinville, qui se faisoient appeler frères de Sainte-Croix, et requistrent au roy que il leur aidast. Le roi le fit voulentiers, et les hébergea en une rue appelée le quarrefour du Temple, qui ores est appelée la rue Sainte-Croix.» L'église, bâtie par Eudes de Montreuil, était petite et d'une construction très-élégante;

elle renfermait des tableaux précieux et le tombeau de Barnabé Brisson, président du Parlement, qui fut pendu par les Seize. Les chanoines de Sainte-Croix furent supprimés en 1778; on détruisit leur couvent et leur église pendant la révolution, et l'on établit sur leur emplacement des maisons particulières et un passage qui aboutit rue des *Billettes*.

Cette rue, dite anciennement rue *où Dieu fust bouilli*, renfermait la chapelle des *Miracles*, bâtie en 1302 sur l'emplacement de la maison d'un juif qui fut brûlé pour avoir jeté, en 1298, dans une chaudière d'eau bouillante une hostie consacrée, laquelle était conservée en l'église de Saint-Jean-en-Grève. A la chapelle fut adjoint un couvent d'hospitaliers ou frères de la Charité-Notre-Dame, auxquels succédèrent en 1632 des Carmes. Alors, l'on remplaça la chapelle par une église qui fut entièrement reconstruite en 1754, et dont le portail est d'une élégante simplicité. Cette église est devenue, depuis 1812, le *temple des protestants de la confession d'Augsbourg*. Les restes de Papire Masson et le cœur d'Eudes de Mézeray y ont été déposés.

La rue des Billettes a pour prolongement la rue de l'*Homme-Armé*, qui, comme le Champ-aux-Bretons, doit probablement son nom à Renaud de Brehan. Dans cette rue était, dit-on, la maison de Jacques Cœur.

2° Rue des *Rosiers*.--A l'angle que cette rue fait avec celle des Juifs se trouvait une statue de la sainte Vierge, qui fut mutilée en 1528. Ce fut l'occasion de persécutions contre les protestants. François Ier vint lui-même en grand pompe remplacer l'image de pierre par une image d'argent. Celle-ci fut volée en 1545 et remplacée par une statue de pierre, qui existait encore en 1789.

3° Rue des *Francs-Bourgeois*.--Elle date du XIIIe siècle et portait d'abord le nom de *Vieilles-Poulies*; elle prit son nom actuel d'un hospice fondé en 1350 pour vingt-quatre bourgeois pauvres, et qui n'existait plus au XVIe siècle. Une partie de l'hôtel Barbette bordait cette rue, et il en reste la tourelle qui fait le coin de la Vieille-Rue-du-Temple. Au n° 7 était l'hôtel du maréchal d'Albret, qui de 1650 à 1670, fut un autre hôtel de Rambouillet pour la quantité de beaux esprits qui s'y réunissaient; c'était la maison que fréquentait d'ordinaire madame Maintenon après son veuvage, et c'est là qu'elle connut madame de Montespan. Au n° 13 était l'hôtel du chancelier Le Tellier, et c'est là qu'il mourut en 1685. Au n° 21 était l'hôtel du comte de Charolais, qui se rendit si fameux par ses cruautés et ses débauches.

4° Rue de *Paradis*.--Cette rue, par laquelle se prolonge la rue des Francs-Bourgeois, a pris une grande importance depuis qu'elle se continue par la rue Rambuteau, dont nous parlerons plus tard. Elle tire son nom d'une enseigne et renferme:

1. L'église de *Notre-Dame-des-Blancs-Manteaux*, dont l'origine remonte à des religieux mendiants, dits serfs de la vierge Marie, qui s'établirent à Paris en

1258. «Revint, raconte Joinville, une autre manière de frères qu'on appelle l'ordre des Blancs-Manteaux, et qui requistrent au roy qu'il leur aydast qu'ils peussent demourer à Paris. Le roy leur acheta une maison et viez places entour pour eux hebergier, de lès la viez porte du Temple, assez près des tisserans.» Cet ordre ayant été supprimé en 1274, le couvent fut donné aux Guillelmites, et à ceux-ci succédèrent en 1618 les Bénédictins de Saint-Maur. La maison et l'église furent reconstruites en 1684 par les soins du chancelier Le Tellier, et c'est là que furent composés ces trésors d'érudition qui sont la gloire de notre pays, l'*Art de vérifier les dates*, la *Collection des historiens de France*, la *Nouvelle diplomatique*, etc. «Personne n'ignore, dit Jaillot, combien l'Église et l'État sont redevables aux Bénédictins: cette maison-ci en a produit et en possède encore qui sont à jamais recommandables par leurs vertus et leurs talents.» Ce monastère, dont il ne reste pas la moindre trace, a été détruit en 1797, et sur son emplacement on a ouvert en 1802 une rue dite des Guillelmites. L'église, qui n'a rien de remarquable, a été conservée; c'est l'une des succursales du septième arrondissement.

2. Le *Mont-de-Piété*, fondé en 1777, et dont les bâtiments furent achevés en 1786. «Ce bureau général d'emprunt sur nantissement, fondé uniquement, dit l'ordonnance de fondation, dans des vues de bienfaisance,» est l'une des institutions qui témoignent le plus tristement la gêne et la misère des classes populaires. De 1831 à 1845, il a prêté sur 19,382,000 articles une somme de 342,893,000 francs; les quatre cinquièmes des engagements ont été faits par des ouvriers ou journaliers. En 1849, l'ensemble des articles engagés s'est élevé à 1,135,000, et celui des sommes prêtées à 19,382,000 francs. En 1854, les articles engagés ont été au nombre de 1,584,149, et les sommes prêtées se sont élevées à 28,201,835 fr.

3° L'hôtel *Soubise*, où sont les *Archives* de l'État. Ce vaste hôtel, qui occupe une grande partie de l'espace compris entre les rues du Chaume, des Quatre-Fils et Vieille-du-Temple, est formé de: 1° l'hôtel de Clisson, situé rues du Chaume et des Quatre-Fils, et bâti en 1383; c'était, avons-nous dit dans l'*Histoire générale de Paris*, l'hôtel de la Miséricorde, et l'on avait décoré de *M* sa façade, pour perpétuer l'outrage fait aux Parisiens. Après la mort du connétable, il passa dans la maison de Penthièvre et fut acheté en 1553 par la duchesse de Guise. On voit encore, outre ses grosses tourelles et ses fortes murailles, son antique porte, qui sert d'entrée à l'École des Chartes. 2° L'hôtel de Navarre, situé rue de Paradis, qui appartint successivement aux maisons d'Évreux et d'Armagnac, fut confisqué sur ce duc de Nemours que fit mourir Louis XI, passa à la maison de Laval et fut acheté par la duchesse de Guise en 1556; 3° l'hôtel de la Roche-Guyon, situé Vieille-Rue-du-Temple. C'est de ces trois hôtels et de plusieurs autres maisons que le duc de Guise (celui qui fut assassiné au siége d'Orléans), se fit l'immense palais qui joua un si grand rôle dans les troubles de la Ligue. Cet hôtel resta dans la maison de Lorraine jusqu'en 1697, où il fut acheté par le prince de Soubise, qui le fit reconstruire presque entièrement et avec une grande magnificence. Il devint propriété nationale en 1793, et en 1808 on y transporta les Archives de l'État.

L'Assemblée constituante, le 7 septembre 1789, avait décrété que les pièces originales qui lui seraient adressées et la minute du procès-verbal de ses séances formeraient un dépôt qui porterait le nom d'*Archives nationales*. Ce dépôt, placé d'abord à Versailles, s'en alla à Paris avec l'Assemblée, fut placé au couvent des Capucins et s'enrichit des formes et des planches pour la confection des assignats, des caractères de l'imprimerie du Louvre, des machines de l'Académie des Sciences, etc. La Convention nationale régularisa ce dépôt par un décret du 7 messidor an II, et ordonna qu'on y renfermerait, outre les papiers des assemblées nationales, les sceaux de la République, les types des monnaies, les étalons des poids et mesures, les traités avec les puissances étrangères, le titre général de la fortune et de la dette publique, etc. Les archives, à la tête desquelles était Camus, s'en allèrent avec la Convention aux Tuileries, où elles furent logées à côté du comité de salut public, puis au Palais-Bourbon avec le Corps-Législatif. Napoléon, le 6 mars 1808, leur attribua l'ancien hôtel Soubise, et toutes les archives des pays conquis vinrent s'y entasser au nombre de 160,000 liasses. Ce dépôt devint alors si considérable que, malgré des constructions nouvelles, le vaste hôtel Soubise se trouva insuffisant, et que Napoléon ordonna de bâtir pour les archives, entre les ponts d'Iéna et de la Concorde, un immense palais qui devait avoir en capacité 100,000 mètres cubes, avec des jardins destinés à doubler l'établissement dans la suite des temps. La chute de l'Empire empêcha l'exécution du monument, et les étrangers vinrent, en pillant les archives, débarrasser l'hôtel Soubise de son encombrement. On réorganisa cet établissement en 1820, sous la direction du savant Daunou, et il est aujourd'hui partagé en six sections qui renferment l'ancien trésor des chartes, les archives domaniales, le dépôt topographique et 145,000 cartons, outre des curiosités historiques, telles que l'armoire de fer, les clefs de la Bastille, le livre rouge, etc. Depuis quelques années, on a fait des agrandissements énormes et des embellissements pompeux à cet établissement, qui ressemble, avec sa grande porte fastueusement décorée, ses colonnades, ses statues, à la demeure d'un monarque; mais les riches salons où l'on entasse les vieux papiers, les vérités cachées de notre histoire, sont à peu près inaccessibles au vulgaire.

5° Rue *Barbette*, qui tire son nom de l'hôtel Barbette. Cet hôtel avait été bâti par Étienne Barbette, prévôt des marchands et maître de la monnaie sous Philippe-le-Bel; il fut dévasté en 1306 dans une émeute populaire. Il fut acheté par Charles VI et devint le *petit séjour* d'Isabelle de Bavière, qui en fit un lieu de plaisance et de délices. (Voy. *Hist. gén. de Paris*, p. 31.) Au XVIᵉ siècle, il appartenait à la maison de Brézé, et comme femme de Louis de

Brézé, Diane de Poitiers possédait et habitait cet hôtel. A sa mort, on le démolit et on ouvrit sur son emplacement les rues Barbette, des Trois-Pavillons, qui a porté aussi le nom de Diane, etc.

6° Rue du *Perche*.--Elle renfermait un couvent de Capucins, fondé en 1622, par Athanase Molé, capucin, frère de Mathieu Molé. L'église existe encore sous le vocable de Saint-François d'Assise: c'est une des succursales du septième arrondissement. En face de la rue du Perche est celle des *Coutures-Saint-Gervais*, où se trouve l'hôtel de Juigné, l'un des plus magnifiques de Paris et qui est occupé par l'École centrale des manufactures.

7° Rue des *Quatre-Fils*, ainsi nommée d'une enseigne. Dans la maison n° 8, furent arrêtés, en 1804, le duc de Rivière et Jules de Polignac, complices de la conspiration de Georges Cadoudal. Au n° 22, demeurait madame Dudeffant, et c'est là qu'était ce salon si fréquenté par les beaux esprits et les seigneurs du XVIIIᵉ siècle, dont d'Alembert et mademoiselle de l'Espinasse firent longtemps les honneurs.

8° Rue *Saint-Louis*.--Cette grande et belle rue, l'une des plus régulières de Paris, a été bâtie sur une partie du jardin des Tournelles; elle date du XVIIᵉ siècle et était jadis remplie de grands hôtels appartenant à la noblesse et à la magistrature: l'hôtel d'*Ecquevilly*, qui a appartenu au chancelier Boucherat et à Claude de Guénégaud, et qui existe encore; l'hôtel *Voisin*, où est mort, en 1717, le chancelier de ce nom; l'hôtel *Turenne*, qui avait été acheté par l'illustre vainqueur des Dunes, et où il demeurait à l'époque de sa mort [34]; il fut vendu par son neveu le cardinal de Bouillon et donné par la duchesse d'Aiguillon aux religieuses bénédictines du Saint-Sacrement. Cet hôtel était au coin de la rue Saint-Claude: il fut détruit avec le couvent des Bénédictines, et sur son emplacement on a bâti récemment l'église *Saint-Denis-du-Saint-Sacrement*, qui est une des succursales du huitième arrondissement. Cette église est un de ces petits temples païens dont l'art moderne reproduit invariablement le type stérile et dont on peut faire au besoin un théâtre, un hospice ou une prison.

Parmi les rues qui débouchent dans la rue Saint-Louis, nous remarquerons celle des *Minimes*. Dans cette rue était le couvent des Minimes, fondé en 1609 par Marie de Médicis sur une partie du jardin des Tournelles, et qui a produit des théologiens et des savants, entre autres le P. Mersenne, l'ami de Descartes et de Gassendi. L'église, dont le portail avait été construit par François Mansard, ne fut terminée qu'en 1679: elle était richement décorée et renfermait les tombeaux du duc d'Angoulême, bâtard de Charles IX, de la famille Colbert de Villarceaux, du duc de la Vieuville, d'Abel de Sainte-Marthe, etc. Cette église a été détruite en 1798. Les bâtiments du couvent servent de caserne.

La rue des Filles-du-Calvaire aboutit à un boulevard de même nom, qui présente à peu près le même aspect que le boulevard Beaumarchais, et n'a rien de remarquable. Au-delà de ce boulevard, la rue de Ménilmontant sert de prolongement ou de faubourg à la Vieille-Rue-du-Temple. Cette rue n'était, il y a un demi siècle, qu'un chemin à travers les champs et marais qui couvraient tout l'espace compris entre les faubourgs Saint-Antoine et du Temple: ce n'est guère que depuis vingt-cinq ans qu'on a commencé à couvrir de maisons toutes ces cultures. Avant cette dernière époque, on ne voyait de rues que dans le voisinage des boulevards: ces rues, dites d'*Angoulême*, du *Grand-Prieuré*, de *Malte*, de *Crussol*, ont été ouvertes en 1781, d'après les plans de Perard de Montreuil, sur 24,000 toises de marais appartenant au grand prieuré de Malte, dont le titulaire était alors le duc d'Angoulême, et l'administrateur le baron de Crussol. La rue de Ménilmontant et les rues qui y aboutissent, aujourd'hui peuplées d'ouvriers et renfermant de grandes fabriques, ont été hérissées de barricades pendant l'insurrection de juin 1848.

La principale communication de la rue de Ménilmontant avec le faubourg Saint-Antoine s'effectue par la rue *Popincourt*, qui doit son origine à une maison bâtie par Jean de Popincourt, président du Parlement sous Charles VI. Dans cette maison était, au XVIe siècle, un temple protestant, qui fut dévasté par le connétable de Montmorency, lequel en reçut le nom de capitaine Brûle-Bancs. C'est de la terrasse du château de Popincourt que Mazarin fit voir à Louis XIV la bataille du faubourg Saint-Antoine. Une partie de cette propriété devint en 1636 un couvent d'*Annonciades*, qui fut supprimé en 1782. L'église existe encore au coin de la rue *Saint-Ambroise*, qui en a pris son nom: c'est une succursale du huitième arrondissement.

Dans la rue Popincourt débouche la rue des *Amandiers*, où se trouve l'abattoir Ménilmontant; l'avenue de cet abattoir se nomme *Parmentier*, parce qu'elle a été ouverte sur l'emplacement de la maison où est mort, en 1813, cet illustre agronome.

La rue de Ménilmontant tire son nom du village auquel elle conduit, et lui-même est ainsi appelé de sa situation sur le versant méridional du plateau de Belleville. Ce village, ou plutôt cette ville, a été, en 1814, l'un des théâtres de la bataille de Paris.

CHAPITRE III.

LA RUE ET LE FAUBOURG DU TEMPLE.

§ Ier.

La rue du Temple et le Temple.

La grande voie publique qui a pris le nom de l'ordre des Templiers commence à la place de Grève par une série de rues qui portaient encore, il y a quelques années, les noms des *Coquilles*, *Barre-du-Bec*, *Sainte-Avoye*, noms absorbés aujourd'hui dans celui du *Temple*. Elle n'était pas probablement comprise dans l'enceinte de Louis VI et s'est arrêtée d'abord près de la rue de Braque, où était une porte de l'enceinte de Philippe-Auguste, ensuite à la bastille du Temple, près de la rue Meslay, dite autrefois du Rempart, où était une porte de l'enceinte de Charles VI, démolie en 1684.

La rue des Coquilles se nommait autrefois *Gentien*, d'une famille célèbre qui a donné à la ville un prévôt des marchands et le savant auteur de l'Histoire de Charles VI: elle a pris son autre nom d'une maison dont toutes les fenêtres étaient ornées de coquilles sculptées. Cette maison, détruite récemment, était située au coin de la rue de la Tixeranderie et formait, en 1519, l'hôtel du président Louvet.

La rue Barre-du-Bec tirait son nom de l'abbé du Bec, qui avait, dit-on, son tribunal ou sa *barre* de justice dans cette rue, au n° 19.

La rue Sainte-Avoye avait pris son nom d'un couvent fondé en 1228, en l'honneur de sainte Hedwige ou Avoye, et qui fut occupé, en 1623, par des Ursulines. Ce couvent (n° 47), aujourd'hui détruit, a servi de temple israélite sous l'Empire. Dans cette rue étaient:

1° L'hôtel de Mesmes, bâti par le connétable de Montmorency, et où il vint mourir en 1567, après la bataille de Saint-Denis. Henri II y séjourna quelquefois. Henri III y dansa aux noces du duc d'Épernon. Plus tard, il devint l'hôtel de la famille de Mesmes, de ces grands diplomates qui ont donné à la France l'Alsace et la Franche-Comté, qui ont signé les traités de Westphalie et de Nimègue. Sous l'empire, on y établit l'administration des droits réunis, et, sous le gouvernement de Juillet, on l'a détruit pour ouvrir la rue Rambuteau.

2° Les hôtels de St-Aignan, Caumartin, la Trémoille, etc. Ces grandes demeures de l'aristocratie du XVIIe siècle sont aujourd'hui encombrées de marchandises et principalement de barils d'huile et de tonnes de sucre, car les anciennes rues Sainte-Avoye, Barre-du-Bec, des Coquilles sont les succursales du commerce d'épicerie, dont les rues de la Verrerie et des Lombards sont la métropole.

La rue du Temple, proprement dite, était jadis un vaste marais ou culture situé hors des murs de la ville: vers le milieu du XIIᵉ siècle, les moines-chevaliers du Temple, défenseurs du saint sépulcre, y bâtirent un grand manoir, qui devint le chef-lieu de leur ordre. La grosse tour fut construite en 1212, par le frère Hubert; et quand l'enclos eut été entouré de murailles et garni de tourelles, quand il commença à se couvrir de maisons, l'ensemble de ces constructions fut appelé la ville *neuve du Temple* et devint une forteresse imprenable. Philippe-Auguste, en partant pour la croisade, ordonna d'y déposer ses revenus; Louis IX y logea Henri III d'Angleterre, et ses successeurs y enfermèrent leur trésor; Philippe-le-Bel y chercha un asile contre la fureur populaire. Les richesses qui y furent amassées par les Templiers étaient réputées les plus grandes du monde, et elles n'ont pas été une des moindres causes de leur ruine. Le 13 octobre 1307, Philippe IV se transporta au Temple avec ses gens de loi et ses archers, mit la main sur le grand maître, Jacques de Molay, et s'empara du trésor de l'ordre. Le même jour et à la même heure, tous les Templiers furent arrêtés par tout le royaume. Alors commença ce procès mystérieux, qui est resté pour la postérité un problème insoluble, et après lequel périrent sur l'échafaud ou dans les prisons les derniers défenseurs du saint sépulcre. Les biens de l'ordre furent donnés aux hospitaliers de Saint-Jean-de-Jérusalem, qui se transformèrent dans la suite en chevaliers de Malte. Le Temple devint la maison provinciale du grand prieuré de France, et la grosse tour renferma successivement le trésor, l'arsenal et les archives de l'ordre. Alors l'on n'entendit plus parler de cet édifice, si ce n'est dans les guerres des Anglais et celles de la Ligue, où l'on s'en disputa souvent la possession. En 1667, le grand prieur Jacques de Souvré fit détruire les tours et les murailles crénelées de l'enclos, restaurer l'église, embellir les jardins, qui furent rendus publics; enfin il fit bâtir, en avant du vieux manoir, un vaste hôtel, qui a été récemment détruit. Ce fut le théâtre des plaisirs de son successeur, Philippe de Vendôme, dont les soupers donnèrent au Temple une célébrité nouvelle, par le choix, l'esprit, le scepticisme des convives. Là brillait le galant abbé de Chaulieu, qui mourut en chrétien fervent dans ce palais où il avait vécu en nonchalant épicurien. Là, le jeune Voltaire vint compléter les leçons qu'il avait commencé de recevoir dans la société de Ninon de Lenclos. Le grand prieuré, qui donnait 60,000 livres de revenu, passa ensuite au prince de Conti, qui, en 1765, y donna asile à Jean-Jacques Rousseau, les lettres de cachet ne pouvant pénétrer dans cette enceinte privilégiée. Le dernier titulaire fut ce duc d'Angoulême qui est mort, il y a quelques années, dans l'exil; et son père (Charles X) y vint quelquefois renouveler les soupers du prince de Vendôme. Les fleurs de ces fêtes étaient à peine fanées, les échos de ce voluptueux séjour murmuraient encore de tant de rires, de petits vers, de chants obscènes, quand Louis XVI et sa famille furent amenés au Temple pour y expier ces plaisirs. Ce ne fut pas dans l'hôtel du grand prieur qu'ils furent enfermés, mais dans le donjon du frère Hubert, vaste tour quadrangulaire, flanquée à ses angles de quatre tourelles, et qui, élevée de cent cinquante pieds, dominait tout le quartier de sa masse sombre et sinistre; on n'y arrivait que par trois cours garnies de murs, très-élevés; on n'y montait que par un escalier fermé à chaque étage de portes de fer [35]. Après l'horrible drame qui se passa dans ses murs, après que le malheureux fils de Louis XVI y fut mort de misère et d'abrutissement, après que sa fille, seul reste de la famille royale, en fut sortie, la tour du Temple eut d'autres hôtes: d'abord les vaincus du camp de Grenelle, qui n'en sortirent que pour être fusillés; ensuite les proscrits du 18 fructidor, qu'on transféra de là dans les cages ambulantes qui les conduisirent à Sinamary; les conspirateurs royalistes Brottier, Duverne de Presles, Laville-Heurnois, Montlosier, etc. Sydney Smith y fut captif en 1796 et délivré deux ans après par le dévouement de ses amis. Toussaint-Louverture y resta pendant quelques mois. Pichegru y vint avec Cadoudal, Moreau, les frères Polignac, etc.; il y fut trouvé mort dans son lit. Le capitaine anglais Wright s'y coupa la gorge. Le gouvernement impérial fit disparaître cet édifice, qui rappelait tant de sinistres événements. Bonaparte, à peine consul, l'avait visité et avait dit: «Il y a trop de souvenirs dans cette prison-là, je la ferai abattre.» En 1810, l'hôtel du grand prieur était devenu une caserne de gendarmerie; on commençait à y bâtir la façade qu'on a récemment démolie, et l'on devait y placer le ministère des cultes; la plupart des autres bâtiments du Temple n'existaient plus; on avait démoli l'église, qui était de construction romane, avec son portail en forme de dôme et les mausolées élevés à des chevaliers du Temple et de Malte. En 1814, l'hôtel projeté du ministre des cultes devint l'un des quartiers généraux des armées alliées; il eut le même sort en 1815, et la cavalerie prussienne campa dans l'enclos et les jardins. En 1816, il fut donné par Louis XVIII à une abbesse de la maison de Condé, qui s'y enferma avec des Bénédictines du Saint-Sacrement pour pleurer et prier sur les infortunes royales. Cette princesse ajouta à l'hôtel Souvré une jolie chapelle, dont l'entrée était rue du Temple. Après la révolution de 1848, les Bénédictines abandonnèrent le palais du Temple, qui resta pendant plusieurs années sans destination; il vient d'être détruit, et sur son emplacement on a ouvert un jardin.

A côté du Temple était un vaste enclos qui s'étendait jusqu'aux remparts de la ville et qui, de temps immémorial, servait d'asile aux criminels, aux débiteurs, aux banqueroutiers, aux ouvriers qui travaillaient sans maîtrise. Grâce à ce privilége, l'enclos se couvrit de maisons, qui louées à des prix très-élevés, procuraient un revenu considérable au grand prieur, lequel y avait d'ailleurs droit de haute et basse justice. Celles qui avoisinaient l'église formaient une suite de baraques qu'on appelait les *charniers* du Temple et qui servaient de marché. En 1781, on construisit sur une partie des jardins, au levant de l'église et de la grosse tour, un bâtiment d'architecture bizarre: c'est la *Rotonde du Temple*, élevée sur les dessins de Pérard de Montreuil, vaste et lourde construction de forme elliptique, dont le rez-de-chaussée figure une galerie couverte percée de quarante-quatre arcades. Cette maison est habitée par des ouvriers et des petits marchands; elle a appartenu à Santerre, qui y est mort en 1808. L'enclos du Temple devint en 1790 propriété nationale; lorsque l'église, la tour, les charniers eurent été détruits, on construisit, sur leur emplacement, en 1809, un vaste marché, formé de quatre grands hangars en charpentes, sombres, hideux, ouverts à tout vent, où campent plus de six mille marchands et où viennent s'étaler tous les débris des vanités et des misères de Paris: c'est la halle aux vieilleries et le marché très-abondant et très-utile où le peuple monte à bas prix sa toilette et son ménage. Plusieurs rues furent alors ouvertes et qui portent des noms de l'expédition d'Égypte: Perrée, Dupetit-Thouars, Dupuis, etc. La grande porte de l'enclos, qui était située en face de la rue des Fontaines, n'a été détruite qu'en 1818.

La rue du Temple renfermait jadis plusieurs établissements religieux: 1° le *couvent des Filles Sainte-Élisabeth*, fondé en 1614 par Marie de Médicis et dont l'église fut construite en 1630. Ces religieuses appartenaient au tiers ordre de Saint-François et se vouaient à l'éducation des jeunes filles. Les bâtiments, qui, depuis la révolution, avaient été convertis en magasins de farine, sont occupés aujourd'hui par des écoles municipales. L'église a été rendue au culte en 1809. 2° Le *couvent des Franciscains de Notre-Dame-de-Nazareth*, fondé par le chancelier Séguier en 1630, et dont l'église belle et vaste renfermait les tombeaux de cette famille. Il ne reste aucune trace de ce couvent, qui occupait tout l'espace compris entre les rues Neuve-Saint-Laurent et Notre-Dame-de-Nazareth.

Le quartier du Temple est un des plus importants, des plus populeux, des plus industrieux de la capitale. La partie qui avoisine le Marais a l'aspect de ce dernier quartier; elle est, comme lui, coupée de rues droites et belles, couverte d'anciennes et grandes maisons, où jadis demeurait la magistrature, et qui sont aujourd'hui envahies par l'industrie; ainsi en est-il des rues des Chantiers, d'Anjou, de Vendôme, etc. La partie qui avoisine le quartier Saint-Martin est, comme ce quartier, remplie de rues sales, humides et étroites, couverte de hautes et laides maisons, entièrement peuplées d'ouvriers; ainsi en est-il des rues des Gravilliers, Phélipeaux, Transnonain, etc. La population de ce quartier peut être regardée comme le type de la population ouvrière de Paris; elle a tous ses défauts et ses qualités: laborieuse, gaie, spirituelle, mais insouciante, prodigue, amie du plaisir; ardente, généreuse, brave, éclairée, mais mobile, présomptueuse, facile à égarer, prompte à se faire des idoles, plus prompte à les détruire; pauvre, désintéressée, passionnée pour la gloire du pays, mais turbulente, indocile, encline au bruit et au désordre, hostile à l'autorité. En 1792, la section des Gravilliers comptait parmi les plus révolutionnaires; la rue Transnonain et les rues voisines furent le principal théâtre de l'insurrection de 1834; dans la révolution de février, dans les journées de juin 1848, les rues du quartier du Temple ont été hérissées de barricades et ensanglantées par des combats.

Les industries qui dominent dans le quartier du Temple sont celles des bronzes, de la bijouterie, de la tabletterie, etc.; elles font à l'étranger l'honneur de Paris et de la France.

Parmi les rues qui débouchent ou qui débouchaient dans la rue du Temple, nous remarquons:

1° Rue de la *Tixeranderie*, l'une des plus anciennes rues de Paris, qui avait pris ce nom dans le XIIIe siècle des tisserands qui y demeuraient. C'était une des plus importantes et des mieux peuplées du vieux Paris. Elle a été récemment détruite, et son sol est occupé par la rue de Rivoli et la place de l'Hôtel-de-Ville; avec elle ont disparu les rues du Coq, des Deux-Portes, des Mauvais-Garçons, qui y aboutissaient, ainsi que les hôtels célèbres qu'elle renfermait et dont voici les principaux: 1° hôtel de Sicile, entre les rues des Coquilles et du Coq, habité, au XIVe siècle, par les rois de Naples de la maison d'Anjou; en fouillant les fondations de cet hôtel en 1682, on y a trouvé plusieurs tombeaux romains.--2° Hôtel de la reine Blanche, entre les rues du Coq et des Deux-Portes, habité par Blanche de Navarre, veuve de Philippe de Valois; il en restait quelques débris, entre autres une tourelle au coin de la rue du Coq.--3° Hôtel Saint-Faron, appartenant aux abbés de Saint-Faron de Meaux.--4° Au coin de la rue du Coq était le modeste appartement habité par Scarron, ce créateur de la littérature facile, si célèbre de son temps, aujourd'hui presque oublié; c'est là qu'il épousa, en 1652, Mlle d'Aubigné; c'est là que les deux époux, malgré leur pauvreté, recevaient toutes les illustrations du XVIIe siècle, Turenne, madame de Sévigné, Mignard, Ninon de Lenclos, le duc de Vivonne, le maréchal d'Albret, le coadjateur de Retz; c'est là que s'étaient rassemblés les plus ardents frondeurs et que s'étaient faits les plus piquants libelles contre Mazarin; c'est là que le spirituel Cul-de-jatte mourut; et sa jeune veuve, qui devait s'asseoir à côté de Louis XIV, presque sur le trône de France, se trouva si pauvre, qu'elle fut obligée de quitter ce chétif appartement pour se retirer dans un couvent de la rue Saint-Jacques.

La rue de la Tixeranderie a joué un grand rôle dans la bataille de juin 1848; c'est à l'entrée de cette rue, du côté de l'Hôtel-de-Ville, que le général Duvivier reçut une blessure mortelle.

2° Rue de la *Verrerie*.--Elle date du XIIe siècle et tire son nom des verriers qui y étaient établis, suivant les habitudes du moyen âge, les métiers de cette époque ayant tendance à se réunir dans les mêmes lieux, à s'associer par des intérêts communs, à contracter, sous le patronage d'un saint, les liens d'une pieuse fraternité. Dans cette rue demeurait, en 1392, Jacquemin Gringonneur, qu'on croit être l'inventeur ou du moins le restaurateur de l'invention des cartes à jouer: «Ce fut, dit un chroniqueur, pour l'esbattement du seigneur roy Charles VI.» Au coin de la rue de la Poterie était l'hôtel d'Argent, où les comédiens italiens s'établirent en 1600. Aujourd'hui, la rue de la Verrerie, une des plus tumultueuses et des plus commerçantes de Paris, renferme principalement les négociants en épiceries, ou, comme l'on dit aujourd'hui, en *denrées coloniales*.

3° Rue *Rambuteau*.--Cette grande et belle voie publique a été ouverte récemment pour faire communiquer la place Royale et le faubourg Saint-Antoine avec les Halles: elle part de la rue de Paradis, traverse l'ancien hôtel de Mesmes, absorbe la rue des Ménétriers, occupe la place du couvent Saint-Magloire, absorbe la rue de la Chanverrie et arrive à la pointe Saint-Eustache: elle a pris ses aises aux dépens de tout ce réseau inextricable de sales maisons qui se pressaient de la rue Sainte-Avoye aux Halles, coupant à droite et à gauche un morceau à chaque rue, mais aussi donnant de l'air et du soleil à trois quartiers. Le commerce et l'industrie se sont emparés de cette rue nouvelle, dont quelques maisons sont assez élégamment construites: l'une d'elles (n° 49) a sur sa façade un buste de Jacques Cœur, élevé par les soins de la ville, avec cette inscription: A JACQUES CŒUR PRUDENCE, PROBITE, DESINTERESSEMENT. On croit que ce financier avait une maison dans le voisinage, les uns disent rue de l'Homme-Armé, les autres rue Beaubourg.

4° Rue de *Braque*.--Il y avait là une porte de Paris, près de laquelle un bourgeois, Arnoul de Braque, fit construire une chapelle et un hospice en 1348. Marie de Médicis, en 1613, y transféra les religieux de la Merci. On sait que ces religieux aux trois vœux ordinaires de religion joignaient celui «de sacrifier leurs biens, leur liberté et leur vie pour le rachat des captifs.» Ce couvent et son église furent rebâtis au XVIIIe siècle, au coin de la rue du Chaume: ils sont aujourd'hui à demi-détruits. La grande salle du couvent a servi de théâtre pendant la révolution.

5° Rue des *Vieilles-Audriettes*.--Elle tire son nom d'un couvent de religieuses hospitalières dont le fondateur s'appelait Audry. Au coin de la rue du Temple était une échelle patibulaire de cinquante pieds de haut, élevée par le grand prieur du Temple pour les criminels de sa juridiction: ses débris ont subsisté jusqu'en 1789.

6° Rue *Chapon*.--Dans cette rue était un couvent de Carmélites, fondé en 1617, et qui occupait l'espace compris entre les rues Chapon, Montmorency et Transnonain. Ce couvent ayant été détruit en 1790, plusieurs maisons furent construites sur son emplacement: dans l'une des maisons de la rue Transnonain [36], un amateur de théâtre, nommé Doyen, fit construire une salle de spectacle, où la plupart des acteurs célèbres du XIVᵉ siècle ont débuté. A la mort de Doyen, cette salle fut démolie, et à sa place on bâtit une maison qui devint horriblement célèbre le 14 avril 1834 par le massacre de quatorze de ses habitants.

7° Rue *Portefoin* ou Portefin, ainsi appelée d'un bourgeois qui l'habitait au XIVᵉ siècle. A l'extrémité de cette rue se trouvaient l'église et l'hospice des *Enfants-Rouges*, fondé par François Iᵉʳ et sa sœur Marguerite de Valois, «pour les pauvres petits enfants orphelins qui ont été et seront d'ores en avant trouvés dans l'Hôtel-Dieu.» On les appela d'abord Enfants-Dieu et plus tard Enfants-Rouges, à cause de la couleur de leurs vêtements. Cet hospice fut supprimé en 1772 et réuni au grand hospice des Enfants-Trouvés. On donna les bâtiments aux Pères de la Doctrine chrétienne, qui les occupèrent jusqu'en 1790. Ils furent vendus en 1797, et sur leur emplacement on a ouvert une rue. Le ministre Machault et le constituant Duport ont demeuré rue des Enfants-Rouges. Au coin de la rue d'Anjou était l'hôtel du maréchal de Tallard, qui existe encore.

8° Rue des *Fontaines*.--Dans cette rue se trouve la prison, autrefois le couvent des *Madelonnettes*. Ce couvent fut fondé en 1620, pour les filles débauchées, par un bourgeois Robert de Montry, et par une grande dame, la marquise de Meignelay. Il formait trois divisions: celle des filles débauchées qu'on y renfermait de gré ou de force; celle des filles repenties; celle des religieuses de Saint-Michel, qui gouvernaient les unes et les autres. En 1793, cette maison devint une prison politique pour les suspects, et qui eut le privilége de ne fournir aucun de ses hôtes pour l'échafaud. C'est là que furent renfermés l'abbé Barthélémy, le poète Champfort, le ministre Fleurieu, le général Lanoue, les acteurs du Théâtre-Français, etc. En 1795, on en fit ce qu'elle est encore, une maison de détention pour les femmes condamnées. L'église, qui datait de 1680, a été détruite.

9° Rue *Meslay*.--Elle s'appelait d'abord rue du Rempart, et, à son extrémité, près de la rue Saint-Martin, était une butte où il y avait trois moulins. C'est dans cette rue que se trouvait l'hôtel du commandant de la garde de Paris: en 1788, une troupe de jeunes gens, ayant brûlé devant cet hôtel l'effigie du ministre Brienne, fut assaillie par les soldats et en partie massacrée.

10° Rue de *Vendôme*, ouverte en 1696 sur les terrains de l'ordre de Malte, lorsque Philippe de Vendôme en était grand prieur. Dans cette rue était l'hôtel du général Friant, l'un des volontaires parisiens de 1792; c'est aujourd'hui la *mairie du sixième arrondissement*.

§ II.

Le boulevard et le faubourg du Temple.

Le boulevard du Temple est la promenade la plus populaire de Paris: la foule des ouvriers et des marchands de tous les quartiers voisins s'y entasse tous les soirs devant ses théâtres, ses cafés, ses cabarets, ses fruitières en plein vent. Cependant, quelque fréquenté, quelque animé que paraisse ce boulevard, il n'a plus l'aspect franchement gai, naïvement joyeux qu'il avait jadis, quand on y voyait d'un côté, outre les théâtres de la Gaîté, de l'Ambigu-Comique, des Funambules, Saqui, le café-spectacle du Bosquet, le restaurant du Cadran-Bleu, les farces jouées sur des tréteaux par Bobèche et Galimafré, les figures de cire de Curtius, des escamoteurs, des paillasses, des phénomènes vivants; et d'un autre côté, le Jardin Turc, le Jardin des Princes, les Montagnes lilliputiennes et autres lieux de plaisir chéris des bourgeois du quartier. La civilisation, en répandant jusque dans les classes ouvrières les goûts puérils d'un luxe mensonger, a ôté aux quartiers populeux de Paris leur aspect modeste, pauvre et grossier, pour leur donner un faux air de distinction, une triste régularité et les apparences charlataniques d'une splendeur sous laquelle se cachent le vice et la misère.

On y trouve: 1° Le *Théâtre-Lyrique*, fondé en 1847 sur l'emplacement d'un bel hôtel qui avait été bâti et habité par le malheureux Foulon.--2° Le *Cirque-Olympique*, fondé par les frères Franconi en 1780 dans le faubourg du Temple, transféré en 1802 dans le jardin des Capucines, en 1806 rue Mont-Thabor, en 1816 dans le faubourg du Temple, en 1827 sur le boulevard du Temple.--3° Le théâtre des *Folies Dramatiques*, fondé en 1830 sur l'emplacement de l'Ambigu-Comique.--4° Le théâtre de la *Gaîté*, fondé en 1770 par Nicolet, sous le nom de Salle des grands danseurs; Taconnet, comme acteur et auteur, lui donna la vogue; quant au public qui le fréquentait, voici ce qu'en dit l'Almanach des spectacles de 1791: «Ce spectacle est d'un genre tout à fait étranger aux autres; on y allait autrefois pour y jouir d'une liberté qu'on ne trouvait nulle part ailleurs: on y chantait, on y riait, on y faisait une connaissance, et quelquefois plus encore, sans que personne y trouvât à redire; chacun y était aussi libre que dans sa chambre à coucher.» Il prit le nom de théâtre de la Gaîté en 1792, fut reconstruit en 1808, incendié en 1835, et aujourd'hui continue à attirer la foule.--5° Le théâtre des *Délassements-Comiques*, fondé en 1774 sous le nom de théâtre des Associés, et qui devint en 1815 le théâtre des danseurs de corde de madame Saqui; depuis 1830, on y joue des drames et des vaudevilles. On y trouvait encore le théâtre des Élèves, fondé en 1778, brûlé en 1798, reconstruit sous le nom de Panorama dramatique en 1821, et aujourd'hui détruit.

Une des maisons de ce boulevard, aujourd'hui reconstruite, et qui portait alors le n° 50 est affreusement célèbre: c'est de là que, le 28 juillet 1835 est partie la mitraillade de Fieschi.

Le faubourg du *Temple* a été ouvert sur l'ancien clos de Malevart. Ce n'était encore qu'un chemin à travers champs au XVI⁰ siècle. On commença à y bâtir sous Louis XIII, et sous Louis XV ses cabarets étaient le rendez-vous du peuple. L'un d'eux, nommé *Courtille* (jardin), obtint une grande célébrité: c'est là que fut arrêté Cartouche en 1721. Sur son emplacement est une caserne d'infanterie, et son nom a été transporté à la grande rue de Belleville, dont nous allons parler. Plus loin était le cabaret de Ramponeau, qui eut, en 1760, une telle vogue, que les grands seigneurs et les grandes dames allaient le visiter. En face de la Courtille était le jardin des Marronniers, qui attira la foule jusque dans les premières années de la restauration: il est aujourd'hui détruit, comme tous ces grands jardins de fêtes publiques tant aimés de nos pères, et avec tant de raison. Aujourd'hui le faubourg du Temple est, comme la rue de même nom, peuplé d'ouvriers, mais appartenant à des industries moins heureuses, plus tristes, plus pauvres, moins éclairées. Il a été l'un des théâtres les plus sanglants de la bataille de juin; toute la rue, surtout aux abords du canal Saint-Martin, était hérissée de barricades.

De toutes les rues qui aboutissent dans le faubourg du Temple, nous ne remarquerons que la rue *Bichat*, qui mène à l'hôpital *Saint-Louis*. Cet hôpital fondé par Henri IV en 1607, pour les maladies contagieuses, était, avant 1789, le plus beau de Paris: néanmoins, on n'y comptait alors que 300 lits et souvent 6 à 700 malades. Il renferme aujourd'hui 825 lits.

A la barrière du faubourg du Temple commence une longue et montueuse rue, qui est la voie principale de la commune de Belleville, commune très-populeuse qui ne compte pas moins de 36,000 habitants. Cette rue s'appelle, dans sa partie inférieure, la *Courtille*. C'est là que le peuple va chercher ses plaisirs dans des salles nues, puantes, hideuses, où le vin frelaté n'est pas même égayé par l'ombre d'une charmille, où la danse ignoble se cache du grand air et du soleil, et n'a pour horizon que des murs peints et enfumés, où les regards ne peuvent s'arrêter que sur des rues fétides et boueuses, de laides maisons meublées de milliers de tables, une foule souvent immonde et brutale, quelquefois criminelle; c'est là le théâtre des plus honteuses orgies du carnaval; c'est là que, dans ces jours de joie bestiale se donne un spectacle à faire douter de notre civilisation, de l'avenir de notre pays, de la dignité humaine. Ô les frais ombrages, les riants gazons, les gais refrains, les joyeuses parties de la vieille Courtille, qu'êtes-vous devenus!

CHAPITRE IV.

LA RUE ET LE FAUBOURG SAINT-MARTIN.

§ Ier.

La rue Saint-Martin.

Cette grande voie publique, l'une des plus anciennes et des plus importantes de Paris, doit son nom et son origine à l'abbaye Saint-Martin-des-Champs, qui y était située. Elle a eu quatre portes: la première, de l'enceinte de Louis VI, près de l'église Saint-Merry; la deuxième, de l'enceinte de Philippe-Auguste, près de la rue Grenier Saint-Lazare; la troisième, de l'enceinte de Charles VI, près de la rue Neuve-Saint-Denis; la quatrième, de l'enceinte de Louis XIII, près du boulevard; celle-ci étant très-forte, flanquée de six tours rondes, avec un large fossé et un pont-levis. La partie de cette rue voisine de la Seine, a été récemment détruite et reconstruite jusqu'à l'endroit où elle se trouve coupée par la nouvelle rue de Rivoli. Cette partie était auparavant étroite, sale, obscure, et prenait les noms de *Planche-Mibray* et des *Arcis*, qui ont disparu.

Le premier nom vient des mares boueuses que le fleuve déposait dans ses inondations, et qu'on traversait sur des planches au carrefour des rues de la Vannerie et de la Coutellerie. C'est ce que démontrent les vers suivants du moine René Macé, où il est question de l'entrée de l'empereur Charles IV à Paris:

L'empereur vint par la Coutellerie
Au carrefour nommé la Vannerie,
Où fut jadis la planche de Mibray;
Tel nom portoit pour la vague et le bray,
Getté de Seyne en une creuse tranche,
Entre le pont que l'on passoit à planche,
Et on l'ostoit pour estre en seureté.

Cette ruelle fangeuse et basse datait du XIe siècle, et elle était principalement fréquentée à cause des moulins qui se trouvaient près de là sur la rivière. On commença à l'exhausser et à l'assainir quand le pont Notre-Dame fut construit, c'est-à-dire au commencement du XVe siècle.

L'origine du nom de la rue des *Arcis* ou *Arsis*, est inconnue: on pourrait croire qu'il vient de la porte de l'enceinte de Louis VI, qui se nommait *Archet-Saint-Merry*, si un acte de 1136 n'appelait pas cette rue *de Arsionibus*, qui est peut-être le nom de quelque famille bourgeoise. Près de l'Archet-Saint-Merry, l'abbé Suger avait une maison qui lui avait coûté mille livres.

Dans cette rue était l'église *Saint-Jacques-la-Boucherie*, dont la fondation remonte au XIe siècle et qui tirait son surnom de la grande boucherie de la ville, située près du Châtelet. Elle avait été rebâtie en 1250 et en 1520. Comme elle se trouvait située dans le quartier le plus commerçant de Paris, elle était le siége des confréries des bouchers, des peintres, des chapeliers, des armuriers, des bonnetiers, et l'on pouvait dire que c'était l'église la plus *bourgeoise* de Paris, la plupart de ses nombreuses chapelles ayant été fondées par des bourgeois, et ses murs étant couverts d'inscriptions, d'épitaphes, de donations bourgeoises. Parmi ces donations, il y en avait des touchantes, surtout celles qui avaient été faites par des femmes: L'une établissait une école et catéchisme pour les orphelins; l'autre fondait des messes «pour les pauvres âmes des suppliciés;» une troisième donnait des toiles pour l'ensevelissement des pauvres, etc. Parmi les bienfaiteurs de Saint-Jacques-la-Boucherie, il en est deux qui y avaient leur sépulture dans de belles chapelles et dont les noms méritent une place distinguée dans l'histoire de Paris: ce sont les bourgeois *Colin Boulard* et *Nicolas Flamel*. Le premier était un marchand qui demeurait au coin des rues de la Vannerie et Planche-Mibray, à l'enseigne de la Chaise; il avait des relations de commerce ou de banque avec la moitié de l'Europe, et il se rendit utile à l'État et à la capitale principalement en deux circonstances. «Charles VI, raconte Juvénal des Ursins, ayant assemblé ses gens contre les Anglois, qui étoient en Flandre, difficulté y eut grande comme un si grant oist pouvoit avoir vivres, et fut mandé Colin Boulard, lequel se fit fort de trouver du bled et mener à l'ost pour cent mille hommes pendant quatre mois.» En 1388, «pour ce que, dit le même historien, on avoit vivres à Paris à grande difficulté, Colin Boulard envoya vers le Rhin, et par sa diligence en amenoit et faisoit venir vivre largement.» La municipalité parisienne a oublié ce digne citoyen comme tant d'autres illustrations de la capitale, et rien dans Paris ne rappelle le nom de Colin Boulard, qui du moins était autrefois connu par sa chapelle «armoriée et peincte.» Nicolas Flamel, qui avait fait bâtir le petit portail de Saint-Jacques, sur lequel était son «imaige en pierre» avec celle de sa femme, a été plus heureux: nous en parlerons tout à l'heure. Dans cette église étaient encore enterrés Jean Bureau, maître de l'artillerie sous Charles VII, mort en 1463, grand citoyen qui a contribué activement à l'expulsion des Anglais et dont la renommée n'est pas assez populaire; l'illustre Fernel, mort en 1558, et dont le tombeau était, dans le XVIIe siècle, au dire de Guy Patin, l'objet d'une sorte de pèlerinage de la part des médecins.

L'église Saint-Jacques a été démolie en 1792, et sur son emplacement on ouvrit un marché qui est aujourd'hui détruit; il en reste une tour très-élégante, qui date de 1508, et qui, élevée de 52 mètres, domine une grande partie de la capitale. Cette tour vient d'être richement restaurée et entourée d'un joli jardin. Elle est surmontée de la statue colossale de saint Jacques; les niches sont partout ornées de statues de saints; enfin sous la voûte est une statue de

Pascal. La tour Saint-Jacques se trouve aujourd'hui comprise dans la nouvelle rue de Rivoli dont elle est le plus bel ornement.

La rue *Saint-Martin*, proprement dite, celle qui commence à la rue des Lombards, a joué dans les temps anciens un grand rôle: dans sa partie inférieure, elle était habitée par les métiers les plus sales et les plus turbulents, dont les noms sont restés aux rues voisines; dans sa partie supérieure, elle renfermait trois églises et le grand prieuré de Saint-Martin, qui était une vraie forteresse; elle a donc dû prendre part à tous les événements de l'histoire de Paris, et l'on trouve son nom dans les luttes des Armagnacs et des Bourguignons, dans les troubles de la Ligue, dans presque toutes les journées révolutionnaires. Dans les temps plus modernes, son importance politique n'a pas été moindre: elle a été le théâtre principal de l'insurrection de 1832; c'est entre les rues Maubuée et du Cloître-Saint-Merry qu'était la place d'armes des républicains. Elle a figuré encore dans l'émeute du 12 mai 1839, dans les journées de février, dans la bataille de juin 1848, enfin c'est là qu'a eu lieu l'échauffourée du 13 juin 1849. Aujourd'hui qu'elle a repris son calme et sa vie ordinaires, c'est une de ces rues dont l'aspect étonne et effraye le paisible provincial, par sa population variée, nombreuse, affairée, ses maisons encombrées de fabricants, ses boutiques pleines de monde et de marchandises, son pavé incessamment sillonné d'innombrables voitures, enfin par le tapage assourdissant de toute cette cohue, d'où l'on ne saurait sortir sain et sauf, si l'on n'est doué de la facilité de locomotion que possèdent si bien ces natifs de la moderne Athènes, que Jean-Jacques appelle les *Parisiens du bon Dieu*.

Les édifices publics que renferme la rue Saint-Martin sont:

1° L'église *Saint-Merry*.--On présume que, sur l'emplacement de cette église, deux saints solitaires, Médéric et Frodulphe (saint Merry et saint Frou), occupaient vers la fin du VIIᵉ siècle, un ermitage, auprès duquel ils élevèrent un oratoire. Vers la fin du IXᵉ siècle, cet oratoire fut reconstruit par Odon le Faulconier, l'un des capitaines qui défendirent Paris contre les Normands, et il y eut son tombeau. A cette chapelle succéda, dans le XIIᵉ siècle, une église qui fut reconstruite en 1530 et achevée seulement en 1612: bien qu'elle ait été faite en pleine renaissance, elle porte tous les caractères des édifices du moyen âge, et son portail est rempli de détails élégants. A l'époque de cette reconstruction, on retrouva le tombeau de Odon avec cette modeste inscription: HIC JACET VIR BONÆ MEMORIÆ, ODO L'ALCONARIUS, FUNDATOR HUJUS ECCLESIÆ.

L'église Saint-Merry était *collégiale*, c'est-à-dire qu'elle avait un chapitre de chanoines, lequel dépendait de Notre-Dame. Elle est remarquable par ses ornements de sculpture, ses vitraux peints par Pinaigrier, ses tableaux sur bois du XVIᵉ siècle, etc. On y a enterré: Jourdain de l'Isle, seigneur gascon, qui, en 1325, «fut exécuté au commun patibulaire,» pour meurtres et brigandages; Raoul de Presles, savant de la cour de Charles V; Chapelain, «de bel esprit de son temps, dit Piganiol, le plus loué, le mieux renté, le plus critiqué;» Arnauld de Pomponne, ministre des affaires étrangères sous Louis XIV, le signataire du traité de Nimègue, l'un des membres de cette grande famille parisienne des Arnauld, qui a tant honoré la religion, la France et les lettres. Enfin, on y célèbre avec beaucoup de pompe la fête d'une sainte moderne, d'une Parisienne née près de cette église en 1565 et qui y fut enterrée, Barbe Avrillot, femme du ligueur Accarie, connue en religion sous le nom de Marie de l'Incarnation, et béatifiée en 1792. L'église Saint-Merry est la paroisse du septième arrondissement.

2° L'église *Saint-Nicolas-des-Champs*.--C'était, au VIIIe siècle, une chapelle destinée aux serfs et vassaux de l'abbaye Saint-Martin. Elle fut reconstruite et agrandie au XIe siècle, et, quoique située hors de la ville, devint, au XIIIe, église paroissiale pour les rues suivantes, ainsi que le témoigne le livre des tailles de 1292: «Les rues de Symon franque, de la Plastrière, des Estuves, des Jugléeurs, de Brianbourg, du Temple, de Quiquempoist, la rue où l'on cuit les oës.» Elle a subi plusieurs reconstructions, dont la dernière est du XVIIe siècle, et qui ont fait d'elle un monument sans style, sans grâce, étouffé par les maisons voisines; son portail date de 1420. Elle renferme les tombeaux de Guillaume Budé, de Henri et Adrien de Valois, ces infatigables rechercheurs de notre histoire, de Mlle de Scudéry, de Pierre Gassendi, de Théophile Viaud, etc. C'est la paroisse du sixième arrondissement.

3° Le *Conservatoire des arts et métiers*, autrefois le prieuré de *Saint-Martin-des-Champs*.--On croit que c'était une abbaye dont la fondation se perd dans les premiers temps de la monarchie, et qui fut détruite presque entièrement par les Normands. Elle fut réédifiée en 1060 par Henri Ier et Philippe Ier, convertie, en 1079, en prieuré dépendant de l'abbaye de Cluny, et en 1130 fortifiée. Son enclos, qui avait quatorze arpents, s'étendait de la rue au Maire à la rue du Vert-Bois, en comprenant le marché Saint-Martin et les rues voisines; il était entouré de murs très-hauts et très-épais, crénelés, garnis de grosses tourelles, qui faisaient ressembler l'abbaye à une place forte. Son aspect était aussi imposant que pittoresque, à cause de l'encadrement que lui formaient, au nord, un bois de chênes (rue du Vert-Bois) et une éminence garnie de moulins (rue Meslay); au couchant, un ruisseau (rue du Ponceau), traversant une vaste prairie qui le séparait du beau couvent des Filles-Dieu; au midi, les villages de Bourg-l'Abbé et de Beaubourg, couverts de frais ombrages; enfin, au levant, les champs arrosés de plusieurs sources, que dominait le manoir des Templiers. Dans son enceinte privilégiée, et où les ouvriers pouvaient travailler sans maîtrise, étaient trois chapelles, des granges, des moulins, un four, un hôpital, une prison, dont une tour existe encore près de la rue du Vert-Bois, enfin un champ clos pour les combats judiciaires.

L'église est l'une des antiquités les plus précieuses de Paris; la partie la plus ancienne est le sanctuaire qui date du XIᵉ siècle; sa nef, aussi belle que hardie, et qui, malgré sa largeur, n'est soutenue par aucun rang de colonnes, sert aujourd'hui de salle d'exposition pour les machines. Le réfectoire, qui est parfaitement conservé et du style gothique le plus pur, a été construit par Pierre de Montereau. Les autres bâtiments sont presque tout modernes, principalement l'ancienne maison claustrale, qui est très-belle et date du XVIIIᵉ siècle. C'est à cette époque que les murailles et les tours furent détruites, et des maisons bâties sur leur emplacement; que le clos des duels fut changé en un marché, qui forme aujourd'hui une place; que le réseau de petites rues, qui s'étend de cette place à la rue Saint-Martin, fut construit, etc. Dès la fondation du prieuré, il s'était formé, à l'ombre de ses murs, un village, qui devint le quartier Saint-Martin, et qui était placé sous la juridiction temporelle des religieux. La rue *au Maire* a pris son nom de l'officier qui rendait la justice aux vassaux de Saint-Martin, et qui avait son tribunal et sa geôle à l'endroit où se trouve aujourd'hui la porte latérale de Saint-Nicolas-des-Champs. La puissance spirituelle du prieur s'étendait bien au delà de ce quartier, car il avait les nominations de vingt-neuf maisons du même ordre, de cinq cures de la capitale, de vingt-cinq cures du diocèse de Paris, de trente cures dans diverses parties de la France; son revenu s'élevait à 45,000 livres: aussi cette dignité était-elle vivement recherchée, et Richelieu est compté parmi les prieurs de Saint-Martin-des-Champs. Ce couvent supprimé en 1790, fut occupé en mars 1792 par un institut d'éducation, que dirigeait Léonard Bourdon, sous les auspices de la municipalité, et qu'on appelait l'école des Jeunes Français: on apprenait gratuitement aux élèves les langues modernes, les exercices militaires, la fortification et des métiers[37]. Cette école cessa d'exister en 1795, et alors un décret de la Convention, rendu sur le rapport de Grégoire, établit à sa place un *conservatoire des arts et métiers*, qui renferme les modèles des machines et outils propres à l'industrie et à l'agriculture. Cet établissement, négligé sous l'Empire, a pris une grande extension depuis la Restauration, et surtout depuis quelques années; on y a attaché des cours publics de mathématiques, de physique, de chimie, de mécanique appliquées aux arts, d'économie industrielle, de dessin des machines, etc. Il occupe l'église, le réfectoire et les bâtiments claustraux; on lui a ajouté de vastes annexes et une entrée monumentale près de l'ancienne prison de l'abbaye. A la place des jardins se trouve un beau marché, qui fut, pendant les Cent-Jours, transformé en atelier d'armes.

Le 13 juin 1849, le Conservatoire a été le lieu de refuge du parti de la Montagne, qui essaya d'y faire un appel aux armes contre le gouvernement et l'Assemblée législative.

Avant la révolution, on voyait encore dans la rue Saint-Martin la chapelle *Saint-Julien-des-Ménétriers*, qui appartenait à la communauté des maîtres de musique et de danse de la ville de Paris. Son origine était due à deux compagnons ménétriers qui l'avaient fondée vers l'an 1328, avec un hôpital destiné à héberger les ménétriers, jongleurs et joueurs de vielle qui étaient de passage à Paris. L'architecture de sa façade était curieuse: on y voyait sculptés tous les instruments de musique du moyen âge, avec les statues de saint Genest et de saint Julien jouant du violon. La rue voisine, rue étroite et infecte, dite des *Jugléeurs* ou des *Ménétriers*, et qui a disparu dans la rue Rambuteau, était, dès le XIIᵉ siècle, occupée entièrement par les artistes et les saltimbanques de cette époque, qui se consolaient de leurs misères présentes par la vue de l'asile réservé à leur vieillesse: elle devint, les arts ayant toujours assez mal vécu avec la morale, une caverne de libertins où les cris de la débauche troublèrent souvent les saints de la chapelle, et où le pouvoir et ses archers firent mainte expédition. Dans cette rue est né Talma, le 15 janvier 1763.

La rue Saint-Martin, rue occupée de tout temps par des marchands et des ouvriers, ne renferme aucune maison célèbre. Nous citerons seulement: au n° 107, le théâtre Molière, construit en 1791, qui devint en 1793 le théâtre des Sans-culottes et qui a été fermé en 1807; il a essayé plusieurs fois de se rouvrir et n'est plus aujourd'hui qu'une maison particulière; au n° 151, l'hôtel Budé ou de Vic, bâti par le savant Guillaume Budé, prévôt des marchands, et où il mourut en 1540.

Les rues qui débouchent dans la rue Saint-Martin présentent toutes à peu près le même caractère: elles sont étroites, boueuses, bordées de hautes maisons, encombrées de voitures, peuplées presque entièrement de marchands, de fabricants et d'ouvriers.

Nous nommons d'abord la rue des *Écrivains* qui a disparu et se trouve absorbée dans la nouvelle rue de Rivoli. Cette rue s'appelait d'abord Pierre-Olet et prit son autre nom des échoppes d'écrivains qui, dans le moyen âge, s'appuyaient sur les murs de Saint-Jacques-la-Boucherie. Dans cette rue, à l'angle de la rue Marivaux était la maison de Nicolas Flamel, écrivain public, qui se livrait aussi à l'alchimie, et dont la vie mystérieuse a été le sujet des contes les plus bizarres. Il paraît que cet homme, qui dépensa sa fortune en fondations pieuses et charitables, était devenu riche en faisant secrètement la banque pour les juifs chassés de France en 1394. Nos heureux ancêtres, qui ne connaissaient pas comme nous les mystères de la finance et la race des gens d'affaires, croyaient qu'il n'était pas possible de passer licitement de la pauvreté à la richesse; ils ne purent donc expliquer la fortune subite de Flamel qu'en disant qu'il avait découvert la pierre philosophale, et ils le regardèrent comme sorcier. Aussi crut-on pendant longtemps que sa maison renfermait des trésors, et l'on y fit des fouilles jusque dans le siècle dernier. On a donné le nom de *Nicolas Flamel* à la rue de Marivaux. Dans cette rue, au coin de l'impasse des Étuves, est une maison de bains, qui est probablement l'établissement le plus ancien de Paris; en effet, ces *estuves* existaient dès le XIIIe siècle, et le rôle de la taille de 1292 donne à l'*estuveur* le nom de *Martin le Biau*.

2° Rue des *Lombards*.--Elle tire son nom des banquiers italiens qui, au XIIIe siècle, y étaient établis, ainsi que dans les rues voisines. Ces banquiers étaient très-riches, et dans le rôle de la taille de 1292 ils sont taxés les premiers et à part; l'un d'eux, Gandouffle, est imposé à 114 livres 10 sous, ce qui équivaudrait aujourd'hui à 2,637 francs et fait supposer un revenu de 130,000 francs. On trouvait aussi dans cette rue la maison dite *le Poids du roy*, où se conservaient les étalons des poids et mesures de Paris. Depuis le milieu du XVIIe siècle jusqu'à l'Empire, les confiseurs donnèrent à la rue des Lombards une célébrité à laquelle n'ont pas peu contribué les poètes qui fabriquaient pour leurs bonbons des devises amoureuses à *six livres le cent*. Aux confiseurs ont succédé les marchands en gros d'huiles, de fromage, de sucre, etc., dont les magasins, laids, sombres, profonds, nous donnent une idée de ce qu'étaient les modestes boutiques de nos pères.

3° Rue du *Cloître-Saint-Merry*. Dans cette rue était l'hôtel du président Baillet, où fut établie, en 1570, la juridiction des consuls ou le tribunal de commerce. Ce tribunal y est modestement resté jusqu'en 1826; il était composé de cinq membres élus par les six corps marchands, et, pendant deux siècles, il a rendu, sans code, sans digeste, sans avocats, une justice sommaire, rapide, gratuite, et qui ne fut jamais suspectée.

4° Rue des *Vieilles-Étuves*. Les maisons de bains ou *estuves* étaient, au moyen âge, fort communes, et plusieurs rues en ont pris leur nom. Ce n'était pas un luxe inutile dans une ville aussi sale et aussi puante qu'était alors Paris. «Avant le XVIIe siècle, dit Sauval, on ne pouvait faire un pas sans en trouver.» Les *barbiers estuvistes* allaient crier dans les rues:

Seignor, quar vous allez baingner
Et estuver sans deslayer,
Li bains sont chaus, c'est sans mentir.

Sous Louis XIII et Louis XIV, les estuves devinrent des maisons d'un genre particulier et qui étaient tout à la fois des hôtels garnis, des restaurants, des lieux de plaisir et de rendez-vous galants. Les *baigneurs* (ainsi appelait-on les maîtres de ces établissements, qui avaient privilége du roi) étaient des hommes experts dans tous les secrets de la toilette, coiffeurs, parfumeurs, tailleurs, entremetteurs de débauches, agents d'intrigues, confidents de tous les gens de plaisir, de toutes les femmes galantes. On allait passer quelques jours chez le baigneur pour raison de santé, au retour d'une campagne ou d'un voyage; on y allait pour disparaître un instant du monde, pour échapper à la curiosité de ses amis ou à la poursuite de ses ennemis; on y allait pour y trouver des femmes de cour déguisées et masquées ou des bourgeoises séduites et achetées; on y allait pour faire des parties de vin, de jeu et de débauche [38]. Louis XIV lui-même, dans sa jeunesse, allait souvent coucher chez le baigneur Lavienne, qui devint son valet de chambre.

Les étuves de la rue Saint-Martin étaient au coin de la rue Beaubourg et avaient pour enseigne le Lion d'argent.

5° Rue aux *Ours*.--Elle date du XIIIe siècle, et s'appelait encore, en 1770, de son vrai nom aux *Oües* ou aux *Oies*, à cause des nombreux rôtisseurs qui l'habitaient. Dans cette rue débouche la rue *Salle-au-Comte* qui disparaît aujourd'hui et se trouve absorbée dans le boulevard de Sébastopol. Au coin de la rue aux Ours et de la rue Salle-au-Comte était, avant la révolution, une statue de la Vierge, dite *Notre-Dame-de-la-Carole*, devant laquelle, chaque année, le 3 juillet, se brûlait un colosse d'osier habillé en soldat suisse, au milieu d'un grand feu d'artifice. Cette cérémonie devait son origine à un sacrilége commis, dit-on, en 1418, par un soldat ivre, qui, ayant donné un coup d'épée à la statue, en fit jaillir du sang. Les détails de cette histoire étaient exposés dans une chapelle de l'abbaye Saint-Martin; mais ils n'en étaient pas pour cela plus authentiques, et la critique si sagace des érudits du XVIIe siècle en avait fait depuis longtemps justice. En 1793, la statue de la Vierge fut détruite et remplacée pendant quelque temps par le buste de Marat. Dans cette rue Salle-au-Comte était une fontaine qui portait le nom du chancelier de Marle et fut construite par lui. Ce magistrat habitait l'hôtel voisin de cette fontaine et qui avait été bâti par le comte de Dammartin vers la fin du XIIIe siècle: c'est là qu'il fut arrêté par les Bourguignons en 1418, conduit à la Conciergerie et massacré quelques jours après. Sauval raconte qu'un procureur au Châtelet, qui avait acheté en 1663 ce manoir seigneurial, s'y trouvait logé trop à l'étroit.

Dans la rue aux Ours débouche, parallèlement aux rues Saint-Martin et Saint-Denis, la rue *Quincampoix*, dont le nom vient probablement d'un de ses habitants. «C'est, dit Lemontey, un défilé obscur de quatre cent cinquante pas de long sur cinq de large, bordé par quatre-vingt-dix maisons d'une structure commune et dont le soleil n'éclaire jamais que les étages les plus élevés.» Cette rue est très-ancienne: au XIIIe siècle, elle était peuplée de merciers et d'orfèvres, fréquentée par les dames et même servant de promenade à la mode. Les merciers, à cette époque, vendaient tous les objets de luxe et de parure pour les femmes. C'était une corporation très-importante, très-nombreuse, et plus riche toute seule, dit Sauval, que les autres cinq corps de marchands. Il serait très-difficile d'énumérer tout ce qui faisait alors partie de la boutique d'un mercier, chapeaux, étoffes de soie, hermines, tissus de lin, broderies, joyaux, aumônières, parfums; etc. Les plus riches merciers de la rue Quincampoix étaient les d'Espernon, dont un est taxé dans la taille de 1313 à 90 livres. Dans le XVIe siècle, la vogue marchande de cette rue était passée, et elle avait quelques hôtels de grands seigneurs. De ce nombre était l'hôtel de Beaufort, dont un passage a conservé le nom, où demeura le roi des halles, le héros de la populace de Paris à l'époque de la Fronde: «Il disoit tout haut, raconte Gui Patin, que si on le persécutoit à la cour, il viendroit se loger au milieu des halles, où plus de vingt mille hommes le garderoient[39].» Vers la fin du règne de Louis XIV, cette rue devint le séjour des juifs qui faisaient la banque et des courtiers qui tripotaient des gains illicites sur les billets de l'État ou sur les emprunts du grand roi. A l'époque du système de Law, elle fut le centre de l'agiotage dont la fièvre agita toute la France, et alors elle se trouva encombrée de joueurs depuis les caves jusqu'aux greniers: on s'y pressait, on s'y écrasait, on y achetait la moindre place au poids de l'or; une chambre s'y louait dix louis par jour. De là nous sont venus les ventes à terme, la prime, le report et toutes les autres inventions, roueries et manœuvres de bourse. C'est dans cette rue, dans le cabaret de l'Épée-de-Bois, au coin de la petite rue de Venise, que le comte de Horn assassina un des agioteurs pour lui voler son portefeuille; il fut arrêté, condamné et exécuté sur la roue. Aujourd'hui, la rue Quincampoix est bien déchue de ses honneurs du XIIIe et du XVIIe siècles: triste et sale, elle n'est plus habitée que par des commerçants et des fabricants. Elle a pour prolongement une ruelle boueuse qu'on appelait des Cinq-Diamants: là demeurait Chapelain.

6° Rue Grenétat.--Cette rue date du XIIIe siècle et s'appelait alors de la Trinité, à cause d'un hôpital dont nous parlerons au chapitre suivant. Elle prit plus tard le nom de Darne-Estal ou Darnetal, d'un bourgeois qui l'habitait; et ce nom est devenu, en s'altérant successivement, Guernetat et Grenétat. Cette rue, très-fréquentée, très-populeuse, est, avec les rues qui l'avoisinent, l'un des grands centres de l'industrie parisienne, principalement en tabletterie. C'est là que l'émeute du 12 mai 1839 a livré son dernier combat.

Le grand îlot de maisons compris entre les rues aux Ours, Grenétat, Saint-Martin et Saint-Denis, était coupé par une rue parallèle à ces deux dernières et qu'on appelait *Bourg-l'Abbé*, rue aujourd'hui absorbée par le boulevard de Sébastopol. Le Bourg-l'Abbé dépendait de l'abbaye Saint-Martin et datait du Xe siècle: c'était un lieu de plaisance et de promenade pour les Parisiens de la Cité, qui allaient y visiter une chapelle dédiée à saint Georges et cachée sous de frais ombrages. Lorsque l'enceinte de Philippe-Auguste fut construite, il devint faubourg de Paris et toucha la muraille. Son principal chemin prit alors le nom de rue du Bourg-l'Abbé et continua à être fréquenté, non plus seulement à cause de sa chapelle, mais à cause de ses habitants, dont les mœurs faciles et les goûts ingénus donnèrent lieu à ce proverbe: «Gens du Bourg-l'Abbé qui ne demandent qu'amour et simplesse.» Tout était bien changé, et depuis longtemps, dans la rue Bourg-l'Abbé, dont le nom même vient de disparaître: plus d'ombrages, de simplesse, de chapelle; c'était une de ces ruches d'ouvriers où, du soir au matin, à tous les étages, dans toutes les chambres, dans tous les coins, on n'entendait que le bruit du marteau, le cri de la lime, des chants souvent et quelquefois des plaintes.

La rue Bourg-l'Abbé a été le principal théâtre de l'émeute du 12 mai 1839.

§ II.

Boulevard et faubourg Saint-Martin.

La rue Saint-Martin est séparée de son faubourg par la *porte Saint-Martin*, arc de triomphe élevé à Louis XIV, en 1674, pour la conquête de la Franche-Comté. C'est l'œuvre de Pierre Bullet, élève de Blondel, et l'un des monuments les plus élégants de Paris, malgré l'aspect un peu dur de sa façade travaillée en bossages vermiculés. Là commence le *boulevard Saint-Martin*, qui présente un spectacle aussi animé, mais qui est plus commerçant que le boulevard du Temple. On y trouve: 1° La belle *fontaine du Château-d'Eau*, construite en 1812, et près de laquelle se tient un marché aux fleurs. 2° Le théâtre de l'*Ambigu-Comique*, fondé par Audinot, en 1767, sur le boulevard du Temple, et qui devint très-populaire sous l'Empire par ses mélodrames. Incendié en 1827, il fut transporté au boulevard Saint-Martin, sur l'emplacement de l'hôtel Murinais. 3° Le théâtre de la *Porte-Saint-Martin*, construit en 1781, dans l'espace de soixante-quinze jours, pour remplacer provisoirement la salle incendiée de l'Opéra.

Le faubourg Saint-Martin s'est longtemps appelé faubourg Saint-Laurent, à cause de l'église qui s'y trouve située. C'est une voie très-large, populeuse, commerçante, industrielle, et l'une des plus belles entrées de Paris. Il a pris part à tous les grands événements de l'histoire de Paris et n'a été le théâtre spécial d'aucun fait remarquable, si ce n'est l'entrée des armées étrangères, le 31 mars 1814. Au n° 92 a demeuré J.-B. Say; au n° 188 est mort Méhul. On trouve dans cette rue:

1° La *mairie du cinquième arrondissement*, au coin de la rue du Château-d'Eau. C'était autrefois une caserne de gendarmerie ou de garde municipale, qui, après avoir été le théâtre d'un sanglant combat en 1830, a été de nouveau dévastée en 1848.

2° L'*église Saint-Laurent*.--C'était, au VIe siècle, une chapelle isolée au milieu d'une grande forêt; au Xe siècle, une abbaye; en 1280, une paroisse. Sa dernière reconstruction date de 1595 et n'a été terminée qu'en 1622. C'est aujourd'hui la paroisse du cinquième arrondissement. On y trouve la sépulture d'une des saintes femmes de l'histoire de Paris, Louise de Marillac ou madame Legras, qui a pris part à toutes les bonnes œuvres de saint Vincent de Paul.

3° L'*hospice des Incurables-Hommes*.--Il occupe l'ancien couvent des Récollets, fondé en 1603 par un tapissier de Paris, Jacques Cottard, et par Marie de Médicis. Les bâtiments furent reconstruits par la munificence du surintendant Bullion et du chancelier Séguier. Les Récollets étaient des capucins réformés, ordre modeste, infatigable, composé généralement de pauvres hommes du peuple, et qui donnait des prédicateurs aux campagnes, des aumôniers aux armées, des missionnaires aux colonies. L'hospice des Incurables-Hommes, qui était auparavant rue de Sèvres, fut, en 1802, transféré dans la maison des Récollets: il renferme 510 lits, dont 50 sont réservés à des enfants.

On trouvait encore autrefois dans ce faubourg l'hospice du Saint-Nom-de-Jésus; il avait été fondé par un inconnu et par saint Vincent-de-Paul pour quarante artisans qui, ne pouvant plus travailler, étaient réduits à la mendicité. Cette maison devint, plus tard, le chef-lieu de la congrégation des frères de la Doctrine chrétienne; elle a été détruite pour ouvrir l'embarcadère du chemin de fer de Strasbourg.

Parmi les nombreuses rues qui débouchent dans le faubourg Saint-Martin, rues la plupart nouvelles et dont quelques-unes ne sont qu'à demi construites, on remarque:

1° La rue de *Bondy*, qui longe le boulevard Saint-Martin, et où l'on trouvait jadis une caserne de gardes françaises, l'hôtel d'Aligre et le théâtre des Jeunes-Artistes. Celui-ci était situé au coin de la rue de Lancry: il fut ouvert en 1764, devint plus tard le Vaux-Hall d'été et jouit d'une grande vogue jusqu'en 1789. Alors il devint le Théâtre-Français comique et lyrique, puis celui des Jeunes-Artistes, et fut fermé en 1807.

2° La rue *Saint-Laurent*.--Dans cette rue était l'entrée principale de la fameuse foire Saint-Laurent, qui occupait cinq arpents de terrain compris entre les faubourgs Saint-Martin et Saint-Denis et les rues de Chabrol et Saint-Laurent. Cette foire datait du temps de Louis VI, mais elle n'eut de célébrité qu'en 1661, époque à laquelle les prêtres de Saint-Lazare, possesseurs du champ où elle se tenait, y firent construire des rues larges, droites, ornées de marronniers, bordées de loges et boutiques uniformes. Elle se tenait du 28 juin au 30 septembre, et attirait la foule, alors si facile à amuser. On y trouvait des jeux, des saltimbanques, des cafés, des cabarets, des salles de spectacle. La plus fréquentée était le théâtre de la Foire, pour lequel travaillèrent Lesage, Piron, Sédaine, Favart. Vers 1775, la foire Saint-Laurent commença à être délaissée pour le boulevard du Temple, où se porta la vogue populaire; elle fut supprimée en 1789, et son enclos resta abandonné jusque sous la Restauration, où l'on ouvrit un marché sur une partie de son emplacement. Dans l'autre partie, on a construit l'embarcadère du chemin de fer de

Strasbourg, l'un des plus beaux édifices de la capitale, dont la masse est aussi imposante que les dispositions de détail sont élégantes et ingénieuses.

A l'extrémité du faubourg Saint-Martin, au delà de la rue de la Butte-Chaumont, se trouvait autrefois la *butte de Montfaucon*, où était construit le plus fameux des gibets royaux. Il datait du XIe siècle. C'était une masse de pierre de cinq à six mètres de hauteur, formant une plate-forme carrée de quatorze mètres de longueur sur dix de largeur. Sur les côtés de cette plate-forme s'élevaient seize gros piliers carrés, hauts de trente-deux pieds, unis par de fortes poutres de bois qui supportaient des chaînes de fer, auxquelles restaient suspendus les cadavres des suppliciés jusqu'à ce qu'ils fussent réduits à l'état de squelettes. Alors on les jetait dans un charnier pratiqué au centre de la plate-forme. On arrivait à cette plate-forme par une longue rampe de pierre fermée d'une porte, et l'on suspendait ou détachait les cadavres au moyen de grandes échelles. Ce monument sinistre, placé sur l'une des dernières éminences de la butte Chaumont, dominait une campagne fertile, des coteaux chargés de vignobles ou de moulins, des champs de blé, mais toute habitation s'en était éloignée, et, jusqu'au milieu du dernier siècle, on n'y trouvait d'autre établissement que la voirie. On sait combien la justice du moyen âge était atroce, expéditive, et tenait peu de compte de la vie des hommes; on sait que la mort était appliquée à tous les crimes, et que les crimes étaient très-fréquents: il était donc rare que le gibet de Montfaucon ne fût pas garni de cadavres. Mais, en sa qualité de lieu privilégié de la haute justice royale, il eut l'avantage d'appendre plus de grands seigneurs que de pauvres hères, et Montfaucon sembla prédestiné aux ministres oppresseurs, aux financiers concussionnaires, aux juges prévaricateurs, etc.

Les condamnés les plus fameux qui furent pendus ou exposés après leur supplice à Montfaucon furent: Pierre de la Brosse, ministre de Philippe-le-Hardi, en 1278; Enguerrand de Marigny, surintendant des finances sous Louis X, en 1314; Tapperel, prévôt de Paris, en 1320, pour avoir fait mourir un pauvre innocent à la place d'un riche coupable; Gérard de la Guette, surintendant des finances sous Philippe-le-Long, en 1322: Jourdain de l'Isle, seigneur gascon, coupable de vols et d'assassinats, en 1323; Pierre Remy, surintendant des finances, en 1328; Massé de Machy, trésorier du roi, en 1331; René de Séran, maître des monnaies, en 1332; Hugues de Cuisy, président au Parlement, pour avoir vendu la justice, en 1336; Adam de Hourdaine, conseiller au Parlement, pour avoir produit de faux témoins, en 1448; Jean de Montaigu, surintendant des finances, en 1209; Pierre des Essarts, prévôt de Paris, en 1413; Olivier-le-Daim, ministre de Louis XI, en 1484; Jacques de Beaune, seigneur de Semblançay, surintendant des finances, en 1527; Jean Poncher, trésorier du Languedoc, en 1533; Gentil, président au Parlement, en 1543, etc.

Ajoutons à cette liste funèbre de suppliciés l'amiral Coligny, Briquemaut, Cavagnes, et tant d'autres victimes de la Saint-Barthélémy, dont Charles IX, avec toute sa cour, alla contempler les cadavres.

A partir de cette époque, les expositions à Montfaucon devinrent plus rares; Sauval dit qu'à la fin du XVIIᵉ siècle le gibet tombait en ruine, et, en 1740, Piganiol ajoute: «Présentement la cave est comblée, la porte de la rampe est rompue et les marches sont brisées; quant aux piliers, à peine en reste-t-il deux ou trois.» En 1761, quand les faubourgs Saint-Martin et du Temple commencèrent à se peupler, on détruisit cet édifice hideux, et on le transporta à l'endroit où est actuellement la voirie et qu'on appelle aussi Montfaucon; mais on n'y pendit plus, on n'y exposa plus: le gibet royal ne fut plus qu'un symbole de la haute justice du trône, et l'on se contenta d'enterrer à l'ombre de ses piliers les malheureux suppliciés à la place de Grève. La révolution fit disparaître ce dernier reste du régime féodal.

Le faubourg Saint-Martin aboutit à deux barrières aussi importantes que fréquentées: celle de Pantin, qui ouvre la grande route de Metz ou d'Allemagne; celle de la Villette, qui ouvre la grande route de Lille ou de Belgique. Entre ces deux routes est situé le bassin où aboutit le canal de l'Ourcq, et à l'extrémité duquel se trouve, dans une magnifique position, entre les deux barrières, une vaste et belle rotonde, qui ressemble à un temple et ne renferme néanmoins que les bureaux de l'octroi.

Les communes de Pantin et de la Villette ont été l'un des principaux théâtres de la bataille de 1814. La dernière, aussi riche que populeuse et commerçante, est l'un des principaux entrepôts d'approvisionnement de Paris: elle doit sa prospérité aux canaux de l'Ourcq et Saint-Martin.

Le canal *Saint-Martin* commence à la barrière de Pantin, se dirige au sud-est en coupant, outre dix autres rues, la rue du Faubourg-du-Temple, la rue de Ménilmontant, la place de la Bastille, et il aboutit dans la Seine par la gare de la Bastille; il dérive les eaux du canal de l'Ourcq dans la Seine et amène ainsi dans l'intérieur de Paris toutes les marchandises du nord de la France. Il a été entrepris en 1803 et ouvert en 1825. Sa longueur est de 3,200 mètres, sa largeur de 27, sa pente de 25, répartie entre dix écluses. Il est bordé d'un côté par le quai de *Valmy*, de l'autre par le quai de *Jemmapes*. Ces quais sont couverts de magasins de bois, de pierres, de charbons, de tuiles, et l'on y remarque les vastes bâtiments de l'*Entrepôt réel des douanes*. Toute la partie de Paris traversée par ce canal était, il y a quarante ans, occupée presque entièrement par des marais et des terrains en culture; aujourd'hui, elle est sillonnée de rues, habitée, populeuse, pleine d'activité. Les bords du canal Saint-Martin et particulièrement l'Entrepôt ont été ensanglantés dans les journées de juin 1848.

Outre cette importante voie de navigation, le canal de l'Ourcq fournit à Paris la plus grande partie de ses eaux. En effet, de ce canal part un aqueduc souterrain, dit de *Ceinture*, ayant deux mètres de hauteur sur deux mètres de largeur, et sur lequel il est possible de naviguer; il entre dans Paris près de la barrière de la Villette, suit le mur d'enceinte et se déverse dans un vaste réservoir situé près de la barrière de Monceaux. Cet aqueduc fournit de l'eau à toute la partie septentrionale de Paris par trois principales saignées: une à l'est, qui envoie des eaux dans le quartier Popincourt et le faubourg Saint-Antoine; une au sud, qui envoie des eaux dans le faubourg Saint-Martin jusqu'au Château-d'Eau, au-dessous duquel est un réservoir dirigeant des eaux dans le Marais et le quartier Saint-Denis; enfin, une à l'ouest et partant du réservoir de Monceaux, envoyant des eaux dans la Chaussée-d'Antin, le faubourg Saint-Honoré et les Champs-Élysées.

CHAPITRE V[40].

LA RUE ET LE FAUBOURG SAINT-DENIS.

§ Ier.

Rue Saint-Denis.

Cette rue, l'une des plus anciennes et des plus populaires, artère principale de Paris, et qu'on pourrait appeler la rue *parisienne* par excellence, doit son origine au village où saint Denis fut enterré et qui attirait un grand concours de fidèles. De pieuses légendes racontaient que le saint, après sa décollation dans la prison de Saint-Denis-de-la-Chartre, avait suivi le chemin marqué par cette rue en portant sa tête dans ses mains, jusqu'au lieu où il voulait être enterré. Ce chemin se couvrit de chapelles, de stations, de maisons: c'était la *grant-rue, la grand'chaussée de monsieur saint Denys*. Au XIe siècle, la rue Saint-Denis s'arrêtait à la rue d'Avignon, où était une porte de l'enceinte de Louis VI: en 1107, elle atteignait la rue Mauconseil, où était une porte de l'enceinte de Philippe-Auguste, dite *porte aux Peintres* (une impasse en a gardé le nom); en 1418, elle allait jusqu'à la rue Neuve-Saint-Denis, où était une porte de l'enceinte de Charles VI; au XVIe siècle, elle atteignait les remparts ou boulevards, où était une porte de l'enceinte de François Ier. Cette dernière se composait d'une grande tour carrée, avec tourelles, large fossé, pont-levis, et ce fut par là que les Espagnols évacuèrent Paris en 1594.

Le commencement de la rue Saint-Denis formait autrefois un inextricable et dégoûtant réseau de ruelles hideuses et de baraques pleines de boue, «l'endroit le plus puant du monde entier,» dit Mercier: c'est le noyau de Paris ancien dès qu'il sortit de la Cité. On y pénétrait, non pas comme aujourd'hui par une vaste place, mais par un passage sombre, étroit, fangeux, pratiqué sous la masse du grand Châtelet. Là, derrière cette sinistre forteresse, était la *grande boucherie*, si fameuse au temps des Bourguignons et Armagnacs, et qui subsista jusqu'en 1789. Là étaient les ruelles infectes et baignées du sang des bestiaux, de la *Triperie*, du *Pied-de-Bœuf*, de la *Pierre-aux-Poissons*, de la *Tuerie*, de la *Place-aux-Veaux*, dite aussi *Place-aux-Saint-Yon*. Là ont régné, pendant 500 ans, dix-huit familles qui possédaient presque tout le quartier, dans lesquelles la succession était réglée par une sorte de loi salique, et dont il ne restait plus que deux à la fin du XVIIe siècle, celles des Thibert et des Ladehors; les plus puissantes avaient été celles des Legoix, des Thibert, des Saint-Yon, si fameuses au temps de Charles VI, et dont il reste encore des représentants dans la boucherie de Paris. Malgré les déblaiements opérés depuis la destruction du Châtelet, cette partie de Paris gardait quelque chose de son ancien aspect: c'était encore un quartier sale, triste, encombré d'une population pauvre et laborieuse, où l'humidité, la misère, la maladie semblaient suinter de tous les pavés et de tous les murs, mais depuis trois ou quatre ans, tout ce commencement de la rue Saint-Denis avec les ruelles qui y aboutissaient a été détruit et forme une large et belle voie jusqu'à la rencontre de la nouvelle rue de Rivoli.

La rue Saint-Denis était, au moyen âge, la plus belle, la plus longue, la plus riche de tout Paris: aussi jouissait-elle de grands priviléges et d'honneurs féodaux: «C'était par la porte Saint-Denis, raconte Saint-Foix, que les rois et les reines faisaient leur entrée. Toutes les rues, sur leur passage, jusqu'à Notre-Dame, étaient tapissées et ordinairement couvertes en haut avec des étoffes de soie et des draps *camelotés*. Des jets d'eau de senteur parfumaient l'air; le vin, l'hypocras et le lait coulaient de différentes fontaines. Les députés des six corps de marchands portaient le dais: les corps des métiers suivaient, représentant en habits de caractère les *sept péchés mortels, les sept vertus, la mort, le purgatoire, l'enfer et le paradis*, le tout monté superbement. Il y avait de distance en distance des théâtres où des acteurs pantomimes, mêlés avec des chœurs de musique, représentaient des mystères de l'Ancien Testament: *le sacrifice d'Abraham, le combat de David contre Goliath*, etc. Froissard dit qu'à l'entrée d'Isabeau de Bavière, il y avait à la porte aux Peintres *un ciel nué et étoilé très-richement, et Dieu par figures séant en sa majesté, le Père, le Fils et le Saint-Esprit*; et dans ce ciel *petits enfants de chœur chantoient moult doucement en forme d'anges; et ainsi que la reyne passa dans sa litière découverte sous la porte de ce paradis, d'en haut deux anges descendirent tenant en leurs mains une très-riche couronne garnie de pierres précieuses, et l'assirent moult doucement sur le chef de la reyne, en chantant ces vers:*

Dame enclose entre fleurs de lys,
Reine êtes-vous de paradis,
De France et de tout le pays.
Nous retournons en paradis.

A l'entrée de Louis XI, il y avait à la fontaine de Ponceau «trois belles filles faisant personnages de sirènes toutes nues... et disoient de petits motets et bergerettes; et près d'elles jouoient plusieurs instruments qui rendoient de grandes mélodies;» à l'hôpital de la Trinité, un théâtre représentant «une Passion à personnages et Dieu étendu sur la croix et les deux larrons à dextre et à senestre;» à la porte aux Peintres, «autres personnages moult richement habillés;» à la fontaine des Innocents, une grande chasse; au Châtelet, la prise de Dieppe sur les Anglais, etc.

Nous ne parlerons pas des autres entrées royales: qu'il nous suffise de dire qu'aucun roi ne manqua, à son avénement, «de mener triomphe» dans la rue Saint-Denis: c'était, en quelque sorte, une cérémonie d'intronisation, la reconnaissance du monarque nouveau par la capitale, enfin un deuxième sacre.

Les bourgeois et les boutiques de cette rue, fameuse dans toute l'Europe, représentent proverbialement depuis plusieurs siècles la population et le commerce de Paris; mais ce n'est réellement que du XVIᵉ siècle que datent les grandes maisons de négoce qui ont fait sa renommée. Là était le centre du commerce de la draperie, des soieries, des dentelles, de la mercerie, etc., commerce qui se faisait dans des boutiques sombres, profondes, étroites, sans luxe, sans ornement, comme on en peut voir encore dans quelques coins de ce quartier, boutiques où se bâtissaient lentement, solidement, de grosses fortunes; où le fils succédait invariablement au père pendant quatre ou cinq générations, jusqu'à ce que la richesse entassée devînt telle que le dernier héritier se décidât à secouer la poussière du comptoir pour briguer les honneurs de l'échevinage ou acheter une charge de conseiller au Parlement. C'est en effet des boutiques de la Cité et des quartiers Saint-Denis et Saint-Honoré que sont sorties la plupart des familles municipales et parlementaires de la capitale.

La bourgeoisie de la rue Saint-Denis, à cause de ses richesses et de son importance commerciale, a naturellement joué un grand rôle politique presque dans tous les temps; elle est essentiellement ennemie de toute oppression et facile à embrasser toutes les idées généreuses; mais son opposition est plus taquine que persévérante, et, dès que sa prospérité matérielle en est troublée, elle se met à défendre l'autorité avec une ardeur passionnée, même aux dépens de la liberté, et ne cherche plus que l'ordre, la soumission, le repos. Ainsi, à l'époque de la Ligue, elle se montra catholique fougueuse, et néanmoins devint le centre du tiers parti qui appela Henri IV au trône; au temps de la Fronde, elle se signala par sa haine contre Mazarin, et néanmoins ce furent ses boutiques qui décidèrent le rétablissement de l'autorité royale; en 1789, elle se jeta dans la révolution avec enthousiasme, et sa garde nationale figura dans toutes les journées, dans toutes les fêtes; mais son ardeur commença à se calmer après le 10 août; elle vit la République avec répugnance, garda un profond ressentiment de la Terreur et se laissa entraîner par les royalistes à faire le 13 vendémiaire. Elle applaudit au 18 brumaire; mais quand les guerres impériales ruinèrent son commerce, elle devint ardemment hostile à Napoléon, et celui-ci dissimula à peine son dédain et sa colère contre ces *boutiquiers*; à son avis, cette partie de la population était le type de l'inconstance, de la vanité et de la *bêtise* parisienne. Aussi la chute du tyran fut-elle accueillie dans cette rue avec des transports de joie; aussi le comte d'Artois et Louis XVIII, qui, à l'imitation de leurs ancêtres, firent leur entrée par la rue Saint-Denis, y furent reçus avec des acclamations dont une part alla même aux soldats étrangers qui les escortaient. Aucune rue de Paris ne se montra plus royaliste; aucune ne se pavoisa plus complètement de drapeaux blancs; aucune ne se para de fleurs de lis avec plus de bonheur. Ajoutons que cet enthousiasme fut bien récompensé, car le retour de la paix et la présence des étrangers amenèrent dans ce quartier une prospérité inouïe et y furent la cause de fortunes colossales. Mais quand le gouvernement des Bourbons donna trop de pouvoir au clergé, la rue Saint Denis, qui se piquait d'avoir des lettres et était même un peu esprit fort, rentra dans l'opposition: c'est là que le *Constitutionnel* trouva ses premiers et plus sympathiques lecteurs; c'est de là que sortirent les malédictions les mieux nourries contre les jésuites; c'est là que les bourses se montrèrent inépuisables pour toutes les souscriptions du libéralisme, éditions de Voltaire, dotation de la famille Foy, tombeau du jeune Lallemand; c'est là, enfin, au fond des arrière-boutiques, que furent chantées avec délice, les chansons les plus hardies, les plus secrètes de Béranger. Alors la rue Saint-Denis, si chère aux Tuileries, dont l'opinion était naguère si soigneusement caressée par les royalistes, tomba dans le discrédit de la cour. Elle s'en inquiéta peu: ce fut un de ses bourgeois qui refusa d'*empoigner* Manuel; sa garde nationale cassa les vitres de M. de Villèle après la revue du 12 avril, et aux élections de novembre 1827, toutes ses maisons s'illuminèrent en l'honneur des députés libéraux que Paris venait de nommer. On sait comment le ministère fit taire cette joie à coups de fusils: la rue Saint-Denis ne l'oublia pas; elle fut des premières, en juillet 1830, à crier Vive la Charte! et quand la grande colonne du duc de Raguse arriva dans cette rue pour y couper les insurrections des quais et des boulevards, elle y fut entièrement enveloppée et ne se dégagea qu'après un furieux combat.

Depuis cette époque, depuis les améliorations matérielles qui ont changé la face de Paris, la rue Saint-Denis a subi une sorte de transformation et perdu en partie son caractère spécial. C'est encore la rue la plus commerçante, la plus tumultueuse, la plus assourdissante de Paris; d'un bout à l'autre, on ne voit qu'une foule grouillante, active, affairée, d'innombrables voitures, des magasins encombrés de marchandises; de tous côtés on n'entend que le bruit des métiers, les cris des petits marchands, le tapage des charrettes: mais, malgré cela, ce n'est plus la reine de Paris, la régulatrice de son commerce, le guide de ses opinions politiques; ses maisons, profondes et élevées, sont toujours peuplées du haut en bas de fabricants, de marchands, d'industriels de tout genre; mais le gros commerce d'étoffes, les grands magasins de l'ancien temps l'ont abandonnée: ses boutiques sont maintenant vouées à des commerces moins étendus, plus humbles, excepté néanmoins pour la passementerie, la mercerie, la parfumerie. Aussi son importance politique a-t-elle diminué, et, de 1830 jusqu'à nos jours, il ne s'est rien passé dans la rue Saint-Denis qui la distingue des autres grandes rues de Paris, encore bien qu'elle ait été profondément remuée par les émeutes de 1832 et 1834 et par les journées révolutionnaires de 1848.

Dans une rue jadis aussi sainte, les édifices religieux devaient être nombreux: en effet, on y trouvait cinq églises, dont il ne reste qu'une, trois couvents et cinq hospices, aujourd'hui détruits.

1° L'*hôpital Sainte-Catherine*.--Il était situé au coin de la rue des Lombards et avait été fondé vers le XIᵉ siècle pour héberger les pèlerins qui se rendaient en foule à l'église Sainte-Opportune. Les religieuses de cet hôpital se chargèrent plus tard «de retirer les pauvres filles qui n'ont aucune retraite et cherchent condition.» Elles avaient aussi pour mission d'ensevelir les malheureux trouvés morts dans la Seine, dans les rues ou dans les prisons, et qui, du moins, n'étaient pas mis en terre par des mains indifférentes et sans une larme ou une prière! Cette *morgue* chrétienne fut, en 1791, affectée aux jeunes aveugles, et ceux-ci y restèrent jusqu'en 1818, époque à laquelle ils furent transférés au séminaire Saint-Firmin [41]. Alors l'hôpital fut vendu, détruit et remplacé par des maisons particulières.

La chapelle ou l'église de cet établissement est célèbre dans l'histoire des théophilanthropes: c'est là que les sectaires du culte naturel firent, en 1797, leur première cérémonie. Pendant plus d'une année, ils y célébrèrent deux fêtes par décade, outre les mariages, baptêmes, décès, etc.[42].

2° L'*église Sainte-Opportune*.--Sa fondation remonte à une chapelle de Notre-Dame-des-Bois, qui aurait été bâtie à l'époque où le christianisme fut introduit dans la Gaule. «Si l'on en croit la tradition, dit Sauval, saint Denis, qui vint en France en 252, la mit en grande vénération des peuples.» Elle était alors située à l'entrée d'une grande forêt, qui «s'étendait en largeur depuis cet ermitage jusqu'au pied du Montmartre, et en longueur depuis le pont Perrin jusqu'à Chaillot.» En 853, Hildebrand, évêque de Seez, chassé de son pays par les Normands, se réfugia à Paris et déposa dans cette chapelle les reliques de sainte Opportune. Les miracles de cette sainte ayant attiré une multitude de pèlerins, et Louis-le-Bègue ayant fait à Hildebrand donation des terres voisines, on remplaça la chapelle par une église entourée d'un vaste cloître et qui reçut un chapitre de chanoines. Louis VII lui donna les seigneurie, censive et justice sur tous les prés et marais jusqu'à Montmartre. L'église fut reconstruite au XIIIᵉ siècle et ne cessa point, jusqu'à sa destruction en 1792, d'être en grande vénération. Sa principale entrée était rue de l'Aiguillerie. Un reste du mur du cloître existe encore dans la rue de la Tabletterie.

3° L'*église des Saints-Innocents*, située à l'angle-nord de la rue aux Fers. Bâtie par Philippe-Auguste sur l'emplacement d'une antique chapelle, elle fut reconstruite au XVᵉ siècle, et son architecture n'avait rien de remarquable: on l'a démolie en 1785.

Le chevet de cette église était dans la rue Saint-Denis, et son entrée se trouvait dans un cimetière qui l'entourait et qui occupait tout l'emplacement actuel du marché des Innocents. Ce cimetière datait probablement du temps des Romains, et il servait à vingt paroisses. Comme il était, dans l'origine, ouvert de toutes parts, et, à cause du voisinage des halles, souillé et profané par les passants, Philippe-Auguste, en 1188, le fit envelopper de murs. Plus tard, on garnit ces murs de galeries couvertes, appelées *charniers*, sous lesquelles on plaça des sépultures. Nicolas Flamel, qui, dit-on, avait une échoppe d'écrivain sous les charniers, y avait fait construire une chapelle pour sa femme. On y trouvait aussi les monuments funéraires de Jean Le Boulanger, premier président au Parlement, de l'érudit Nicolas Lefèvre, de l'historien Eudes de Mézeray, etc. Tout ce qui n'était pas assez riche ou assez noble pour acheter une dernière demeure sous les dalles d'une église, se faisait enterrer sous les charniers des Innocents.

Au XIIIe siècle, la mode s'empara de ces galeries sombres, humides, infectes; des marchands s'y établirent; les oisifs vinrent s'y promener, et le séjour de la mort devint un lieu de luxe, de plaisirs, de rendez-vous. Cette mode ne dura pas quelques années, mais plusieurs siècles, car, en 1784, les charniers étaient encore remplis de boutiques et d'échoppes d'écrivains publics et de modistes: «Les écrivains des charniers, dit Mercier, sont ceux qui s'entretiennent le plus assidûment avec les princes et les ministres: on ne voit à la cour que leurs écritures... C'est au milieu des débris vermoulus de trente générations qui n'offrent plus que des os en poudre, c'est au milieu de l'odeur fétide et cadavéreuse qui vient offenser l'odorat, qu'on voit celles-ci acheter des modes, des rubans, celles-là dicter des lettres amoureuses. Le régent avait, pour ainsi dire, composé son sérail des marchandes de modes et des filles lingères dont les boutiques environnent et ceignent dans sa forme carrée ce cimetière vaste et hideux.» Quant au cimetière lui-même, il était devenu un lieu d'assemblées publiques, de prédications et même de représentations théâtrales. Le moyen âge, avec sa foi ardente, ne craignait pas la mort et aimait à jouer avec elle: aussi, sur les murs des charniers avait-il peint la *Danse macabre*, allégorie philosophique, où l'on voyait la Mort mener la danse en conduisant au tombeau «personnes de tous estats,» mêlées et confondues. Cette allégorie y fut même plusieurs fois représentée sur des tréteaux par des acteurs qui attiraient la foule, tant la scène était appropriée au sujet! La mort mena danse au cimetière des Innocents pendant plus de six siècles, et elle y entassa les cadavres de vingt à trente générations. Aussi cette immense nécropole présentait-elle le spectacle le plus hideux, un pêle-mêle incroyable de pierres, de croix, d'ossements et d'ordures; on roulait les crânes aux pieds; il y en avait des monceaux entassés, à travers lesquels poussaient de grandes herbes; tous les greniers des charniers en étaient tellement remplis et comblés qu'ils en crevaient et que les os regorgeaient par toutes les ouvertures. C'était pour toute la ville un immense foyer d'infection; c'était de plus un mauvais lieu, le rendez-vous des mendiants et des voleurs, qui souvent profanaient ou pillaient les tombeaux. «Paris, disait Rabelais, est une bonne ville pour vivre, non pour y mourir, car les guénaulx des Saints-Innocents se chauffent des ossements des morts.»

Pendant deux siècles, toute la population du quartier des halles réclama contre ce vaste tombeau, situé dans la partie la plus populeuse et la plus malsaine de Paris; mais ce fut seulement en 1785 qu'une ordonnance royale prescrivit sa destruction. Alors on démolit l'église et les charniers; on détruisit tous les monuments du cimetière, antiquités précieuses pour la plupart, telles que les vieilles chapelles d'*Orgemont* et de *Pomereux*, la *tour Notre-Dame-des-Bois*, le *prêchoir*, la *croix des Bureaux*, la croix de *Gâtine*, etc. Par les soins de Fourcroy et de Thouret, on enleva les ossements et plusieurs pieds de terre du cimetière, et l'on transporta les débris de 1,200,000 cadavres dans les carrières ou *catacombes* du faubourg Saint-Jacques [43]. L'emplacement du cimetière fut destiné à agrandir les halles, et l'on y a construit en 1813 des galeries de bois où se vendent principalement des légumes et des fruits.

A l'angle méridional de la rue aux Fers et adossée à l'église des Innocents était une charmante fontaine qui datait du XIIIe siècle, mais qui fut reconstruite en 1550 par Pierre Lescat et décorée par Jean Goujon. A l'époque de la destruction de l'église, on transporta cette fontaine avec ses ornements au milieu du marché, en ajoutant deux faces à celles de Lescot et en imitant avec bonheur les gracieuses naïades et les bas-reliefs de Goujon. Grâce à cette reconstruction, qui fut faite avec beaucoup de soin et de talent, la fontaine des Innocents forme aujourd'hui l'un des monuments les plus élégants et les plus précieux de Paris.

Le marché des Innocents a été le théâtre d'un violent combat le 28 juillet 1830. Soixante-dix citoyens y furent tués et enterrés sur la place même; et, pendant dix ans, le lieu de leur sépulture fut entouré d'une grille et orné de fleurs. Ces restes ont été exhumés en 1840 et transportés sous la colonne de Juillet.

4° L'*église du Saint-Sépulcre*.--En 1325, Louis de Bourbon, comte de Clermont, fonda une église-hôpital pour les pèlerins qui allaient au Saint-Sépulcre. L'église fut bâtie; l'hôpital ne le fut pas, et, la folie des croisades étant apaisée, la dotation du prince ne servit plus qu'à entretenir un chapitre de chanoines. L'église du Saint-Sépulcre, dont le portail était remarquable et qui ne fut terminée qu'en 1655, était dans la dépendance du chapitre de la cathédrale et l'une des quatre églises qu'on nommait les *filles de Notre-Dame*. C'était le chef-lieu de la confrérie des merciers. Démolie en 1690, on a construit sur son emplacement une vaste cour entourée de bâtiments d'une architecture remarquable, quoique prétentieuse, et qu'on appelle la *cour Batave* à cause d'une compagnie hollandaise qui éleva ces bâtiments en 1792.

5° L'*abbaye Saint-Magloire*.--C'était d'abord une chapelle dont l'origine est inconnue et qui fut, en 1138, transformée en une abbaye d'hommes. Cette abbaye devint puissante et exerçait sa juridiction sur une partie du quartier; elle avait une justice patibulaire, car, en fouillant ses jardins au XVIe siècle, on trouva des ossements, des chaînes de fer et une potence, ce symbole sinistre de la souveraineté au moyen âge. En 1572, Catherine de Médicis transféra les religieux de Saint-Magloire à Saint-Jacques-du-Haut-Pas et mit à leur place un couvent de filles pénitentes, que Louis XII, étant duc d'Orléans, avait établi dans son hôtel de Bohême. Les statuts primitifs de ce couvent portaient «qu'on n'y pourrait recevoir que les filles dissolues, et que, pour s'en assurer, elles seraient visitées par des matrones.» Mais, après sa translation, «on n'y reçut plus, dit Jaillot, que des victimes pures et dignes de l'époux qu'elles ont choisi.» Ce couvent a été détruit pendant la révolution. Son emplacement est occupé par une partie de la rue Rambutau.

6° L'*église Saint-Leu-Saint-Gilles* était, dans l'origine, une chapelle dépendant de l'abbaye Saint-Magloire. Elle devint une église en 1270, fut rebâtie en 1320, agrandie en 1611, transformée pendant la révolution en magasin de salpêtre, rendue au culte en 1802. C'est une des succursales du sixième arrondissement.

7° L'*hôpital Saint-Jacques* fut fondé en 1317 par des bourgeois de Paris qui appartenaient à la confrérie de Saint-Jacques de Compostelle, «pour héberger les pèlerins et les pauvres passants.» Il contenait quarante lits; soixante à quatre-vingts pauvres pouvaient y être logés chaque nuit et recevaient à leur départ un pain et du vin. Les chapelains de cet hôpital dissipant ses revenus en débauches, Louis XIV les supprima, attribua leurs biens à l'ordre de Saint-Lazare, et, malgré les procès engendrés par cette réunion, en 1722, «des revenus s'élevoient à 40,000 livres, toutes les maisons étoient en bon état, et l'hospitalité y étoit exercée avec autant d'exactitude que les aumônes des fidèles pouvoient fournir aux besoins des pauvres.» Cet hôpital a été détruit en 1790, et son emplacement est occupé par plusieurs rues. L'église, dont une tradition faisait remonter l'origine jusqu'à Charlemagne, occupait le coin de la rue Mauconseil; elle n'a été démolie qu'en 1820; un magasin de nouveautés, bâti sur son emplacement, a pour enseigne des statues du moyen âge trouvées dans les caveaux de l'hôpital.

1° L'*hôpital de la Trinité*, situé entre les rues Saint-Denis et Grenétat, avait été fondé dans le XIIe siècle sous le nom de la Croix-de-la-Reine. Il fut agrandi par Philippe-Auguste et destiné principalement à héberger les pèlerins qui, le soir, trouvaient fermée la porte de Paris, dite porte aux Peintres. Son enclos était très-vaste et renfermait, outre l'église et les bâtiments de l'hôpital, des terrains cultivés. L'église occupait l'emplacement du n° 266 de la rue Saint-Denis.

Vers la fin du XIVe siècle, des bourgeois de la rue Saint-Denis s'étaient avisés, plutôt par esprit de piété que par plaisir, de se réunir pour représenter les traits les plus intéressants de la vie de Jésus-Christ. Ils obtinrent en 1402 de Charles VI des lettres-patentes qui les érigeaient en *confrérie*, sous le titre de «maîtres, gouverneurs et confrères de la confrérie de la Passion et résurrection de Notre-Seigneur,» et les autorisaient à faire leurs *jeux* en public, les jours de dimanche et de fête. Alors ils louèrent la grande salle de l'hôpital de la Trinité, laquelle avait vingt et une toises de long, sur six de large; et c'est là que furent jouées ces pièces naïves appelées *mystères*, qui traduisaient par *personaiges* toutes les histoires de l'Ancien et du Nouveau Testament, les vies des saints, les actes des apôtres, la *destruction de Troie la grante*, et, plus tard, les *sotties, farces et moralités* des *Enfants-Sans-Souci*, dont la confrérie se réunit à celle de la Passion. La foule accourut à ces spectacles si nouveaux, qui semblaient le complément des spectacles augustes des églises: et, pendant un siècle et demi, sauf les interruptions causées par les guerres civiles, l'hôpital de la Trinité fut le lieu le plus populaire et le plus fréquenté de Paris.

En 1545, les religieux de la Trinité ayant cessé d'exercer l'hospitalité, le parlement ordonna «que les enfants des pauvres invalides compris sur les rôles de l'aumône et unis en loyal mariage, âgés pour le moins de six ans, seroient charitablement reçus dans cet hôpital, nourris et instruits dans la religion et dans les arts et métiers». D'après cela, les confrères de la Passion abandonnèrent leur théâtre et se transportèrent dans la rue Coquillière, à l'hôtel de Flandre. L'hôpital de la Trinité devint alors une maison d'orphelins, où étaient élevés cent garçons et trente-six filles, auxquels on apprenait des métiers, et qui, à cause de leurs habits, étaient appelés les *Enfants-Bleus*. Cet établissement, qui était administré par six bourgeois du quartier et le curé de Saint-Eustache, acquit en peu de temps de la prospérité. L'enclos de l'hôpital étant devenu par privilége de Henri II un lieu d'asile, des maisons s'y bâtirent, des ruelles y furent ouvertes, et des ouvriers de diverses professions vinrent y travailler en franchise. Alors l'hôpital de la Trinité devint une sorte d'école des arts et métiers. En effet, il fut décidé que, «à l'égard des compagnons qui auraient montré pendant six ans leurs métiers aux enfants-bleus, ou bien à l'égard des enfants qui, après leur apprentissage, auraient consacré six années à l'instruction des autres apprentis, que, tous les ans, il serait reçu un compagnon et un enfant maîtres-jurés en franchise et sans frais.» Cette école pratique produisit une foule d'artisans habiles, et la plupart des maîtres qu'elle a donnés ont acquis une sorte de renommée: on cite parmi eux le tapissier Dubourg, qui, en 1594, fit les tapisseries de Saint-Merry, et que Henri IV mit à la tête de la manufacture royale des tapis de la Savonnerie.

L'hôpital de la Trinité fut supprimé en 1790, et ses biens furent attribués à l'administration générale des hospices. L'église, qui avait été reconstruite en 1598 et 1671, a été démolie en 1817; l'enclos fut transformé en rues et passages entièrement occupés par des fabriques, et il ne reste de ce vénérable berceau du théâtre français, de cette modeste école industrielle, que la porte de la rue Grenétat[44].

9° L'*église Saint-Sauveur* était, dans l'origine, une chapelle où l'on dit que Louis IX faisait ordinairement une station lorsqu'il allait à Saint-Denis. Elle devint église paroissiale au XIIIᵉ siècle et fut rebâtie en 1537. Plusieurs acteurs de l'hôtel de Bourgogne y avaient été enterrés avec Colletet, tant maltraité par Boileau, le poète Vergier, assassiné en 1720, etc. Elle tombait en ruines en 1785, et on commençait à la rebâtir quand la révolution arriva: alors elle fut démolie, et sur son emplacement on a établi des maisons particulières.

10° *Le couvent des Filles-Dieu* avait été fondé en 1226 par Guillaume III, évêque de Paris, «pour retirer des pécheresses qui, pendant toute leur vie, avaient abusé de leur corps et à la fin estoient en mendicité.» Il était d'abord situé dans la *couture de l'Échiquier*, qui occupe l'emplacement du boulevard Bonne-Nouvelle et des rues voisines, et une impasse de ce boulevard en a conservé le nom. Saint Louis prit sous sa protection les Filles-Dieu, leur bâtit un *hostel*, et «y fit mettre, dit Joinville, grant multitude de femmes qui par poverté estoient mises en peschié de luxure, et leur donna 400 livres de rentes pour elles soustenir.» En 1360, lorsque les ravages des Anglais forcèrent Paris à se donner une nouvelle enceinte, la *couture* des Filles-Dieu se trouva coupée en deux parties par le fossé et le mur, et les religieuses furent forcées d'abandonner leur maison, tout en conservant leur couture. On leur céda alors l'hospice ou maison-Dieu de Sainte-Madeleine, fondé en 1216 dans la rue Saint-Denis, pour héberger les femmes pauvres qui passaient à Paris, sous la condition qu'elles continueraient à exercer cette œuvre de charité. L'enclos de cet hôpital était très-vaste; il occupait l'emplacement actuel de la rue et du passage du Caire et touchait le mur d'enceinte de Paris.

Les Filles-Dieu, malgré leurs rentes et leur couture, étaient forcées de mendier pour les besoins de leur maison:

Les Filles-Dieu savent bien dire:
Du pain pour Jhesu nostre sire,

dit l'auteur des *Cris de Paris*. Elles étaient d'ailleurs astreintes à une touchante obligation: au chevet extérieur de leur église se trouvait une croix, devant laquelle s'arrêtait et se reposait le condamné qu'on menait à Montfaucon; alors les religieuses venaient en procession, et en chantant les psaumes de la Pénitence, entourer le malheureux, et elles lui donnaient trois morceaux de pain et une coupe de vin avec des paroles de charité.

Ce couvent retomba dans le relâchement et cessa peu à peu d'exercer l'hospitalité; en 1495, il fut réformé et compris dans l'ordre de Fontevrault. Alors on rebâtit la maison ainsi que l'église, qui fut décorée de sculptures de François Anguier. Toutes deux ont été démolies en 1798, et l'on construisit sur leur emplacement une rue et un passage. C'était l'année de l'expédition d'Égypte: cette rue et ce passage prirent de là le nom du *Caire*, et l'on décora l'entrée du dernier de monstrueux attributs égyptiens.

11° La maison des *Filles-Saint-Chaumont*, qui occupait le coin actuel de la rue de Tracy. C'était une communauté séculière vouée à l'instruction des orphelines et des nouvelles converties, et qui était le chef-lieu d'une congrégation comprenant vingt autres maisons: elle fut autorisée en 1687 sous la condition qu'elle ne pourrait jamais être convertie en maison de profession religieuse. Elle occupait l'emplacement de l'hôtel Saint-Chaumont ou La Feuillade, et c'est dans le jardin de cet hôtel que fut coulée en fonte la statue de Louis XIV, qui décorait la place des Victoires. Les bâtiments existent encore, mais transformés en maisons d'habitation; la chapelle, bâtie en 1781, est occupée par un magasin de nouveautés. Dans le voisinage de cette maison se trouvait l'hôtel de Destutt de Tracy, sur lequel, en 1782, on a ouvert la rue de Tracy.

Parmi les rues qui aboutissent à la rue Saint-Denis, on remarque:

1° Rue *Saint-Germain-l'Auxerrois*.--C'est une des plus anciennes rues de Paris, car elle conduisait de la Cité à l'église du même nom, à l'époque où Paris était encore renfermé dans son île. Il en est déjà question sous Louis-le-Débonnaire: ce n'était alors qu'une ruelle fangeuse bordée de quelques masures et de jardins presque continuellement envahis par la Seine. On y trouvait jadis le *For-l'Évêque (Forum Episcopi)*, lieu où, dès le temps de Louis VI, l'évêque faisait rendre la justice, et qui avait une entrée sur le quai de la Mégisserie. Depuis l'édit de 1674, qui détruisit dans Paris toutes les justices particulières, le For-l'Évêque devint une prison «où l'on retient, dit un contemporain, plus de malheureux que de coupables, étant particulièrement affectée à ceux qui sont arrêtés pour dettes.» C'était aussi le lieu de détention des acteurs qui avaient fait quelque scandale ou désobéi à l'autorité.

Dans la rue Saint-Germain-l'Auxerrois aboutit la rue des *Orfèvres*, où étaient une chapelle et un hospice de Saint-Éloi, fondés au XIVᵉ siècle par les orfèvres pour les ouvriers vieux ou infirmes de ce corps de métier, ainsi que pour leurs veuves. Les orfèvres formaient un des six grands corps de métiers de Paris; l'origine de leur corporation remontait au temps des Romains, et ils s'honoraient d'avoir eu pour confrères saint Éloi et son apprenti saint Théau. La chapelle fut rebâtie par Philibert Delorme et était ornée de quelques figures de Germain Pilon. Elle a été détruite pendant la révolution; une partie de la maison d'hospice existe encore au n° 4.

2° Rue *Perrin-Gasselin*, qui se continue par la place et la rue du *Chevalier-du-Guet*. Cette dernière rue prenait son nom du logis ou hôtel des commandants du guet, qui y restèrent jusqu'en 1733, époque où ils allèrent demeurer rue Meslay. Ce quartier, qui nous semble aujourd'hui si malheureux, si sale, si sombre, était au XVIIᵉ siècle l'un des beaux quartiers de Paris, celui où demeuraient la riche bourgeoisie et une partie de la magistrature. C'était là, sur la place du Chevalier-du-Guet, qu'était la maison de Guy Patin: «en belle vue, dit-il, et hors du bruit, joignant le logis de M. Miron, maître des comptes.» Il l'avait achetée en 1650 moyennant 25,000 livres, et les charmants détails qu'il nous a laissés sur cette maison, ses chambres, son ameublement, nous transportent dans la vie intérieure de la bourgeoisie éclairée de cette époque [45].

3° Rue de l'*Aiguillerie*.--A l'entrée de cette rue était une petite place, qui fut formée en 1569 par la destruction de la maison d'un bourgeois, Philippe *Gastine*. Ce bourgeois ayant, malgré les édits royaux, ouvert un prêche, fut pendu, ainsi que ses deux frères; on rasa sa maison, et une pyramide fut élevée à sa place. Cette pyramide était un monument très-curieux: élevée sur cinq piédestaux superposés et différents de style et d'ornements, elle était surmontée d'une croix ornée de statues, chargée de détails et d'inscriptions. Deux ans après, Charles IX, d'après les clauses de la pacification de Saint-Germain, ordonna de détruire ce monument, qui rappelait la guerre civile. Le Parlement et l'Université s'y opposèrent; et, quand les agents et les soldats royaux voulurent, à trois reprises, enlever la pyramide, des émeutes éclatèrent; le peuple massacra plusieurs protestants et saccagea leurs maisons. Il fallut employer la force pour apaiser ce désordre: un des mutins fut saisi et pendu à la fenêtre d'une maison voisine; alors l'ordre royal put être exécuté, et la croix de Gastine fut transférée dans le cimetière des Innocents, où elle existait encore en 1785.

4° Rue La *Reynie*.--Cette rue se nommait autrefois *Troussevache*, du nom d'un bourgeois qui y demeurait en 1257; et, à cette époque, c'était l'une des rues les plus fréquentées de Paris, une succursale de la rue Quincampoix pour le commerce de luxe. Les puristes de la préfecture de la Seine, trouvant son nom ignoble, l'ont remplacé par celui du premier magistrat de police qu'ait eu la capitale.

5° Rue de la *Ferronnerie*.--Elle doit son nom à de «*pauvres ferrons*» ou marchands de fer, à qui saint Louis permit d'adosser leurs tréteaux aux charniers des Innocents. On y bâtit ensuite des boutiques en bois, puis des maisons, qui rendirent la rue très-étroite et furent ainsi en partie cause de l'assassinat de Henri IV. Le 14 mai 1610, le carrosse de ce prince s'étant trouvé arrêté dans la rue de la Ferronnerie par un embarras de voitures, les valets descendirent et passèrent par les charniers pour rejoindre le carrosse à la rue Saint-Denis. Ravaillac profita de ce moment pour monter sur une borne de la rue ainsi que sur la roue du carrosse et pour frapper Henri IV de trois coups de couteau, dont un était mortel. La rue fut élargie en 1671, d'après un édit royal, qui ordonna de démolir «des petites maisons, boutiques et échoppes qui sont adossées contre les murs du charnier,» et de porter la largeur de la rue à trente pieds. Le prolongement de la rue de la Ferronnerie est la grande rue Saint-Honoré, dont nous parlerons plus tard [46].

6° Rue aux *Fers*.--C'était autrefois la rue au *Feurre*, parce qu'on y tenait le marché à la paille, au *fourrage*. Dans le XVIIᵉ siècle, elle était habitée par des marchands de soieries, les plus riches de Paris, et qui ont joué un grand rôle dans les troubles de la Fronde: ce furent eux qui firent décider en 1652 la soumission de Paris à Louis XIV. Guy Patin parle de l'un de ces négociants, qui fit une banqueroute de six millions. Cette rue est aujourd'hui principalement habitée par des marchands de passementerie.

7° Rue de la *Grande-Truanderie*.--Elle date du XIIIᵉ siècle et tire son nom des truands ou mendiants qui l'habitaient. A la pointe du triangle qu'elle fait avec la rue de la Petite-Truanderie se trouvait jadis un puits fameux dans les traditions parisiennes. On racontait que, du temps de Philippe-Auguste, une jeune fille, désespérée de l'infidélité de son amant, s'était jetée dans ce puits. Le lieu devint célèbre sous le nom de *Puits d'amour*, et les amants s'y donnaient rendez-vous. Sous François Iᵉʳ, un jeune homme, désolé des rigueurs de sa maîtresse, s'y précipita et ne se fit aucun mal. La belle, touchée de son désespoir, l'épousa, et l'heureux amant fit reconstruire le puits, où, du temps de Sauval, on lisait encore cette inscription:

Amour   m'a   refait
En 525 tout à fait.

C'est dans une maison de cette rue que se tenait le comité d'insurrection de Babeuf, Darthé, Buonarotti et autres conspirateurs de 1796; c'est là qu'ils furent arrêtés.

8° Rue *Mauconseil*.--Elle existait en 1250 et tirait son nom d'un de ses habitants. Elle prit en 1790 celui de Bon-Conseil et le donna à une section que nous avons vue se distinguer par ses motions et ses actes révolutionnaires: ce fut elle qui la première proclama la déchéance de Louis XVI, dénonça les Girondins comme complices de Dumouriez, entra, au Iᵉʳ prairial, dans la salle de la Convention. Cette section était principalement menée par un cordonnier de la rue Mauconseil, Lhuillier, ami de Robespierre et qui périt avec lui.

Dans cette rue était situé l'hôtel d'Artois, dont nous avons déjà parlé (*Hist. gén. de Paris*, p. 31). Cet hôtel resta dans la maison de Bourgogne jusqu'à la mort de Charles-le-Téméraire; alors il revint au domaine royal, cessa d'être habité et tombait en ruines quand François Iᵉʳ, en 1543, ordonna de le vendre, comme ne servant «qu'à encombrer, empêcher et difformer la ville.» Sur une partie des bâtiments on ouvrit la rue *Française* ou plutôt *Françoise*. L'autre partie fut achetée par les confrères de la Passion unis aux Enfants-sans-Souci, qui y construisirent un théâtre, dont la porte principale avait pour armoiries les instruments de la Passion. Le Parlement ayant interdit aux confrères de jouer des mystères et aux Enfants-sans-Souci des pièces satiriques, ces comédiens louèrent leur privilége et leur hôtel à une troupe nouvelle, qui représenta des bouffonneries, des pastorales, des tragi-comédies. «A cette époque, dit Sorel, l'hôtel de Bourgogne n'était qu'une retraite de bateleurs grossiers et sans art, qui allaient appeler le monde au son du tambour jusqu'au carrefour Saint-Eustache.» Plus tard, les comédiens et les pièces devinrent meilleurs; et c'est là que furent jouées les tragédies de Jodelle et de Baïf sous Henri II et Charles IX, de Garnier sous Henri III et Henri IV, de Hardy et de Mairet sous Louis XIII, enfin les chefs-d'œuvres de Corneille et de Racine jusqu'en 1680. On aura idée de ce que pouvait être ce théâtre par l'ordonnance de police de 1609, qui faisait défense aux comédiens «de finir plus tard qu'à quatre heures et demie en hiver, d'exiger plus de cinq sols au parterre et dix sols aux loges,» etc. Les acteurs, de l'hôtel de Bourgogne restèrent la seule troupe privilégiée jusqu'en 1600, où une partie d'entre eux alla fonder le théâtre du Marais, et surtout jusqu'en 1658, où Molière et sa troupe vinrent leur faire une rivalité redoutable: on sait combien notre grand poète s'est moqué de Montfleury, de Beauchâteau, de Hauteroche et autres comédiens de l'hôtel de Bourgogne, qui «savent faire ronfler les vers et s'arrêter au bel endroit.» En 1676, la confrérie de la Passion, qui était restée propriétaire de l'hôtel de Bourgogne, fut supprimée et ses revenus attribués à l'Hôpital-Général «pour être employés à la nourriture et à l'entretien des enfants trouvés.» Quatre ans après, la *troupe royale* de l'hôtel de Bourgogne fut réunie à la *troupe du roi*, fondée par Molière et alors établie rue Mazarine, et toutes deux formèrent définitivement la *Comédie française.* Alors le théâtre de l'hôtel de Bourgogne étant vacant, Scaramouche, Dominique, Carlin et autres farceurs italiens, qui avaient eu jusque-là leur théâtre au palais du Petit-Bourbon, vinrent s'y établir, et ils y jouèrent jusqu'en 1697, où le scellé fut mis sur leur porte «à cause qu'on n'y observoit plus les règlemens que Sa Majesté avoit faits, que l'on y jouoit encore des pièces trop licencieuses et que l'on ne s'y étoit point corrigé des obscénités et gestes indécens.» Le théâtre ne servit plus qu'au tirage des loteries jusqu'en 1716, où le duc d'Orléans autorisa le rétablissement des comédiens italiens, la propriété de l'hôtel restant, à l'Hôpital-Général; et alors le manoir où Jean-Sans-Peur médita le meurtre de son cousin d'Orléans «devint, dit Charles Nodier, la maison des bords de la Seine où l'on a ri de meilleur cœur depuis la fondation de Paris jusqu'à l'an de grâce où nous vivons.» En 1762, les Italiens furent réunis à l'Opéra-Comique, et l'on joua alors à l'hôtel de Bourgogne les pièces de Marivaux, de Favart, de Sédaine, les opéras de Grétry, de Philidor, de Monsigny, enfin les drames de Mercier, les vaudevilles de Piis, les petites comédies de Desforges, de Florian, etc. En 1783, les comédiens, qu'on continuait à appeler Italiens, furent transférés à la salle Favart, sur le boulevard des Italiens; le théâtre de l'hôtel de Bourgogne fut définitivement fermé, et, l'année suivante, cette maison, où nos pères se sont récréés pendant dix à douze générations, où le *Cid* et *Andromaque* ont été applaudis, fut transformée et devint ce qu'elle est encore, *la halle aux cuirs.*

9° Rue *du Caire*.--Nous avons dit que cette rue avait été ouverte sur l'emplacement du couvent des Filles-Dieu. Elle communique par la rue de *Damiette* avec une grande cour bien bâtie, habitée par des fabricants, dite *cour des Miracles*. «Ce nom, dit Jaillot, étoit commun à tous les endroits où se retiroient autrefois les gueux, les mendiants, les vagabonds, les gens sans aveu, et celui-ci étoit des plus considérables.»--«La cour des Miracles, ajoute Sauval, consiste en une place d'une grandeur très-considérable et en un très-grand cul-de-sac puant, boueux, irrégulier, qui n'est point pavé. Autrefois il confinoit aux dernières extrémités de Paris; à présent il est situé dans l'un des quartiers des plus mal bâtis, des plus sales et des plus reculés de la ville, entre la rue Montorgueil, le couvent des Filles-Dieu et la rue Neuve-Saint-Sauveur, comme dans un autre monde. Pour y venir, il se faut souvent égarer dans de petites rues vilaines, puantes, détournées; pour y entrer, il faut descendre une assez longue pente, tortue, raboteuse, inégale. J'y ai vu une maison de boue à moitié enterrée, toute chancelante de vieillesse et de pourriture, qui n'a pas quatre toises en carré, et où logent néanmoins plus de cinquante ménages chargés d'une infinité de petits enfants légitimes, naturels ou dérobés. On m'a assuré que dans ce petit logis et dans les autres habitoient plus de cinq cents grosses familles entassées les unes sur les autres. Quelque grande que soit cette cour, elle l'étoit autrefois beaucoup davantage; de toutes parts elle étoit environnée de logis bas, enfoncés, obscurs, difformes, faits de terre et de boue, et tous pleins de mauvais pauvres. On s'y nourrissoit de brigandages, on s'y engraissoit dans l'oisiveté, dans la gourmandise et dans toutes sortes de vices et de crimes. Là chacun mangeoit le soir ce qu'avec bien de la peine et souvent avec bien des coups il avoit gagné tout le jour; car on y appeloit *gagner* ce qu'ailleurs on appelle *dérober*. Chacun y vivoit dans une grande licence; personne n'y avoit ni foy ni loi; on n'y connaissoit ni baptême, ni mariage, ni sacrement. Il est vray qu'en apparence ils sembloient reconnoître un Dieu; et, pour cet effet, au bout de leur cour, ils avoient dressé dans une grande niche une image de Dieu le père qu'ils avaient volée dans quelque église, et où, tous les jours, ils venoient adresser leurs prières[47].»

En 1656, Louis XIV dispersa ces troupes de mendiants, soit en les renvoyant dans leurs provinces, soit en les enfermant dans les hôpitaux. «Depuis ce temps, dit Jaillot, ces sortes d'asiles, où la mauvaise foi, la dissolution et tous les crimes habitoient, ne sont occupés que par des artisans et de pauvres familles qui n'ont point à rougir de leur infortune.»

Dans la cour des Miracles a demeuré Hébert ou le père Duchesne, le chef de cette abominable faction qui, par ses folies et ses atrocités, a jeté sur la révolution un déshonneur ineffaçable. «Pour s'étourdir sur ses remords et ses calomnies, disait Desmoulins, il avait besoin de se procurer une ivresse plus forte que celle du vin et de lécher sans cesse le sang au pied de la guillotine.» Robespierre l'envoya à l'échafaud le 4 germinal an II.

10° Rue *Bourbon-Villeneuve*, ou d'*Aboukir*.--Au XVIᶜ siècle, on avait commencé à bâtir cette rue sur des terrains appartenant aux Filles-Dieu, et on l'avait appelée le *faubourg de Villeneuve*. Pendant les troubles de la Ligue, ce faubourg fut démoli pour mettre la ville en état de défense contre Henri IV. On le rétablit sous Louis XIII, mais les constructions ne furent achevées que sous Louis XV.

§ II.

Boulevard et faubourg Saint-Denis.

Entre la rue et le faubourg Saint-Denis se trouve la *porte* de même nom, arc de triomphe élevé par la ville de Paris à Louis XIV en 1672, pour célébrer la conquête de la Hollande. Ce beau monument, qui touche à la perfection et qui malheureusement se trouve enterré entre les deux boulevards voisins, est l'œuvre de l'ingénieur Blondel; les sculptures sont des frères Anguier.

Là commence le *boulevard Saint-Denis*, qui forme la partie la plus basse et la plus étroite des boulevards: il est très-populeux, très-animé, couvert de belles maisons et de riches boutiques, et présente à peu près le même caractère que le boulevard Saint-Martin. On n'y trouve aucun édifice public.

La porte et le boulevard Saint-Denis sont ordinairement le lieu des rassemblements populaires et celui où commencent les émeutes. C'était le rendez-vous des jeunes libéraux en 1820; ce fut le théâtre d'un combat dans les journées de 1830; c'est là qu'a commencé l'insurrection de juin 1848.

Le *faubourg Saint-Denis*, n'est pas une voie aussi belle que le faubourg Saint-Martin, bien qu'elle ait à peu près le même aspect; dans sa partie inférieure, elle est très-populeuse, très commerçante, bordée de belles maisons; mais, dans sa partie supérieure, elle est moins animée, habitée par des ouvriers malheureux, bordée de masures. Cette rue, où se croisent sans cesse les innombrables voitures qui viennent du nord, a vu entrer bien des pompes triomphales, a vu sortir bien des cortéges funèbres. C'était la route que suivaient les rois, pour leur avènement, de l'abbaye de Saint-Denis à Notre-Dame; pour leur enterrement, de Notre-Dame à l'abbaye de Saint-Denis. C'est par là que Philippe III conduisit Louis IX à sa dernière demeure, en portant lui-même le cercueil sur ses épaules: quatre petites tours élevées de Paris à Saint-Denis, surmontées des statues de Louis IX et de Philippe III, rappelaient les haltes que ce roi avait faites en portant son pieux fardeau.

Les édifices publics du faubourg Saint-Denis sont:

1° La *prison Saint-Lazare*.--Cette maison, qui date du XIᶜ siècle, était originairement une maladrerie ou léproserie. Comme la lèpre était une maladie très-commune et qu'il y avait dans la chrétienté jusqu'à dix-neuf mille hôpitaux pour soigner ceux qui en étaient atteints, on ne recevait à Saint-Lazare que les habitans de Paris «issus d'un légitime mariage et nés entre les quatre portes de la ville.» La plupart des rois prirent cet établissement sous leur protection: Louis VI lui donna la foire Saint-Laurent pour accroître ses revenus, et Louis VII l'autorisa «à prendre chaque année dix muids de vin dans ses caves.» Une coutume, pleine d'enseignements chrétiens, voulait que les rois, avant leur entrée solennelle dans la capitale, fissent séjour dans cet asile de la plus dégoûtante infirmité, pour y recevoir le serment de fidélité des bourgeois; et une autre coutume, non moins sublime, voulait que les dépouilles mortelles des rois et des reines, avant d'être portées à Saint-Denis, y fussent déposées «entre les deux portes» pour recevoir l'eau bénite des pauvres habitants du lieu avec les prières des prélats du royaume.

Au XVIe siècle, le relâchement s'était introduit dans cet hôpital, qui ne recevait plus de *ladres*; on le réforma en 1585, en le confiant à des chanoines de Saint-Victor; mais le désordre continua, et, en 1566, le Parlement ordonna à ces religieux d'employer au moins le tiers de leurs revenus «à la nourriture et à l'entretènement des pauvres lépreux.» En 1632, la maison était en pleine décadence, lorsqu'elle fut donnée aux prêtres de la Mission, qui venaient d'être institués par saint Vincent-de-Paul, et elle devint le chef-lieu de cette congrégation célèbre, dont le zèle ne s'est jamais ralenti, et qui a rendu à la France de si grands services. Quatre ans après, lorsque les Espagnols, ayant pris Corbie, menaçaient la capitale, et que Richelieu précipitait la levée d'une armée, la maison de Saint-Lazare fut choisie pour la place d'armes de Paris. Louis XIII s'y transporta, et, en huit jours soixante-douze compagnies levées parmi les domestiques et apprentis furent dressées et armées dans le clos Saint-Lazare.

Saint Vincent-de-Paul fut enterré à Saint-Lazare: lorsqu'il eut été béatifié en 1725, ses restes furent mis dans une châsse d'argent; ils ont été détruits en 1793. En 1681, la maison tombait en ruines: elle fut entièrement reconstruite, sauf l'église, qui était décorée de beaux tableaux. Le 13 juillet 1789, le peuple assaillit cette maison, y trouva des farines dont il chargea cinquante voitures, et la dévasta. En 1793, elle devint une prison, où furent renfermées plus de quatre cents personnes. Ces détenus semblaient avoir été oubliés du tribunal révolutionnaire lorsque, dans les trois derniers jours de la terreur, on en tira soixante-seize victimes, qui furent envoyées à l'échafaud. Parmi ces victimes étaient un Montmorency, un Saint-Aignan, un Roquelaure, un Créquy, un Vergennes, quatorze prêtres, neuf femmes, Roucher, le chantre des Mois, et enfin ce jeune cygne, qui mourut en désespérant de la vertu et de la liberté, André Chénier, dont les vers ont immortalisé la sinistre prison de Saint-Lazare.

Aujourd'hui, cette prison est affectée aux femmes condamnées et aux filles publiques qui violent les règlements de police: elle renferme ordinairement huit à neuf cents détenues.

La maison de Saint-Lazare avait autrefois pour dépendance un vaste clos, dont nous parlerons tout à l'heure.

2° *Maison de santé* (n° 112).--C'était autrefois la maison des *Filles de la Charité*, ou «servantes des pauvres malades,» congrégation fondée par madame Legras et saint Vincent-de-Paul en 1633, et dont le chef-lieu a été transféré rue du Bac. Aujourd'hui, c'est une maison de santé, fondée en 1802, où l'on traite moyennant des prix médiocres, les malades non indigents qui ne peuvent se faire soigner chez eux: elle est régie par l'administration des hospices et renferme 150 lits.

La plupart des rues qui aboutissent dans le faubourg Saint-Denis sont nouvelles et n'offrent rien de remarquable. Celles qui communiquent avec le faubourg Saint-Martin sont populeuses et ouvrières; celles qui communiquent avec le faubourg Poissonnière commencent les quartiers de la banque, de la richesse et de la mode.

1° Rue de l'*Échiquier*.--Les rues de l'Échiquier, d'*Enghien*, *Hauteville*, ont été ouvertes en 1772 sur l'emplacement de l'ancienne *couture* des Filles-Dieu. La première a pris son nom d'une maison qui était le chef-lieu de cette communauté. Au n° 29 est mort Casimir Delavigne; au n° 35 a demeuré l'abbé ou baron Louis, ministre des finances en 1814 et en 1830.

2° Rue de *Paradis*.--Ce n'était encore en 1775 qu'une ruelle qui bordait le clos Saint-Lazare, et l'on ne commença à y bâtir qu'après la révolution. Dans l'un des hôtels qui ont été construits sous l'Empire s'est passé l'un des événements les plus graves de notre histoire: cet hôtel appartenait au maréchal Marmont, duc de Raguse, et c'est là qu'a été décidée la capitulation de Paris, le 30 mars 1814.

3° Rue *La Fayette*.--C'est la principale rue qui ait été ouverte dans le *clos Saint-Lazare*. Ce clos était compris entre les faubourgs Saint-Denis et Poissonnière, la rue de Paradis et le mur d'enceinte de Paris; il était cultivé et renfermait plusieurs maisons: l'une d'elles, dite *logis du roi*, servait en effet à loger les monarques lorsqu'ils venaient, comme nous l'avons dit, faire séjour à Saint-Lazare. Ce terrain n'a été coupé de rues que dans ces dernières années, et, bien que la plupart ne soient pas bâties, il a pris une grande importance à cause du chemin de fer du Nord, dont l'embarcadère y est situé, place Roubaix. La plus ancienne de ces rues, qui ouvre une communication remarquable entre les quartiers du nord-est de Paris et les faubourgs Saint-Martin et Saint-Denis, est la rue La Fayette. On y trouve l'*église Saint-Vincent-de-Paul*, bâtie de 1824 à 1844, sur une éminence qui domine le clos Saint-

Lazare et presque tout le faubourg Poissonnière; on n'y arrive que par une double rampe et un escalier, qui lui donnent un aspect monumental: c'est d'ailleurs un édifice d'une architecture disparate, et dont l'intérieur, imité des anciennes basiliques, a un aspect sévère, lourdement riche et peu gracieux; il vient d'ailleurs d'être orné de belles peintures.

Le faubourg Saint-Denis aboutit, par la barrière de même nom à la commune très-importante et très-populeuse de la Chapelle, où se tiennent de grands marchés aux bestiaux pour l'approvisionnement de Paris. Cette commune, qui renferme, outre les ateliers et magasins du chemin de fer du Nord, des usines nombreuses, a pris une grande part à l'insurrection de juin 1848. Sa grande rue ouvre les routes de Rouen, de Beauvais, d'Amiens, etc.

A l'extrémité du village de la Chapelle, dans la plaine Saint-Denis, se tenait autrefois la foire du *Landit*, la plus importante des foires parisiennes. Dans notre temps, où le commerce étale à chaque instant les produits les plus brillants de l'industrie, où nos rues offrent une exhibition incessante de merveilles, où enfin les boutiques parisiennes, toujours parées, toujours ouvertes, toujours nouvelles, sont une foire perpétuelle, nous ne pouvons comprendre ce qu'était une foire du moyen âge. On l'attendait avec impatience pour y acheter ce qu'on aurait vainement cherché dans les boutiques ordinaires, produits indigènes, produits étrangers, outils, ustensiles, habits, vivres; on l'attendait aussi comme une occasion unique d'échapper à la vie triste et monotone des autres jours de l'année. La foire du Landit, ou plus exactement de l'Indict (parce que, *indicebatur*, on la publiait), datait, dit-on, de Charles-le-Chauve, et avait lieu dans le mois de juin. La plaine Saint-Denis devenait alors une ville immense, avec rues remplies de tentes, de cabanes, de tréteaux, où abondaient les marchands de France et de Flandre, les divertissements, les bêtes curieuses, les jongleurs, les filles de joie. On y vendait principalement du parchemin, dont on faisait alors une grande consommation. L'Université allait s'y en fournir, et c'était l'occasion d'une *montre* ou procession magnifique et tumultueuse, où assistaient tous les régents et écoliers, à cheval et bien équipés, avec tambours, fifres et drapeaux, depuis la place Sainte-Geneviève jusqu'à la plaine Saint-Denis. Ces cavalcades, entraînant beaucoup de désordres, furent interdites en 1558. Mais la foire continua de subsister jusqu'en 1789; aujourd'hui, il en reste à peine quelques vestiges.

CHAPITRE VI.

LES HALLES, LA RUE MONTORGUEIL ET LE FAUBOURG POISSONNIÈRE.

§ Ier.

Les Halles.

Le premier marché de Paris fut établi dans la Cité, au marché Palu; le deuxième à la place de Grève; le troisième, sous Louis XI, aux *Champeaux-Saint-Honoré*, sur un terrain appartenant à l'église Saint-Denis-de-la-Chartre et pour lequel Louis XI payait encore *cinq sols de cens*. Philippe-Auguste régularisa ce dernier marché et ordonna «qu'il seroit tenu, dit Corrozet, en une grande place nommée *Champeaux*, auquel lieu furent édifiés maisons, appentis, clos, étaux, ouvroirs, boutiques, pour y vendre toutes sortes de marchandises, et fut appelé le marché, les *halles* ou *alles*, pour ce que chacun y *alloit*.» Ce marché fut enveloppé de murs, et l'on commença à y construire, à partir de la Pointe-Saint-Eustache, les piliers des halles, à droite le long de la rue de la Tonnellerie, à gauche le long de la rue des Potiers d'étain. On y vendait, non comme aujourd'hui, des denrées alimentaires, mais toutes sortes de marchandises, et les halles gardèrent ce caractère de bazar universel jusqu'à la fin de la monarchie. Sous Louis IX, on y compta trois marchés pour les drapiers, merciers et corroyeurs, et un quatrième pour les fripiers et vendeurs de vieux linge, lequel se tenait dans la partie dite plus tard de la Lingerie, et fut régularisé en 1302 par cette ordonnance: «Comme jadis il eust une place vuide à Paris, tenant aux murs du cimetière des Innocents, et en icelle place, povres femmes lingières, vendeurs de petits soliers et povres piteables persones vendeurs de menues ferperies, avons desclairci et desclaircissons que les dites personnes vendront leurs denrées d'ores en avant sous la halle en la forme que s'ensuit...» Au XIVe siècle, les halles prirent un grand accroissement; elles occupaient alors tout l'espace compris entre les rues Saint-Honoré, de la Lingerie, des Potiers d'étain, la Pointe-Saint-Eustache, la rue de la Tonnellerie. On y voyait un marché aux tisserands, des étaux à foulons, des halles au lin, au chanvre, aux toiles, au blé, des boutiques pour chaudronniers, gantiers, pelletiers, chaussiers, tanneurs, tapissiers, etc. En outre, la plupart des rues voisines renfermaient aussi des marchands, comme les rues de la *Chanverrerie*, au *Feurre* (aujourd'hui aux Fers), de la *Coconnerie* ou Cossonnerie (des marchands de volaille), etc. Enfin, les principales villes de France et même de Flandre y avaient des boutiques pour leurs marchandises: ainsi, on y voyait les halles de Gonesse, de Pontoise, de Beauvais, d'Amiens, de Douai, de Bruxelles, etc.

Les halles ont joué un grand rôle dans les troubles politiques du moyen âge: c'était le quartier populaire, le foyer des émeutes, le rendez-vous des ennemis de la noblesse; c'était là que les princes allaient haranguer humblement la foule et mendier ses bonnes grâces; c'était là qu'on allait lire les traités de paix et ordonnances royales; c'est de là que sortirent les bandes qui, sous la conduite des fameux bouchers bourguignons, dominèrent si longtemps la ville. C'était aussi un lieu de prédication: ainsi, en 1201, Foulques de Neuilly y sermonna la foule avec tant de succès que les hommes se jetaient à ses pieds, des verges en main, demandant la correction pour leurs péchés, les femmes lui offraient leurs bijoux et coupaient leur chevelure. De même, en 1442, le cordelier Richard y excita un tel accès de pénitence que l'on alluma un grand feu où les hommes jetèrent cartes, dés, billes et autres instruments de jeux, les femmes leurs parures de tête et de corps, baleines, bourrelets, hénins, etc.

«En 1551, dit Corrozet, les halles furent entièrement rebasties de neuf, et furent dressés, bastis et continues excellents édifices.» On perça des rues nouvelles, lesquelles furent affectées à certains métiers ou commerces, rues de la *Cordonnerie*, de la *Petite* et de la *Grande Friperie*, de la *Poterie*, de la *Lingerie*, etc. Alors furent aussi reconstruits les piliers des halles, et l'on restaura le *Pilori*, qui était situé au marché au poisson.

Le Pilori, qui datait du XIIIᵉ siècle, était une tour octogone dont le premier étage, percé à jour, renfermait une roue de fer mobile percée de trous, dans lesquels on faisait passer la tête de certains criminels condamnés à l'exposition publique. Près du Pilori était un échafaud où se faisaient des exécutions judiciaires; c'est là que furent décapités les chevaliers bretons, sous le roi Jean: le surintendant Montaigu et le prévôt de Paris Desessarts, sous Charles VI; le duc de Nemours, sous Louis XI, Jean Dubourg, drapier de la rue Saint-Denis, condamné pour crime d'hérésie, sous François Iᵉʳ, etc. Enfin, près de là, les Enfants-sans-Souci dressèrent leurs tréteaux et jouèrent leurs farces et *sottises*. Le Pilori subsista jusqu'en 1785; mais, depuis un demi-siècle, il était hors d'usage.

Les halles jouèrent un grand rôle pendant les troubles de la Ligue et de la Fronde; mais sous la monarchie absolue, on n'entend parler d'elles qu'à cause de l'enthousiasme qu'elles témoignent pour la famille royale. La cour en tenait grand compte et vantait jusqu'au langage barbare et cynique usité dans les halles: aussi les *poissardes* allaient complimenter le roi dans les grandes occasions et lui porter des bouquets; elles étaient admises dans la galerie de Versailles et dînaient au château. Ce royalisme s'éteignit au moment de la révolution; ce fut des échoppes de la halle que sortirent la plupart des héroïnes d'octobre, et plus d'une furie de guillotine fut recrutée sous les parasols du marché des Innocents. Au reste, le rôle politique des halles cessa entièrement sous l'Empire, et la Restauration fit de vains essais pour ranimer le royalisme des *forts* et des poissardes.

Pendant les deux derniers siècles de la monarchie, les halles restèrent à peu près dans l'état où elles se trouvaient dans les temps précédents, et elles devinrent peu à peu, avec l'accroissement de la population, un immense cloaque, le fouillis le plus hideux, l'amassis de toutes les ordures et de toutes les saletés. Leur agrandissement et leur assainissement étaient pourtant une œuvre urgente, qui aurait dû préoccuper l'édilité parisienne et le gouvernement; mais, excepté en 1785, où, comme nous l'avons vu, on créa le marché des Innocents, on ne fit rien. Pendant la révolution, on eut de belles intentions, et l'on conçut de beaux projets, mais ce fut tout. «Sous l'ancien régime, disait-on à la Convention, Paris, capitale de la France, brillante de toutes les richesses des arts et du goût, dans la plupart des monuments destinés aux jouissances et aux plaisirs des grands, n'offrait que des tableaux révoltants de petitesse et de mesquinerie dans les établissements publics destinés aux besoins de la classe indigente... Il n'est pas un bon citoyen qui ne soit indigné, pas un étranger qui ne rie d'une pitié humiliante, en comparant l'élégance et le luxe de nos édifices publics et privés avec l'insalubrité, la saleté et le désagrément de la plupart de nos marchés, tels que la Halle, le marché Germain, la place Maubert et autres...»

Napoléon ordonna, en 1811, «qu'il serait construit une grande halle qui occuperait tout le terrain des halles actuelles, depuis le marché des Innocents jusqu'à la halle aux farines;» mais, excepté les galeries du marché des Innocents et quelques petites démolitions, rien ne fut fait. Sous la Restauration, on construisit le marché des Prouvaires pour la volaille et la viande, et le marché au poisson. Sous le gouvernement de 1830, quand les halles furent encombrées de denrées, de charrettes, d'ordures, ainsi que toutes les rues voisines jusqu'à la Seine, on conçut de nombreux projets; mais, pendant qu'on entreprenait ou achevait des monuments de luxe, qui auraient pu attendre des siècles sans inconvénient, on ne fit rien pour les halles. Depuis la révolution de février, de vastes démolitions ont été entreprises, de vastes constructions commencées principalement entre la rue des Prouvaires et l'ancien marché aux Poirées, mais rien n'est encore terminé dans cet immense marché, qui doit pourvoir à la nourriture de plus de 1,200,000 personnes et qu'alimentent 30 départements.

Les halles présentent, comme la plupart des quartiers de Paris, l'aspect du luxe à côté de l'aspect de la misère; des pyramides de gibier, de poissons rares, de fruits magnifiques, à côté des monceaux de légumes qui sont la nourriture du peuple; mais, en général, l'aspect de la misère y domine, et les rues pleines de boue et d'ordures, où piétinent, où crient, où s'agitent des milliers de marchandes déguenillées et d'acheteuses non moins misérables, inspirent une profonde tristesse. Il y a d'ailleurs dans ces halles des coins repoussants où se font des commerces inconnus aux heureux de la capitale. Ce sont les étaux où se vendent les dessertes des restaurants et des grandes maisons: la livre de croûtes de pain y vaut un sou, et celle de viandes cuites, et formant le plus abominable mélange, deux à trois sous. C'est là la nourriture ordinaire de milliers de malheureux.

§ II.

La rue Montorgueil et le faubourg Poissonnière.

La rue *Montorgueil* commence à l'extrémité des halles, vers la pointe Saint-Eustache. Elle se nommait jadis, dans sa première partie, rue *au Comte* ou *à la Comtesse d'Artois*, à cause de l'hôtel d'Artois, situé entre les rues Mauconseil et Pavée; et dans cette partie était une porte de l'enceinte de Philippe-Auguste. Son nom de Montorgueil lui vient de l'éminence vers laquelle elle conduit, éminence appelée, on ne sait pourquoi, *Mons Superbus*, et qui est occupée aujourd'hui par le quartier Bonne-Nouvelle. A son extrémité, elle prend le nom de rue *Poissonnière*, lequel lui vient des marchands de marée qui autrefois la traversaient ou l'habitaient. La rue Montorgueil, fort importante comme débouché des halles, très-populeuse et très-commerçante, ne rappelle aucun souvenir historique, car elle n'a été jusqu'à nos jours qu'une voie secondaire et qui ne menait à rien. Elle n'a point de caractère spécial, présente un aspect moins bruyant que la rue Saint-Denis et ne renferme aucun monument public, à moins qu'on ne veuille compter comme tel le marché aux huîtres. Parmi les rues qui y débouchent, nous remarquons:

1° Rue *Marie-Stuart*.--Cette rue, jusqu'en 1809, s'est appelée *Tireboudin*, et voici sur ce nom ce que raconte Saint-Foix: «Marie Stuart, dit-il, passa dans cette rue, en demanda le nom; il n'était pas honnête à prononcer; on en changea la dernière syllabe, et ce changement a subsisté.» Les habitants de la rue Tireboudin, au bout de deux siècles et demi, ne furent pas satisfaits de ce nom, ils demandèrent à le changer et à donner à leur rue celui de Grand-Cerf, qui était le nom d'un hôtel voisin (aujourd'hui transformé en passage). C'était en 1809; le ministre de l'intérieur par intérim, Fouché, accéda à la demande; mais la délicatesse et le bon goût du duc d'Otrante furent blessés du nom proposé, et il répondit: «Il me semble que le nom de *Grand-Cerf*, qu'ils proposent de substituer à l'ancien, a quelque chose d'ignoble: cela rappelle plutôt l'enseigne d'une auberge que le nom d'une rue. Je pense qu'il est convenable de lui donner le nom de la princesse à qui la rue Tireboudin doit son premier changement. Le nom de Marie Stuart rappellera une anecdote citée dans tous les itinéraires de Paris.» Et ainsi fut-il fait. Tout cela est digne du purisme littéraire de l'Empire, digne du personnage qui nous en a laissé ce curieux échantillon; malheureusement, l'anecdote de Saint-Foix est un conte fait à plaisir; et si l'ancien oratorien, devenu duc impérial, avait consulté les archives municipales et le censier de l'évêché, il aurait vu que, cent quarante ans avant que Marie Stuart vînt en France, c'est-à-dire en 1419, la rue Tireboudin portait ce nom; que, en 1423, dans le compte des confiscations faites par les Anglais, elle le porte encore; et que, si elle en a porté un autre, ce qui est vrai, elle ne doit pas ce changement à la belle reine d'Écosse.

2° Rue *Mandar*.--Cette rue, composée entièrement de maisons uniformes et assez tristes, a été construite en 1790 sur l'emplacement de l'hôtel Charost, par un architecte qui lui a donné son nom. Au n° 2 était le restaurant du *Rocher de Cancale*, où, pendant longtemps, se firent les dîners du *Caveau moderne*, société de chansonniers qui datait de 1796 et qui s'est éteinte en 1817: c'était le dernier reflet des mœurs littéraires du XVIIIe siècle, de cette gaieté un peu gauloise, de cet amour des plaisirs faciles, de ces débauches spirituelles, de cette vie d'écrivains sans ambition comme sans prétention, obscure, modeste, bourgeoise, qui est si loin de nous. Là ont chanté Piis, Parny, Desfontaines; là Désaugiers a longtemps présidé; là Béranger est venu apporter ses premiers essais.

3° Rue du *Cadran* ou *Saint-Sauveur*.--Elle s'appelait d'abord rue des *Égouts* et ensuite rue du *Bout-du-Monde*. Ce dernier nom, d'après Saint-Foix, venait d'une enseigne où l'on avait peint un *os*, un *bouc*, un *duc*, un *monde*, avec cette inscription: Au *Bouc-Duc-Monde*. Sous l'empire, les habitants de cette rue se crurent déshonorés de porter un nom qui pouvait faire croire aux étrangers qu'ils étaient placés aux antipodes de la capitale: ils obtinrent donc de le changer en celui du Cadran, auquel on vient de substituer le nom de Saint-Sauveur.

4° Rue *Neuve-Saint-Eustache*.--Elle n'est remarquable que comme ayant été construite sur l'emplacement des fossés de l'enceinte de Charles VI. Cette rue, ainsi que celles qui y aboutissent, sont principalement habitées par les marchands de tissus de coton, de mousselines, de toiles peintes, etc.

5° Rue de *Cléry*.--Elle est principalement habitée par des marchands de meubles et de chaises. Au n° 19 a demeuré la célèbre artiste madame Lebrun; au n° 23, le poète Ducis; au n° 27, Necker, avant qu'il fût ministre. Son hôtel qui a appartenu à la famille Périer, a été détruit pour ouvrir la rue de *Mulhouse*.

6° Rue *Beauregard*.--Cette rue faisait partie du nouveau quartier de la *Ville-Neuve*, bâti au XVIe siècle sur des terrains appartenant aux Filles-Dieu. En 1551, on y construisit une chapelle, qui fut détruite avec tout le quartier quand les Parisiens furent assiégés par Henri IV. La Ville-Neuve ayant été reconstruite sous Louis XIII, à la place de la chapelle on bâtit une église dédiée à *Notre-Dame-de-Bonne-Nouvelle*, laquelle a été réédifiée en 1828.

La rue *Poissonnière* aboutit aux boulevards *Bonne-Nouvelle* et *Poissonnière*. Le premier offre à peu près la même physionomie que le boulevard Saint-Denis, au moins par son côté septentrional, car il se sent du voisinage des quartiers à la mode par son côté méridional, construit récemment. On y trouve le théâtre du *Gymnase-Dramatique*, bâti en 1820, sur l'emplacement du cimetière Bonne-Nouvelle. Que les honnêtes bourgeois qui ont été enterrés là seraient surpris et confus, si, venant à se réveiller, ils entendaient les marivaudages qui se chantent ou se roucoulent sur leurs tombes! Au boulevard Poissonnière commence la promenade du luxe et du beau monde; l'on n'y trouve aucun édifice public.

Le faubourg *Poissonnière* ne date que du XVIIᵉ siècle. C'était alors un chemin dit de la *Nouvelle-France* et qui était bordé de jardins, de vignes et de guinguettes. Il porta pendant longtemps le nom de *Sainte-Anne*, à cause d'une chapelle construite en 1657. Aujourd'hui, c'est une grande et large rue, bordée de belles maisons, riche et populeuse, mais qui n'est pas aussi animée que les faubourgs Saint-Martin et Saint-Denis, parce qu'elle n'est pas une grande route et qu'elle ne mène qu'à Montmartre. Au n° 5 a été arrêté, le 2 août 1815, le colonel Labédoyère, dont la mort a été si funeste à la Restauration. Au coin de la rue Bergère est le *Conservatoire* ou École de musique et de déclamation, fondé en 1784 pour fournir des acteurs et artistes aux théâtres royaux; il fut supprimé en 1793, rétabli en 1795 pour cent quinze artistes et six cents élèves, et employé à célébrer les fêtes nationales. Au n° 76 est la caserne de la *Nouvelle-France*, dont une chambre a été habitée par Hoche et Lefebvre, alors sergents dans les gardes françaises. Au n° 97 est l'ancien hôtel de François de Neufchâteau, aujourd'hui occupé par la première usine à gaz qui ait éclairé la capitale.

La partie supérieure du faubourg, moins bien bâtie que la partie inférieure, est bordée à droite par le clos Saint-Lazare, et, à l'extrémité de ce clos, près de la barrière Poissonnière, on a élevé un vaste *hôpital*, dit *du Nord* ou de *La Riboisière*, et qui est, dit-on, un modèle pour la grandeur et la solidité des constructions, et pour la sage distribution des détails. Il renfermera six cents lits. Cette masse de bâtiments a un aspect tout à fait monumental, mais il ressemble plutôt à un palais qu'à un hôpital, et il lui manque un accessoire indispensable, des jardins. Sur l'emplacement de cet hôpital, tout près de la barrière, ont été enterrés, dans un terrain resté longtemps ignoré, la plupart des Suisses tués le 10 août.

La partie du clos Saint-Lazare qui avoisine la barrière Poissonnière avait été choisie par l'insurrection de juin pour l'une de ses deux places d'armes, à cause de sa position culminante dans le nord de Paris. Les insurgés, au moyen des matériaux et des constructions nouvelles de l'hôpital, en avaient fait un formidable réduit qui s'appuyait à l'extérieur sur la barrière, qu'ils avaient aussi fortifiée, ainsi que les communes de la Chapelle et de Montmartre, qui étaient presque entièrement soulevées.

Les rues qui débouchent dans le faubourg Poissonnière ne datent que de la dernière moitié du XVIIIᵉ siècle: celles qui avoisinent les boulevards appartiennent aux quartiers du luxe et de la finance; celles qui avoisinent la barrière sont à peine construites et habitées.

La barrière Poissonnière conduit au hameau de Clignancourt, qui appartient à la grande commune de Montmartre. La chaussée de Clignancourt, bordée de belles maisons, renfermait récemment un jardin public, dit le *Château-Rouge*, qui a une célébrité historique. C'est là que le roi Joseph s'était placé, le 30 mars 1814, pour voir la bataille de Paris; c'est de là qu'il s'enfuit en ordonnant aux maréchaux de capituler. Dans le jardin du Château-Rouge a eu lieu, en 1847, le premier des banquets politiques qui devaient amener la révolution de février.

CHAPITRE VII.

LA RUE ET LE FAUBOURG MONTMARTRE.

La rue Montmartre tire son nom de la butte célèbre où elle conduit. Elle a eu trois portes: la première, de l'enceinte de Philippe-Auguste, au midi de la rue Tiquetonne, démolie en 1385; la deuxième, de l'enceinte de Charles VI, entre les rues des Fossés-Montmartre et Neuve-Saint-Eustache; la troisième, sous Louis XIII, entre les rues des Jeûneurs et Saint-Marc, démolie en 1700. Cette rue, l'une des plus commerçantes, des plus populeuses, des plus bruyantes de la ville, a participé à tous les événements de son histoire, mais sans avoir été le théâtre d'aucun fait qui mérite d'être signalé. La partie inférieure a été, dans ces dernières années, élargie et entièrement rebâtie. Sa population ne présente aucun caractère particulier: c'est un mélange du gros commerce et de la haute finance, la fin du quartier Saint-Denis et le commencement du quartier de la Banque.

Elle n'a qu'un petit nombre de monuments publics:

1° L'église *Saint-Eustache*, bâtie en 1532 sur l'emplacement d'une antique chapelle dédiée originairement à sainte Agnès, et qui était déjà église paroissiale en 1254; elle n'a été achevée qu'en 1642, et sa façade, qui n'est pas terminée, date de 1754. C'est un des plus vastes, des plus élevés, des plus beaux édifices religieux qui soient en France; son portail latéral, aujourd'hui complétement dégagé, est un chef-d'œuvre d'architecture gothique; quant à son portail de grande entrée, c'est un anachronisme grec du plus mauvais goût. En 1250, un moine de Cîteaux, appelé Jacob ou le maître de Hongrie, et que les pauvres regardaient comme saint et envoyé de Dieu, après avoir soulevé les campagnes contre l'orgueil et le luxe des prélats et des chevaliers, vint à Paris suivi de cent mille *pastoureaux*; il prêcha en l'église Saint-Eustache, et, pendant son séjour à Paris, en fit le siége de sa domination. En 1418, les Bourguignons s'étant rendus maîtres de Paris, établirent une confrérie dans cette église, et ils y firent des fêtes où ils portaient des chaperons couronnés de roses. Il n'est pas d'églises qui aient eu plus de sépultures célèbres: en effet, on y voyait celle de l'historien Du Haillan, mort en 1610; de Marie de Gournay, la fille adoptive de Montaigne; de Voiture, mort en 1648; de Vaugelas, mort en 1650; de Lamotte-Levayer, de Benserade, de Furetière, du peintre Lafosse, du maréchal de la Feuillade, du maréchal de Tourville, du ministre Fleurieu d'Armenonville, de l'illustre Chevert, etc. Le plus remarquable de ces tombeaux était celui du grand Colbert, œuvre de Tuby et de Coysevox.

2° Le *marché Saint-Joseph.*--Il a été construit en 1798 sur l'emplacement d'une chapelle bâtie en 1640 par le chancelier Séguier, et qui était située dans le cimetière de la paroisse Saint-Eustache. Molière en 1673, La Fontaine en 1695, Tallemant des Réaux en 1692, et plusieurs autres personnages célèbres, ont été enterrés dans ce cimetière. La chapelle devint le chef-lieu de la section Montmartre en 1772 et fut démolie en 1796. Alors les tombeaux de Molière et de La Fontaine furent transportés au musée des Augustins, et, de là, en 1820, au cimetière du Père-Lachaise.

On trouve encore dans la rue Montmartre l'hôtel d'*Uzès*, où fut placée, sous l'Empire, l'administration des douanes, et qui appartient aujourd'hui à la famille Delessert.

Parmi les rues qui aboutissent dans la rue Montmartre, nous remarquerons:

1° La rue du *Jour*.--Elle tire son nom altéré d'un *séjour* que le roi Charles V fit construire entre les rues Montmartre et Coquillière, et qui consistait en six corps de logis, une chapelle, un grand jardin, des écuries, un manège, etc. Cette belle demeure fut détruite sous Louis XI. On remarquait encore dans cette rue l'hôtel des abbés de Royaumont, qui fut habité par le comte de Bouteville, ce roi des raffinés d'honneur, dont l'existence turbulente finit sur la place de Grève. On sait que, proscrit pour vingt-deux duels et réfugié à Bruxelles, il jura qu'il se battrait à Paris, dans la place Royale, en plein jour: ce qu'il fit. L'hôtel Royaumont avait été, pendant qu'il l'habitait, le rendez-vous des plus fameux duellistes: «Ils s'y assembloient, dit Piganiol, tous les matins, dans une salle basse où l'on trouvoit toujours du pain et du vin sur une table avec des fleurets.» Là se formèrent le jeune Bussy, qui mourut pour Bouteville, Deschapelles, qui mourut avec lui, le commandeur de Valençay, qui tua le marquis de Cavoye et n'en fut pas moins cardinal. La rue du Jour se prolonge par la rue *Oblin* jusqu'à la *Halle au blé*, construite sur l'emplacement d'un hôtel fameux, appelé successivement de *Nesle*, de *Bohême*, d'*Orléans*, de la *Reine*, de *Soissons*.

«Il n'est point, dit Piganiol, de maison plus noble ni plus illustre que cet hôtel, puisque, depuis près de cinq cents ans, il a servi de demeure aux plus grands princes du monde.» Il appartenait dans le XIIIᶜ siècle aux sires de Nesle; il passa au roi Louis IX, qui en fit présent à sa mère, et cette femme illustre y mourut. Philippe-le-Bel le donna à Charles de Valois, et Philippe VI à Jean de Luxembourg, roi de Bohême. Le roi Jean l'habita, et c'est là qu'il fit décapiter le comte d'Eu, connétable de France. Charles VI le donna à son frère le duc d'Orléans: nous en avons parlé dans l'*Histoire générale de Paris* (p. 31). Cet hôtel touchait alors à des écuries du roi sises rue de Grenelle, à l'hôtel de Flandre sis rue Coquillière, au *séjour* du roi dont nous venons de parler, au *four de la couture* appartenant à l'évêque de Paris, sis rue du Four. En 1494, Louis XII, alors duc d'Orléans, le donna à un couvent de filles pénitentes, qui le gardèrent jusqu'en 1572. Alors Catherine de Médicis l'acheta, ainsi que les maisons voisines, le reconstruisit avec magnificence et en fit sa demeure habituelle. Il fut alors compris entre les rues du Four, des Deux-Écus et de Grenelle; l'entrée était rue du Four; les jardins avoisinaient les rues de Grenelle et des Deux-Écus; la chapelle était rue de Grenelle; enfin, l'on avait élevé dans une cour une colonne, construite par Bullant, qui servait d'observatoire aux astrologues de la reine, et qui existe encore. C'est dans cet hôtel que, le 9 mai 1588, Catherine reçut le duc de Guise, qui venait de traverser triomphalement Paris, et que, le lendemain, eut lieu l'entrevue de ce prince avec Henri III. En 1601, cet hôtel fut vendu à la sœur de Henri IV, et, en 1604, au comte de Soissons, par lequel il passa dans la maison de Bourbon-Savoie. C'est là qu'est né ce prince Eugène, dont Louis XIV dédaigna les services et qui faillit amener la ruine de la France. En 1720, le prince de Carignan, dernier possesseur de cet hôtel, fit transférer dans ses jardins le marché aux actions de la banque de Law, qui jusqu'à ce moment s'était tenu rue Quincampoix [48]. A la mort de ce prince, qui était couvert de dettes, ses créanciers (1749) firent saisir et démolir l'hôtel; la ville de Paris acheta l'emplacement et y fit construire en 1763 un vaste édifice circulaire destiné à être la Halle au blé. La colonne de Catherine de Médicis fut conservée et adossée au monument.

2° Rue *Jean-Jacques-Rousseau*.--Au XIIIᵉ siècle, elle se nommait Plâtrière et a gardé ce nom jusqu'en 1791, où celui de Rousseau lui fut donné. L'auteur d'*Émile* avait demeuré au quatrième étage de la maison n° 2, qui vient d'être détruite. C'est là qu'il fit les *Considérations sur le gouvernement de la Pologne*; c'est là que les princes, seigneurs, gens de lettres, briguaient l'honneur d'un entretien avec lui. «Il était de bon ton, dit Musset-Pathay, de le voir, de l'entendre et de se trouver sur son chemin, si l'on ne pouvait parvenir à lui faire ouvrir son galetas [49].»

Dans cette rue était l'hôtel de Flandre, construit au XIIIᵉ siècle, près de la porte Coquillière, par Guy, comte de Flandre, et qui occupait tout l'espace compris entre les rues Jean-Jacques-Rousseau, Coquillière et des Vieux-Augustins. En 1534, il fut vendu, et une partie servit de théâtre aux confrères de la Passion, lorsqu'ils eurent quitté l'hôpital de la Trinité, et ils y attirèrent la foule avec leurs mystères. La pièce qui eut le plus de vogue est le *Mystère de l'Ancien Testament*, joué en 1542. L'arrêt du Parlement qui en autorise la représentation impose les obligations suivantes «*aux maistres et entrepresneurs*:» «Pour l'entrée du théâtre, ils ne prendront que deux sols par personne, pour le louage de chaque loge durant le dit mystère que trente écus; n'y sera procédé qu'à jours de fêtes non solennelles; commenceront à une heure après midi, finiront à cinq; feront en sorte qu'il ne s'ensuive ni scandale ni tumulte; et à cause que le peuple sera distrait du service divin et que cela diminuera les aumônes, ils bailleront aux pauvres la somme de dix livres tournois.»

La plus grande partie de l'hôtel de Flandre fut achetée au commencement du XVIIᵉ siècle par le fameux duc d'Épernon, qui y fit bâtir un hôtel; cet hôtel fut vendu par son fils, démoli, partagé, et, sur son emplacement, on construisit les hôtels Bullion et d'Armenonville. Le fastueux hôtel Bullion, bâti en 1635, dont les galeries avaient été décorées par Vouet et Champagne, où le financier donna de si somptueuses fêtes, devint en 1780 l'hôtel des ventes publiques. Le vaste hôtel d'Armenonville, construit par le contrôleur des finances d'Hervart, qui a eu pour dernier maître le ministre d'Armenonville, est devenu, depuis 1757, *l'hôtel des postes*.

Il y avait encore jadis dans la rue Plâtrière une de ces institutions si communes, si nécessaires dans l'ancien régime, la communauté des religieuses de Sainte-Agnès, établie en 1678 pour l'éducation des filles pauvres. Ces religieuses vivaient d'aumônes et d'une rente de 500 livres que leur avait donnée Colbert, rente qu'elles vendirent dans l'hiver de 1709 pour acheter du pain aux pauvres filles qu'elles instruisaient.

Enfin, c'est dans la rue Plâtrière qu'est mort La Fontaine en 1695.

3° Rue de la *Jussienne*.--Le nom de cette rue vient, par corruption, d'une chapelle de sainte Marie l'Égyptienne, située au coin de la rue Montmartre et qui était le siége de la confrérie des drapiers de Paris. Madame Dubarry, après la mort de Louis XV, demeura pendant quelques années au n° 16 de cette rue.

La rue de la Jusienne a pour prolongement la rue *Coq-Héron*, où se trouvaient les hôtels des ministres Chamillart, Phélipeaux, etc.

4° Rue des *Vieux-Augustins*.--Des frères Augustins étant venus d'Italie en France, sous Louis IX, «le roi, dit Joinville, les pourveut et leur acheta la grange à un bourgeois de Paris et toutes les appartenances, et leur fist faire un moustier dehors la porte Montmartre.» Ces religieux ayant abandonné ce moustier, dans le XIVᵉ siècle, pour aller s'établir sur le quai qui a pris d'eux le nom de Grands-Augustins, une rue fut ouverte sur l'emplacement de leur maison, et cette rue prit le nom de Vieux-Augustins.

5° Rue des *Jeûneurs*.--Son nom véritable est des *Jeux-Neufs*, à cause de deux jeux de boule qui y furent établis en 1643. Cette rue, à peine habitée il y a moins d'un siècle, est aujourd'hui l'un des centres du commerce des toiles peintes, indiennes, mousselines, etc.

Le boulevard *Montmartre*, auquel aboutit la rue de même nom, est, avec le boulevard des Italiens, la promenade du beau monde, le centre du luxe et des plaisirs de Paris. On y trouve le théâtre des *Variétés*, construit en 1807, les passages des Panoramas, Jouffroy, etc. Au n° 2 a demeuré Rousin, général en chef de l'armée révolutionnaire, qui périt sur l'échafaud avec les hébertistes; au n° 10 est mort Boïeldieu.

Le faubourg *Montmartre* n'offre rien de remarquable: depuis une vingtaine d'années, il a pris un grand accroissement et s'est transformé en un quartier de luxe et d'affaires. Il n'atteint pas, sous son nom, les barrières, mais se bifurque près de l'église Notre-Dame-de-Lorette en deux rues: la plus ancienne, dite des *Martyrs*, autrefois des Porcherons; la plus nouvelle, dite *Notre-Dame-de-Lorette*, à cause d'une église dont nous parlerons plus tard. Ces rues que la mode a prises sous son patronage depuis quelques années, et qui sont couvertes d'élégantes maisons et de petits palais, sont habitées généralement par des gens de finance, des artistes, des jeunes gens et par une classe particulière de femmes qu'on a baptisées du nom de *lorettes*. La rue Notre-Dame-de-Lorette est coupée par la petite place Saint-Georges, qui est ornée d'une belle fontaine et bordée de charmants hôtels: l'un d'eux est habité par M. Thiers.

Parmi les rues qui débouchent dans le faubourg Montmartre, nous remarquons:

1° Rue *Grange-Batelière*.--Elle tire son nom d'une maison plusieurs fois reconstruite et récemment démolie, qui était le chef-lieu d'un fief de 20 arpents, appelé Batelier, Gatelier, Bataillier (ce dernier nom vient, dit-on, des joutes qui s'y faisaient), et qui avait appartenu aux évêques de Paris. Cette rue se prolongeait récemment sous ce même nom et en tournant à angle droit jusque sur le boulevard des Italiens: on vient de donner à cette partie de son parcours le nom de *Drouot*. Là, au n° 6, se trouve l'hôtel d'Augny, bâti par un fermier général de ce nom, qui y déploya la plus scandaleuse magnificence. Cet hôtel devint, sous le Directoire, une maison de jeu et de plaisir; sous l'Empire, le salon des étrangers, cercle très-brillant, où le jeu attirait les riches, les nobles, les oisifs. C'est là que se tinrent en 1827 les réunions des députés de l'opposition, dont les résolutions amenèrent la révolution de 1830. Il appartint ensuite au banquier Aguado, puis au comptoir Ganneron, et a renfermé pendant quelque temps la *mairie du deuxième arrondissement*.

2° Rue *Geoffroy-Marie*.--Cette rue a été ouverte récemment sur les terrains dits de la *Boule-Rouge*, qui appartenaient à l'Hôtel-Dieu, d'après la donation suivante: «A tous ceux qui ces présentes lettres verront, l'official de la cour de Taris, salut en Notre-Seigneur: savoir faisons que, par-devant nous, ont comparu *Geoffroy*, couturier de Paris, et *Marie*, son épouse, lesquels ont déclaré que, naguère, ils avoient, tenoient et possédoient de leurs conquêts une pièce de terre contenant environ huit arpents, sise aux environs de la grange appelée *Grange-Bataillère*, hors des murs de Paris, à la porte Montmartre, chargée de huit livres parisis de cens, payables chaque année, lesquels huit arpents de terre, lesdits Geoffroy et Marie ont donnés, dès maintenant et à toujours, aux pauvres de l'Hostel-Dieu de Paris... En récompense de laquelle chose, les frères dudit Hostel-Dieu ont concédé aux-dits Geoffroy et Marie, à perpétuité, la participation qu'ils ont eux mêmes aux prières et aux bienfaits qui ont été faits et qui se feront à l'avenir audit Hostel-Dieu. Ont également promis lesdits frères de donner et de fournir, en récompense de ce qui précède, aux-dits Geoffroy et Marie, pendant leur vie et au survivant d'eux, tout ce qui leur sera nécessaire en vêtements et en nourriture à l'usage desdits frères et sœurs, de la même manière et suivant le même régime que lesdits frères et sœurs ont l'habitude de se vêtir et nourrir. Le 1er août 1260.»

3° Rue de la *Victoire*.--C'était encore, au commencement du XVIIIe siècle, la ruelle des Postes, la ruelle Chanterelle ou Chantereine, ruelle infecte et pleine de marécages. Vers la fin de ce siècle, elle commença à se peupler, et ce fut grâce aux prodigalités des grands seigneurs qui y bâtirent des petites maisons pour leurs maîtresses. La Duthé et la Dervieux y avaient des hôtels. Sous le Directoire, on y construisit (n° 36) le théâtre Olympique ou des troubadours, qui attira la *jeunesse dorée* et les *merveilleuses* de ce temps, et où l'on vit souvent les élégantes habitantes du quartier, madame Tallien, qui demeurait rue Cerutti; madame Récamier, qui demeurait rue de la Chaussée-d'Antin; madame Beauharnais, qui demeurait rue Chantereine. Celle-ci habitait, au n° 56, un hôtel qui avait appartenu à Talma, après avoir été bâti par Condorcet et qui fut acheté par Bonaparte, pendant sa campagne d'Italie, pour la somme de 180,000 livres. C'est là que le vainqueur de Rivoli, après le traité de Campo-Formio, alla cacher sa gloire et ses projets. Quelques jours après son arrivée, le 29 décembre 1797, l'administration centrale du département de la Seine donna à la rue Chantereine le nom de la *Victoire*, mais telle était alors la modestie affectée par Bonaparte qu'elle se crut obligée de dissimuler sous quelques phrases républicaines l'honneur qu'elle voulait lui faire, et son arrêté disait simplement: «L'administration centrale du département, considérant qu'il est de son devoir de faire disparaître tous les signes de royauté qui peuvent encore se trouver dans son arrondissement, voulant aussi consacrer le triomphe des armées françaises par un de ces monuments qui rappellent la simplicité des mœurs antiques; ouï le commissaire du pouvoir exécutif, arrête que la rue Chantereine portera le nom de rue de la *Victoire*.» C'est dans son petit hôtel de la rue Chantereine que tous les partis vinrent trouver Napoléon, et, suivant son expression, sonner à sa porte; c'est là que fut conçue l'expédition d'Égypte; c'est de là qu'il partit, avec un cortége de généraux et d'officiers, pour faire le 18 brumaire. Le petit hôtel Bonaparte fut vendu sous l'Empire et a passé depuis cette époque à divers propriétaires.

Le faubourg Montmartre aboutit par les barrières Rochechouart, des Martyrs et Blanche à la butte Montmartre (*mons Martis* ou *mons Martyrum*). Une tradition populaire et qui ne manque pas de vraisemblance voulait que saint Denis et ses compagnons y eussent souffert le martyre, vers l'an 250, près d'un temple de Mars ou de Mercure, dont au XVIIe siècle on croyait encore voir les restes. Dès le VIIe siècle, il y avait sur cette montagne une église dédiée à saint Denis et qui devint en 1134 une abbaye de Bénédictines fondée par Louis VI. La veuve de ce roi s'y retira et y mourut. Henri IV, lorsqu'il assiégea Paris, y établit son quartier général, et les religieuses s'y livrèrent avec les seigneurs de son armée aux plus grands désordres. Il reste à peine aujourd'hui quelques débris de murailles de cette abbaye.

La butte Montmartre est entièrement composée de dépôts de calcaire et de gypse, avec lesquels Paris a été construit: elle a été tellement creusée, fouillée, évidée pour en tirer ces précieuses pierres, qu'elle semble ne porter que par miracle la commune populeuse et pittoresque qui est assise sur ses croupes. Les carrières de Montmartre seront éternellement célèbres en géologie pour avoir fourni à Georges Cuvier les débris fossiles avec lesquels il a reconstruit la plupart des animaux antédiluviens.

CHAPITRE VIII.

QUARTIER DU PALAIS-ROYAL, DE LA BOURSE ET DE LA PLACE VENDÔME.

Jusqu'ici, nous avons trouvé de grandes voies de communication partant de la place de Grève, des halles ou de leurs environs, c'est-à-dire du Paris de Louis-le-Gros, et rayonnant jusqu'aux barrières, où elles se continuent par de grandes routes. Il ne nous reste plus qu'une seule voie de ce genre, c'est la rue et le faubourg Saint-Honoré. Tout l'intervalle entre cette rue artérielle et les rue et faubourg Montmartre, que nous venons de décrire, est une ville nouvelle, qui date, pour la partie qui s'étend jusqu'aux boulevards, de deux siècles à peine, pour la partie qui est au delà des boulevards, de moins d'un siècle. Cette ville nouvelle est devenue le centre fictif de la capital, le chef-lieu de son commerce et de son luxe, sa partie la plus riche et la plus fréquentée. Nous appellerons la première partie de ce Paris moderne *quartier du Palais-Royal, de la Bourse et de la place Vendôme*; le deuxième, *quartier de la Chaussée-d'Antin*. Dans ces quartiers nouveaux, nous ne trouverons plus les rues des quartiers que nous venons de visiter, étroites, tortueuses, dont la laideur est si pittoresque, dont l'aspect sombre et humide ramène si fortement la pensée sur les temps anciens, sur les mœurs, les souffrances, les plaisirs de nos pères, rues la plupart tristes et pauvres, mais pour lesquelles on se sent pris d'affection et de respect, qui sont pleines de tant de souvenirs, riches de leurs vieilles églises, belles de leurs vieilles maisons, glorieuses des grands noms qu'elles rappellent. Dans le nouveau Paris, les rues sont droites, larges, bien bâties; les maisons sont belles, régulières, construites en pierre, ornées de sculptures, renfermant de riches appartements; la population y est brillante et ne parait occupée que de luxe et de plaisirs; les théâtres, les cafés, les salles de bal s'y rencontrent à chaque pas; les boutiques y sont devenues des salons d'exposition resplendissants d'or, de velours et de glaces. Tout cela est beau et atteste magnifiquement les progrès matériels de notre époque, mais tout cela manque de la poésie des souvenirs; tout cela éblouit et n'inspire pas d'émotion profonde; on sent, au milieu de toutes ces richesses, une splendeur factice, les efforts tourmentés d'une société ou tout est donné à l'éclat et à l'apparence, enfin les œuvres d'une époque livrée à l'amour du gain, pleine d'indifférence morale, passionnée uniquement pour le plaisir.

Le quartier du Palais-Royal, de la Bourse et de la place Vendôme comprend un triangle dont les trois côtés, à peu près égaux, sont formés par les rues Croix-des-Petits-Champs et Notre-Dame-des-Victoires, les boulevards depuis la rue Montmartre jusqu'à la Madeleine, la rue Saint-Honoré. Cette dernière rue ayant été la grande voie de réunion de la ville nouvelle à l'ancien Paris, les rues principales de ce triangle lui sont perpendiculaires: ce sont celles que nous allons décrire et dont l'histoire nous donnera celle de tout le quartier. Nous subdiviserons donc ainsi ce chapitre: 1° la rue Croix-des-Petits-Champs, la place des Victoires et la rue Notre-Dame-des-Victoires; 2° le Palais-Royal, la rue Vivienne et la place de la Bourse; 3° la rue Richelieu; 4° les rues Sainte-Anne et de Grammont; 5° la place Vendôme et la rue de la Paix; 6° la rue Royale et la Madeleine.

I.

Rue Croix-des-petits-champs, place des victoires et rue Notre-Dame-des-victoires.

La rue *Croix-des-Petits-Champs* date du XVIe siècle: elle a pris son nom des terrains où elle a été ouverte et d'une croix qui était placée à son extrémité, près de la muraille de la ville. C'est dans cette rue que la famille de la Force fut massacrée à la Saint-Barthélémy, et que le cadet de cette famille échappa aux assassins comme par miracle. On y trouve les bâtiments de la *Banque de France*, dont l'entrée principale est rue de la Vrillière et qui est établie dans l'ancien hôtel de *Toulouse*. Cet hôtel avait été bâti en 1620 par Phélipeaux de la Vrillière, sur les dessins de François Mansard; il fut acheté en 1713 par le comte de Toulouse, fils naturel de Louis XIV, qui y fit de grands embellissements [50], et il passa à sa postérité. La révolution y trouva le duc de Penthièvre, la princesse de Lamballe, le poëte Florian. Devenu en 1793 propriété nationale, il fut d'abord consacré à l'imprimerie du gouvernement, puis vendu en 1811 à la Banque de France, qui jusqu'alors avait habité l'hôtel Massiac, sur la place des Victoires. Les appartements intérieurs et surtout la galerie ont gardé leur ancienne magnificence: ils sont ornés de tableaux des grands maîtres. Les bâtiments viennent d'être agrandis. La Banque de France a été fondée en 1803; les révolutions de 1814, de 1830 et de 1848 ont démontré que c'est le plus sage et le plus solide établissement de crédit qui soit en Europe.

La place des Victoires a été ouverte sur l'emplacement de l'hôtel de la Ferté-Senneterre et de l'ancienne muraille de la ville, dans un quartier si désert encore dans le milieu du XVIIe siècle, qu'on y volait en plein jour, et qu'une rue voisine en a pris le nom de *Vide-Gousset*. Sa construction, faite sur les dessins de Hardouin Mansard, est due au duc de la Feuillade, l'un des plus illustres seigneurs de la cour de Louis XIV, qui voulut y élever un monument à la gloire de son maître. Ce monument se composait d'un groupe en bronze doré, œuvre de Vanden-Bogaert, dit Desjardins, représentant le roi, couronné par la Victoire; le piédestal était décoré de bas-reliefs représentant les grandes actions de Louis jusqu'à la paix de Nimègue et de quatre figures colossales de nations vaincues. Autour de ce groupe étaient quatre colonnes de marbre portant quatre fanaux. Ce monument remarquable fut inauguré en 1686 avec des cérémonies pompeuses: «La Feuillade, dit Choisy, fit trois tours à cheval à la tête du régiment des gardes avec toutes les prosternations que les païens faisoient autrefois devant les statues de leurs empereurs.» Quelques jours avant la fédération du 14 juillet, les figures des nations vaincues furent portées à l'hôtel des Invalides, dont elles ornent encore la façade. Après le 10 août, tout le monument fut détruit, et l'on éleva à sa place une pyramide en l'honneur des citoyens tués aux Tuileries. En 1800, cette pyramide fut abattue, et remplacée en 1806 par une statue de Desaix, colossale, complètement nue, et dont le costume déplut tant aux bourgeois du quartier qu'on la couvrit de planches. En 1814, cette statue fut détruite, et à sa place l'on a élevé en 1822 une statue équestre de Louis XIV, œuvre très-lourde de Bosio, que les révolutions de 1830 et de 1848 ont dignement respectée.

La place des Victoires, dont les bâtiments sont uniformément décorés, était, dès le temps de Saint-Simon, habitée par des hommes de finance; car, si l'on en croit cet historien, un proverbe parisien disait: «Henri IV est avec son peuple sur le Pont-Neuf, Louis XIII avec les gens de qualité à la place Royale, Louis XIV avec les maltôtiers à la place des Victoires.» Aujourd'hui, elle est principalement occupée par des marchands de châles et de soieries.

La rue la plus importante qui aboutit à la place des Victoires est la rue *Neuve-des-Petits-Champs*, qui coupe en deux parties égales le grand triangle dont nous avons parlé précédemment. Cette rue, très-fréquentée et qui n'a de neuf et de champêtre que son nom, est la principale artère de tout ce quartier de commerce et d'affaires. Dans le XVIIᵉ siècle, elle avait l'insigne honneur de posséder les demeures de trois grands hommes d'État: 1° l'hôtel *Colbert*, au coin de la rue Vivienne; il fut bâti par Bautru, acheté en 1665 par Colbert, qui y mourut en 1683 [51], habité par Seignelay, acheté en 1713 par le duc d'Orléans, qui y mit ses écuries; son emplacement est occupé par des maisons particulières et la galerie Colbert. 2° L'hôtel *Mazarin*, à l'autre coin de la rue Vivienne et dont nous parlerons plus tard. 3° L'hôtel de *Lionne*, situé au coin de la rue Sainte-Anne: il fut bâti par Hugues de Lionne, acheté en 1703 par le chancelier Pontchartrain, et assigné par Louis XV pour demeure au contrôleur général des finances; son emplacement est occupé par des maisons particulières, le passage Choiseul et la place Ventadour. On trouve sur cette place un beau théâtre bâti en 1826 et occupé aujourd'hui par l'*Opéra-Italien*.

La rue *Notre-Dame-des-Victoires*, appelée dans le XVIIᵉ siècle le *chemin herbu*, parce qu'elle était presque déserte, est aujourd'hui l'une des plus fréquentées à cause des *Messageries impériales*, qui y sont situées, et de la Bourse, où elle conduit. Elle doit son nom à une église qui faisait partie d'un couvent fondé en 1619 pour les Augustins déchaussés, vulgairement appelés *Petits-Pères*. Cette église, dédiée par Louis XIII à la Vierge pour ses victoires sur les protestants, a été reconstruite en 1656 et achevée seulement en 1740; elle renfermait les tombeaux de Michel Lambert et de Lulli. Pendant la révolution, elle a servi de local à la Bourse. Le couvent des Petits-Pères était remarquable par ses vastes bâtiments, sa riche bibliothèque, son cabinet de médailles et d'antiquités, sa galerie de tableaux[52].

Dans la rue Notre-Dame-des-Victoires se trouvait l'hôtel de Samuel Bernard, ce fameux financier à qui Louis XIV fit la cour pour lui emprunter quelques millions, et c'est là qu'il maria ses filles aux Biron, aux Molé, aux Lamoignon, avec une magnificence qui fut le scandale de tout Paris.

II.

Le Palais-Royal, la rue Vivienne et la Bourse.

§ Ier.

Le Palais-Royal.

Le Palais-Royal occupe l'emplacement de constructions romaines qui, probablement, appartenaient à quelque grande *villa*; les fouilles faites en ce lieu dans le siècle dernier ont amené la découverte de deux bassins ou réservoirs qui paraissaient correspondre avec un aqueduc venant de Chaillot. Au XIVe siècle, la partie voisine de la rue Saint-Honoré était occupée par l'hôtel d'Armagnac, qui appartenait au célèbre connétable massacré en 1418; l'emplacement du jardin était traversé par le mur d'enceinte de Charles VI, qui partait de la place des Victoires et aboutissait dans la rue Saint-Honoré à la rue du *Rempart*. Au XVIe siècle, l'hôtel d'Armagnac était devenu l'hôtel de Rambouillet et avait dans son voisinage l'hôtel de Mercœur. En 1624, le cardinal de Richelieu acheta ces deux hôtels [53] et fit abattre la partie du mur de la ville qui les avoisinait. Cinq ans après, il fit construire sur ce vaste emplacement, d'après les dessins de Lemercier, une habitation très-irrégulière et qui n'avait rien de monumental, mais dont l'intérieur était magnifiquement décoré et distribué, où toutes les merveilles du goût et des arts avaient été prodiguées. La porte principale était décorée des armes de Richelieu avec cette inscription, objet de scandale pour les grammairiens, qui épuraient alors si rigoureusement notre langue: *Palais-Cardinal*. Outre une chapelle, dont les ornements étaient en or massif, outre une bibliothèque, des collections de tableaux, de statues, d'antiquités, de curiosités naturelles, les parties les plus importantes de ce palais étaient: à droite, deux galeries; l'une, peinte par Philippe de Champaigne et représentant les grandes actions du cardinal; l'autre, ornée des portraits des hommes illustres de la France, peints par Champaigne, Vouet et d'Egmont; à gauche, une salle de spectacle qui pouvait contenir trois mille personnes: «Elle étoit réservée, dit Sauval, pour les comédies de pompe et de parade, quand la profondeur des perspectives, la variété des décorations, la magnificence des machines y attiroient Leurs Majestés et la cour; c'est le théâtre de France le plus commode et le plus royal.» Ce théâtre fut inauguré en 1639 par la représentation de *Mirame*, tragédie composée par Richelieu lui-même avec l'aide de Desmarets, et qui fut jouée en présence du roi, de la reine et de toute la cour [54].

C'est dans cette magnifique demeure que Richelieu mourut le 4 décembre 1642; il en avait fait don par testament à Louis XIII; mais celui-ci n'eut pas le temps d'en prendre possession, et ce fut sa veuve, Anne d'Autriche, qui vint l'habiter avec ses deux fils le 7 octobre 1643. Le Palais-Cardinal prit alors le nom de Palais-Royal. Louis XIV occupa l'appartement de Richelieu, situé entre les deux galeries; on bâtit un appartement au duc d'Orléans au moyen de la galerie des grandes actions du cardinal, qui fut détruite; quant à Anne d'Autriche, elle se fit du côté du jardin un séjour aussi riche qu'élégant, entièrement orné de peintures, «et qui fut longtemps la merveille et le miracle de Paris.» Le Palais-Royal devint alors le théâtre de fêtes nouvelles: la plus pompeuse eut lieu en 1645 pour le mariage de Marie de Gonzague avec Ladislas IV, roi de Pologne. Mais à ces fêtes succédèrent bientôt les troubles de la Fronde et la fuite de la cour: «Dans la nuit du 6 janvier 1649, la reine, le roi et Monsieur, dit Mme de Motteville, descendirent par un petit escalier dérobé qui de l'appartement de la reine alloit dans le jardin, et, sortant par cette petite porte qui est par delà le rond d'eau, montèrent dans les carrosses qui les attendoient.» Après la paix de Ruel, la cour rentra au Palais-Royal. Le 18 janvier 1650, les princes de Condé, de Conti et de Longueville y furent arrêtés dans la galerie de la reine, conduits par le petit escalier dérobé dans le jardin, et de là, par la porte Richelieu, au château de Vincennes. La guerre civile recommença; la cour quitta encore Paris et n'y rentra que le 21 octobre 1652; mais ce jour-là même Louis XIV abandonna la résidence du Palais-Royal, qui lui rappelait les insultes de la Fronde, et il céda cette habitation à la reine d'Angleterre, veuve de Charles 1er. Celle-ci y demeura jusqu'en 1661, où fut célébré dans ce palais le mariage de sa fille Henriette avec le duc d'Orléans. Alors le Palais-Royal devint la demeure des nouveaux époux et le séjour d'une cour brillante; mais ce ne fut qu'en 1692 qu'il fut donné au duc d'Orléans en toute propriété et à titre d'apanage; alors on y ajouta l'hôtel Brion, situé rue Richelieu, que l'on détruisit quelques années après et sur l'emplacement duquel on construisit, d'après les dessins de Mansard, une magnifique galerie qui fut peinte par Coypel. La grande salle de spectacle fut comprise dans le don fait au frère du roi: en 1660, Louis XIV avait autorisé Molière à y jouer avec sa troupe; c'est là que notre grand comique fit représenter ses principaux chefs-d'œuvre; c'est là que, le 17 février 1673, il fut pris, en jouant le *Malade imaginaire*, du mal dont il mourut la nuit suivante.

Alors la salle fut donnée à Lulli, qui y plaça l'Académie royale de musique, et ce spectacle y est resté jusqu'en 1763.

En 1701, Philippe, duc d'Orléans (le régent), étant devenu maître du Palais-Royal, y fit des changements considérables: il le décora principalement des tableaux des plus grands peintres, «en sorte, dit Piganiol, que le cabinet qu'il en a laissé est le plus curieux et le plus riche qu'il y ait au monde.» Ce palais fut le théâtre ordinaire de ses orgies et de ses fameux soupers: «Les soupers du régent, dit Saint-Simon, étoient toujours avec des compagnies fort étranges, avec ses maîtresses, quelquefois des filles de l'Opéra, souvent avec la duchesse de Berry, quelques dames de moyenne vertu et quelques gens sans nom, mais brillant par leur esprit et leur débauche. La chère y étoit exquise; les galanteries passées et présentes de la cour et de la ville, les vieux contes et les disputes, rien ni personne n'y étoit épargné. On buvoit beaucoup et du meilleur vin; on s'échauffoit, on disoit des ordures à gorge déployée, des impiétés à qui mieux mieux, et quand on avoit fait du bruit et qu'on étoit bien ivre, on alloit se coucher.» C'est là que, en 1717, le régent reçut la visite de Pierre-le-Grand; c'est là que, en 1720, il donna asile à Law, poursuivi par une émeute populaire; c'est là que, en 1721, il reçut l'ambassade extraordinaire du sultan et célébra le mariage d'une de ses filles avec le prince des Asturies; c'est là enfin qu'il mourut, en 1723, frappé d'apoplexie dans les bras de la duchesse de Phalaris.

Son fils et son petit-fils y passèrent une vie presque ignorée. En 1763, le grand théâtre de l'Opéra fut consumé par un incendie qui détruisit une partie de l'aile gauche du palais. Il fut reconstruit par la ville de Paris, qui en avait la propriété depuis 1737; mais, à la demande du quatrième duc d'Orléans, ce fut hors du palais, sur l'emplacement actuel de la rue de Valois et près de la cour des Fontaines: on y entrait par un cul-de-sac qui s'ouvrait sur la rue Saint-Honoré. Alors furent bâties l'aile gauche et la façade actuelle du palais. Ce fut dans cette demeure ainsi restaurée que le duc d'Orléans reçut les visites de Franklin et de Voltaire; c'est là qu'il fêta Christian VII, roi de Danemark. En 1780, ce prince ayant épousé secrètement Mme de Montesson, abandonna le Palais-Royal et le céda par avancement d'hoirie à son fils, le duc de Chartres (Philippe-Égalité), et celui-ci songeait à y faire de grands changements lorsque la salle de l'Opéra à peine rebâtie depuis quatorze ans, fut de nouveau consumée par un incendie. La ville ne voulut pas reconstruire l'Opéra, sur cet emplacement incommode, et elle le transféra sur les boulevards, dans une salle provisoire, qui est aujourd'hui le théâtre de la Porte-Saint-Martin. Alors le duc de Chartres, qui se trouvait embarrassé dans sa fortune, profita de la circonstance pour transformer son palais et payer ses dettes en faisant une spéculation financière.

Richelieu avait adjoint à sa demeure un grand jardin, qui était borné par les rues Richelieu, des Petits-Champs et des Bons-Enfants. Ce jardin était très-irrégulier, et n'avait de remarquable qu'un *rond d'eau* de 40 toises de diamètre, une belle allée de marronniers plantés, dit-on, par le cardinal lui-même, où il aimait à méditer et d'où Louis XIV enfant entendit le grondement des barricades de 1648. En outre, il y avait, sur l'emplacement actuel du Théâtre-Français, un petit jardin dit des Princes. En 1730, le grand jardin fut replanté sur un nouveau dessin par le duc d'Orléans, fils du régent, mais on conserva la grande allée; «Deux belles pelouses, dit Saint-Victor, bordées d'ormes en boule, accompagnaient de chaque côté un grand bassin placé dans une demi-lune ornée de treillages et de statues en stuc. Au-dessus de cette demi-lune régnait un quinconce de tilleuls, dont l'ombrage était charmant; la grande allée surtout formait un berceau délicieux et impénétrable au soleil; toutes les charmilles étaient taillées en portique.» Ce beau lieu devint alors la promenade la plus fréquentée de Paris: il n'était pas pourtant complétement public, mais la plupart des maisons des rues Richelieu, des Petits-Champs, des Bons-Enfants ayant, depuis l'origine du palais, des entrées particulières dans ce jardin, il était le rendez-vous d'une société d'élite, de jolies femmes, de jeunes seigneurs, de gens de lettres, d'oisifs de tout genre, qui se pressaient dans la grande allée, au pied d'un énorme marronnier, dit l'*arbre de Cracovie*: c'était là qu'étaient discutés et critiqués avec autant de liberté que d'esprit les plans de campagne, les édits financiers et la politique générale de l'Europe. «Là on se regarde, dit Mercier, avec une intrépidité qui n'est en usage dans le monde entier qu'à Paris, et à Paris même, que dans le Palais-Royal. On parle haut, on se coudoie, on s'appelle, on nomme les femmes qui passent, leurs maris, leurs amants; on se rit presque au nez, et tout cela se fait sans offenser, sans vouloir humilier personne.»

C'est ce beau jardin, tant aimé des Parisiens, que le duc d'Orléans détruisit, malgré les sarcasmes de la cour, malgré les procès des propriétaires voisins; à sa place il fit ouvrir les rues de Valois, de Beaujolais et de Montpensier, entoura l'espace restant de trois côtés de constructions uniformes percées de galeries d'une architecture élégante, et bâtit, sous les galeries, des boutiques qui forment aujourd'hui le plus beau bazar qui soit en Europe. L'intérieur fut planté d'arbres, qui, depuis soixante-dix ans et malgré les renouvellements annuels, refusent de former des allées touffues; et l'on remplit le milieu de ce simulacre de jardin par un cirque à demi-souterrain, décoré en treillages, destiné à des spectacles et à des cafés: ce cirque devint en 1790 le club des Amis de la vérité, dans lequel l'évêque girondin Fauchet débita bien des utopies et des rêves que le saint-simonisme a rajeunis; il fut brûlé en 1799 et remplacé par des parterres. Quant au quatrième côté de ces nouvelles constructions, il devait appartenir au palais du prince et se composer d'une colonnade à jour supportant des appartements; mais il ne fut pas fait: à sa place, le duc d'Orléans fit élever provisoirement des hangars en bois qui formaient trois rangées de boutiques séparées les unes des autres par deux promenoirs grossiers et dont le sol n'était pas même nivelé. C est là ce *camp des Tartares*, ces fameuses *galeries de bois*, qui ont joué un rôle de premier ordre dans l'histoire de Paris: hideuses et poudreuses constructions, où, pendant quarante ans, la licence, le commerce, les plaisirs, les lettres se sont donné rendez-vous.

Tout le palais fut aussi bouleversé et changé. On démolit presque entièrement l'aile droite et principalement la galerie de Mansard et de Coypel; à la place du jardin des Princes on construisit une salle de spectacle dite d'abord des *Variétés amusantes*, qui devint le théâtre de la *Liberté* en 1791, le théâtre de la *République* en 1793, enfin où fut transféré en 1799 le *Théâtre-Français*, qui y est resté; on sait quels jours de gloire et de splendeur il y a trouvés avec Talma, Mars, Georges, Duchesnois, et récemment avec Mlle Rachel. Au coin des rue Beaujolais et Montpensier, dans les nouvelles galeries du Palais-Royal, on construisit le théâtre Beaujolais pour un spectacle de marionnettes destiné à amuser les fils du duc d'Orléans. Ce théâtre fut vendu en 1787 à une entrepreneuse de spectacles, Mlle Montansier, qui le fit agrandir, et on y joua tragédies, comédies, opéras. En 1793, il devint le théâtre à la mode, et fut, pendant dix ans, moins pour ses pièces et ses acteurs que pour les exhibitions licencieuses et les conversations spirituelles de son foyer, le rendez-vous des jolies femmes, des auteurs, des officiers, de tous les gens de plaisir, même des hommes politiques, car la salle Montansier a eu sa part des orgies du Directoire. En 1806, ce théâtre fut fermé à la demande du Théâtre-Français, et l'on construisit pour ses acteurs, sur le boulevard Montmartre, la salle actuelle des Variétés. Alors la salle Montansier fut occupée successivement par des danseurs de corde, des chiens savants, un café-spectacle, etc. Enfin, en 1831, elle fut rouverte sous le nom de théâtre du Palais-Royal, et elle n'a pas cessé d'attirer un public peu délicat par des pièces dignes de sa vie passée.

Cependant le duc d'Orléans ne vit pas achever les transformations qu'il avait commencées au Palais-Royal; on sait que, en 1789, le jardin devint le centre de toutes les réunions politiques, le foyer de toutes les agitations, enfin le *forum* de la révolution; on sait que là, à la voix de Camille Desmoulins, éclata l'insurrection du 12 juillet. Le 4 avril 1793, le duc d'Orléans fut arrêté dans son palais, traduit le 6 novembre devant le tribunal révolutionnaire et condamné à mort. La charrette qui le conduisait à l'échafaud s'arrêta sur la place du Palais-Royal, et, pendant quelques minutes, le condamné contempla sans émotion ce théâtre de sa grandeur, de ses plaisirs, de ses ambitieux projets. Le palais fut alors réuni au domaine de l'État et loué à des cafés, des restaurants, des banques de jeu, qui le mutilèrent et le dégradèrent. Le Théâtre-Français, la cour des Fontaines, plusieurs maisons des galeries furent vendus par les créanciers du prince. Les galeries continuèrent à être le rendez-vous des politiques, des agioteurs, des débauchés et principalement des ennemis de la République; plusieurs fois pendant la terreur, elles furent enveloppées et fouillés par les section armées, qui y firent de nombreuses arrestations; plusieurs fois il fut question de les détruire ou de les convertir en casernes. La tribune de la Convention retentissait chaque jour d'invectives contre «cet infâme repaire du royalisme, ce lieu de prostitution et de brigandage, où la famine et la contre-révolution s'opèrent, cette caverne de scélérats et de conspirateurs, ce réceptacle de tout ce qu'il y a de plus impur, de plus immoral, de plus royaliste dans tous les égouts de la République.» En 1800, le palais fut délivré de ses locataires; on installa à leur place le Tribunat, dans une salle construite à cet effet, et qui a été ensuite convertie en chapelle. On y transporta aussi en 1804 la Bourse et le Tribunal de commerce. Après la suppression du Tribunat, le palais fut abandonné et ne reçut aucune destination jusqu'en 1814, où il fut rendu à l'héritier de ses premiers maîtres. Celui-ci y commença quelques restaurations, que la révolution du 20 mars interrompit. Alors la famille d'Orléans retourna dans l'exil, et, pendant les Cent-Jours, le palais fut occupé par Lucien Bonaparte.

L'époque des deux invasions est l'époque la plus brillante des galeries du Palais-Royal, qui devinrent alors plus que jamais une sorte de Paris dans Paris, un centre de vie, de plaisirs, de luxe, d'enivrements de tout genre. Toute l'Europe s'y précipita, et les étrangers dépensèrent le butin de leurs conquêtes dans ses cafés, ses mauvais lieux, ses maisons de jeu, ses boutiques. Nul plaisir n'était bon, nul bijou n'avait de prix, nulle marchandise n'était à la mode, s'ils ne sortaient du Palais-Royal. Parmi les lieux publics qui acquirent alors une renommée historique, nous devons citer: 1° le café Corazza, où, dit-on, se fit la conspiration thermidorienne; 2° le café de Foy, plus ancien que les galeries, fréquenté spécialement par les artistes, qui fut longtemps la scène où trôna Karle Vernet: c'est en face de ce café que Camille Desmoulins fit son appel aux armes; 3° le café Valois, plus ancien que les galeries, qui fut pendant la révolution le rendez-vous des royalistes, des vendéens, des émigrés, rentrés et qui garda cette clientèle pendant la Restauration (il n'existe plus); 4° le café Lemblin, fréquenté sous la Restauration par les bonapartistes et qui n'existe plus; 5° le café de la Rotonde, où se tenait la société du Caveau, dont nous avons déjà parlé; 6° le café de Chartres, où les girondins et les montagnards entamèrent leurs premières luttes: au-dessus de ce café demeurait Mlle Montansier, dont le salon a réuni presque toutes les célébrités de la terreur, les pourris de thermidor et du Directoire, principalement Barras, qui en faisait les honneurs. Ce coin de Paris a eu sur les événements de notre histoire, depuis 1793 jusqu'en 1799, une influence occulte très-puissante: plus d'une conspiration y a été ourdie, plus d'une révolution y a été préparée, plus d'une réputation politique en est sortie: de là partaient la plupart des bandes muscadines qui faisaient la chasse aux Jacobins. Mlle Montansier est morte dans cet appartement en 1820, à l'âge de quatre-vingt-dix ans.

La grande vogue du Palais-Royal dura jusqu'en 1830. Le duc d'Orléans, pendant cette période, avait entrepris de restaurer le palais de ses pères, et il était parvenu, avec une dépense de 12 millions, à faire un tout régulier et plein de grandeur de cet amas de constructions disparates et inachevées. Les affreuses galeries de bois, avec leurs boutiques de modistes et de libraires, leur population de prostituées, leurs baraques de singes savants, avaient disparu et fait place à la belle galerie d'Orléans; les marchands et leurs étalages étaient contraints de rentrer dans leurs boutiques; les maisons de jeu et de débauche avaient été fermées; enfin le Palais-Royal avait pris l'air décent, régulier, magnifique qu'il a aujourd'hui. Ce fut alors qu'une dynastie nouvelle en sortit à travers les barricades de Juillet. Nous avons dit ailleurs le rôle que joua le Palais-Royal dans cette révolution et pendant les années qui la suivirent. Le 1er octobre 1831, le nouveau roi quitta, pour aller occuper les Tuileries, cette belle résidence. Le 24 février 1848, le peuple l'envahit et la dévasta avec une fureur sauvage: tableaux, meubles, glaces, bijoux, tout fut jeté par les fenêtres, déchiré et brûlé. Le Palais-Royal, aujourd'hui restauré, est la demeure du prince Jérôme Napoléon. Quant aux galeries, depuis qu'elles ont été contraintes à être honnêtes et dépouillées de leurs mauvais lieux, la vie et le commerce semblent s'en éloigner. Paris s'en va sur les boulevards; mais qu'il faudra de temps encore avant que ce magnifique bazar, cette belle promenade, ce rendez-vous commun à tous les coins de la France, cesse d'être un théâtre de plaisirs, de luxe, de civilisation!

§ II.

La rue Vivienne et la place de la Bourse.

La rue *Vivienne* était jadis une voie romaine qui menait à Saint-Denis et qui était bordée, selon l'usage des anciens, de sépultures dont on a retrouvé de nombreux débris: parmi ces débris on a découvert des cuirasses de femme, dont on n'a pu expliquer l'origine; mais il n'en est pas moins constant que les modistes qui peuplent aujourd'hui cette rue ont eu pour ancêtres des amazones. La plus curieuse de ces antiquités est une urne carrée en marbre, dont la face principale est ornée d'une guirlande de fleurs et de fruits, laquelle entoure cette inscription si simple et si touchante:

AMPUDIÆ AMANDÆ.
VIXIT ANNIS XVII.
PITHUSA MATER FECIT [55].

Et voilà les premières *Parisiennes* dont l'histoire ait conservé les noms: une jeune fille morte à dix-sept ans! une mère désolée! Combien de fois, depuis quinze siècles, le drame que nous révèle ce petit monument s'est-il renouvelé sur les bords de la Seine! que d'Amandas moissonnées à la fleur de l'âge! que de Pithusas en pleurs! Depuis les tombes primordiales de la rue Vivienne, que de couches successives de sépulcres n'a-t-il pas fallu entasser pour former le sol actuel de Paris!

La rue Vivienne resta une route à travers champs pendant tout le moyen âge. Quelques maisons y furent construites dans le XVIe siècle, et elle prit alors son nom de la famille *Vivien*, qui y possédait de grands terrains; mais ce n'est qu'à l'époque où la construction du Palais-Royal recula les remparts de Paris jusqu'aux boulevards actuels qu'elle commença réellement à être habitée. Le cardinal Mazarin y fit construire un immense et magnifique palais, qui occupait l'espace compris entre les rues Neuve-des-Petits-Champs, Richelieu, Colbert et Vivienne, et il y rassembla d'incroyables richesses, cinq cents tableaux des plus grands peintres, quatre cents statues de marbre, de bronze, de porphyre, «tout ce que la Grèce et l'ancienne Rome avaient eu de plus précieux,» une bibliothèque de quarante mille volumes rares, etc. C'est dans la grande galerie où étaient entassées ces richesses, qui lui valurent tant de malédictions, que, dans les dernières années de sa vie, il se promenait enveloppé dans sa robe de camelot, en disant: «Il faut quitter tout cela!» A sa mort, ce palais fut partagé en deux hôtels, qui existent encore. Le premier, qui garda le nom de *Mazarin*, avait son entrée principale rue Neuve-des-Petits-Champs: il fut donné au duc de la Meilleraye, époux d'une nièce du cardinal, et devint en 1719 l'hôtel de la Compagnie des Indes. Quelques années après, on y établit la Bourse, plus tard le contrôle général des finances, et enfin, pendant la révolution, les bureaux du trésor public. Depuis que le ministère des finances a été transféré rue de Rivoli, cet hôtel fait partie de la Bibliothèque impériale. Le deuxième hôtel, formé du palais Mazarin, prit le nom de *Nevers* et fut donné au marquis de Mancini; il devint sous la Régence le siége de la banque de Law et avait alors sa principale entrée rue Vivienne: il fut acheté par le régent en 1721 et destiné à la bibliothèque du roi: nous en reparlerons.

En face du palais Mazarin étaient, dans la rue Vivienne, outre l'hôtel Colbert, dont nous avons déjà parlé, deux autres hôtels appartenant au frère et au neveu du grand ministre, Croissy et Torcy.

Sous la Régence, et grâce au contact de Law, de sa banque, de ses actions, la rue Vivienne commença à être habitée par le commerce. Sur la fin du règne de Louis XV, elle était devenue une rue alerte et galante, pleine de colifichets et de jolies femmes, s'étant fait du maniement des rubans et des dentelles l'industrie la plus active; elle était aussi une des rues de la finance, des parvenus, des turcarets. Aussi la révolution fut-elle vue d'un mauvais œil dans cette rue d'aristocrates en jupon ou à collet vert, et la section des Filles-Saint-Thomas, dont elle était le centre, se signala par son royalisme pendant toutes les journées révolutionnaires; c'est elle qui défendit le trône au 10 août et les girondins au 31 mai, qui marcha contre Robespierre au 9 thermidor, qui tira la Convention des mains des faubourgs au 1ᵉʳ prairial, enfin qui fit le 13 vendémiaire.

Sous l'Empire, la rue Vivienne parvint à conquérir deux maisons de la rue Neuve-des-Petits-Champs, qui lui barraient l'entrée du Palais-Royal, et alors au moyen du triste et utile passage du Perron, elle vit le mouvement et le commerce, concentrés jusque-là dans le royal bazar, s'écouler chez elle. Sous la Restauration, elle perça l'emplacement du couvent des Filles-Saint-Thomas, sur lequel l'on élevait la Bourse, puis celui de l'hôtel Montmorency-Luxembourg, dans la rue Saint-Marc, et elle s'en alla atteindre les boulevards dans leur partie la plus brillante et la plus active. Naître au Palais-Royal, non loin du Théâtre-Français, toucher à la Bourse et au Vaudeville, finir aux boulevards, près des Variétés, de l'Opéra-Comique et de l'Opéra, c'est une destinée unique dans les fastes des rues de Paris. Aussi la rue Vivienne, cette rue étroite, bordée en partie de constructions mesquines, et qui ne prend d'air que par le nord, est-elle connue jusqu'aux deux pôles: c'est la rue de la mode, de la toilette, de l'élégance et du caprice féminins, la rue des chapeaux, des rubans, des parures et de tous ces riens que l'industrie parisienne sait transformer en trésors.

La *place de la Bourse* a été ouverte sur l'emplacement du couvent des *Filles Saint-Thomas*, lequel datait de 1652 et avait été fondé par une princesse de Longueville. On sait qu'il fut le quartier général de l'insurrection du 13 vendémiaire. A sa place s'élève le palais de la *Bourse*, commencé en 1808 sur les dessins de Brongniart, achevé en 1826, et qui a coûté plus de huit millions. C'est un monument plus imposant par sa masse que par son élégance, et dont l'utilité est fort problématique: nos neveux auront peut-être peine à comprendre que, pour un marché aux écus, aux actions, aux rentes, où se font des transactions, la plupart aléatoires, la plupart réprouvées par la morale et par la loi, d'où il est souvent sorti des inspirations, des combinaisons fatales à l'honneur et aux libertés du pays, nous ayons bâti pompeusement une sorte de Parthénon de soixante-dix mètres de long sur quarante de large, avec colonnades, frises, statues, marbres, peintures, etc. c'est un temple élevé au seul dieu qui nous reste, le veau d'or.

Le palais de la Bourse renferme le *Tribunal de commerce*, qui juge annuellement 35,000 affaires!

La place de la Bourse, vaste et magnifique, est bordée de belles constructions; on y remarque le théâtre du *Vaudeville*, dont la salle, construite en 1827, a été successivement occupée par les théâtres des Nouveautés et de l'Opéra-Comique.

III.

La rue Richelieu.

C'est au Palais-Cardinal que cette rue doit sa naissance et sa fortune. Quand Richelieu eut fait démolir, pour construire son palais, le mur de Paris jusqu'à la rue du Rempart, il fit transporter la porte Saint-Honoré de cet endroit à la hauteur de la rue de la Concorde; alors, sur l'emplacement de la porte détruite, fut commencée une rue nouvelle, qui s'en alla d'abord jusqu'à la rue Feydeau, où fut placée une nouvelle porte, et, un siècle après, jusqu'au rempart construit par Louis XIII (boulevard des Italiens). Nous avons dit ailleurs que Molière est mort rue Richelieu. Regnard avait une maison au bout de cette rue, près du rempart, dans une partie de la ville encore déserte: fils d'un riche traitant, homme de plaisir autant qu'homme de lettres, il avait deviné les lieux que préfèrent aujourd'hui la finance et la mode. Voici la description qu'il en a faite:

Au bout de cette rue où le grand cardinal....
....
S'élève une maison modeste, retirée,
Dont le chagrin surtout ne connaît point l'entrée.
L'œil voit d'abord ce mont dont les antres profonds
Fournissent à Paris l'honneur de ses plafonds,
Où de trente moulins les ailes étendues
M'apprennent chaque jour quel vent chasse les nues.
Le jardin est étroit, mais les yeux, satisfaits,
S'y promènent au loin sur de vastes marais.
C'est là qu'en mille endroits laissant errer ma vue,
Je vois naître à loisir l'oseille et la laitue, etc.

Les financiers marchaient déjà, à cette époque, de pair avec les princes: aussi la table exquise, les vins choisis de Regnard attiraient-ils chez lui, au moins autant que son esprit, les personnes les plus distinguées par leur rang et leur goût, le duc d'Enghien, le prince de Conti, le président Lamoignon. L'aspect de ces lieux a bien changé, et l'on chercherait vainement la trace de la petite maison de Regnard au milieu de ces hautes maisons où pullulent les compagnies financières et les tailleurs, de ces restaurants, de ces cafés, de ces hôtels garnis, de ces boutiques pleines d'élégance et de luxe, de ce pavé sillonné sans cesse par des milliers de voitures, enfin de toute cette rue aussi riche que populeuse, qui est, comme la rue Vivienne, un centre d'affaires et de plaisirs.

La rue Richelieu, pendant la révolution, fut appelée rue de la *Loi*; une de ses maisons, l'hôtel Talaru (n° 60) devint une prison, la moins rigoureuse de toutes celles de cette époque, et où le maître de l'hôtel, avec plusieurs autres nobles, fut enfermé. Elle joua un rôle assez important pendant cette époque, et c'est par elle que les bataillons du 13 vendémiaire marchèrent à l'attaque de la Convention. Après leur défaite, les derniers boulets qu'ils lancèrent sur les vainqueurs endommagèrent les colonnes du Théâtre-Français, qui en portent encore les traces. Sous l'Empire et la Restauration, elle devint pour ainsi dite la rue des théâtres, à cause du Théâtre-Français et de l'Opéra, qu'elle possédait, des salles Feydeau et Favart, qui étaient sur ses côtés. Elle avait encore un établissement d'un autre genre et qui a augmenté sa célébrité: c'est la maison de jeu Frascati, ancien hôtel Lecoulteux, qui fut dans toute sa vogue sous le Directoire et sous l'Empire; ses jardins s'étendaient jusqu'aux boulevards et à la rue Neuve-Vivienne.

Les édifices publics que renferme la rue Richelieu sont:

1° Le *Théâtre-Français*, dont nous avons parlé tout à l'heure et dont nous résumons ici les pérégrinations à partir de Molière: à l'hôtel du Petit-Bourbon, de 1658 à 1660; au Palais-Royal, de 1660 à 1673; dans la rue Mazarine, de 1673 à 1688; dans la rue des Fossés-Saint-Germain, de 1688 à 1770; aux Tuileries, de 1770 à 1782; dans la salle de l'Odéon, de 1782 à 1799; dans la salle actuelle à dater de cette dernière époque.

2° La fontaine *Molière*, élevée en 1844 en face de la maison où notre grand comique est mort, le 17 février 1673, à l'âge de 51 ans. On l'enterra la nuit, sans cérémonie, dans le cimetière Saint-Joseph, le peuple menaçant de brûler la maison si l'on faisait des obsèques à ce comédien qu'il ne connaissait pas. Cette fontaine est un joli monument dû aux dessins de Visconti et qui est décoré de la statue en bronze de Molière.

3° La *Bibliothèque impériale*.--Commencée par Charles V et composée alors de 910 volumes, qui furent placés dans la tour du Louvre, elle fut dispersée sous Charles VI et réduite sous Charles VII à 850 volumes; refaite sous Louis XI et composée alors de 1890 volumes, elle fut transportée par Louis XII à Blois, et à Fontainebleau par François Ier, qui l'enrichit de manuscrits grecs et orientaux. Elle revint à Paris sous Henri IV, après s'être augmentée de la bibliothèque de Catherine de Médicis, et fut placée d'abord au collége de Clermont puis au couvent des Cordeliers. Sous Louis XIII, on la transféra rue de la Harpe, au-dessus de l'église Saint-Côme; et alors fut rendue l'ordonnance qui obligeait les libraires à déposer deux exemplaires des ouvrages publiés par eux à la bibliothèque du roi: elle contenait alors 11,000 imprimés et 6,000 manuscrits. Sous Louis XIV, elle fut placée par Colbert dans les maisons voisines de son hôtel de la rue Vivienne, rendue publique et augmentée des bibliothèques de Dupuy, de Gaignères, de Baluze, de Loménie de Brienne, du comte de Béthune, de Dufresne, de Fouquet, de nombreux manuscrits orientaux, d'estampes, de médailles, d'antiquités; à la mort du grand ministre, elle comptait 70,000 volumes. En 1721, le régent la transporta dans son local actuel, qui faisait partie, ainsi que nous venons de le dire, du grand palais Mazarin. En 1770, elle était riche de 200,000 volumes;

en 1792, après la suppression des bibliothèques des couvents, de plus de 600,000; aujourd'hui, le total de ses richesses est inconnu et s'élève peut-être à un million de livres imprimés, à 80,000 manuscrits, à 1,500,000 estampes, à 100,000 médailles, outre une multitude d'antiquités et d'objets précieux provenant des trésors de Saint-Denis, de Sainte-Geneviève, de Saint-Germain-des-Prés, etc. C'est l'établissement de ce genre le plus complet qui soit au monde; mais il a été, jusqu'à ces dernières années, administré de telle sorte, que le catalogue complet des ouvrages qu'il possède est à peine entamé, que les caves et greniers sont encombrés de livres jetés pêle-mêle, que les recherches sérieuses y sont à peu près impossibles, les livres précieux étant inconnus aux employés, qui ne savent où ils sont, et les manuscrits étant peu ou point communiqués; la partie des estampes est seule mise dans un ordre régulier; quant aux médailles, on en a laissé voler la moitié en 1831.

4° La *fontaine Richelieu*.--A la place qu'elle occupe était jadis l'hôtel Louvois, dont la rue voisine prit le nom. En 1793, mademoiselle de Montansier y fit construire un théâtre, appelé d'abord de la Nation et des Arts, et qui fut occupé par l'Opéra depuis 1794 jusqu'en 1820. C'est là qu'a brillé cet essaim de zéphirs et de nymphes qu'on appelait Grassari, Albert, Branchu, Vestris, Gardel, Montessu, Bigottini; pieds légers, voix harmonieuses, charmes, sourires, hélas! évanouis. C'est en allant à ce théâtre que le premier consul faillit périr par la machine infernale; c'est en sortant de ce théâtre que le duc de Berry fut assassiné le 13 février 1820, à la porte de la rue Rameau: il y mourut le lendemain. En expiation de ce crime, l'Opéra fut transporté dans la salle provisoire qu'il occupe aujourd'hui; on démolit l'édifice, et sur son emplacement l'on construisit une *chapelle expiatoire*. Mais, en 1830, cette chapelle fut détruite avant d'avoir été achevée, et à sa place l'on fit une promenade qui est ornée d'une charmante fontaine élevée sur les dessins de Visconti. L'un des côtés de cette promenade est occupé par la rue Louvois, où se trouvait en 1792 (n° 6) le théâtre des Amis de la Patrie; il fut fermé plusieurs fois, rouvert en 1801 sous la direction de Picard, et occupé par le Théâtre-Italien en 1808; c'est aujourd'hui une maison particulière.

La rue *Richelieu* aboutit au *boulevard des Italiens*. Ce boulevard est, comme la rue que nous venons de décrire, le centre du Paris moderne, du Paris de l'élégance, du luxe et de la richesse; c'est aussi la base du quartier de la Chaussée-d'Antin. Son nom lui vient d'un théâtre qui a ses derrières sur le boulevard: ce théâtre fut construit en 1783, sur l'emplacement de l'hôtel Choiseul, pour les acteurs dits de la *Comédie-Italienne*, lesquels avaient été adjoints depuis 1762 à ceux de l'*Opéra-Comique*; ils devaient y représenter «des comédies françaises, des opéras bouffons, des pièces de chant, soit à vaudevilles, soit à ariettes et parodies.» Ces acteurs y jouèrent jusqu'en 1797; alors l'Opéra-Comique s'installa dans la salle Feydeau et y resta jusqu'en 1826, où il alla dans la salle Ventadour, rue Neuve-des-Petits-Champs; il quitta ce séjour en 1832 pour s'installer dans la salle de la place de la Bourse, où il resta jusqu'en 1840, et enfin il est retourné dans son ancien théâtre, qui, depuis son départ, avait été occupé avec le plus brillant succès par l'Opéra-Italien.

Les rues qui entourent ce théâtre portent des noms chers à l'Opéra-Comique: ceux de *Marivaux, Favart, Grétry*. Au n° 1 de la rue Grétry a demeuré Brissot; au n° 4 de la rue Favart a demeuré Collot-d'Herbois, et c'est là qu'il faillit être assassiné par Ladmiral.

Parmi les rues qui aboutissent rue Richelieu, nous remarquons:

1° Rue *Neuve-Saint-Augustin*, ouverte en 1650, et qui se terminait alors à la rue de Gaillon; elle renfermait de grands hôtels, dont les jardins se prolongeaient jusqu'au boulevard des Italiens: hôtel de *Grammont*, détruit en 1726 pour ouvrir la rue de même nom; hôtel de *Gesvres*, habité par une famille qui a donné à Paris presque tous ses gouverneurs; hôtel *Desmarets*, où est mort le fameux contrôleur général; hôtel de *Lorges*, bâti par le fermier général Frémont et vendu par le maréchal de Lorges à la princesse de Conti, fille de la Vallière: sur son emplacement a été ouverte la rue La Michodière; enfin l'hôtel d'*Antin* ou de *Richelieu*. Ce dernier avait été bâti en 1707 par le financier Lacour-Deschiens; il fut acheté en 1713 par le duc d'Antin, fils de madame de Montespan, et devint en 1737 la propriété du duc de Richelieu, si renommé par sa dépravation, ses basses complaisances pour Louis XV et les éloges de Voltaire. Ce seigneur y fit faire de grands embellissements et construire, avec le produit de ses pillages dans le Hanovre, un pavillon qui existe encore sur le boulevard, au coin de la rue Louis-le-Grand; il y mourut en 1788, âgé de 92 ans. Cet hôtel, où, pendant la révolution, on donna des fêtes publiques, fut vendu sous le Directoire; sur l'emplacement des jardins on ouvrit les rues de Hanovre et de Port-Mahon, qui rappellent les campagnes du duc de Richelieu; la maison devint la propriété d'une compagnie financière et a été récemment détruite pour prolonger la rue d'Antin.

Dans la rue Neuve-Saint-Augustin a demeuré et est mort en 1692 Tallemant des Réaux, l'auteur des historiettes sur les règnes de Louis XIII et de Louis XIV. Au n° 55 est mort en 1824 Girodet.

2° Rue *Ménars*, ouverte sur l'emplacement de l'hôtel du président de Ménars. Dans cette rue a demeuré Anacharsis Clootz, «l'orateur du genre humain, l'ennemi personnel de Jésus-Christ, qui, en s'en allant à l'échafaud, mourait de peur que ses complices ne crussent en Dieu, et leur prêcha le matérialisme jusqu'au dernier soupir [56].»

3° Rue *Feydeau*.--Dans cette rue, qui tire son nom d'une famille de magistrats, était un théâtre construit en 1791 pour une troupe de chanteurs italiens, auxquels succédèrent en 1797 les acteurs de l'Opéra-Comique. Ceux-ci y attirèrent la foule sous l'Empire et la Restauration jusqu'en 1826, où la salle fut détruite pour ouvrir une partie de la rue et de la place de la Bourse.

IV.

La Butte Saint-Roch, les rues Sainte-Anne et de Grammont.

La butte des Moulins ou Saint-Roch, formée par des dépôts d'immondices, était jadis couverte de moulins et servait de marché aux pourceaux; c'était aussi là qu'on *bouillait* les faux monnayeurs. Elle a joué un grand rôle dans les siéges de Paris, car de là on dominait la porte Saint-Honoré et l'on pouvait observer le Louvre. C'est par là que Jeanne d'Arc attaqua la ville: «Vint le roy Charles VII, dit une chronique, aux champs vers la porte Saint-Honoré, sur une manière de butte ou montagne qu'on nommoit le Marché aux pourceaux, et y fit dresser plusieurs canons et couleuvrines. Jehanne la Pucelle dit qu'elle vouloit assaillir la ville;... avec une lance elle sonda l'eau; quoi faisant elle eut, d'un trait d'arbalète, les deux cuisses percées.» On commença à bâtir sur cette butte sous Charles IX, mais les travaux furent interrompus pendant les guerres civiles. Ils furent repris sous Louis XIII: on abaissa la butte de moitié et l'on traça douze rues; mais les moulins subsistèrent jusqu'à la fin du XVIIᵉ siècle, et, sous la Régence, il y avait encore de grands espaces vides. On sait quel rôle a joué la butte Saint-Roch au 13 vendémiaire.

La rue *Sainte-Anne* était autrefois une ruelle infecte de la butte des Moulins et qu'on appelait la rue au Sang ou de la Basse-Voirie: elle fut bâtie en 1633 et prit le nom de la reine Anne d'Autriche. La portion comprise entre les rues Neuve-des-Petits-Champs et Neuve-Saint-Augustin s'est appelée pendant quelque temps de *Lionne*, à cause de l'hôtel de ce grand ministre, dont nous avons déjà parlé. En 1792, on lui donna le nom d'*Helvétius*, cet écrivain étant né dans cette rue en 1715, et elle garda ce nom jusqu'en 1814. Au coin de la rue des Petits-Champs était un hôtel bâti par Lulli et qui porte encore les attributs de la musique; il fut habité par madame Dubarry pendant la révolution, et c'est là qu'elle fut arrêtée pour être conduite à l'échafaud. Au n° 63 était la communauté des Nouvelles-Catholiques, fondée en 1672 dans une maison qui avait été donnée par Turenne. La rue Sainte-Anne se prolonge jusqu'au boulevard des Italiens sous le nom de rue de *Grammont*, laquelle date de 1726.

V.

La place Vendôme et la rue de la Paix.

La *place Vendôme* occupe l'emplacement de l'hôtel Vendôme et du couvent des Capucines. L'hôtel Vendôme avait été construit en 1562 par le duc de Retz; Charles IX vint quelquefois y séjourner; il passa en 1603 à la duchesse de Mercœur et ensuite au duc de Vendôme, bâtard de Henri IV. Il avait près de dix-huit arpents d'étendue et occupait une grande partie des terrains compris entre la butte des Moulins et les rues Saint-Honoré et des Petits-Champs. C'est près du mur de cet hôtel, dans cette dernière rue, qu'eut lieu, en 1652, le duel entre les ducs de Beaufort et de Nemours, où celui-ci fut tué. En 1604, la veuve de Henri III et la duchesse de Mercœur firent construire, sur la partie de cet hôtel voisine de la rue Saint-Honoré, un couvent de Capucines, qui occupait la moitié de la place actuelle. En 1686, Louvois fit acheter et démolir l'hôtel Vendôme, ainsi que le couvent des Capucines, et sur leurs terrains on commença de bâtir, d'après les dessins de Hardouin Mansard, une place à la gloire de Louis XIV. Les monuments magnifiquement uniformes qui devaient décorer cette place étaient destinés à loger les académies, la bibliothèque du roi, etc. De plus, à la hauteur de la rue Neuve-des-Petits-Champs et de la rue Neuve-des-Capucines (celle-ci ne fut ouverte qu'en 1700), on construisit pour les Capucines un nouveau couvent, dont l'église fut placée au point de vue et dans l'axe de la place, c'est-à-dire sur l'emplacement actuel de la rue de la Paix, entre les anciens bâtiments du timbre et de la caserne des pompiers, qui sont des débris de ce couvent. Les constructions de la place Louis-le-Grand se trouvèrent suspendues en 1691, à la mort de Louvois, et elles furent vendues à la ville de Paris à la charge de les achever: mais elles ne furent terminées qu'en 1720 par les soins de Law et des autres financiers de l'époque, qui s'y firent bâtir de belles habitations. La place avait été, en 1699, décorée d'une statue en bronze du grand roi, fondue par Keller d'après Girardon, haute, avec son piédestal, de cinquante-deux pieds, et qui fut inaugurée avec des cérémonies si pompeuses que Louis XIV en fut mécontent. Cette place a été pendant près d'un siècle le théâtre d'une foire, dite de Saint-Ovide, à cause des reliques d'un saint que possédait l'église des Capucines. Elle a été aussi, pendant quelques mois, le rendez-vous des agioteurs de la banque de Law, après qu'ils eurent été expulsés de la rue Quincampoix. Le 20 juin 1792, le directoire du département de Paris, pour célébrer l'anniversaire du serment du jeu de paume, y fit brûler six cents volumes in-folio des titres de noblesse et des archives de l'ordre du Saint-Esprit, «en présence, dit le procès-verbal, du peuple debout et de Louis XIV à cheval.» Le 11 août suivant, la statue du grand roi fut renversée, et la place prit le nom *des Piques*. Le 24 janvier 1793, on y célébra les funérailles de Lepelletier de Saint-Fargeau, dont le lit de mort fut placé sur le piédestal de la statue détruite. Le 19 février 1796, on y brisa et brûla solennellement tous les instruments qui avaient servi à la fabrication des assignats. En 1806, on éleva, en mémoire de la campagne que termina *le coup de tonnerre d'Austerlitz,* une colonne en bronze, œuvre de Lepère et Gondoin, que surmontait une statue de Napoléon costumé en empereur romain, et qui avait été fondue par Lemot, sur les dessins de Chaudet. Cette colonne a soixante et onze mètres de hauteur et se trouve entourée d'un ruban en bas-relief qui représente la campagne de 1805, d'après les dessins de Bergeret. Elle a coûté 1 million 200,000 francs, non compris le bronze, qui fut fourni par les vaincus. C'est un des monuments les plus populaires de Paris, et il produit un effet magique par la belle place où il est situé et la belle rue qui y conduit. Le 6 avril 1814, les royalistes voulurent célébrer l'entrée des étrangers à Paris en renversant la statue de Napoléon: ils y attachèrent des cordes, et, à l'aide de chevaux, essayèrent de la renverser; leurs efforts ayant été inutiles, ils contraignirent les artistes qui l'avaient faite à la détacher de son glorieux piédestal, et elle rentra dans l'atelier du fondeur. A sa place l'on mit un drapeau blanc, auquel on a substitué en 1833 une nouvelle statue de Napoléon portant son costume populaire.

Sur la place Vendôme se trouvent: au n° 7, l'état-major de la place de Paris; au n° 9, l'état-major de la première division militaire; aux n° 11 et 13, le ministère de la justice, occupé jadis par le chancelier de France; en 1793, c'était le siège de l'administration civile, police et tribunaux, et sous le Consulat l'hôtel du préfet de Paris. Cet hôtel avait été bâti par les financiers Bourvalais et Villemarec, et il fut confisqué sur eux dans la taxe des traitants, au commencement de la Régence. «On a pris la maison de Bourvalais, dit Dangeau, en 1717, pour en faire la maison des chanceliers.»

La rue de la *Paix* a été ouverte sur l'emplacement du vaste couvent des Capucines. Ces religieuses, appelées aussi Filles de la Passion, se livraient aux plus grandes austérités; elles ne vivaient que d'aumônes, n'usaient jamais de viandes, marchaient pieds nus et allaient aux processions en portant une couronne d'épines sur la tête. C'était dans l'église de ces innocentes et sévères recluses que madame de Pompadour avait fait construire le tombeau où elle fut inhumée en 1764. On y trouvait aussi, dans des chapelles magnifiques, ceux de la veuve de Henri III, de la duchesse de Mercœur, du maréchal de Créqui, du ministre Louvois et de son fils Barbezieux, etc. En 1790, les bâtiments du couvent furent consacrés à la fabrication des assignats; l'église fut odieusement transformée en un théâtre de fantasmagorie; enfin, les jardins, qui s'étendaient jusqu'au boulevard des Capucines, devinrent une promenade publique avec danseurs de corde, un panorama et un cirque, où, en 1802, les Franconi commencèrent leur fortune. En 1806, Napoléon mit fin à ces dégradations en faisant ouvrir la rue magnifique qui a porté son nom jusqu'en 1814, et qui, depuis cette époque, s'appelle rue de la Paix.

La rue de la Paix aboutit au *boulevard des Capucines*. Ce boulevard, qui est, comme celui des Italiens, la base de la Chaussée-d'Antin, est moins fréquenté et moins commerçant, malgré ses belles maisons et ses riches habitants. Le côté du midi, n'étant pas de plain-pied avec la chaussée, s'appelle rue Basse-du-Rempart: au n° 6 est morte l'actrice Raucourt en 1815; au n° 40 a demeuré Hérault de Séchelles, avocat général au Parlement de Paris, président de la Convention au 31 mai, qui périt sur l'échafaud avec Danton; dans le passage Sandrié a logé, en 1841, Manuel Godoï, prince de la Paix, tombé alors dans l'indigence; au n° 68 demeurait, dans une maison qui a été démolie en 1843, la Duthé, maîtresse du comte d'Artois et courtisée par la foule des talons rouges et des financiers de l'époque; enfin, au coin de la rue Caumartin, dans une maison qui porte encore sur sa face les attributs de l'Opéra, a demeuré la danseuse Guimard avant d'aller occuper dans la Chaussée-d'Antin un hôtel dont nous parlerons.

On trouvait encore, il y a quelques années, au coin du boulevard et de la rue des Capucines, le *ministère des affaires étrangères*. L'hôtel qu'il occupait était l'ancien hôtel Bertin, qui fut embelli par le fermier général Reuilly et connu sous le nom d'hôtel de la Colonnade. Il fut habité sous l'Empire par Berthier et prit le nom d'hôtel de Wagram; il devint en 1816 le ministère des affaires étrangères et a vu passer bien des hommes d'État remarquables, bien des ministres éminents: est-ce leur faute ou celle de l'époque si, des actes diplomatiques qui sont sortis de cet hôtel, l'histoire en enregistrera un si petit nombre qui aient réellement servi à la gloire de la France? C'est devant cet hôtel que, le 23 février 1848, a éclaté la catastrophe qui renversa la monarchie constitutionnelle et amena la République. Cet hôtel est aujourd'hui détruit et remplacé par de belles maisons particulières.

L'hôtel qui attenait au ministère des affaires étrangères, et qui occupait le n° 16 de la rue des Capucines, était l'ancien hôtel des lieutenants généraux de police. Il devint en 1790 l'hôtel du maire de Paris et fut habité par Bailly, Pétion, Pache, etc.; en 1795, après le 13 vendémiaire, on y logea le général en chef de l'armée de l'intérieur, Bonaparte; enfin il devint l'hôtel des archives des affaires étrangères. Il est aujourd'hui détruit.

VI.

La rue Royale et l'église de la Madeleine.

La rue Royale a été ouverte en 1757 sur l'emplacement des anciens remparts et de l'ancienne porte Saint-Honoré, et, comme elle a été construite en même temps que la place de la Concorde (place Louis XV), elle participe à son ordonnance. Au n° 6, est morte à cinquante-deux ans, en 1817, une femme dont la renommée a excité la jalousie de Napoléon, Mme de Staël; au n° 13 est mort en 1817 un homme qui a régenté la littérature sous l'Empire, Suard.

Cette rue aboutit au *boulevard de la Madeleine*, qui a la même physionomie que le boulevard des Capucines et à l'extrémité duquel se trouve l'église de même nom. Cette église fut projetée en même temps que la place Louis XV, mais ne fut commencée qu'en 1764, sur un plan gigantesque dû à Constant d'Ivry. La révolution arriva quand les colonnes étaient à peine sorties de terre, et elles restèrent dans cet état jusqu'en 1806, où Napoléon ordonna de faire de l'église projetée un temple de la Gloire, dédié aux soldats de la grande armée; monument aussi froid qu'inutile, où, à certains jours, on aurait récréé nos braves avec le chant d'un hymne et la lecture d'un discours. Les constructions recommencèrent, d'après les plans de Vignon; mais les colonnes étaient seules élevées quand la Restauration arriva et rendit le monument au culte catholique. Cependant les travaux marchèrent lentement; 1830 survint, et la Madeleine fut menacée d'une métamorphose nouvelle, mais elle en fut quitte pour la peur de redevenir le temple d'une idéalité; achevée comme église sous la direction de Huvé, elle fut inaugurée en 1842. La Madeleine est la plus belle imitation de l'art antique qui ait été faite dans les temps modernes. Sa masse est imposante, sa façade grandiose, son fronton, dû au ciseau de Lemaire, plein de dignité, sa colonnade remplie de charme et de grandeur; mais c'est un monument qui n'est approprié ni à notre culte, ni à nos mœurs, ni à notre siècle: c'est toujours le Parthénon avec l'éternel fronton triangulaire, la masse carrée, la quadruple colonnade; et tout cela demande pour être beau, un air limpide, un ciel bleu, un soleil éclatant, du jour à pleins flots. Quant à l'intérieur, c'est une décoration d'Opéra attrayante et pompeuse, mais nullement chrétienne; la religion de nos pères est mal à l'aise au milieu de ces dorures, de ces velours, de ces peintures, qui font un si étrange contraste avec ses graves mystères et ses austères splendeurs, et elle céderait tous les colifichets païens que l'art moderne y a entassés pour un pauvre clocher de village que nos Pierre de Montreuil n'ont pas songé à lui donner.

CHAPITRE IX.

LE QUARTIER DE LA CHAUSSÉE-D'ANTIN.

Auprès de l'hôtel d'*Antin* ou de Richelieu, que nous venons de décrire, se trouvait sur le boulevard une porte de la ville appelée du nom de ce quartier *porte Gaillon*. A la place de cette porte, c'est-à-dire en face de la rue actuelle de Louis-le-Grand, s'ouvre une belle rue qui est l'artère principale du quartier de la Chaussée-d'Antin. Cette rue, dite de la *Chaussée-d'Antin*, se prolonge par la rue de *Clichy* jusqu'au mur d'enceinte, et elle est coupée à angle droit par la rue *Saint-Lazare*. En décrivant la croix formée par les rues de la Chaussée-d'Antin et Saint-Lazare avec celles qui débouchent dans ces deux rues, nous aurons décrit tout le vaste quartier qui s'interpose entre le faubourg Montmartre et le faubourg Saint-Honoré. Ce quartier sorti de terre depuis soixante ans, doit son origine, non, comme les quartiers du vieux Paris, à quelque saint patron, à quelque autel révéré, mais aux *petites maisons* des grands seigneurs, aux hôtels bâtis par eux pour des filles de théâtre, aux vastes jardins plantés par des turcarets et des maltôtiers. Il s'agrandit sans cesse; les larges rues, les belles maisons s'y ouvrent, s'y élèvent comme par enchantement; il est devenu le séjour du beau monde, de la mode, de la finance, du plaisir; enfin il menace d'envoyer Paris, par les Batignolles, joindre la Seine entre Neuilly et Clichy.

§ Ier.

Les rues de la Chaussée-d'Antin et de Clichy.

Il y a quatre-vingts ans à peine que tout l'espace compris entre la Ville-l'Évêque et le faubourg Montmartre était occupé par des champs cultivés, plantés d'arbres fruitiers, bordés de haies vives, ayant à peine quelques maisons parmi lesquelles la *ferme des Mathurins* (rue de la Ferme), *la ferme de l'Hôtel-Dieu* (rue Saint-Lazare, en face de la rue de Clichy), la *tour des Dames*, moulin appartenant aux religieuses de Montmartre, *la ferme Chantrelle* (rue Chantereine), la *Grange-Batelière*, etc. Cet espace était traversé par un chemin (rue Saint-Lazare), bordé de cabarets, de maisons rustiques, de jardins, lesquels formaient le hameau des *Porcherons*. Il tirait son nom d'un château dit aussi château du *Coq*, situé rue Saint-Lazare, près de la ferme de l'Hôtel-Dieu, et qui avait été bâti par Jean Bureau, grand maître de l'artillerie sous Charles VII. On en voyait encore, il y a quelques jours à peine, quelques restes et une porte ornée de sculptures au n° 99. La rue de Clichy s'appelait, à cause de ce château, le *chemin du Coq*. On allait aux Porcherons par un chemin tortueux et bordé d'un égout découvert, lequel partait du boulevard et portait plusieurs noms: *chaussée des Porcherons, chaussée de la ferme de l'Hôtel-Dieu, chaussée de la Porte-*

Gaillon, chemin de la Grande-Pinte, enfin *chaussée d'Antin,* à cause de l'hôtel d'Antin ou Richelieu. Ce dernier nom lui est resté, et il a été donné à tout le quartier, quand les Porcherons sont devenus le chef-lieu de la richesse, du luxe et des arts. En 1720, le chemin fut redressé, nivelé, et son égout fut couvert; en 1760, on commença à y bâtir de beaux hôtels; en 1790, la rue de la Chaussée-d'Antin prit le nom de *Mirabeau,* ce grand orateur étant mort dans cette rue, au n° 42: on y grava, sur une plaque de marbre noir, ces vers de Chénier:

L'âme de Mirabeau s'exhala dans ces lieux.
Hommes libres, pleurez! tyrans, baissez les yeux!

Quand la trahison de Mirabeau eut été dévoilée, la rue perdit son nom et prit celui du premier département conquis par la République, le *Mont-Blanc.* En 1814, les émigrés crurent retrouver les jours de leur jeunesse en rendant au chemin des Porcherons son ancien nom. Il faut louer 1830 et 1848 de ne pas lui en avoir donné d'autre, car la rue qui est aujourd'hui presque exclusivement occupée par des hommes d'argent et des faiseurs d'affaires, n'a pas manqué d'hôtes illustres pour la baptiser. Ainsi, Grimm a demeuré au n° 3, Necker a habité le n° 7, qui devint ensuite l'hôtel de Mme Récamier; c'est là que cette femme célèbre attira toutes les illustrations du temps du Directoire et du Consulat, et fut l'objet des adulations, des adorations les plus étranges. Cet hôtel fut vendu sous l'Empire, et, après avoir eu de nombreux propriétaires, il devint en 1830 le séjour de l'ambassade de Belgique. Au n° 9 était l'hôtel de la danseuse Guimard, bâti avec l'argent du prince de Soubise, et qu'on appelait le temple de Terpsichore. Il y avait dans cet hôtel une salle de spectacle, pour laquelle Collé et Carmontel firent des pièces grivoises, qui avait pour acteurs la danseuse et des grands seigneurs, pour spectateurs des courtisans, des abbés de cour, etc. Cette maison, qui fut le théâtre de fêtes licencieuses, d'orgies dignes de l'antiquité, de plaisirs qui furent si promptement, si cruellement expiés, fut vendue en 1786 et devint en 1796 la propriété du banquier Perregaux: elle a été démolie dernièrement et remplacée par un immense magasin de nouveautés. Au n° 36 est mort, en 1821, Fontanes, ce grand maître de l'Université qui a tant adulé la fortune impériale. Joséphine Beauharnais, avant son mariage avec Bonaparte, demeurait au n° 62, dans la maison habitée ensuite par le général Foy et où ce grand orateur est mort en 1825. A la place de la cité d'Antin était l'hôtel de Mme Montesson, épouse de Philippe IV, duc d'Orléans, et dans lequel elle mourut en 1806; il communiquait avec un autre hôtel situé rue de Provence, où demeurait ce prince, et dans lequel était une salle de spectacle où il jouait la comédie. L'hôtel Montesson appartint ensuite au banquier Ouvrard, au receveur général Pierlot, etc. C'est là qu'en 1810 était l'ambassade d'Autriche et que fut donné le bal où périt la princesse Schwartzemberg avec une foule d'autres personnes. Enfin, la maison qui fait le coin oriental de la rue Saint-Lazare était l'hôtel du cardinal Fesch.

La rue de *Clichy* était encore, au milieu du XVIIIᵉ siècle, un chemin qui conduisait des Porcherons à Clichy. Quelques petites maisons y furent bâties alors par les grands seigneurs qui allaient faire débauche aux Porcherons; l'une d'elles appartenait au maréchal de Richelieu et a servi d'hôtel d'abord à madame Hamelin, ensuite à la duchesse de Vicence; on a ouvert sur son emplacement la rue *Moncey*. Une autre, construite avec un luxe royal par le financier La Bouxière, devint le jardin du Petit-Tivoli, détruit récemment et sur l'emplacement duquel ont été construites quatre rues nouvelles. La caserne qui est à l'entrée de cette rue servait de dépôt au régiment des gardes françaises, et elle avait ainsi pour voisin le cabaret de Ramponeau; c'est de là que ces soldats sortirent le 13 juillet 1789, brisant les grilles, renversant devant eux les dragons de Lambesc, et marchèrent au pas de charge sur la place Louis XV, où ils se mirent à l'avant-garde du peuple contre les troupes royales.

Aujourd'hui, la rue de Clichy n'a rien de remarquable que la *prison pour dettes* et une église nouvelle dédiée à *la Trinité*. La barrière qui la termine devint célèbre en 1814 par le dévouement de la garde nationale, commandée par le maréchal Moncey. Elle conduit à une commune qui, par les mœurs de ses habitants et l'élégance un peu mensongère de ses maisons, prétend être la continuation ou le faubourg de la Chaussée-d'Antin: ce sont *les Batignolles*, qui n'avaient que trois à quatre maisons en 1814 et qui comptent aujourd'hui vingt-neuf mille habitants.

Près de la barrière de Clichy est le *cimetière Montmartre* ou *du Nord*, qui, malgré son voisinage des quartiers riches, ne contient qu'un petit nombre de tombes illustres.

De toutes les rues qui aboutissent rue de la Chaussée-d'Antin, nous ne remarquons que la rue de *Provence*, qui a été construite en 1776 sur le grand égout formé par l'ancien ruisseau de Ménilmontant. Elle présente à peu près le même caractère, le même aspect que la rue de la Chaussée-d'Antin, et communique par la rue Lepelletier à l'Opéra.

L'*Opéra*, dont le premier privilége date de 1669 [57], a d'abord été placé dans un jeu de paume de la rue Mazarine. Il fut transporté par Lulli, en 1673, au grand théâtre du Palais-Royal, dont nous avons parlé précédemment, et, après l'incendie de ce théâtre en 1781, dans la salle provisoire de la porte Saint-Martin; il y resta jusqu'en 1794, où il passa rue Richelieu, et, après la mort du duc de Berry, en 1820, il alla occuper la salle actuelle qui a été bâtie sur les jardins du président Pinon.

§ II.

La rue Saint-Lazare.

C'était autrefois, comme nous venons de le dire, la grande rue des Porcherons [58]. Quand les guinguettes de cette rue commencèrent à être moins fréquentées, les frères Ruggieri transformèrent en jardin public, sous le nom de *Tivoli*, une magnifique habitation construite par le financier Boutin et dont les jardins s'étendaient entre les rues de Clichy et Saint-Lazare jusqu'au mur d'enceinte; ils y donnèrent des spectacles d'illumination, et ce jardin devint à la mode pendant la révolution. Que de fêtes somptueuses, de jolies femmes, de plaisirs, de feux d'artifice y ont vus le Directoire, l'Empire et la Restauration! Tout cela n'est plus: fusées, danses, amours, tout s'est évanoui; frais ombrages, gazons fleuris, bosquets enchanteurs, tout a disparu devant le démon de la maçonnerie, et la vapeur règne à la place où les ballons, les montagnes russes, les concerts champêtres ont attiré la foule. Le grand Tivoli a été détruit en 1826.

La rue Saint-Lazare doit à l'Empire le commencement de son illustration; là étaient les hôtels du duc de Raguse, du général Ornano, de Ney, de Sébastiani, de madame Visconti, etc. Aujourd'hui, le débarcadère des chemins de fer de Rouen, de Saint-Germain, de Versailles lui a donné une nouvelle importance, qui ne peut que s'accroître dans l'avenir.

Des nombreuses rues qui débouchent dans la rue Saint-Lazare, et qui ont toutes la même physionomie, la même absence de souvenirs historiques, nous ne remarquons que la rue *Laffitte*, qui commence sur le boulevard des Italiens. Cette rue fut ouverte en 1770 sur des terrains vagues, appartenant au financier Laborde, et reçut le nom d'*Artois*; elle n'allait alors que jusqu'à la rue de Provence. Elle prit, pendant la révolution, le nom de *Cérutti*: c'était celui d'un ancien jésuite dont les ouvrages avaient subi les censures du Parlement, et qui fonda en 1789 un journal révolutionnaire où écrivirent Mirabeau et Talleyrand. Cérutti demeurait dans cette rue, n° 23, à l'hôtel Stainville, et, après avoir siégé à l'Assemblée législative, il y mourut. Dans le même hôtel a demeuré madame Tallien, et c'est là qu'elle recevait tous les hommes politiques de l'époque. La rue Cérutti devint, sous le Directoire et l'Empire, une rue à la mode, parce qu'elle conduisait au magnifique hôtel Thélusson, situé rue de Provence. Cet hôtel, ouvrage de Ledoux, qui le construisit pour madame Thélusson, veuve d'un banquier qui avait eu Necker pour commis, était une sorte de temple élevé sur des rochers garnis de fleurs et d'eaux jaillissantes, auquel on parvenait par un beau jardin et une grande arcade servant de porte; c'est là que furent donnés les premiers *bals des victimes*. Il appartint, sous l'Empire, à Murat; on le détruisit sous la Restauration pour prolonger la rue, qui avait repris son nom d'Artois, et pour ouvrir la vue de la façade étique de l'église Notre-Dame-de-Lorette. Après 1830, la rue a pris le nom de Laffitte, de l'hôtel de l'illustre financier qui y est situé. Cet hôtel appartenait autrefois au banquier Laborde, lequel possédait la plus grande partie des terrains de la Chaussée-d'Antin et qui a ouvert la plupart des rues de ce quartier. On sait que c'est là que se réunirent, en 1830, les députés au bruit de la fusillade de juillet, et que fut décidée la révolution qui transporta la couronne de la branche aînée à la branche cadette de Bourbon. La rue Laffitte renferme plusieurs hôtels appartenant à de riches banquiers, entre autres celui de M. de Rothschild. A son extrémité se trouve l'église de *Notre-Dame-de-Lorette*, qui a été construite de 1826 à 1836: c'est un édifice de mauvais goût, où l'on a entassé des tableaux sensuels, des statues païennes, des meubles de café, enfin toutes ces coquetteries d'un luxe profane qui déshonorent aujourd'hui, dans plus d'une église, les cérémonies catholiques.

CHAPITRE X.

RUE ET FAUBOURG SAINT-HONORÉ.

§ Ier.

La rue Saint-Honoré.

Cette rue, longue, sinueuse, profonde, a toujours été, à cause de son voisinage des Halles et du Palais-Royal, l'une des plus riches, des plus populeuses, des plus marchandes de la capitale. Elle s'est allongée successivement et parallèlement à la Seine, et a eu trois portes: la première, près de l'Oratoire, et qu'on a appelée longtemps, même après sa destruction, la *barrière des Sergents*; la deuxième, près de la rue du Rempart, et qui est célèbre par l'attaque de Jeanne d'Arc et par la prise de Paris sous Henri IV; la troisième, à l'entrée du faubourg, et qui n'était qu'un lourd pavillon construit en 1631, démoli en 1733. La rue Saint-Honoré doit son nom à une église fondée en 1204 et qui était située sur l'emplacement des passages Montesquieu: cette église était collégiale et ses canonicats étaient les plus riches de tout Paris; elle n'avait rien de remarquable que le tombeau, du cardinal Dubois, œuvre de Coustou le jeune, et elle a été détruite en 1792. C'est dans cette rue et les rues voisines qu'étaient jadis ces solides et riches maisons de commerce de draperie, de mercerie, de bonneterie, d'orfèvrerie d'où sont sorties, comme nous l'avons déjà remarqué pour la rue St-Denis, la haute bourgeoisie et la grande magistrature de la capitale. Les souvenirs historiques qu'elle rappelle sont nombreux. Saint-Mégrin, comme il sortait du Louvre, y fut assassiné, au coin de la rue de l'Oratoire, par les *bravi* du duc de Guise, «parce que le bruit couroit, dit l'Estoile, que ce mignon était l'amant de sa femme.» Elle fut le principal théâtre des barricades de 1648. Une émeute terrible y éclata en 1720, à l'occasion du système de Law. Au n° 372 était l'hôtel de madame Geoffrin, l'un de ces bureaux d'esprit du XVIIIe siècle, où grands seigneurs, écrivains, étrangers illustres se livraient à cette conversation instructive, légère, hardie, l'une des gloires de la France et de la capitale. C'est dans la rue Saint-Honoré que s'est tenu le club des Jacobins, dans un couvent dont nous parlerons tout à l'heure. Robespierre demeurait près de là, dans une maison qui a été détruite pour ouvrir la rue Duphot, maison qui appartenait au menuisier Duplay, juré au tribunal révolutionnaire, dont Robespierre était l'hôte et l'ami; c'était là aussi que demeurait Lebas, époux d'une des filles de Duplay. Dans la rue Saint-Honoré ont habité les girondins Lasource et Louvet, les montagnards Robespierre le jeune, Robert Lindet, Jean Debry, Soubrany, etc. C'est dans cette rue que s'est livré le principal combat du 13 vendémiaire.

Les édifices publics que renferme cette rue sont:

1° L'*Oratoire*.--La maison et l'église de l'Oratoire ont été construits sur l'emplacement de deux hôtels célèbres, l'hôtel de Bourbon, sis rue de l'Oratoire, l'hôtel du Bouchage, sis rue du Coq. L'hôtel de Bourbon avait été bâti par Robert de Clermont, fils de saint Louis, tige de la maison de Bourbon. L'hôtel du Bouchage, bâti ou reconstruit par le cardinal de Joyeuse, devint la demeure de Gabrielle d'Estrées, quand elle n'habitait pas les *délicats déserts* de Fontainebleau. C'est là, suivant Sauval, que Henri IV, en 1594, fut frappé d'un coup de couteau au visage par Jean Châtel. Cet hôtel fut vendu en 1616, par Catherine de Joyeuse, duchesse de Guise, au cardinal de Bérulle, pour y établir la congrégation des prêtres de l'Oratoire, destinée à former des ecclésiastiques pieux et savants. C'étaient des prêtres séculiers qui n'étaient liés que par une dépendance libre et volontaire, et dont Bossuet a dit: «C'est une congrégation à laquelle le fondateur n'a voulu donner d'autre esprit que l'esprit même de l'Église, d'autres règles que les saints canons, d'autres vœux que ceux du baptême et du sacerdoce, d'autres liens que ceux de la charité.» Cette congrégation, adversaire ferme et modérée de la compagnie de Jésus, a rendu les plus grands services à la religion et aux lettres: elle comptait quatre-vingts maisons en France, et de son sein sont sortis une foule d'hommes éminents, Mallebranche, Massillon, Mascaron, Terrasson, Charles Lecointe, Jacques Lelong, etc. Il faut leur ajouter quelques hommes de la révolution, entre autres Fouché, duc d'Otrante. L'église de l'Oratoire ne fut terminée qu'en 1745: on y voyait le mausolée du cardinal de Bérulle, œuvre magnifique de François Anguier. Cette institution si regrettable a été emportée par la révolution; les bâtiments, aujourd'hui détruits, ont longtemps renfermé les bureaux de la caisse d'amortissement et de la caisse des dépôts et consignations; l'église, après avoir servi à des assemblées politiques et littéraires jusqu'en 1802, est maintenant un temple protestant de la confession de Genève.

2° Le *Palais-Royal*, dont nous avons parlé.--En face de ce palais, la rue Saint-Honoré est interrompue par une *place* aujourd'hui complétement transformée et reconstruite. Elle avait été primitivement ouverte, par les ordres du cardinal de Richelieu, sur l'emplacement de l'hôtel Sillery, et elle fut achevée sous le régent. Alors on éleva sur cette place une fontaine, dite *Château-d'Eau*, dont les bâtiments renfermaient un corps de garde qui fut vigoureusement défendu le 24 février 1848 par les troupes royales. Sur cette même place, au coin de la rue Saint-Honoré, était le *café de la Régence*, qui date de 1695 et qui, dans le XVIIIe siècle, était le rendez-vous des écrivains, des artistes, des joueurs d'échecs; on sait qu'il était fréquenté par Rousseau, Diderot, etc. Cette place, à laquelle aboutissaient plusieurs rues qui ont disparu, est aujourd'hui ouverte au midi sur la rue de Rivoli.

3° L'*église Saint-Roch*, fondée en 1578 sur l'emplacement d'une antique chapelle de sainte Suzanne, dite de *Gaillon*, à cause du hameau où elle était située. Elle fut réédifiée en 1643, sur les dessins de Lemercier, et achevée en 1736. Son portail est l'œuvre très-médiocre de Jules Decotte. On trouve dans cette église, outre des tableaux précieux, le tombeau de Nicolas Mesnager, «cet homme, dit Piganiol, dont la mémoire doit être respectable à tous les bons Français;» celui de Lenôtre, par Coysevox; ceux du maréchal d'Asfeld et de Maupertuis, etc. On y a encore enterré le poète Regnier Desmarets, les sculpteurs François et Michel Anguier, madame Deshoulières, le grand Corneille. Enfin, l'on y a transporté les mausolées de Mignard, du comte d'Harcourt, du maréchal de Créqui, du cardinal Dubois, etc. Nous avons vu ailleurs que cette église a joué un rôle capital dans la bataille du 13 vendémiaire. Aujourd'hui, paroisse du deuxième arrondissement et fréquentée principalement par la population riche, elle est devenue en quelque sorte une église aristocratique et que recherche la mode. Elle est splendidement ornée; ses chapelles de la Vierge, dont la coupole a été peinte par Pierre, du Calvaire, décorée par Falconnet, de la Communion produisent un effet théâtral; enfin, c'est la première qui ait adopté pour les cérémonies du culte ces pompes mondaines, ces musiques brillantes, enfin tout ce luxe sans gravité que le clergé parisien a mis en usage et qui laisserait nos pères bien étonnés.

4° L'*église de l'Assomption*, qui appartenait à un couvent de femmes fondé en 1623 et dont les jardins et les bâtiments touchaient le jardin des Tuileries. Une partie de ces bâtiments sert aujourd'hui de caserne; sur l'emplacement des jardins on a prolongé la rue de Luxembourg; quant à l'église, bâtie en 1676, elle a été jusqu'à l'achèvement de la Madeleine, la paroisse du premier arrondissement, et aujourd'hui en est une annexe; elle est de forme circulaire et surmontée d'une coupole peinte par Lafosse.

La rue Saint-Honoré renfermait, avant la révolution, plusieurs autres édifices remarquables:

1° L'*église Saint-Honoré*, dont nous avons parlé.

2° L'*hospice des Quinze-Vingts*, qui occupait l'espace compris entre la place du Palais-Royal et la rue Saint-Nicaise. Il avait été fondé par saint Louis. «Li benoiez rois, dit le confesseur de la reine Marguerite, fist acheter une pièce de terre de lez Saint-Ennouré, où il fist faire une grante mansion parceque les poures avugles demorassent illecques perpetuelement jusques à trois cents; et ont tous les ans, de la borse du roi, pour potages et pour autres choses, rentes. En laquelle meson est une eglise que il fist fère en l'oneur de saint Remy pour ce que les dits avugles oient ilecques le service Dieu. Et plusieurs fois avint que li benoyez rois vint as jours de la feste saint Remy, où les dits avugles fesoient chanter solempnement l'office en l'eglise, les avugles presents entour le saint roy.» L'église occupait l'emplacement de la rue de Rohan. Dans l'intérieur de l'hospice se trouvait un enclos, un marché et de beaux bâtiments qui servaient de refuge aux ouvriers sans maîtrise. En 1780, le cardinal de Rohan, si tristement fameux par l'affaire du collier, avait sous sa dépendance l'hospice des Quinze-Vingts, en sa qualité de grand aumônier; il le transféra dans le faubourg Saint-Antoine et vendit les bâtiments et les terrains, pour une somme de six millions, à une compagnie financière qui ouvrit sur leur emplacement les rues de *Chartres*, de *Valois*, de *Rohan*, rues régulièrement bâties, mais petites et étroites, que l'on a récemment détruites pour achever le Louvre et la rue de Rivoli.

3° Le *couvent des Jacobins* ou *Dominicains*, fondé en 1611 et dont l'emplacement est occupé aujourd'hui par le *marché Saint-Honoré*. La bibliothèque de ce couvent était très-vaste et renfermait vingt mille volumes. L'église n'avait rien de remarquable que ses tableaux précieux et les mausolées du maréchal de Créqui et du peintre Mignard, œuvres de Coysevox et de Lemoine. On ne sait pourquoi elle était sous Louis XIV le rendez-vous des courtisans et des galants. «Là se trouve, dit Bussy-Rabutin, la fine fleur de la chevalerie.» C'est dans la bibliothèque et ensuite dans l'église de ce couvent que se tint le fameux *club des Amis de la Constitution* ou des *Jacobins*, qui dirigea la révolution et domina la France pendant plus de quatre ans, d'où sortirent les résolutions les plus énergiques, les plus sanglantes, où furent concertées les insurrections du 10 août et du 31 mai, qui reçut les inspirations de Robespierre, partagea sa puissance et tomba avec lui. Trois mois après sa mort, la salle des Jacobins, assiégée par la *jeunesse dorée*, fut envahie, dévastée et fermée. Un décret de la Convention (28 floréal an IV) ordonna la démolition de tout le couvent et la construction sur son emplacement d'un marché qui serait appelé du *Neuf-Thermidor*; mais cela ne fut exécuté qu'en 1810.

4° Le *couvent des Feuillants*, sur l'emplacement duquel a été ouverte la rue de Castiglione. Ces religieux, dont la règle était très-austère, furent appelés à Paris par Henri III en 1587. Leur église, dont le portail avait été bâti en 1676 par François Mansard et qui regardait la place Vendôme, renfermait, outre des peintures de Vouet, les sépultures des maréchaux de Marillac, d'Harcourt, d'Huxelles, de la famille Rostaing, etc. Leur enclos s'étendait jusqu'au *Manége* des Tuileries et à la terrasse qu'on appelle encore des *Feuillants*. On allait à ce Manége par un passage étroit qui séparait les Feuillants de leurs voisins les Capucins, et qui a été le témoin de scènes terribles pendant la révolution, puisque c'est par ce passage que la foule arrivait à la salle où siégèrent les Assemblées constituante et législative, ainsi que la Convention nationale. Après la journée du Champ-de-Mars, les constitutionnels s'étant divisés, ceux qui approuvaient la conduite de La Fayette et de Bailly formèrent dans ce couvent, en opposition au club des Jacobins, un club qui prit le nom de Feuillants, mais qui dura à peine quelques mois, et le nom de Feuillants devint un titre de proscription pendant la terreur. En 1793, on établit dans ce couvent l'administration de la fabrication des fusils, et la salle même où avaient siégé les assemblées nationales devint un dépôt d'armes. En 1796, la salle du Manége redevint le lieu des séances du conseil des Cinq-Cents; la maison des Feuillants continua à être un dépôt d'armes, et l'on mit dans le jardin un parc d'artillerie. En 1804, ce couvent à été détruit.

5° Le *couvent des Capucins*, fondé par Catherine de Médicis en 1576; il était situé entre les couvents des Feuillants et de l'Assomption et occupait l'emplacement des n° 351 à 369. C'était la plus considérable maison de Capucins qui fût en France; elle renfermait cent cinquante religieux. «Ces religieux, dit Jaillot, doivent la considération dont ils jouissent à la régularité avec laquelle ils remplissent les devoirs d'un état austère; ils s'adonnent principalement à l'étude des langues grecque et hébraïque.» Leur église était belle et possédait un Christ mourant de Lesueur; on y voyait le tombeau du cardinal-maréchal de Joyeuse, lequel était mort capucin dans ce couvent, et celui du père Joseph du Tremblay, le bras droit du cardinal de Richelieu. Les bâtiments ont servi pendant la révolution à loger les archives nationales. Sur l'emplacement des jardins qui touchaient le jardin des Tuileries, on a ouvert les rues de Rivoli, Mont-Thabor, etc.

6° *Le couvent des Filles de la Conception*, fondé en 1635, et sur l'emplacement duquel on a ouvert la rue Duphot.

Parmi les nombreuses rues qui débouchent ou débouchaient dans la rue Saint-Honoré, nous remarquons (outre celles que nous avons déjà décrites dans le quartier du Palais-Royal):

1° Rue des *Bourdonnais*.--Elle tire son nom d'une famille parisienne célèbre au XIIIᵉ siècle. Au n° 11 était la maison des *Carneaux*, à l'enseigne de la *Couronne d'or*. C'était un hôtel qui appartenait au duc d'Orléans, frère du roi Jean, lequel le vendit à la famille de la Trémoille, et il devint la maison seigneuriale de cette famille. Reconstruit sous Louis XII, il fut habité par le chancelier Anne Dubourg et le président de Bellièvre. Cet hôtel était en 1652 le lieu d'assemblée des six corps de marchands, et c'est là que fut décidée la reddition de Paris à Louis XIV. Il a été récemment détruit; mais sa principale tourelle, chef-d'œuvre de bon goût et d'élégance, a été transportée au Palais des Beaux-Arts. La rue des Bourdonnais est, depuis plus de trois siècles, célèbre par ses marchands de drap.

L'impasse des Bourdonnais était autrefois une voirie dite *marché aux pourceaux*, *place aux chats*, *fosse aux chiens*, et où l'on suppliciait les faux monnayeurs et les hérétiques.

2° Rue de la *Tonnellerie*.--Ce n'était, au XIIᵉ siècle, qu'un chemin habité par des Juifs, et où s'établirent, quand les Halles furent construites, des marchands de futailles. On la nommait aussi rue des *Grands-Piliers*. Sur la maison n° 3 se lit cette inscription: J. BAPTISTE POQUELIN DE MOLIERE.

CETTE MAISON A ETE BATIE SUR L'EMPLACEMENT DE CELLE OU IL NAQUIT EN 1620. Cette inscription repose sur une erreur longtemps accréditée: il est aujourd'hui parfaitement démontré que Molière est né rue Saint-Honoré au coin de la rue des Vieilles-Étuves.

3° Rue du *Roule*.--C'est une des voies les plus fréquentées de Paris, à cause de son prolongement par la rue des *Prouvaires*, qui aboutit à l'église Saint-Eustache et aux Halles, et par la rue de la *Monnaie*, qui aboutit au Pont-Neuf. Cette dernière rue a pris son nom de l'hôtel des Monnaies, qui y fut établi depuis le XIIIᵉ siècle jusqu'en 1771: sur son emplacement ont été ouvertes les rues *Boucher* et *Étienne*.

4° Rue de l'*Arbre-Sec*.--Elle doit son nom, comme la plupart des anciennes rues, à une enseigne. La fontaine qui existe au coin de la rue Saint-Honoré, bâtie sous François Iᵉʳ, a été réédifiée en 1776 par Soufflot. Près d'elle existait autrefois la *Croix du Trahoir*, théâtre de nombreuses exécutions et de nombreuses émeutes. Le premier jour des barricades de 1648, il y eut là un furieux combat entre les bourgeois et les chevau-légers du maréchal de la Meilleraye, et dont celui-ci ne se tira que par l'assistance du cardinal de Retz. Le lendemain, quand le Parlement revint du Palais-Royal, où il n'avait pu obtenir la liberté de Broussel, il fut arrêté à la barricade de la Croix du Trahoir par une troupe furieuse que commandait un marchand de fer nommé Raguenet. «Un garçon rôtisseur, raconte le cardinal de Retz, mettant la hallebarde dans le ventre du premier président, lui dit: Tourne, traître, et si tu ne veux être massacré, toi et les tiens, ramène-nous Broussel ou le Mazarin en otage.» Mathieu Molé rallia les magistrats qui s'enfuyaient, retourna au Palais-Royal et obtint la liberté de Broussel.

La rue de l'Arbre-Sec est coupée par la rue des *Fossés-Saint-Germain-l'Auxerrois*, qui tire son nom des fossés creusés par les Normands autour de l'église Saint-Germain. Dans cette rue était dans le XIVᵉ siècle l'hôtel des comtes de Ponthieu. C'est là que demeurait l'amiral de Coligny et qu'il fut assassiné [59]. Il devint ensuite l'hôtel de Montbazon, et, dans le XVIIIᵉ siècle, fut transformé en auberge: «La maison de l'amiral et ses dépendances appartiennent aujourd'hui, disent les auteurs des *Hommes illustres de la France* (1747), à M. Pleurre de Romilly, maître des requêtes. Cet hôtel ne forme maintenant qu'une auberge assez considérable qu'on appel hôtel de Lizieux. Il n'y a presque rien de changé dans l'extérieur ni même dans l'intérieur du principal corps de logis. La grandeur et la hauteur des pièces annoncent que ç'a été autrefois la demeure d'un grand seigneur. La chambre où couchait l'amiral est occupée aujourd'hui par M. Vanloo, de l'Académie royale de peinture.» Dans cette maison est née l'actrice Sophie Arnould, en 1744, et c'est là qu'elle fut enlevée par le comte de Lauraguais.

5° Rue d'*Orléans*.--Elle tire son nom de l'hôtel de Bohême ou d'Orléans, vers lequel elle conduisait. Dans cette rue étaient, au XVIIe siècle, les plus fameuses *estuves* de Paris, tenues par un nommé Prudhomme, et qui ont joué un rôle très-important dans les troubles de la Fronde: elles ont vu dans leurs réduits secrets le prince de Condé, le duc de Beaufort, le cardinal de Retz; elles ont été le théâtre de rendez-vous galants, de conspirations politiques, de rassemblements d'hommes de guerre, etc. On y trouvait aussi l'hôtel d'Aligre ou de Vertamont, qui avait été bâti sous Henri II: il appartint successivement à Diane de Poitiers, à Robert de la Mark, duc de Bouillon, au vicomte de Puysieux, à Achille de Harlay, au président de Vertamont, etc. Au n° 10 de cette rue a demeuré le girondin Valazé.

6° Rue des *Poulies et place du Louvre*.--Dans cette rue, aujourd'hui presque entièrement reconstruite, était l'hôtel d'Alençon, bâti en 1250 par Alphonse, comte de Poitiers, frère de saint Louis, et qui fut possédé par le comte d'Alençon, fils de ce même roi. Après lui, il eut pour possesseurs Enguerrand de Marigny, Charles de Valois, le marquis de Villeroy, Henri III, le duc de Retz, la duchesse de Longueville. C'est là que fut conduit Ravaillac après l'assassinat de Henri IV. Il devint en 1709 l'hôtel du marquis d'Antin et fut détruit pour former les hôtels de Conti et d'Aumont, lesquels ont été démolis lorsque fut ouverte la *place du Louvre*.

Sur la place du Louvre aujourd'hui agrandie et reconstruite, se trouve l'église *Saint-Germain-l'Auxerrois*. Cette église a été bâtie, les uns disent par Childebert et Ultrogothe en 580, les autres, avec plus de raison, par Chilpéric Ier, en l'honneur de saint Germain, évêque de Paris, dont le tombeau devait y être et n'y fut jamais transféré. On l'appelait alors vulgairement Saint-Germain-le-Rond, à cause de sa forme circulaire. Saint Landry, évêque de Paris, y fut enterré en 655. Les Normands, pendant le siége de Paris, la prirent et la fortifièrent; à leur départ, ils la laissèrent en ruines. Le roi Robert la fit reconstruire, et, pour ne pas la confondre avec Saint-Germain-des-Prés, on la nomma par erreur Saint-Germain-l'Auxerrois, quoique saint Germain d'Auxerre n'ait rien de commun avec cette église. C'était alors et elle resta longtemps l'unique paroisse du nord de Paris. Au commencement du XIVe siècle, elle fut entièrement rebâtie, et c'est de cette époque que datent sa façade, son porche, ses clochers. L'église Saint-Germain était collégiale et n'est devenue paroissiale qu'en 1744: son chapitre, très-puissant et très-riche, nommait à six cures de Paris; à cause de son voisinage du Louvre et des Tuileries, elle a pris une grande part aux événements de notre histoire. Le fait le plus triste qu'elle rappelle est la Saint-Barthélémy, dont le signal fut donné par sa grosse cloche. Elle était ornée de sculptures de Jean Goujon, de tableaux de Lebrun, de Philippe de Champagne, de Jouvenet, et surtout de monuments funéraires. Il serait impossible d'énumérer les hommes célèbres qui y ont été enterrés: dans la dernière restauration qu'elle a subie, la terre qu'on remua sous les dalles de la nef et du chœur n'était pour ainsi dire composée que d'ossements et de cendres de morts, et il en était de même de la terre du cloître. Nommons seulement les chanceliers d'Aligre, Ollivier, de Bellièvre, la famille des Phélippeaux, qui a fourni dix ministres, le poète Malherbe, l'architecte Levau, le médecin Guy Patin, le peintre Stella, le graveur Warin, l'orfèvre Balin, les sculpteurs Sarrazin et Desjardins, les deux Coypel, l'architecte d'Orbay, le géographe Sanson, le médecin Dodart, Coysevox, madame Dacier, le comte de Caylus, etc. On sait comment cette église fut horriblement dévastée le 13 février 1831; elle a été restaurée avec autant de luxe que d'intelligence et rendue au culte. C'est la paroisse du quatrième arrondissement.

L'église Saint-Germain-l'Auxerrois était entourée d'un cloître dont on a formé plus tard la *place Saint-Germain* et les rues des *Prêtres* et *Chilpéric*, aujourd'hui en partie détruites; on y pénétrait de la place du Louvre par une ruelle où se trouvait une maison dite du Doyenné, occupée en 1599 par une tante de Gabrielle d'Estrées et où celle-ci, subitement prise de convulsions dans un dîner chez Zamet, se fit transporter et mourut. Elle fut ensuite occupée par le savant Bignon, doyen de Saint-Germain, qui y recevait les érudits et les gens de lettres.

Dans ce même cloître, rue des Prêtres, n°17, est le *Journal des Débats*, qui date de 1789.

7° Rue de *Grenelle*, ainsi appelée de Henri de Guernelles, qui l'habitait au XIIIᵉ siècle. Dans cette rue était l'hôtel du président Baillet, qui, en 1605, passa au duc de Montpensier, en 1612 au duc de Bellegarde, en 1632 au chancelier Séguier, lequel l'enrichit de peintures de Vouet, d'une belle bibliothèque et d'une chapelle. «Sous ce nouveau propriétaire, dit Jaillot, protecteur éclairé des sciences, des arts et des talents, cet hôtel devint le temple des Muses, l'asile des savants et le berceau de l'Académie française; c'est là que le chancelier a eu plus d'une fois l'honneur de recevoir Louis XIV et la famille royale, et qu'en 1656 la reine Christine de Suède honora l'Académie de sa présence.» L'Académie française siégea dans l'hôtel Séguier jusqu'en 1673. En 1699, les fermiers généraux achetèrent cette maison avec ses dépendances et y établirent leurs bureaux et leurs magasins: elle prit alors le nom d'hôtel des *Fermes*. «Là s'engouffre, dit Mercier, l'argent arraché avec violence de toutes les parties du royaume, pour qu'après ce long et pénible travail, il rentre altéré dans les coffres du roi.» En 1792, l'hôtel des Fermes, devenu propriété nationale, fut converti en maison de détention, puis en théâtre; il a été ensuite partagé en plusieurs propriétés particulières. Près de l'hôtel des Fermes se trouvait, dans le XVIᵉ siècle, l'hôtel du vidame de Chartres, où Jeanne d'Albret mourut le 9 juin 1572.

8° Rue *Pierre Lescot*.--Cette rue, qui n'existe plus, datait du XIIIᵉ siècle et se nommait Jean-Saint-Denis, nom qu'elle perdit en 1807 pour prendre celui du chanoine de Paris qui a été le premier architecte du Louvre. C'était, ainsi que les rues voisines de la *Bibliothèque*, du *Chantre*, etc., une des plus tristes et des plus misérables de Paris: ses maisons, étroites, humides, infectes, étaient occupées par des auberges de bas lieu ou des maisons de prostitution, repaires immondes d'où sortaient trop souvent des aventuriers, des gens sans aveu, des repris de justice. Toutes ces rues ont été détruites pour l'achèvement du Louvre et la continuation de la rue de Rivoli.

9° Rue *Saint-Thomas du Louvre*.--Cette rue, que nous ne nommons qu'à cause de ses souvenirs historiques, puisqu'elle vient de disparaître dans les démolitions faites pour achever le Louvre, commençait à la place du Palais-Royal et se prolongeait autrefois jusqu'à la Seine. Elle datait du XIIIᵉ siècle et tirait son nom d'une église dédiée à saint Thomas de Cantorbéry, qui fut fondée par Robert de Dreux, fils de Louis VI. Cette église, qui était sise au coin de la rue du Doyenné, fut reconstruite en 1743 sous le nom de Saint-Louis et renfermait le tombeau du cardinal Fleury. Elle fut consacrée au culte protestant pendant la révolution et aujourd'hui est détruite. En face de cette église était l'hôpital, le collége et l'église Saint-Nicolas, qui furent supprimés en 1740.

Dans cette rue se trouvait le fameux hôtel Rambouillet, qui porta successivement les noms d'O, de Noirmoutiers, de Pisani, et qui prit celui de Rambouillet lorsque Charles d'Angennes, marquis de Rambouillet, épousa Catherine de Vivonne, fille du marquis de Pisani, et vint s'y établir. C'était une grande maison avec de beaux jardins, décorée à l'intérieur avec une richesse pleine de goût, et qui occupait l'emplacement d'une partie de la rue de Chartres, dans le voisinage de la place du Palais-Royal; sa façade intérieure dominait les jardins des Quinze-Vingts et de l'hôtel de Longueville, et avait la vue sur le jardin de Mademoiselle ou la place actuelle du Carrousel. Nous avons dit ailleurs (*Hist. gén. de Paris*, p. 62) quelle célébrité il acquit dans le XVIIᵉ siècle. Cet hôtel passa au duc de Montausier par son mariage avec l'illustre Julie d'Angennes, puis aux ducs d'Uzès. En 1784 il fut détruit, et l'on construisit sur son emplacement une salle de danse dite Vauxhall d'hiver, qui devint en 1790 le club des monarchiens et en 1792 le théâtre du Vaudeville, détruit par un incendie en 1836.

A côté de l'hôtel Rambouillet était l'hôtel de Longueville, bâti par Villeroy, ministre de Henri III; ce monarque l'habita et y reçut la couronne de Pologne. Il appartint ensuite à Marguerite de Valois, puis au marquis de la Vieuville, puis à la duchesse de Chevreuse, qui en fit le chef-lieu de la Fronde: c'est là que se passèrent toutes ces intrigues «où la politique et l'amour se prêtaient mutuellement des prétextes et des armes,» et que le cardinal de Retz raconte avec tant de complaisance; c'est là qu'il venait passer une partie des nuits avec mademoiselle de Chevreuse. «J'y allois tous les soirs, dit-il, et nos vedettes se plaçoient réglément à vingt pas des sentinelles du Palais-Royal, où le roi logeoit.» Cet hôtel, après avoir appartenu à la maison de Longueville, fut vendu en 1749 aux fermiers généraux, qui y établirent le magasin général des tabacs. On y ouvrit, sous le Directoire, des salles de jeu et un bal qui n'était fréquenté que par des femmes débauchées. Il est aujourd'hui détruit.

Dans la rue Saint-Thomas du Louvre ont demeuré: Voiture [60], qui avait une maison voisine de l'hôtel de Rambouillet; la comtesse de Mailly, maîtresse de Louis XV; le girondin Grangeneuve; le dantoniste Bazire, etc.

10° Rue *Saint-Nicaise*. Cette rue, qui vient aussi de disparaître dans la construction de la rue de Rivoli, avait été ouverte dans le XVIe siècle sur l'emplacement des anciens murs de la ville, et elle se prolongeait autrefois jusqu'à la galerie du Louvre en s'ouvrant vers le milieu pour former le côté oriental de la place du Carrousel. On sait que le crime du 3 nivôse détruisit ou ébranla la partie septentrionale de cette rue et amena la démolition de la plupart de ses bâtiments: il ne resta donc de cette partie que sept à huit maisons voisines de la rue de Rivoli et aujourd'hui détruites [61]. Quant à la partie méridionale, elle fut entièrement démolie pour agrandir la place du Carrousel. Cette rue, autrefois très-importante, renfermait de nombreux hôtels: de Roquelaure ou de Beringhen, de Coigny, d'Elbeuf, qui a été habité sous l'Empire par Cambacérès, etc. Dans cette rue ont demeuré le conventionnel Duquesnoy, condamné à mort à la suite des journées de prairial et qui se poignarda après sa condamnation; le poète impérial Esmenard, le naturaliste Lamétherie, etc.

11° Rue du *Dauphin*.--C'était autrefois le cul-de-sac Saint-Vincent; on lui donna le nom du Dauphin en 1744, parce que le fils de Louis XV passa par cette rue pour aller à Saint-Roch remercier Dieu de la guérison de son père. Cette rue, alors fort étroite, ouvrait une communication très-importante avec la cour du Manège et le jardin des Tuileries; aussi a-t-elle joué un grand rôle dans les journées révolutionnaires, surtout au 13 vendémiaire: c'est là que Bonaparte avait fait dresser sa principale batterie et qu'il mitrailla les royalistes sur les marches de Saint-Roch. La rue du Dauphin prit alors le nom de la Convention, qu'elle perdit en 1814 pour reprendre son ancien nom. On l'a encore appelée du *Trocadero* de 1825 à 1830.

12° Rue de *Castiglione*.--Nous avons dit que la rue de Castiglione a été ouverte sur l'emplacement du couvent des Feuillants, d'après un décret consulaire du 17 vendémiaire an X; mais les constructions ne commencèrent qu'en 1812. Cette rue est composée, comme la rue de Rivoli, de maisons ou plutôt de palais uniformes, avec une double galerie à portiques.

13° Rue de *Luxembourg*, ouverte en 1722 sur l'emplacement de l'hôtel de Luxembourg. Au n° 15 a demeuré Cambon, le célèbre financier de la

Convention, à qui l'on doit la création du grand livre de la dette publique; au n° 21 a demeuré le conventionnel Romme, qui se poignarda comme Duquesnoy après sa condamnation; au n° 27 a demeuré Casimir Périer.

14° Rue *Saint-Florentin*.--C'est une rue peu ancienne et où néanmoins se sont accomplis de graves événements. On l'appela d'abord le *cul-de-sac de l'Orangerie*, et de chétives maisons y abritaient les orangers des Tuileries. Une partie appartenait, en 1730, à Louis XV; une autre partie à Samuel Bernard. Ce cul-de-sac devint une rue, en 1757, lorsque l'on construisit la place Louis XV, et il prit le nom du comte de Saint-Florentin (Phélipeaux, duc de la Vrillière), ministre de la maison du roi, qui y fit construire un vaste hôtel, où il donna des fêtes dignes de sa frivolité. Cet hôtel appartint ensuite au duc de l'Infantado, grand d'Espagne; il devint propriété nationale et fut acquis en 1812 par l'ancien évêque d'Autun, Talleyrand-Périgord. C'est là que cet homme, à qui l'on a attribué plus d'esprit, d'importance et de rouerie qu'il n'en a eu réellement, a fait la Restauration de 1814; c'est là qu'il est mort. L'hôtel Saint-Florentin appartient aujourd'hui à un autre Samuel Bernard, M. de Rothschild, et se trouve occupé par l'ambassade d'Autriche. Dans la rue Saint-Florentin a demeuré Pétion.

§ II.

Le faubourg Saint-Honoré.

Ce faubourg, qui prenait dans sa partie supérieure le nom de *faubourg du Roule*, n'a commencé à se couvrir de maisons que vers le milieu du XVIIIe siècle; la partie supérieure était même, il y a moins de cinquante ans, bordée entièrement de jardins et de cultures. Aujourd'hui, c'est le quartier du monde riche, de la noblesse moderne, des étrangers opulents. Ses vastes hôtels sont accompagnés de beaux jardins qui donnent la plupart sur les Champs-Élysées. Il ne s'y est passé aucun événement important. Le peuple n'a dans ces parages que quatre à cinq pauvres rues; l'industrie n'y a point porté ses merveilles et ses misères; enfin ses pavés n'ont jamais été remués par l'insurrection. Au n° 3 demeurait le gén. Changarnier lorsqu'il fut arrêté le 2 décembre. Au n° 30 a demeuré Guadet, l'une des gloires de la Gironde. Au n° 31 est l'hôtel Marbeuf, qui a été habité par Joseph Bonaparte et où est mort Suchet. Aux n° 41 et 43 est l'hôtel Pontalba, palais magnifique, bâti en partie sur l'emplacement de l'hôtel Morfontaine. Au n° 49 est l'hôtel Brunoy, habité en 1815 par le maréchal Marmont et plus tard par la princesse Bagration. Au n° 51 est mort Beurnonville, ministre de la guerre en 1793, maréchal de France en 1816. Au n° 55 est l'hôtel Sébastiani, si tristement célèbre par le meurtre de la duchesse de Praslin: c'est là qu'est mort le maréchal Sébastiani. Au n° 90 est l'hôtel Beauvau, dans lequel est mort en 1703 le marquis de Saint-Lambert, le poëte oublié des *Saisons*, l'amant de madame Du Châtelet et de madame d'Houdetot, le rival préféré de Voltaire et de Rousseau, dont il fut l'ami. Au n° 118 est mort en 1813 le mathématicien Lagrange.

Les édifices que renferme cette rue sont peu nombreux:

1° *Le palais de l'Élysée.*--C'était, dans l'origine, l'hôtel d'Évreux, bâti par le comte d'Évreux en 1718. Madame de Pompadour l'acheta, l'agrandit et l'habita à peine pendant quelques jours. Louis XV en fit le garde-meuble de la couronne jusqu'en 1773, où il fut vendu au financier Beaujon, qui y prodigua les ameublements, les tableaux, les bronzes, les marbres. En 1786, il fut acheté par la duchesse de Bourbon, dont il prit le nom. Devenu propriété nationale, il fut loué à des entrepreneurs de fêtes publiques, qui lui donnèrent le nom d'Élysée; ses appartements furent alors transformés en salles de bal et de jeu. En 1803, il fut vendu à Murat, qui le céda à Napoléon en 1808. L'empereur aimait cette habitation, dont l'architecture est aussi simple qu'élégante et dont les jardins sont magnifiques: il s'y retira après le désastre de Waterloo; c'est là qu'il signa sa deuxième abdication; c'est de là qu'il partit pour Sainte-Hélène. A la deuxième Restauration, l'empereur de Russie en fit sa résidence; puis il fut donné au duc de Berry. En 1830, il fut compris dans les domaines de la liste civile. La Constitution de 1848 l'assigna pour résidence au président de la République; et c'est là en effet qu'habita le prince Louis-Napoléon Bonaparte jusqu'à son élection au trône impérial. Depuis cette époque on l'a restauré et agrandi magnifiquement.

2° L'*église Saint-Philippe-du-Roule*, bâtie en 1769 et qui n'a rien de remarquable.

3° L'*hôpital militaire du Roule*, établi depuis 1848 dans les bâtiments des écuries du roi Louis-Philippe.

4° L'*hôpital Beaujon*, fondé en 1784 par le financier Beaujon pour vingt-quatre orphelins, et transformé en hôpital général en 1795. C'est un édifice solide, élégant, bien distribué, qui renferme quatre cents lits.

5° La *chapelle Beaujon.*--Cette chapelle est tout ce qui reste de l'habitation magnifique et voluptueuse que le financier Beaujon s'était construite et dont les jardins s'étendaient jusqu'à la barrière de l'Étoile. Ces jardins, vendus pendant la révolution, devinrent publics, et l'on y donna des fêtes sous la Restauration. Bâtiments et jardins sont aujourd'hui détruits et remplacés par un quartier nouveau, dit de Chateaubriand. Dans une avenue de ce quartier est mort le romancier Balzac.

Les rues principales qui aboutissent dans le faubourg Saint-Honoré sont:

1° Rue des *Champs-Élysées.*--Au n° 4 ont habité successivement le maréchal Serrurier, le maréchal Marmont, le conventionnel Pelet de la Lozère, qui y est mort en 1841. Au n° 6 a demeuré Junot.

2° Rue de *la Madeleine*.--Au coin de la rue de la Ville-l'Évêque était l'ancienne église de la Madeleine, qui datait de la fin du XVe siècle et avait été reconstruite par les soins de mademoiselle de Montpensier en 1660: elle a été détruite en 1792. Près de cette église était le couvent des Bénédictines de la Ville-l'Évêque, fondé en 1613 par deux princesses de Longueville.

La rue de la *Ville-l'Évêque* tire son nom d'une ferme que les évêques de Paris possédaient depuis le XIIIe siècle. Dans cette rue ont demeuré Fabre d'Églantine et Amar. Au n° 4 demeure M. Guizot; au n° 44 M. de Lamartine.

3° Rue d'*Anjou*.--Au n° 6 est mort La Fayette le 20 mai 1834. Au n° 15 est mort Benjamin Constant. Au n° 19 a demeuré l'ex-capucin Chabot, qui périt avec Danton. Au n° 27 était l'hôtel du marquis de Bouillé, si célèbre par la fuite de Louis XVI; il fut ensuite habité par l'abbé Morellet et par le marquis d'Aligre. Au n° 28 était la maison de Moreau, qui, après le jugement de ce général, fut achetée par Napoléon et donnée par lui à Bernadotte, «comme si, dit Rovigo [62], cette maison n'eût pas dû cesser d'être un foyer de conspiration contre lui.» Au n° 48 était le cimetière de la Madeleine. C'est là que furent inhumées les victimes de la catastrophe du 30 mai 1770, celles du 10 août, Louis XVI et Marie-Antoinette, enfin les nombreux suppliciés sur la place Louis XV. Au mois de janvier 1815, des fouilles furent faites dans ce cimetière: l'on retrouva quelques restes du roi et de la reine, que l'on transporta à Saint-Denis, et l'on construisit sur cet emplacement un vaste monument funéraire avec une *chapelle expiatoire*.

Dans la rue d'Anjou débouche la rue *Lavoisier*, où est morte Mlle Mars.

4° Rue de *Monceaux*.--A l'extrémité de cette rue, entre les rues de Chartres, de Valois et le mur d'enceinte, se trouve un vaste jardin construit en 1778 par le duc d'Orléans, sur les dessins de Carmontel, et avec d'énormes dépenses. Il est rempli de curiosités, d'objets d'art et d'arbres rares. En 1794, il fut exploité comme jardin public, et l'on y a donné des fêtes jusqu'en 1801. Sous l'Empire, il fut placé dans le domaine de la couronne et rendu, en 1814, à la famille d'Orléans. Ce délicieux séjour est le dernier des grands jardins qui existaient autrefois dans Paris. Il a été en 1848 le chef-lieu des ateliers nationaux.

CHAPITRE XI.

LA RUE DE RIVOLI, LE LOUVRE, LES TUILERIES, LA PLACE DE LA CONCORDE ET LES CHAMPS-ÉLYSÉES.

§ Ier.

La rue de Rivoli.

La rue de *Rivoli* forme aujourd'hui la plus belle et la plus longue rue de Paris, et par l'avenue des Champs-Élysées, d'une part, par la rue et le faubourg Saint-Antoine d'autre part, elle unit la barrière de l'Étoile à la barrière du Trône, distantes de près de 8 kilom. Elle date de deux époques. La première partie, de la place de la Concorde à la rue de l'Échelle, a été décrétée en 1802 et commencée en 1811. Elle a été ouverte sur l'emplacement des anciennes écuries du roi, de la cour du Manège, d'une partie des couvents des Feuillants, des Capucins et de l'Assomption. Elle borde magnifiquement le jardin des Tuileries. On y remarque le ministère des finances, vaste bâtiment compris entre quatre rues et dont la construction a coûté plus de 10 millions. La deuxième partie, de la rue de l'Échelle à la place Birague, date de 1851, et a été achevée en moins de cinq ans; elle a absorbé ou détruit les rues Saint-Nicaise, de Chartres, Saint-Thomas-du-Louvre, Froidmanteau, Pierre Lescot, etc., dont nous avons parlé dans la rue Saint-Honoré. Après avoir bordé le Louvre, elle coupe successivement les rues de l'Arbre-Sec, du Roule, Saint-Denis, le boulevard de Sébastopol, la rue Saint-Martin; elle longe la place de l'Hôtel-de-Ville et va se confondre, vers la place Birague, avec la rue Saint-Antoine. De la place de la Concorde à la place du Louvre elle est composée de maisons uniformes, d'une architecture simple et peu gracieuse, avec galeries et portiques. Les monuments qu'elle borde à partir de la place Birague, sont la caserne Napoléon, l'Hôtel-de-Ville et la tour Saint-Jacques-la-Boucherie, monuments dont nous avons déjà parlé, puis le Louvre et les Tuileries.

§ II.

Le Louvre.

L'origine du Louvre est inconnue. On croit qu'il existait dans ce lieu, vers le VIIe siècle, un édifice royal qui, détruit par les Normands, fut reconstruit par Hugues Capet. Philippe-Auguste le rebâtit presqu'entièrement et en fit un château-fort destiné à fermer la rivière et à contenir Paris. Ce château occupait, sur une longueur de soixante-deux toises, l'espace compris entre la Seine et la place de l'Oratoire, et, sur une largeur de cinquante-huit toises, l'espace compris entre le milieu de la cour actuelle du Louvre et le prolongement de l'ancienne rue Froidmanteau. Sa façade orientale achevait le mur d'enceinte, qui se terminait par la tour *qui fait le coin*, en face de la tour de Nesle. La porte principale était à peu près au milieu de la grande cour actuelle, et en face d'elle s'ouvrait une rue, dite Jehan-Éverout, qui aboutissait devant l'église Saint-Germain-l'Auxerrois. Une autre porte se trouvait près de la rivière. Dans l'intérieur était une cour de trente-quatre toises de long sur trente-trois de large, au milieu de laquelle s'élevait la *grosse tour*, qui avait treize pieds d'épaisseur, cent quarante-quatre de circonférence, et quatre-vingt-seize de hauteur. Cette tour, si fameuse dans notre histoire, était entourée d'un fossé et communiquait avec le château par une galerie de pierre; elle renfermait plusieurs chambres où logèrent d'abord les rois et qui furent ensuite converties en prisons. Là furent renfermés Ferrand, comte de Boulogne, fait prisonnier à Bouvines, le comte Guy de Flandre, Enguerrand de Marigny, Charles-le-Mauvais, etc. Les bâtiments qui entouraient la grande cour étaient de massives constructions appuyées sur vingt fortes tours et surmontées de tourelles de diverses formes; ils renfermaient, outre de grandes salles, une chapelle, un arsenal, des magasins de vivres, etc.

Bien que le château du Louvre fût le symbole de la suzeraineté des rois de France, il fut rarement habité par eux. Le mariage de Henri V d'Angleterre avec la fille de Charles VI y fut célébré. Charles-Quint y logea pendant son séjour à Paris. A cette époque, François Ier avait commencé à faire démolir la grosse tour et une partie du château, et à faire construire sur leur emplacement, d'après les dessins de Pierre Lescot, un palais moderne qu'on appelle aujourd'hui le *vieux Louvre* et qui est l'expression la plus brillante et la plus complète de la renaissance française. Ce palais consistait uniquement en deux pavillons unis par une galerie et qui sont aujourd'hui le pavillon de l'Horloge et le pavillon voisin de l'ancienne entrée du musée. La façade orientale est très-riche et ornée à profusion de sculptures de Jean Goujon et de Pierre Ponce: c'était celle de la cour d'honneur; la façade occidentale était très-simple et presque nue, comme devant donner sur les cours de service, et elle est restée dans cet état jusqu'en 1857. Tout l'intérieur fut splendidement décoré par les mêmes artistes, principalement l'escalier dit de Henri II et la grande salle où l'on admire les cariatides de Jean Goujon. Quant aux parties de l'ancien château féodal qui ne gênaient pas le palais moderne, elles furent conservées et ne disparurent entièrement que sous Louis XIV.

Henri II continua l'œuvre de son père: il fit ajouter au pavillon du midi une aile dirigée vers la Seine (galerie d'Apollon), et dont Pierre Lescot fut encore l'architecte. A sa mort, le palais des Tournelles, qui était le séjour des rois de France depuis Charles VII, fut abandonné, et François II, Charles IX, Henri III habitèrent le Louvre. Charles IX acheva l'aile méridionale et la compléta par le pavillon dit de la Reine; il fit aussi commencer l'aile en retour sur le bord de la rivière jusqu'au pavillon des Campanilles: c'est le commencement de la galerie dit Louvre Le et l'œuvre de Ducerceau. Le 19 août 1572, en l'honneur du mariage de Henri de Navarre avec Marguerite de Valois, un grand tournoi fut exécuté dans la cour du Louvre, et, cinq jours après, Charles IX, sa mère, son frère et les Guise donnèrent dans ce palais le signal de la Saint-Barthélémy. «Les protestants, dit Mézeray, qui étaient logés dans le Louvre, ne furent pas épargnés; après qu'on les eut désarmés et chassés des chambres où ils couchaient, on les égorgea tous, les uns après les autres, et on exposa leurs corps tout nus à la porte du Louvre; la reine mère était à une fenêtre et se repaissait de ce spectacle.» Une tradition, qui n'a d'autre garant que Brantôme, raconte que le roi tira lui-même sur les huguenots qui s'enfuyaient; si cette tradition est vraie, ce serait du pavillon de la Reine que Charles IX aurait commis ce crime; et, pendant la révolution, on a vu, au-dessous de la fenêtre qui est à l'extrémité méridionale de la galerie d'Apollon, un poteau portant cette inscription: *c'est de cette fenêtre que l'infâme Charles IX, d'exécrable mémoire, a tiré sur le peuple avec une carabine.*

C'est du Louvre que s'enfuit Henri III, cerné par les barricades de la Ligue. En 1591, le duc de Mayenne fit pendre dans la salle des cariatides quatre des Seize. C'est dans une salle du Louvre que se tinrent les États-Généraux en 1593.

Henri IV continua d'habiter le Louvre: il eut le premier la pensée de réunir ce palais aux Tuileries, qui venaient d'être construites et qui n'étaient, dans la pensée des fondateurs, qu'une maison de plaisance hors de la ville, sans liaison aucune, soit avec le nouveau palais du Louvre, soit avec la partie de l'ancien château féodal qui était encore debout. «La galerie des Tuileries, dit Sauval, est un ouvrage que Henri IV vouloit pousser tout le long de la rivière jusqu'au palais des Tuileries, qui faisoit alors partie du faubourg Saint-Honoré, afin, par ce moyen, d'être dehors et dedans la ville quand il lui plairoit et de ne se pas voir enfermé dans des murailles où l'honneur et la vie de Henri III avoient presque dépendu du caprice et de la frénésie d'une populace irritée.» Il fit donc continuer la galerie commencée par Charles IX jusqu'au pavillon du grand guichet. «Son intention, dit Palma Caillet, était de consacrer la partie inférieure de la galerie à l'établissement de diverses manufactures et au logement des plus experts artistes de toutes les nations.»

Louis XIII habita le Louvre. C'est sur le pont-levis qui faisait face à l'église Saint-Germain que le maréchal d'Ancre fut assassiné sous les yeux du jeune roi, qui, de sa fenêtre, complimenta les meurtriers. Sous ce règne, on ajouta au vieux Louvre la partie qui va du pavillon de l'Horloge au pavillon du nord; on commença les façades intérieures des deux corps de bâtiments du nord et du midi, et l'on projeta de remplacer l'entrée du château féodal par une façade magnifique, au levant; de sorte que le plan carré de la cour du Louvre est l'œuvre des architectes de Louis XIII, Lemercier et Sarrazin.

Louis XIV, après les troubles de la Fronde, habita le Louvre pendant quelques années: alors on fit disparaître la sombre porte aux quatre tours rondes qui regardait Saint-Germain, et à sa place on construisit, de 1666 à 1670, la fameuse colonnade de la face extérieure du levant, œuvre de Perrault et l'un des plus parfaits monuments qui existent au monde [63]. On commença aussi, sur les plans du même architecte, les faces extérieures des corps de bâtiments du nord et du midi; mais celles-ci restèrent, comme les faces intérieures, inachevées, dégradées, sans toiture, protégées à peine par quelques planches; et la grande cour ne fut, pendant un siècle et demi, qu'un amas immonde de gravois et d'ordures. Enfin, on continua la grande galerie de la Seine depuis le pavillon du grand guichet jusqu'aux Tuileries, et les deux palais se trouvèrent ainsi en partie réunis.

Pendant le règne de Louis XV, on ne fit au Louvre, outre les travaux nécessaires pour empêcher sa ruine, que la façade septentrionale de la cour, qui fut prolongée depuis l'avant-corps jusqu'à la colonnade par Gabriel. Sous Louis XVI, on eut l'idée de faire du Louvre un grand musée de peinture et de sculpture, idée qui ne fut mise à exécution que sous la République. Quand la révolution arriva, ce palais était occupé: par les quatre académies, qui tenaient leurs séances dans les salles du rez-de-chaussée donnant sur l'ancienne place du Muséum, par l'imprimerie royale, par les ateliers des médailles, qui étaient placés sous la grande galerie, par les expositions de peinture qui se faisaient dans la galerie d'Apollon, enfin par des logements et ateliers concédés à des peintres et à des sculpteurs.

Un décret de la Convention transforma le Louvre en musée de peinture et de sculpture: l'ouverture en fut faite le 24 thermidor an II. Ce musée se composait alors d'environ cinq cents tableaux des premiers maîtres, provenant des palais royaux et des églises, et qui furent placés dans la grande galerie. Nos victoires dans les Pays-Bas et en Italie l'enrichirent de nouveaux chefs-d'œuvre. En 1800, Bonaparte y ajouta le musée des Antiques. Quand il fut empereur, il ne se contenta pas de compléter le musée, qui, en 1814, renfermait douze cent vingt-quatre tableaux, outre la Vénus de Médicis, l'Apollon Pythien, le Laocoon, etc.; il résolut d'achever «l'œuvre des sept rois, ses prédécesseurs,» en terminant le Louvre. Alors il fit restaurer, raccorder, compléter les quatre faces de la cour du Louvre, et, pour la première fois, le monument, quoique inachevé, présenta un ensemble plein d'harmonie et de majesté. Il fit aussi commencer la galerie septentrionale parallèle à la galerie de la rivière et qui devait, comme celle-ci, rejoindre les Tuileries. Enfin, son projet était de ne faire des Tuileries et du Louvre qu'un palais unique, le plus vaste et le plus magnifique du monde, en coupant le grand espace qui les sépare par un corps de bâtiments transversal, lequel aurait corrigé aux yeux le défaut de parallélisme de deux monuments. Tout cela ne put être fait; la cour et les abords du Louvre, avec l'intervalle qui sépare ce palais de celui des

Tuileries, restèrent un assemblage de maisons en ruines, de constructions interrompues, de rues à moitié démolies, de masures provisoires.

On sait comment l'invasion étrangère dépouilla le musée de ses principaux chefs-d'œuvre. La Restauration ne fit rien pour l'achèvement du Louvre. Sous Louis-Philippe, de grandes améliorations furent faites dans l'intérieur du palais: on restaura les appartements habités par Henri II, Charles IX et Henri IV; on créa un musée des antiquités égyptiennes et assyriennes, un musée naval, un musée des peintres espagnols, etc. Mais la cour du Louvre resta un cloaque à peine pavé, et on éleva maladroitement, dans ce palais pleins des souvenirs de François Ier, de Henri IV, de Louis XIV et de Napoléon, une statue au duc d'Orléans, statue très-mauvaise, et qui a disparu en 1848. Depuis 1852, la réunion si longtemps projetée des deux palais a été commencée, par les ordres de Napoléon III, et d'après les plans de Visconti, et elle se trouve aujourd'hui presque complétement opérée. Le défaut de parallélisme est en partie dissimulé par la construction de deux vastes séries de bâtiments ou de palais qui ôtent à la place sa trop grande étendue, et par deux jardins intermédiaires qui doivent être ornés des statues de Louis XIV et de Napoléon. Le fond de la place est formé par l'ancienne façade occidentale du vieux Louvre, façade dont nous venons de parler, et qui a été mise en harmonie avec les bâtiments nouveaux. Il serait impossible d'énumérer maintenant, et avant que tout ne soit terminé, les innombrables détails d'architecture et de sculpture de cette immense agglomération de palais, qui sont comme sortis de terre en moins de quatre ans, et qui doivent renfermer deux ministères, une bibliothèque, des écuries, une salle d'exposition, etc. Contentons-nous de dire pour ce qui regarde l'ancien Louvre que la façade méridionale de la grande galerie, dont les charmants détails de sculpture avaient presque entièrement disparu, a été entièrement restaurée, que la cour du Louvre a été enfin nivelée, pavée, décorée, et doit être ornée d'une statue de François Ier; enfin, que le musée, mieux disposé, enrichi de nouveaux chefs-d'œuvre, débarrassé des expositions annuelles de peinture, présente aujourd'hui, malgré les pertes irréparables de 1815, la plus belle, la plus glorieuse collection d'objets d'art qui existe au monde.

§ III.

La place du Carrousel, le palais et le jardin des Tuileries.

La place du Carrousel, le palais et le jardin des Tuileries ont été construits sur des terrains vagues où s'élevaient, au XIIIe siècle, plusieurs fabriques de tuiles. Dans le siècle suivant, Pierre Desessarts, prévôt de Paris, y avait un logis et quarante arpents de terre labourable qu'il donna à l'hospice des Quinze-Vingts. Au commencement du XVIe siècle, Neuville de Villeroy, secrétaire des finances, fit bâtir dans ce lieu un bel hôtel, que François Ier acheta pour sa mère, la duchesse d'Angoulême, et où celle-ci demeura pendant quelques années. Catherine de Médicis, après la mort de son mari, étant venue habiter le Louvre, fit l'acquisition de cet hôtel et de plusieurs propriétés voisines, et, sur leur emplacement, elle fit construire, par Philibert Delorme, le *palais des Tuileries*. Ce palais se composait alors d'un gros pavillon surmonté d'une coupole auquel attenaient deux corps de logis terminés chacun par un autre pavillon: édifice plein de simplicité et d'élégance, dont l'unité se trouve aujourd'hui détruite par les constructions disparates qu'on y a ajoutées. Il avait pour dépendances: au levant, des terres cultivées qui s'étendaient jusqu'à la rue Saint-Nicaise prolongée jusqu'à la rivière; au couchant, un vaste jardin d'agrément ayant les limites du jardin actuel et dans lequel on trouvait un bois, un étang, une orangerie, un labyrinthe, une volière, des écuries et logements pour les valets, etc. Le palais était complétement isolé de ses dépendances, c'est-à-dire qu'il était séparé et des terrains de la rue Saint-Nicaise et du jardin d'agrément par deux murailles, le long desquelles étaient pratiquées deux ruelles, la première située dans le prolongement de la rue des Pyramides et qu'on appelait rue des Tuileries.

Catherine de Médicis ne vit pas l'achèvement de ce palais, dans lequel elle n'habita pas. Henri III en fit quelquefois sa maison de plaisance c'est par là qu'il s'enfuit de Paris en 1588. Sous Henri IV et sous Louis XIII, on le prolongea du côté du midi par un vaste corps de bâtiment, auquel fut ajouté un gros pavillon (pavillon de Flore): c'est l'œuvre barbare de Ducerceau, qui ne s'inquiéta nullement de la mettre en harmonie avec celle de Delorme. Sous Louis XIV, on fit du côté du nord un corps de bâtiment et un pavillon (pavillon Marsan) symétriques; on changea la forme du dôme qui surmontait le pavillon du milieu; on commença la galerie du bord de l'eau pour joindre les Tuileries au Louvre; enfin, on fit sur l'ensemble du palais des restaurations et décorations qui avaient pour but de lui rendre une sorte de régularité et qui sont l'œuvre de Levau. Ces changements donnèrent à l'édifice un développement de 168 toises au lieu de 86 qu'il avait dans l'origine. On fit aussi des améliorations à l'intérieur: la plus remarquable fut la construction (1662), sur les dessins de Veragani, d'une salle de spectacle, dite salle des machines, et qui était la plus vaste de l'Europe. Elle pouvait contenir sept à huit mille spectateurs et occupait toute la largeur de l'aile septentrionale: la scène avait 41 mètres de profondeur et 11 de hauteur; la salle avait 30 mètres de profondeur sur 16 de largeur et 16 de hauteur. C'est là que fut représentée la *Psyché* de Molière. Nous en reparlerons.

Malgré tous ces embellissements, et bien que ce palais fût regardé comme l'habitation officielle des rois de France, les Tuileries ne furent habitées que passagèrement par Henri IV, par Louis XIII et par Louis XIV, et lorsque celui-ci eut transporté sa résidence à Versailles, elles parurent définitivement abandonnées.

Sous Louis XIII et sous Louis XIV, les dépendances du palais subirent aussi de grands changements. Dans les terrains voisins de la rue Saint-Nicaise, on fit un jardin d'agrément dit de Mademoiselle, parce qu'il fut planté par les soins de mademoiselle de Montpensier, qui habita pendant quelque temps les Tuileries. En 1662, Louis XIV le fit détruire et ouvrir sur son emplacement une vaste place, où il donna la fameuse fête équestre ou *carrousel*, d'où cette place a pris son nom. Quant au jardin des Tuileries, Louis XIII le ferma par une muraille, un fossé et un bastion voisin de la porte de la Conférence; puis il y fit bâtir de petites maisons, où il logeait ses favoris, comme le valet de chambre Renard, dont nous avons parlé (*Hist. gén. de Paris*, p. 66). Ces maisons furent le théâtre de plus d'une orgie, de plus d'un scandale: c'est là que les chefs de la Fronde faisaient les assemblées que Mazarin appelait *sabbats* [64]. Sous Louis XIV, Lenôtre changea toute l'ordonnance de ce jardin: il le réunit au palais, enleva la muraille, planta le bois, construisit les terrasses, enfin lui donna cet air de majesté et d'élégance qui en fit sur-le-champ le rendez-vous et la promenade favorite des Parisiens. «Dans ce lieu si agréable, dit une lettre de 1692, on raille, on badine, on parle d'amours, de nouvelles, d'affaires et de guerres. On décide, on critique, on dispute, on se trompe les uns les autres, et avec tout cela le monde se divertit.» Le jardin avait alors à peu près l'aspect que nous lui voyons aujourd'hui, excepté: 1° aux deux extrémités occidentales, où était l'orangerie et plusieurs bâtiments qui, du temps de Napoléon, ont été démolis pour prolonger les terrasses voisines; 2° le long de la terrasse des Feuillants, où, à la place de cette grande promenade vide que l'on remplit dans l'été avec des caisses d'orangers, étaient des parterres et des tapis de gazon, qui ont été détruits en 1793; 3° du côté de la rue de Rivoli, où était un grand mur couvert de charmilles qui fermait la terrasse des Feuillants, dont nous avons parlé (voir rue Saint-Honoré, p. 243), et dont le jardin n'était séparé de celui des Tuileries que par une cour longue occupant l'emplacement de la rue de Rivoli. Cette cour avait son entrée dans la rue du Dauphin, communiquait avec le jardin des Tuileries, près du château, et avait à son extrémité des écuries bâties par Catherine de Médicis. Au couchant du couvent des Feuillants étaient les jardins des Capucins et de l'Assomption (voir rue Saint-Honoré, p. 242 et 244), qui bordaient aussi le jardin des Tuileries.

Louis XV habita les Tuileries pendant sa minorité. Alors la muraille qui fermait le jardin au couchant fut remplacée par une grille et par un *pont tournant*. On construisit aussi, sur l'emplacement des écuries de Catherine de Médicis, un vaste bâtiment renfermant l'Académie royale d'équitation pour les jeunes gentilshommes, qui venaient y apprendre, en outre, la danse, l'escrime et les mathématiques. Ce bâtiment est le fameux *Manége* qui a joué un si grand rôle dans la révolution; il avait une porte sur la terrasse des Feuillants. En 1730, la salle des machines fut donnée à l'architecte-décorateur Servandoni, qui y fit représenter, pendant quinze ans, des pantomimes qui eurent le plus grand succès. En 1764, l'Opéra y fut établi, en attendant la reconstruction de la salle du Palais-Royal. En 1770, on y installa la Comédie-Française, en attendant la construction de la salle dite aujourd'hui Odéon; elle y resta douze ans. C'est là que, le 30 mars 1778, Voltaire reçut, en face de la cour, en face du prince qui fut Charles X, le triomphe qui présageait la révolution! De 1782 à 1789, la salle resta vide: une troupe italienne venait à peine de s'y installer qu'on la fit déloger pour faire place à Louis XVI, que le peuple ramenait du château de Versailles.

Depuis le commencement du siècle, les alentours des Tuileries avaient subi de grands changements: la place du Carrousel avait été partagée en plusieurs places, cours et rues; l'espace compris entre la grille actuelle et le château était occupé par trois cours: au sud, la cour des Princes, au milieu, la cour Royale, au nord, la cour des Suisses; toutes trois irrégulières et fermées par des bâtiments. La cour Royale s'ouvrait à l'intérieur par une grande porte pratiquée dans une muraille crénelée et garnie d'une galerie de bois; elle était bordée à droite et à gauche par deux corps de bâtiments irréguliers qui la séparaient des deux cours voisines, mais sans toucher au palais. Au levant de ces trois cours était une rue dite du Carrousel et qui était le prolongement de la rue de l'Échelle: elle aboutissait à la place du Carrousel, formée de deux carrés inégaux, le petit Carrousel et le grand Carrousel, qui se confondait au levant avec la rue Saint-Nicaise. Ce grand Carrousel était situé en face de la cour Royale: du côté du nord il communiquait avec une large rue dite cour du Bord de l'eau (en face de la cour des Princes), par laquelle on atteignait le quai et la rivière, mais en passant sous la galerie du Louvre et par les guichets, alors fermés et gardés.

La révolution de 1789 vint donner au palais des Tuileries son importance et sa célébrité. Cet édifice, qui semblait le temple de la monarchie et qui néanmoins avait été si rarement habité par les rois de l'ancien régime, devint dès lors le séjour des différents pouvoirs qui ont gouverné la France pendant soixante années.

L'Assemblée nationale s'était installée au Manége, lequel avait trois entrées, par la rue Saint-Honoré, par la cour du Dauphin, par la terrasse des Feuillants; alors cette terrasse et le jardin entier devinrent le théâtre de rassemblements continuels. Quand la famille royale fit la tentative de fuite qui échoua à Varennes, ce fut par la cour Royale qu'elle sortit et sur la place du petit Carrousel qu'elle se donna rendez-vous. Quand elle revint, ce fut par le pont Tournant et par le jardin, qu'envahissait une foule menaçante, qu'elle rentra aux Tuileries. Alors, et pour empêcher les insultes à la famille royale, le jardin fut fermé au public pendant plusieurs mois, moins la terrasse des Feuillants, qu'on appelait *terrain national*. Nous avons raconté ailleurs la marche que suivit le peuple quand il envahit le palais dans la journée du 20 juin, comment il l'attaqua et le prit dans la journée du 10 août. Alors les bâtiments des trois cours furent incendiés et détruits, excepté du côté de la rue de l'Échelle, où le massif qui touchait le château et dans lequel se trouvait l'imprimerie de l'Assemblée fut conservé.

La Convention nationale siégea au Manége depuis le 22 septembre 1792 jusqu'au 10 mai 1793: ce fut donc dans cette salle qu'eut lieu le procès de Louis XVI. Au 10 mai, elle se transporta dans le palais des Tuileries et y siégea jusqu'à la fin de sa session. La salle des séances fut construite sur l'emplacement de la salle des machines, c'est-à-dire de ce royal théâtre inauguré par la *Psyché* de Molière et où Voltaire avait été couronné. Cette salle, construite à la hâte, avait la forme d'un parallélogramme étroit et peu commode: «Elle ressemblait, dit Prud'homme, non au sanctuaire des lois, à l'aréopage de la République, mais à une vaste école de droit à l'usage de quelques centaines de juristes.» Les tribunes publiques placées vers le plafond dans les deux extrémités, pouvaient contenir deux à trois mille personnes. L'entrée principale était voisine de la terrasse des Feuillants; «le beau vestibule de Philibert Delorme, dit Prud'homme, le magnifique escalier rebâti sous les yeux de Colbert, l'ancienne chapelle devenue un temple à la liberté, ne conduisent qu'à une porte latérale et à un couloir, par lequel on arrive aux gradins quarrés longs où siége la Convention.» C'est là que sont passées les plus terribles journées de la révolution, le 31 mai, le 9 thermidor, le 12 germinal, le 1er prairial, le 13 vendémiaire, etc. Le gouvernement s'installa dans les autres parties du palais: dans l'aile méridionale siégèrent le comité de salut public, les comités des finances et de la marine, etc.; dans le pavillon du milieu, le comité de la guerre; dans l'aile septentrionale, les comités de législation, d'agriculture, d'instruction publique, etc. Le comité de sûreté générale s'installa dans l'hôtel de Brienne, situé sur la place du Carrousel et qui a été détruit en 1808.

A la Convention succéda, dans la grande salle des Tuileries, le conseil des Anciens; le conseil des Cinq-Cents siégea au Manége: ils restèrent dans ces deux édifices jusqu'à la révolution du 18 brumaire. Le 19 février 1800, le premier consul Bonaparte vint prendre demeure dans le palais des rois: il habita toute la partie comprise entre le pavillon de Flore et celui de l'Horloge, c'est-à-dire celle qui avait été occupée par Louis XVI et le comité du salut public, et où depuis furent placés les appartements de Louis XVIII, de Charles X et de Louis-Philippe. Les appartements du rez-de-chaussée, du côté du jardin, furent destinés à Joséphine. Lebrun occupa le pavillon de Flore; Cambacérès alla se loger sur la place du Carrousel, dans l'hôtel d'Elbeuf. Le conseil d'État siégea dans une partie de la grande galerie, à côté de l'appartement de Bonaparte. Alors on fit disparaître les traces des boulets du 10 août et les inscriptions révolutionnaires qui étaient sur les portes du château; on détruisit la salle de la Convention, dont on fit plus tard une chapelle et une salle de spectacle; on déblaya les bâtiments ruinés de la cour des Suisses, de la cour Royale, de la cour des Princes, et l'on en fit une seule et vaste cour où Bonaparte fit manœuvrer ses soldats. On détruisit le Manége, la cour du Dauphin, etc., et sur leur emplacement on ouvrit, ainsi que nous l'avons vu, les rues de Rivoli et de Castiglione.

Cependant la place du Carrousel était restée à peu près ce qu'elle était avant 1789: l'explosion de la machine infernale en commença le dégagement; la partie occidentale de la rue Saint-Nicaise fut presque entièrement détruite, sauf quelques maisons entre les rues de Rivoli et Saint-Honoré, qui ont subsisté jusqu'en 1853; alors la rue du Carrousel disparut, et la place se trouva agrandie de telle sorte qu'on put y faire manœuvrer une armée et éviter dorénavant les attaques embusquées d'un nouveau 10 août. Sous l'Empire, on sépara cette place de la cour des Tuileries par une longue grille, devant laquelle on éleva en 1803, à la gloire de l'armée, un arc de triomphe, qui est l'œuvre de Percier et de Fontaine. Enfin, on commença la réunion des Tuileries et du Louvre par une grande rue, qui devait être, dans la pensée impériale, une grande place, et qui est devenue, depuis l'achèvement du Louvre, la place Napoléon III.

Il s'est fait, depuis cette époque jusqu'à nos jours, un si étrange va-et-vient de royautés triomphantes, de royautés déchues, dans cette grande hôtellerie des Tuileries, qu'il suffira de les énumérer par quelques dates. En 1814, le 29 janvier, adieux de Napoléon à la garde nationale, à laquelle il confie sa femme et son fils; le 29 mars, départ de l'impératrice et du roi de Rome; le 3 mai, entrée de Louis XVIII dans ce palais, que son frère avait quitté vingt-deux ans auparavant pour aller au Temple. En 1815, le 20 mars, fuite du même roi devant l'échappé de l'île d'Elbe, qui, vingt heures après, vient prendre sa place; le 12 juin, départ de Napoléon pour Waterloo; le 23 juin, Fouché et son gouvernement provisoire s'installent aux Tuileries; le 8 juillet, retour de Louis XVIII. En 1830, le 29 juillet, prise des Tuileries par le peuple insurgé. En 1831, le 16 octobre, Louis-Philippe s'établit dans ce palais. En 1848, le 24 février, fuite de ce roi et prise des Tuileries par le peuple, qui inscrit sur les murs: *Hôtel des Invalides civils*. Depuis cette époque jusqu'en 1852 le palais reste inhabité, sauf le pavillon Marsan, où l'on place l'état major de la garde nationale. Enfin en 1852 il est restauré avec une grande magnificence, et après le rétablissement de l'empire, Napoléon III vient y prendre séjour.

§ IV.

La place de la Concorde, les Champs-Élysées, l'Arc de l'Étoile.

Au commencement du XVIIe siècle, tout le terrain compris entre la Seine et les Champs-Élysées était une vaste culture, ouverte seulement par quelques sentiers et bornée au couchant par les villages pittoresques de Chaillot et du Roule. En 1628, Marie de Médicis fit construire sur ce terrain, le long de la rivière, depuis la porte de la Conférence jusqu'à Chaillot, une promenade composée de trois allées d'arbres, bordée de fossés revêtus de pierre et fermée par deux grilles. On l'appela le *Cours-la-Reine* et il devint le rendez-vous des seigneurs et des dames de la cour, auxquels il était réservé: on ne s'y promenait qu'en voiture ou à cheval, et Sauval dit que les cavaliers y avaient continuellement le chapeau à la main. En 1670, on planta d'arbres tous les terrains qui étaient en culture jusqu'au faubourg Saint-Honoré, mais en leur laissant leur aspect pittoresque, leurs gazons, leurs inégalités, leurs petits sentiers et même leurs baraques de chaume: c'était une sorte de jardin anglais auquel on donna le nom de Champs-Élysées. Un nouveau *cours* y fut ouvert dans l'axe de la grande allée des Tuileries: «Ses belles allées, dit Piganiol, s'étendent jusqu'au Roule et aboutissent en forme d'*étoile* à une hauteur d'où l'on découvre une partie de la ville et des environs.» Cette promenade si attrayante n'en resta pas moins un désert pendant plus d'un siècle; les quartiers voisins étaient encore, à cette époque, hors de la ville et peu habités; les Champs-Élysées étaient un refuge pour les malfaiteurs; enfin, pour s'aventurer dans ces allées, dans ces bosquets, il fallait traverser les mares de boue qui les séparaient des Tuileries. En 1748, Louis XV ordonna d'élever la statue que la ville de Paris venait de lui voter «sur l'emplacement situé entre le fossé qui termine le jardin des Tuileries, l'ancienne porte et le faubourg Saint-Honoré, les allées de l'ancien et du nouveau cours et le quai qui borde la Seine.» La statue, modelée par Bouchardon, ne fut achevée qu'en 1763. Alors la place dite de *Louis XV* fut découpée par l'architecte Gabriel en fossés plantés d'arbres avec balustrades et petits pavillons, et, pour la fermer du côté du nord, on commença la construction des deux vastes palais que nous voyons aujourd'hui, et dont l'un fut destiné au garde-meuble. En même temps, on déplanta tous les Champs-Élysées, on nivela le terrain et on le replanta en quinconces, avec de nouvelles allées dites de *Marigny*, de *Gabriel*, d'*Antin*, des *Veuves*, etc. Tout cela fut exécuté par les ordres du marquis de Marigny, frère de la marquise de Pompadour. La place Louis XV commença alors à prendre de la vie; mais elle n'était pas achevée quand elle fut sinistrement inaugurée, en 1770, par les fêtes du mariage du dauphin. La révolution arriva et lui donna une sanglante célébrité: au 14 juillet, les Gardes françaises en chassèrent les troupes royales; le 10 août, les derniers Suisses échappés des Tuileries s'y firent tuer en combattant; le 11 août, la statue de Louis XV fut abattue, et à sa place fut dressée une grande statue de plâtre peint, œuvre de Lemot, et figurant la Liberté assise et coiffée du bonnet phrygien; le 23 août, le conseil général de la commune ordonna que la guillotine serait dressée sur cette place pour l'exécution des conspirateurs royalistes: le hideux instrument de mort y resta en permanence pendant deux ans et y faucha plus de quinze cents têtes. C'est là qu'ont été exécutés Louis XVI, Marie-Antoinette, les Girondins, Charlotte Corday, madame Roland, Barnave, Danton, Hébert, Robespierre, les membres de la Commune de Paris, les condamnés de prairial, Soubrany, Bourbotte, Duroy, etc. La place avait pris le nom de la *Révolution*, et, en 1795, elle fut décorée des beaux chevaux de Marly, qui sont à l'entrée de la grande allée.

Sous le Directoire, la gigantesque statue qui, les pieds dans le sang, avait présidé aux sacrifices révolutionnaires, fut détruite; on décréta l'érection d'une colonne triomphale à la gloire de nos armées, colonne dont pas une pierre ne fut posée; enfin l'on donna à la place le beau nom de *la Concorde*. Sous l'Empire et la Restauration, on ne fit rien pour l'embellissement de cette place, qui, mal pavée et mal nivelée, devint peu à peu impraticable. En 1826, elle fut donnée à la ville de Paris, qui y fit élever deux fontaines monumentales, des statues, des colonnes rostrales, formant une sorte de décoration d'opéra d'un goût équivoque, mais séduisant. On y construisit aussi le piédestal d'un monument qui devait être consacré à Louis XVI; mais la révolution de juillet le fit disparaître, et, sur son emplacement, on dressa, en 1836, l'*obélisque de Louqsor* [65], monument jadis élevé dans Thèbes à la gloire de Sésostris et qui est un souvenir de notre expédition d'Égypte. Du pied de cet obélisque on jouit d'une des plus belles perspectives qui soient au monde: au nord, c'est la rue Royale, magnifiquement terminée par l'église de la Madeleine; au levant, c'est le jardin et le château des Tuileries; au sud, c'est la Seine avec le pont de la Concorde, que termine le palais Bourbon; au couchant, c'est la grande allée des Champs-Élysées, qui est couronnée par l'Arc de triomphe de l'Étoile. Depuis ces embellissements, les Champs-Élysées, où l'on a bâti un cirque hippique, un théâtre, des fontaines, des cafés, sont devenus une promenade très-populaire et très-fréquentée. C'est là que se font les fêtes publiques, les grandes entrées triomphales, la promenade de Longchamp, etc. Enfin depuis 1852, on a fait disparaître de la place de la Concorde les fossés qui en coupaient inutilement l'étendue, et l'on a construit dans les Champs-Élysées le *palais de l'Industrie* où s'est fait en 1855 la grande exposition universelle. Les Champs-Élysées et la place de la Concorde ont été, dans ces derniers temps, le théâtre d'événements remarquables: là, le 25 février 1848, Louis-Philippe, qui venait de signer une inutile abdication, fuyant l'insurrection qui s'emparait des Tuileries, est monté dans la modeste voiture qui l'emporta dans l'exil.

Deux beaux monuments, œuvres de Gabriel, et imités de la colonnade du Louvre, décorent le côté septentrional de la place de la Concorde: l'un est l'hôtel Crillon, propriété particulière; l'autre est l'*hôtel du ministère de la marine*: celui-ci renfermait jadis le garde-meuble, c'est-à-dire un trésor rempli de richesses plus curieuses qu'utiles, comme les diamants de la couronne, la chapelle en or du cardinal Richelieu, des vases donnés par les princes orientaux, des armures, des tapisseries, etc. Le 17 septembre 1792, ce garde-meuble fut volé, mais l'on retrouva la plus grande partie des objets dérobés, et le trésor se compose encore aujourd'hui d'une valeur de 21 millions.

La grande allée des Champs-Élysées, qui forme la plus belle entrée de la capitale, se termine par la barrière de l'Étoile, qui mène à Neuilly. Au delà de cette barrière se trouve un arc de triomphe élevé à la gloire des armées françaises et l'un des plus complets monuments de l'Europe. Il fut commencé sur les dessins de Chalgrin, et la première pierre en fut posée le 15 août 1806. Les travaux, interrompus en 1814, furent repris en 1823, époque où l'on voulut consacrer ce monument à la mémoire de l'expédition d'Espagne; interrompus de nouveau en 1830, ils furent repris en 1832, sous la direction de M. Blouet, et achevés en 1836. Sa hauteur est de 50 mètres; sa largeur, de 45; son épaisseur, de 22. C'est le plus colossal monument de ce genre qui existe au monde, et il tire de sa situation sur une éminence, à l'extrémité de l'avenue des Champs-Élysées, un caractère indéfinissable de grandeur et de majesté. Chacune des grandes faces présente deux groupes de sculpture qui expriment l'histoire de la France de 1792 à 1814: des bas-reliefs figurent les principaux événements de nos grandes guerres; enfin, sur les faces intérieures sont inscrits les noms de nos victoires et de nos généraux.

Au delà des Champs-Élysées, à gauche de la grande avenue, sur un coteau qui domine la Seine, se trouve un quartier qui semble un village dans Paris, n'étant composé que de maisons de campagnes et de jardins: c'est *Chaillot*, qui, au VIIe siècle, s'appelait *Nimio*, et, au XIe siècle, *Nigeon*. A cette dernière époque, il formait une seigneurie, qui tomba dans le domaine de la couronne en 1450 et fut donnée par Louis XI à Philippe de Comines. On croit que l'illustre historien y composa une partie de ses mémoires. Le château de Nigeon ou de Chaillot passa à Catherine de Médicis, puis au maréchal de Bassompierre, puis à Marie de Médicis, puis, en 1651, à Henriette, veuve de Charles Ier, qui y établit les religieuses de la Visitation-Sainte-Marie. C'est là qu'elle passa les dernières années de sa vie; c'est là qu'elle mourut en 1669. Bossuet, dans la chapelle de ce couvent, prononça l'oraison funèbre de cette princesse. C'est là aussi que mademoiselle de la Vallière essaya de s'enfermer, à l'époque des premières infidélités de Louis XIV; c'est là que le jeune roi vint l'arracher deux fois à cette sainte retraite et à son repentir. Ce couvent fut détruit en 1790; on ouvrit sur son emplacement plusieurs rues, et l'on projeta, sous l'Empire, de construire sur ce coteau, d'où l'on jouit d'une vue magnifique, un palais destiné au roi de Rome, et dont les jardins devaient s'étendre jusqu'à Saint-Cloud.

Le village de Chaillot fut érigé en 1659 en faubourg de Paris: il fut réuni à la capitale et compris dans son mur d'enceinte en 1787. Il possède une église fort ancienne, sous le vocable de saint Pierre, et ne renferme d'autre établissement public que la maison de Sainte-Perrine, autrefois abbaye, aujourd'hui établissement de retraite pour les vieillards.

Chaillot a eu des habitants célèbres: le président Jeannin, l'historien Mézeray, le maréchal de Vivonne, l'illustre Bailly, etc. Tallien y est mort en 1820, Barras en 1829, madame d'Abrantès en 1838, etc.

Ce quartier ne se trouve séparé que par le mur d'octroi d'une commune très-populeuse qui doit être prochainement confondue dans Paris; c'est *Passy*, qui renferme 12,000 habitants, de nombreuses maisons de campagne et des fabriques importantes; il a été habité par les financiers Lapopilinière et Bertin, l'actrice Contat, le comte d'Estaing, Raynal, Piccini, André Chénier, Franklin, Béranger, etc. Au delà de Passy se trouve le *bois de Boulogne*, transformé aujourd'hui en magnifique jardin anglais avec des massifs d'arbres rares, des lacs, des rivières, des cascades, etc. Ce bois délicieux qui est entouré des belles communes de Neuilly, de Boulogne, d'Auteuil, et au delà de la Seine, de St-Cloud, est devenu la plus belle promenade de Paris. Il est traversé en partie par un chemin de fer.

LIVRE III.

PARIS MÉRIDIONAL.

CHAPITRE PREMIER.

LA PLACE MAUBERT, LA RUE SAINT-VICTOR, LE JARDIN DES PLANTES ET LA SALPÉTRIÈRE.

La *place Maubert*, qui semble plutôt une large rue qu'une place, tire son nom de Jean Aubert, deuxième abbé de Sainte-Geneviève, cette place étant autrefois dans la justice et la censive de l'abbaye. Elle était couverte de maisons dès le XIIᵉ siècle, et, pendant tout le moyen âge, elle a joué le premier rôle comme rendez-vous des écoliers, des bateliers, des oisifs, des tapageurs. De nombreuses émeutes y ont éclaté: c'est là que se rassemblèrent les bandes qui firent le massacre des prisons en 1418; c'est là qu'ont commencé les barricades de 1588. Un marché y était établi de temps immémorial, qui a été transféré en 1819 sur l'emplacement du couvent des Carmes. Enfin, on y a fait de nombreuses exécutions capitales: c'est là que furent brûlés pour crime d'hérésie, en 1533, maître Alexandre d'Évreux et son disciple Jean Pointer; en 1535, Antoine Poille, pauvre maçon; en 1540, Claude Lepeintre, ouvrier orfèvre du faubourg Saint-Marcel. C'est là que périt en 1546, à l'âge de trente-sept ans, l'illustre et malheureux Étienne Dolet, l'ami de Rabelais et de Marot, imprimeur, traducteur de Platon, poète, orateur, l'un des esprits éminents de ce XVIᵉ siècle où la philosophie et la science eurent tant de victimes; accusé d'athéisme il fut condamné «pour blasphèmes, sédition et exposition de livres prohibés et damnés, à être mené dans un tombereau depuis la Conciergerie jusqu'à la place Maubert, où seroit plantée une potence autour de laquelle il y auroit un grand feu, auquel, après avoir été soulevé en ladite potence, il seroit jeté et brûlé avec ses livres, son corps converti en cendres. Et néanmoins est retenu in *mente curiæ* que où ledit Dolet fera aucun scandale ou dira aucun blasphème, sa langue lui sera coupée et sera brûlé tout vif.»

De la place Maubert partent deux des principales artères du Paris méridional: la rue Saint-Victor, qui mène au Jardin-des-Plantes et à la Salpêtrière; la rue de la Montagne-Sainte-Geneviève, qui mène par la rue Mouffetard à la barrière Fontainebleau. Ces deux grandes voies publiques composent, avec celles qui y aboutissent, la partie la plus pauvre, la plus triste, la plus laide de Paris, et les deux quartiers qu'on appelle vulgairement *faubourg Saint-Victor*, *faubourg Saint-Marceau*.

La rue *Saint-Victor* doit son nom et son origine à la célèbre abbaye vers laquelle elle conduisait; elle ne s'étendait d'abord que jusqu'aux rues des Fossés-Saint-Victor et Saint-Bernard, en avant desquelles était jadis une porte de l'enceinte de Philippe-Auguste, démolie en 1684. Là commençait le faubourg où était située l'abbaye et qui est aujourd'hui dénommée comme continuation de la rue Saint-Victor. Au delà des rues Copeau et Cuvier, elle portait, depuis 1626, le nom de *Jardin du Roi*, à cause du Jardin-des-Plantes, dont l'entrée principale était alors dans cette rue; à ce nom a été substitué celui de *Geoffroy-Saint-Hilaire*. Au delà de la rue du Fer-à-Moulin, la grande voie dont nous nous occupons prend le nom de rue du *marché aux chevaux*, à cause de l'établissement de même nom qu'elle renferme, et elle atteint sous ce nom le boulevard de l'Hôpital; enfin, on peut regarder comme sa continuation la rue d'*Austerlitz*, qui aboutit à la barrière d'Ivry.

Les monuments ou établissements publics que renferment la rue Saint-Victor et les rues qui la continuent sont:

1° L'*église Saint-Nicolas-du-Chardonnet*.--C'était autrefois une chapelle bâtie dans le clos ou fief du même nom qui dépendait de l'abbaye Saint-Victor: elle fut transformée en paroisse en 1656 et renfermait les tombeaux de Jean de Selve, négociateur du traité de Madrid, du savant Jérôme Bignon, avocat général au Parlement de Paris et grand maître de la bibliothèque du roi Louis XIII, de Charles Lebrun, le peintre favori de Louis XIV, des membres de la famille Voyer d'Argenson, etc. On y a placé dernièrement celui du poëte Santeul, moine de Saint-Victor. Cette église est une succursale du douzième arrondissement. Auprès d'elle est un séminaire qui a été fondé en 1644; détruit en 1792, il fut rétabli en 1811.

2° La *halle aux vins*. (Voir les quais, page 48.)

3° Le *Jardin des Plantes*, qui a été fondé en 1633 par Bouvard et Guy de la Brosse: ces médecins du roi Louis XIII achetèrent à cet effet quatorze arpents de terrain cultivés, au milieu desquels se trouvait la butte des Copeaux, formée par des dépôts d'immondices, butte avec laquelle on a construit le joli labyrinthe du jardin. Ce jardin, cinq fois moins étendu qu'il n'est aujourd'hui, était alors borné au nord par un vieux mur, au delà duquel, et jusqu'à la Seine, étaient des marais cultivés qui sont aujourd'hui compris dans l'enceinte de l'établissement. Guy de la Brosse y rassembla environ trois mille plantes et y fonda des cours de botanique, de chimie, d'anatomie et d'histoire naturelle. L'œuvre fut continuée successivement, avec autant de zèle que de succès par Vallot, d'Aquin, Fagon, Tournefort, Jussieu et principalement par Buffon. De nouveaux cours furent créés, des amphithéâtres et des galeries construits, et le jardin s'enrichit de collections données par l'Académie des sciences, les missionnaires, les souverains étrangers. Un décret de la Convention, du 14 juin 1793, organisa l'établissement en *Muséum d'histoire naturelle* et y créa douze chaires; Chaptal, sous l'Empire, lui donna une nouvelle extension, et enfin Cuvier a fait du jardin et du muséum le plus magnifique établissement de ce genre qui existe dans le monde. Ses bâtiments aussi simples qu'élégants, ses collections si riches, son jardin si pittoresque excitent une admiration bien légitime; mais, quand on arrive pour visiter ces merveilles par le quartier que nous décrivons, on ne peut s'empêcher de penser qu'il y a peut-être dans Paris cent mille individus croupissant dans des taudis sans feu, sans air, sans pain, qui seraient heureux de loger là où sont entretenus avec une sollicitude si minutieuse les pierres, les fossiles, les singes, les girafes; et l'on se demande si tant de luxe était nécessaire aux progrès des sciences naturelles et au profit que peuvent en tirer les arts utiles.

4° L'*hôpital de la Pitié*.--En 1622, le gouvernement de Louis XIII ayant ordonné d'enfermer les mendiants, dont le nombre était devenu prodigieux et le vagabondage plein de dangers, les magistrats achetèrent à cet effet cinq maisons, dont la principale fut la Pitié. En 1657, quand l'hôpital général de la Salpêtrière fut ouvert, on destina la Pitié aux enfants trouvés et aux orphelins auxquels on apprenait des métiers. En 1809, cet hôpital devint et il est resté un annexe de l'Hôtel-Dieu, qui renferme six cents lits placés dans vingt-trois salles.

5° Le *marché aux chevaux*, fondé en 1641 sur un terrain dit la Folie-Eschalait, par les soins de Baranjon, apothicaire et valet de chambre du roi.

Les monuments publics que renfermait jadis la rue Saint-Victor étaient:

1° Le *collège du cardinal Lemoine*, fondé en 1302, et où Turnèbe, Buchanan, Muret ont professé. Sur son emplacement l'on voit une belle rue qui mène du pont de la Tournelle à la rue Saint-Victor.

2° Le *collège des Bons-Enfants*, près de la porte Saint-Victor et dont le clos était traversé par la muraille de Philippe-Auguste; il avait été fondé dans le XIIIᵉ siècle et comptait parmi ses élèves Calvin. En 1624, il se trouvait presque abandonné, lorsque saint Vincent de Paul y établit le séminaire des Prêtres de la Mission ou de Saint-Firmin, qui subsista jusqu'à la révolution. Alors les bâtiments furent transformés en prisons, et c'est là que, dans les journées de septembre, quatre-vingt-onze prêtres furent massacrés, parmi lesquels le vénérable curé de Saint-Nicolas-du-Chardonnet, Gros, membre de l'Assemblée constituante. Une partie de l'édifice fut ensuite vendue, et dans l'autre partie on établit, en 1817, l'institution des jeunes aveugles, qui y est restée jusqu'en 1842. Cette dernière partie est occupée aujourd'hui par une caserne.

3° L'*abbaye Saint-Victor* occupait tout l'espace compris entre les rues Saint-Victor, des Fossés-Saint-Bernard, Cuvier et la Seine, et avait dans sa juridiction et sa censive presque tout le quartier. Elle avait été fondée en 1110 par Guillaume de Champeaux. Cet illustre chef de l'école de Paris, ayant été vaincu dans les combats de la dialectique et de la théologie par Abeilard, son disciple, se retira près d'une antique chapelle dédiée à saint Victor, dans les champs solitaires qui existaient entre la Seine et la Bièvre, et s'y bâtit une retraite qui devint bientôt, par la protection de Louis VI, une abbaye. Ses disciples l'y suivirent; il reprit ses leçons; Abeilard y vint encore engager contre lui des tournois d'éloquence, de subtilité et d'érudition, où Guillaume fut de nouveau vaincu; mais l'abbaye Saint-Victor n'en devint pas moins l'école la plus florissante de la France, et ses nombreux écoliers attirèrent la population sur la rive gauche de la Seine, dans le voisinage de la montagne Sainte-Geneviève, qui commença dès lors à se couvrir de rues et de maisons. Pendant tout le moyen âge, cette abbaye garda sa célébrité, avec sa règle austère et ses florissantes études. La plupart de ses abbés ont laissé un nom dans l'histoire de l'Église, principalement Hugues de Champeaux, Hugues de Saint-Victor, Richard de Saint-Victor, etc. Saint Bernard la visita plusieurs fois et entretint avec elle des relations continuelles. Saint Thomas de Cantorbéry l'habita lorsqu'il vint se réfugier en France. Un grand nombre d'évêques de Paris, parmi lesquels Maurice de Sully, ont voulu mourir dans cette sainte maison et y être inhumés. Son cimetière renfermait plus de dix mille morts, parmi lesquels le théologien Pierre Comestor, le poëte Santeul, le jésuite Maimbourg, etc. Cette abbaye a gardé jusqu'à la révolution sa réputation scientifique: sa bibliothèque, d'abord composée d'ouvrages ridicules, au dire de Rabelais et de Scaliger, devint très-précieuse lorsqu'elle fut dotée, en 1652 et 1707, par deux savants magistrats, Henri Dubouchet et le président Cousin: elle renfermait plus de vingt mille manuscrits. L'abbaye avait conservé de sa première fondation son cloître percé de jolies arcades soutenues par des groupes de colonnettes, et quelques parties de son église, qui avait été reconstruite sous François Ier, entre autres un élégant clocher et une crypte souterraine. L'enclos était traversé par un canal dérivé de la Bièvre en 1148.

L'abbaye Saint-Victor fut supprimée et détruite en 1790; la plus grande partie des terrains a été attribuée à la halle aux vins en 1808; l'autre partie a servi à former les deux rues Guy-de-la-Brosse et Jussieu et la petite place Saint-Victor, etc. L'administration municipale n'a pas eu un souvenir pour l'abbaye, dont les écoles ont amené le peuplement de la montagne Sainte-Geneviève, et, au lieu de donner aux rues ouvertes sur ses ruines les noms ou de Guillaume de Champeaux, ou de Hugues de Saint-Victor, ou de Maurice de Sully, ou même les noms plus populaires, plus mondains d'Abeilard et de Santeul, elle leur a donné ceux des fondateurs du Jardin-des-Plantes. Il restait de l'abbaye, au coin de la rue de Seine, une tour, dite Alexandre, à laquelle était adossée une fontaine et qui jadis servait de prison pour les jeunes nobles débauchés: elle a été détruite en 1840 et remplacée par une fontaine monumentale élevée à la gloire de Cuvier.

Voici les rues les plus remarquables qui aboutissent aux rues Saint-Victor, Geoffroy-Saint-Hilaire, etc.:

1° Rue de *Bièvre*.--Cette rue est ainsi appelée d'un canal qui fut dérivé de la rivière de Bièvre dans le XIIe siècle, à travers l'abbaye Saint-Victor et le clos du Chardonnet, et qui s'écoulait par cette rue dans la Seine. Ce canal existait encore, sous forme d'un large égout, à la fin du XVIIe siècle. Dans la rue de

Bièvre était le collége Saint-Michel, qui, suivant Piganiol, «a servi d'hospice,» au fameux cardinal Dubois, lequel y fut admis d'abord comme valet, ensuite comme boursier.

2° Rue des *Bernardins*.--Elle tire son nom d'un collége fondé en 1244 pour les religieux de l'ordre de Cîteaux. Le jardin de ce collége a servi à ouvrir, en 1773, le marché aux Veaux, ainsi que les rues de Pontoise et de Poissy. Quant aux bâtiments, il en reste une partie située rue de Pontoise et où l'on remarque un vaste réfectoire divisé en trois nefs, construction du XIVe siècle, aussi élégante que hardie; ces bâtiments ont servi longtemps de dépôt d'archives pour la ville; aujourd'hui, ils sont transformés en caserne de sapeurs-pompiers. L'église n'existe plus; elle datait de 1388 et avait été commencée par le pape Benoît XII; quoique non achevée, elle passait pour un chef-d'œuvre. Elle servit de prison en 1792, et, dans les journées de septembre, soixante-dix individus, condamnés aux galères et qui s'y trouvaient renfermés, y furent massacrés.

Dans la rue des Bernardins était la maison de la famille Bignon, famille parisienne qui a rendu les plus grands services aux sciences et a donné d'illustres magistrats.

3° Rue des *Fossés-Saint-Victor*.--Elle a été bâtie sur l'emplacement de l'enceinte de Philippe-Auguste et quelques maisons gardent des vestiges de cette enceinte. Au n° 13 a demeuré Buffon. Au n° 23 est une maison qui a été habité par le poète Baïf, où il réunissait les beaux esprits de son temps et dans laquelle Charles IX et Henri III assistèrent à des représentations musicales. Cette maison devint, en 1633, le couvent des religieuses anglaises de *Notre-Dame de Sion*, fut vendue en 1790 et a été rachetée en 1816 par les mêmes religieuses. Auprès d'elle est une maison qui a été bâtie par le grand peintre Lebrun et où il est mort. Au n° 27 était le collége ou *séminaire des Écossais*, fondé par Philippe-le-Bel, rebâti en 1662 pour les catholiques de la Grande-Bretagne; la chapelle renfermait les tombeaux de plusieurs princes de la maison des Stuart. Au n° 24 a demeuré l'auteur des *Essais historiques sur Paris*, Saint-Foix. Au n° 37 était la *congrégation des prêtres de la Doctrine chrétienne*, fondée en 1627 par Gondi, archevêque de Paris, pour former des professeurs et des prédicateurs. La bibliothèque était très-riche et publique. Cette maison occupait une partie du *clos des arènes*, dans lequel, du temps des Romains, était un cirque pour les jeux publics. Ce cirque avait été rétabli par le roi Chilpéric, et l'on en voyait encore des débris au XIIIe siècle.

Au coin des rues Saint-Victor et des Fossés-Saint-Victor était la maison de l'épicier Desrues, fameux empoisonneur, qui fut brûlé en place de Grève en 1770.

4° Rue *Lacépède*, qui jusqu'à ces dernières années s'est appelée *Copeau*, du clos des Coupeaux, sur lequel elle a été ouverte. Dans cette rue est la *prison de*

Sainte-Pélagie, dont l'entrée est rue de la Clef. Cette prison était autrefois un refuge, fondé en 1681 par madame Beauharnais de Miramion [66], pour les filles débauchées, et où l'on renfermait aussi, par l'ordre des magistrats, les femmes de mauvaise vie. En 1792, cette maison devint une prison pour les criminels ordinaires; mais cela n'empêcha pas d'y mettre des détenus politiques, et l'on y renferma successivement royalistes, girondins, montagnards, chouans, opposants au régime impérial. Madame Roland, Joséphine Beauharnais, Charles Nodier y ont été détenus. En 1797, elle devint la prison des détenus pour dettes et une maison de correction pour les enfants vagabonds; elle resta en même temps une maison de réclusion pour les condamnés politiques, principalement pour les écrivains. Aussi a-t-elle eu des hôtes célèbres sous la Restauration et le gouvernement de Louis-Philippe: Béranger, Châtelain, Jay, Jouy, Armand Carrel, Marrast, Godefroy Cavaignac, Lamennais, etc. En 1828, la maison fut dédoublée et partagée en deux prisons, l'une de la dette, l'autre de la détention: de celle-ci s'évadèrent en 1835 vingt-huit détenus républicains. Cette même année, les prisonniers pour dettes furent transférés rue de Clichy, et Sainte-Pélagie est restée dès lors une prison pour tous les délits ou crimes civils ou politiques.

5° Rue d'*Orléans*, ainsi appelée d'un *séjour* qui avait appartenu au duc d'Orléans, frère de Charles VI. Ce séjour était compris entre les rues d'Orléans, Fer-à-Moulin, Mouffetard et Jardin-des-Plantes; c'était une habitation toute champêtre, traversée par la Bièvre, accompagnée de *saulsayes* et d'un jardin où «étoient cerisier, lavande, romarin, pois, fèves, treilles, haies, choux, porées pour les lapins et chenevis pour les oiseaux.» Le duc d'Orléans y donna plusieurs fêtes. Cette propriété passa dans la maison d'Anjou-Sicile et fut habitée par Marguerite d'Anjou, veuve de Henri VI d'Angleterre; elle fut réunie à la couronne sous Louis XI, vendue à la famille de Mesmes au XVIᶜ siècle, et divisée en plusieurs logis. Dans l'un d'eux fut établi, en 1656, le couvent des Filles de la Croix, pour l'éducation des enfants pauvres.

6° Rue *Censier*.--C'était autrefois une impasse qui avait été ouverte dans les jardins du séjour d'Orléans: on l'appela, comme toutes les impasses, rue *sans chef*, et, par corruption, *Sencée* et *Censier*. Elle est bordée par la Bièvre et habitée principalement par des tanneries.

Au coin de la rue du Pont-aux-Biches, sur les bords de la rivière, était autrefois l'*hospice de Notre-Dame de la Miséricorde*, appelé vulgairement les *Cent-Filles*, et qui avait été fondé en 1624 par le président Séguier. C'était à l'époque où le nombre des pauvres était devenu très-considérable dans Paris et où la charité privée venait en aide à la sollicitude du gouvernement pour le diminuer. Le président Séguier acheta une partie du séjour d'Orléans et y fonda un hôpital pour cent jeunes filles nées à Paris et orphelines de père et de mère, auxquelles on donnait une éducation chrétienne, un métier et une dot, et qui n'en sortaient qu'à vingt ans. Par un privilége royal, les compagnons d'arts et métiers qui, après avoir fait leur apprentissage, épousaient les filles de cet hôpital, étaient reçus maîtres sans faire de chef-d'œuvre et sans payer les droits de réception. L'administration de ce bel établissement appartenait au Parlement et à la famille du fondateur. Il fut détruit en 1790, et la propriété de la maison a été donnée à l'administration des hôpitaux de Paris.

7° Rue *Fer-à-Moulin*, ou, plus exactement, *Permoulin*, du nom d'un de ses habitants. Cette rue existait dès le XIIᵉ siècle et faisait partie du hameau de Richebourg. Elle renfermait des hôtels ou *séjours* remarquables appartenant aux comtes de Boulogne, aux comtes de Forez, aux comtes d'Armagnac, etc. On y trouve la *maison de Scipion*, ainsi appelée d'un hôtel bâti par Scipion Sardini, sous Henri III, qui fut acquis par la ville de Paris en 1622 pour en faire un hospice, et qui est aujourd'hui la boulangerie des hôpitaux civils de Paris.

8° Rue des *Fossés-Saint-Marcel*, bâtie sur les fossés qui entouraient le bourg Saint-Marcel. C'est une rue triste, tortueuse, pleine de masures, à peine habitée. On y trouvait le cimetière Clamart, ainsi appelé d'un hôtel de même nom, sur l'emplacement duquel il a été ouvert: c'était là qu'on enterrait les malheureux morts à l'hôtel-Dieu [67] et les suppliciés; il est aujourd'hui fermé. Dans la foule des morts tristement fameux que renferme ce coin de terre, il faut nommer Pichegru.

9° *Boulevard de l'Hôpital*.--En 1760, Louis XV ordonna «l'établissement et la construction d'un nouveau rempart au midi de la ville, pour la commodité des abords et l'embellissement de cette partie de la capitale, ledit rempart devant commencer à la barrière de la rue de Varennes, du côté des Invalides, et finir au bord de la rivière de Seine, sur le port hors Tournelle.» Ainsi fut formée, à l'imitation des boulevards intérieurs du nord, qui commençaient à devenir une promenade fréquentée, la série des boulevards intérieurs du midi, qui commencent place Valhubert, en face le pont d'Austerlitz, longent le mur d'enceinte de la ville, depuis la barrière d'Italie jusqu'à la hauteur du cimetière Montparnasse, et, se continuant dans l'intérieur de la ville, se terminent près de l'entrée de l'hôtel des Invalides. Ces boulevards ont été pendant longtemps de grandes chaussées bordées de beaux arbres, mais boueuses, désertes, où s'élevaient à peine quelques rares maisons. Depuis quelques années, ils ont été assainis, réparés et sont bordés presque partout de constructions; mais ils sont loin d'avoir l'animation et la population des boulevards du nord; ce sont des voies de communication ordinaires et non le rendez-vous de la mode, du luxe et des plaisirs.

Le boulevard de l'Hôpital commence à la place Valhubert et finit à la barrière d'Italie. Il est assez fréquenté, à cause des établissements publics qu'il renferme; mais il n'en est pas moins aussi triste que le quartier qu'il avoisine, et il n'est bordé, surtout dans sa partie orientale, que par des masures. On y trouve:

1° *L'embarcadère du chemin de fer d'Orléans.*

2° L'*hospice de la Vieillesse-Femmes* ou l'*hôpital général de la Salpêtrière.*

Au commencement du règne de Louis XIII, le nombre des mendiants et des vagabonds s'était accru de telle sorte, que le gouvernement, les magistrats parisiens et quelques personnes charitables cherchèrent à le diminuer en ouvrant des asiles à ces malheureux: ainsi, en 1615, Marie de Médicis transforma l'établissement de la Savonnerie en hôpital pour les pauvres; en 1622, la ville de Paris acheta pour le même objet la maison de Scipion, l'hospice de la Pitié, etc. Tout cela devint insuffisant après les troubles de la Fronde et l'accroissement continuel que prenait Paris: le nombre des mendiants s'éleva jusqu'à quarante mille, et les moyens de police étant alors presque nuls ou réduits à quelques ordonnances du Parlement, il devint menaçant pour la tranquillité publique. «Il n'était pas facile, dit Jaillot, de dissiper une foule de vagabonds qui ne connaissaient de loi que leur cupidité, qui demandaient avec arrogance et souvent n'obtenaient que par violence ou par adresse les secours dont ils étaient indignes, et qui, par leur nombre ou par leur audace, étaient capables de se porter aux plus grands excès pour se maintenir dans leur indépendance.» Alors, en 1656, le roi, sur la proposition de Pomponne de Bellièvre, premier président du Parlement, se décida à porter remède au mal. Son ordonnance de fondation de l'hospice général des pauvres est un véritable monument de sagesse et de dignité. «Comme nous sommes redevables, dit-il, à la miséricorde divine de tant de grâces et d'une visible protection qu'elle a fait paraître sur notre conduite à l'avénement et dans l'heureux cours de notre règne, par le succès de nos armes et le bonheur de nos victoires, nous croyons être plus obligés de lui en témoigner nos reconnaissances par une royale et chrétienne application aux choses qui regardent son honneur et son service... considérant les pauvres mendiants comme membres vivants de Jésus-Christ et non pas comme membres inutiles de l'État, et agissant en la conduite d'un si grand œuvre, non par ordre de police, mais par le motif de la charité... A ces causes... nous ordonnons que les pauvres mendiants valides de l'un et l'autre sexe soient enfermés, pour être employés aux ouvrages, travaux de manufactures, selon leur pouvoir... Donnons à cet effet, par les présentes, la maison et l'hôpital, tant de la Grande et Petite Pitié que du Refuge, sis au faubourg Saint-Victor, la maison et l'hôpital de Scipion et la maison de la Savonnerie; ensemble maisons et emplacement de Bicêtre... Voulons que les lieux servant à enfermer les pauvres soient nommés l'*Hôpital général des pauvres*; que l'inscription en soit mise, avec l'écusson de nos armes, sur le portail de la maison de la Pitié; entendons être conservateur et protecteur dudit hôpital,» etc.

Les établissements indiqués étant insuffisants pour contenir les pauvres, on éleva, d'après les dessins de Libéral Bruant, sur l'emplacement d'une *salpêtrière* bâtie par Louis XIII, l'église et les vastes bâtiments qui existent aujourd'hui, et l'on y enferma jusqu'à cinq mille pauvres, aveugles, enfants, aliénés, etc.; les autres se dispersèrent ou furent renvoyés dans leurs provinces. En 1662, ce nombre était déjà doublé; mais les directeurs, ne pouvant les nourrir, allaient être forcés de leur ouvrir les portes, quand on se décida à mettre les hommes à Bicêtre, à la Pitié, etc., et à ne garder à la Salpêtrière que les femmes et les enfants. En 1720, on y créa une maison de travail pour huit cents orphelins, deux cent cinquante cellules pour loger de vieux ménages, et une prison pour les femmes débauchées. Dans les dernières années de l'ancien régime, le nombre de ces femmes était devenu si grand à Paris, que chaque semaine la police en enlevait une centaine: «On les conduit, dit Mercier, dans la prison de la rue Saint-Martin, et, le dernier vendredi du mois, elles reçoivent à genoux la sentence qui les condamne à être enfermées à la Salpêtrière. Le lendemain, on les fait monter dans un chariot qui n'est pas couvert; elles sont toutes debout et pressées: l'une pleure, l'autre gémit; celle-ci se cache le visage; les plus effrontées soutiennent les regards de la populace, qui les apostrophe; elles ripostent indécemment et bravent les huées qui s'élèvent sur leur passage. Ce char scandaleux traverse une partie de la ville en plein jour.» En 1789, la Salpêtrière était le réceptacle de toutes les misères et infirmités humaines: il y avait sept à huit mille femmes indigentes et autant de détenues, des femmes enceintes, des enfants trouvés, des fous, des épileptiques, des estropiées, des incurables de tout genre. Aujourd'hui et depuis 1802, l'hospice est destiné spécialement aux vieilles femmes âgées de soixante-dix ans, ou insensées, ou aveugles, ou accablées de maladies incurables. Il en renferme près de six mille. C'est le plus vaste hôpital de l'Europe, ou, pour mieux dire, une ville d'hospices, qui a ses rues, ses quartiers, son marché, et qui se compose de quarante-cinq corps de bâtiments ayant une superficie de trente hectares. L'église est très-belle: c'est un dôme octogone percé de huit arcades, sur lesquelles s'ouvrent autant de nefs.

CHAPITRE II.

LA MONTAGNE SAINTE-GENEVIÈVE, LA RUE MOUFFETARD, LES GOBELINS.

De la place Maubert part une rue tortueuse, escarpée, populeuse, qui, sous les noms de *Montagne-Sainte-Geneviève*, *Descartes* et *Mouffetard*, atteint la barrière de Fontainebleau. C'était jadis l'une des deux grandes voies romaines qui joignaient Lutèce à l'Italie; aujourd'hui, c'est l'artère principale de cette partie de la capitale qu'on appelle vulgairement faubourg *Saint-Marceau*. Ce faubourg occupe principalement le *Mons Cetardus*, qui, du temps des Romains, était un champ de sépultures. Saint Marcel, évêque de Paris, ayant été enterré sur cette éminence en 436, il se forma autour de son tombeau, vénéré des Parisiens, un bourg qui prit son nom. Ce bourg fut détruit par les Normands et commença à se repeupler au XIIᵉ siècle, mais lentement et avec une population pauvre et misérable. Charles V et Charles VI lui accordèrent quelques priviléges; au XVᵉ siècle, la ville Saint-Marcel fut déclarée faubourg de Paris. A cette époque fut réuni à ce faubourg, et prit son nom, le *riche bourg* ou *bourg Saint-Médard*, qui s'était formé vers le XIIᵉ siècle entre la montagne Sainte-Geneviève et le mont Citard, et qui était séparé du bourg Saint-Marcel par la Bièvre. Ces deux bourgs formaient dès lors un quartier hideux, sale, barbare, où les cabanes et les masures étaient groupées confusément, où les ruelles et les culs-de-sac immondes grimpaient, couraient, s'entre-croisaient au hasard, où les cloaques infects se mêlaient à des champs de verdure, où croupissait une population de truands, de jongleurs, de *tire-laines*, mêlée à une population d'ouvriers en cuir et en bois, souffrante, malingre, misérable. A la fin du XVIIIᵉ siècle, cette situation n'était pas grandement changée: «Le faubourg Saint-Marcel, dit Mercier, est le quartier où habite la populace de Paris la plus pauvre, la plus remuante, la plus indisciplinable. Il y a plus d'argent dans une seule maison du faubourg Saint-Honoré que dans tout le faubourg Saint-Marcel. C'est là que se retirent les hommes ruinés, les misanthropes, les maniaques et aussi quelques sages studieux qui cherchent la solitude... Il n'y a pas là un seul monument à voir; c'est un peuple qui n'a aucun rapport avec les Parisiens, habitants polis des bords de la Seine... Les séditions et les mutineries ont leur origine cachée dans ce foyer de la misère obscure. La police craint de pousser à bout cette populace plus méchante, plus inflammable, plus querelleuse que dans les autres quartiers; on la ménage, parce qu'elle est capable de se porter aux plus grands excès... Les maisons n'y ont point d'autre horloge que le cours du soleil; les hommes y sont reculés de trois siècles par rapport aux arts et aux mœurs régnantes... Une famille entière occupe une seule chambre, où l'on voit les quatre murailles, et, tous les trois mois, les habitants changent de trou, parce qu'on les chasse, faute de payement du loyer. Ils errent ainsi et promènent leurs misérables meubles d'asile en asile. On ne voit point de souliers dans ces demeures; on n'entend le long des escaliers que le bruit des sabots. Les enfants y sont nus et couchent pêle-mêle...»

Ces lignes étaient écrites à la veille de notre révolution, et, à la honte des dix gouvernements qui se sont succédé depuis 1789, ce coin de Paris est encore aujourd'hui à peu près ce qu'il était au moyen âge et sous le règne de Louis XVI. L'air, l'aisance et la propreté y ont à peine pénétré; les rues sont encore fangeuses, mal pavées, tortueuses, escarpées; les maisons sont délabrées, noires, infectes, dignes des anciennes cours des Miracles; la population y est sale, jaune, maladive, abrutie par la faim ou par l'ivresse; elle n'est occupée qu'à des travaux dégoûtants ou pénibles et composée en grande partie de tanneurs, de chiffonniers, de boueurs, etc. [68]. A part les fabriques de cuirs, il ne s'y trouve pas de grandes manufactures. La pauvreté de ces parias de la capitale du luxe et des arts est profondément triste et repoussante: des milliers de familles sont entassés dans des bouges fétides, dormant sur des haillons ou sur la paille, ne vivant d'ordinaire que du pain de l'aumône. C'est la que les maladies épidémiques, que le terrible choléra se gorgent facilement de victimes; c'est là que les prédicateurs d'anarchie, que les fauteurs de désordre trouvent facilement des auditeurs et des partisans. On sait que le faubourg Saint-Marceau a joué dans la révolution le même rôle que le faubourg Saint-Antoine; on sait que ce quartier a été horriblement ensanglanté dans la bataille de juin 1848. Hâtons-nous d'ajouter que cette population si malheureuse et trop négligée, dans laquelle se résument toutes les misères et les hontes de notre civilisation, qui donne tant d'hôtes aux bureaux de bienfaisance et aux hôpitaux, en donne moins que certains quartiers du centre aux prisons et aux cours d'assises.

§ Ier.

Rue de la Montagne-Sainte-Geneviève.

La rue de la *Montagne-Sainte-Geneviève* doit son nom et son origine à la célèbre église vers laquelle elle conduisait. Dans cette rue très-ancienne et très-escarpée se trouvaient:

1° Le *couvent des Carmes*.--Ces religieux, qui disaient avoir pour fondateurs les prophètes Élie et Élisée, étaient venus d'Orient, à la suite de saint Louis, et avaient été établis d'abord rue des Barrés[69]; ils furent transférés à la place Maubert par Philippe-le-Bel. Leur église, qui datait de 1353, était un monument précieux, surtout par ses chapelles, véritables bijoux d'architecture; elle renfermait de nombreuses sépultures, parmi lesquelles celle du libraire Corrozet, le premier historien de Paris. Leur cloître était le plus charmant asile que jamais l'art ait ouvert à la méditation: il était décoré de curieuses peintures et d'une chaire où la pierre avait pris sous le ciseau de l'artiste les formes les plus délicates et les plus variées. Ce couvent, supprimé en 1790, servit de manufacture d'armes pendant la révolution et a été détruit en 1811. Sur son emplacement on a construit un beau marché.

2° Les *colléges de Laon* (n° 24), de la *Marche* (n° 37), des *Trente-Trois* (n° 52).

3° Le *collége de Navarre*, fondé par Jeanne de Navarre, femme de Philippe-le-Bel, en 1304. «Il n'y a point de collége, dit Piganiol, qui ait reçu de plus grands honneurs ni de plus grandes marques de distinction que celui-ci.» «C'était, ajoute Jaillot, l'école de la noblesse française et l'honneur de l'Université.» «Henri IV y fut mis, dit l'historien Matthieu, pour y être institué aux bonnes lettres. Il y eut pour compagnons le duc d'Anjou, qui fut son roi (Henri III), et le duc de Guise, qui le voulut être.» C'était le seul collége de Paris où il y eût exercice complet, c'est-à-dire où l'on enseignât la théologie, la philosophie et les humanités. Louis XIII et Richelieu réunirent à cet établissement les colléges de Boncourt et de Tournay. Parmi ses professeurs et ses élèves, on compte Oresme, Gerson, Ramus, Richelieu, Bossuet, etc. Ce collége fut détruit en 1790, et en 1804 on y transféra l'*École Polytechnique*, qui, fondée en 1795, avait été d'abord placée au Palais-Bourbon. On sait que c'est à Carnot et à Prieur de la Côte-d'Or qu'on doit l'idée première de cette belle institution, qui a rendu de si grands services, qui a donné tant d'hommes illustres au pays. Les élèves de cette école ont joué un grand rôle dans l'histoire des révolutions de Paris: en 1814, ils étaient à la barrière du Trône, résistant avec les canons de la garde nationale à la cavalerie des alliés; en 1830, le peuple alla les chercher et les mit à la tête de ses bandes insurgées; en 1832, ils prirent part à l'insurrection de juin; en 1848, ils servirent d'abord de généraux aux hommes des barricades, puis d'aides de camp au gouvernement provisoire. Aussi cette école, qui pourtant alimente les corps savants et donne accès à des carrières privilégiées, jouit-elle d'une grande popularité, principalement dans la partie la moins éclairée de la population.

Auprès du collége de Navarre était celui de *Boncourt*, qui avait été fondé en 1353 «pour huit pauvres escholiers étudiant en logique et en philosophie qui avoient chacun 4 sols par semaine.» Au XVIᵉ siècle, on y joua, devant Henri II et sa cour, les tragédies de Jodelle. Il a eu pour élèves le diplomate d'Avaux et le littérateur Voiture. Ses bâtiments sont aujourd'hui occupés par l'École Polytechnique.

La rue de la Montagne-Sainte Geneviève aboutit à une place où est bâtie l'église *Saint-Étienne-du-Mont*, qui date du XIIᵉ siècle. Elle fut reconstruite en 1517 et forme l'un des plus curieux monuments de Paris par son architecture aussi étrange que hardie, ses vitraux et son magnifique jubé, chef-d'œuvre de légèreté et de délicatesse. Son portail date de 1610. Trois des plus grands hommes dont la France s'honore, aussi illustres par leur génie que par la simplicité de leur vie, dont la gloire est aussi pure que complète, Lesueur, Pascal et Racine, y avaient été enterrés, mais des inscriptions seules rappellent leurs sépultures. On y trouvait aussi les sépultures de Lemaître de Sacy, du médecin Simon Piètre, du grand naturaliste Tournefort. L'église Saint-Étienne, aujourd'hui paroisse du douzième arrondissement, a hérité de toute la vénération qu'on portait jadis à l'église Sainte-Geneviève, à laquelle elle était accolée et dont elle était une dépendance. C'est là qu'est déposé le tombeau de la patronne de Paris, vide de ses reliques, mais qui n'en est pas moins l'objet d'un pèlerinage perpétuel. On y trouve aussi quelques tableaux, des ornements, des tombeaux, qui décoraient autrefois la royale basilique dont nous allons parler. Le 3 janvier 1857, cette église a été ensanglantée par un crime monstrueux: Sibour, archevêque de Paris, y fut assassiné par un prêtre interdit, au milieu des fidèles rassemblés pour célébrer la fête de sainte Geneviève.

Sur le sommet de la principale éminence qui dominait l'ancien Paris existait, du temps des Romains, un cimetière où Clovis, à son retour de la bataille de Vouglé, et sur la prière de sa femme, fit élever une église en l'honneur de saint Pierre et de saint Paul. Il y fut enterré, ainsi que Clotilde, et, après lui, sainte Geneviève, plusieurs princes de sa famille, plusieurs évêques de Paris, etc. Son tombeau était au milieu du chœur, orné de sa statue; on y lisait cette inscription, qui datait de 1177:

CHLODOVEO MAGNO, HUJUS ECCLESIÆ FUNDATORI.
SEPULCRUM VULGARI OLIM LAPIDE STRUCTUM ET LONGO
ÆVO DEFORMATUM, ABBAS ET CONVENT. MELIORI OPERE
ET FORM RENOVAVERUNT [70].

Ce tombeau, restauré dans le XVIIᵉ siècle par les soins du cardinal-abbé de La Rochefoucauld, a été transféré en 1816 à l'église abbatiale de Saint-Denis.

La basilique des saints apôtres, ornée à l'envi des plus beaux priviléges par les rois et les papes, soumise immédiatement au saint-siége, devint rapidement l'une des plus fameuses de la Gaule. C'est là que, en 577, Chilpéric et Frédégonde firent condamner l'évêque de Rouen, Prétextat, qui avait marié Brunehaut et Mérovée. Plusieurs autres conciles y furent tenus dans les VIᵉ et VIIᵉ siècles; et à cause de la vénération inspirée par le tombeau de sainte Geneviève, le nom de cette touchante patronne de Paris prévalut sur celui de saint Pierre et de saint Paul. Les Normands la brûlèrent en 857: «Elle était, dit un contemporain, décorée au dedans et au dehors de mosaïques, ornée de peintures. Les barbares la livrèrent aux flammes; ils n'épargnèrent ni le saint lieu, ni la bienheureuse Vierge, ni les autres saints qui y reposent.» Cependant la basilique fut plutôt dévastée que détruite: on la répara grossièrement, et elle resta dans ce délabrement jusqu'en 1185, où l'abbé Étienne de Tournay la fit presque entièrement rebâtir. Depuis cette époque, des réparations peu importantes y furent faites, et, à l'époque de sa destruction, elle offrait un modèle précieux des architectures mêlées des VIIe et XIIe siècles. Sa façade se composait simplement d'une grande muraille presque nue, surmontée d'une espèce de fronton triangulaire; elle était percée de trois petites portes et ouverte par une fenêtre en forme de rose. Elle datait, au moins dans sa partie inférieure, du VIIe siècle, ainsi que les murailles latérales et une partie de la crypte. Cette crypte était peuplée de tombeaux: au milieu d'eux était celui de sainte Geneviève, tombeau vide, car les reliques de la vierge de Nanterre étaient renfermées dans une châsse d'or exposée derrière l'autel. Cette châsse était elle-même un monument: elle datait du XIIIe siècle et avait été restaurée au XVIIe dans un style assez lourd; ornée de douze statues d'or, elle était élevée sur quatre grandes colonnes de marbre et portée par quatre statues de vierges armées de flambeaux. Dans les grandes calamités, quand les rois étaient malades, ou bien quand la pluie ou la sécheresse faisait craindre une mauvaise récolte, on découvrait ou bien on descendait cette précieuse châsse, et on la promenait dans Paris avec la plus grande pompe. C'était le clergé de Notre-Dame portant les reliques de saint Marcel, cet autre patron de Paris, qui venait chercher la sainte et allait de même la reconduire après la cérémonie [71]. Tous les corps de l'État, le clergé, la magistrature, les métiers assistaient à ces processions solennelles, où il y avait une affluence incroyable[72] et qui étaient ordinairement retracées dans des tableaux votifs: le plus remarquable de ces tableaux est celui de Largillière, qui représente la procession miraculeuse de 1694, la plus magnifique qui jamais fut faite; il existe encore dans l'église Saint-Étienne-du-Mont. La dévotion à sainte Geneviève était si ardente chez le peuple parisien et surtout chez les femmes, qu'elle dégénérait en idolâtrie: on n'abordait les reliques de la sainte qu'avec des pleurs, des soupirs, des sanglots, des transports de passion enthousiaste; on lui demandait par billets écrits des remèdes pour tous les maux, des consolations pour tous les chagrins; on faisait toucher à la châsse des draps, des chemises, des vêtements. On sait qu'en 1793 cette châsse fut détruite, martelée, envoyée à la Monnaie, et que les reliques de sainte Geneviève furent brûlées sur la place de Grève; mais la Commune de Paris, qui commit ce sacrilége, n'osa le faire que nuitamment, de peur d'une résistance populaire [73].

Vers le milieu du XVIIIe siècle, l'église Sainte-Geneviève menaçait ruine; il fut résolu de la remplacer par un édifice digne de la patronne de Paris, et alors fut commencé le grand monument qu'on appelle aujourd'hui le *Panthéon*, et dont nous parlerons dans le chapitre suivant. La vieille église fut détruite en 1807, et l'on ouvrit sur son emplacement la rue Clovis. Il reste d'elle une tour, qui fait partie du lycée Napoléon et qui date du XIIe siècle.

A l'église Sainte-Geneviève attenait une riche et célèbre abbaye, qui avait été fondée probablement dans le même temps qu'elle. Au XIIe siècle, elle devint le siège d'une congrégation régulière, qui se composait en France de plus de cent maisons. Ses bâtiments et ses jardins occupaient l'espace compris entre les rues Bordet, Fourcy, de l'Estrapade, les places du Panthéon et de Saint-Étienne-du-Mont; de plus, elle possédait le bourg Saint-Médard, les clos du *Chardonnet*, des *Coupeaux*, des *Saussayes*, de la *Cendrée* ou *Cendrier*.

Les Génovéfains étaient justement renommés pour leur savoir, leurs travaux théologiques, leur piété et leur penchant pour les doctrines du jansénisme. C'est auprès d'eux que se retira le duc d'Orléans, fils du régent, pour s'y occuper d'ouvrages de controverse et de pratiques religieuses. Leur bibliothèque était aussi remarquable par la beauté de l'édifice que par le choix des livres: elle avait été formée par les pères Fronteau, Lallemand et Du Molinet, sous les ordres du cardinal de La Rochefoucauld, et renfermait en 1790 quatre-vingt mille manuscrits, avec une belle collection d'antiquités et de médailles.

L'abbaye Sainte-Geneviève ayant été abolie en 1790, ses bâtiments servirent pendant plusieurs années à des assemblées populaires. C'est là que se tint, en 1796, le *club du Panthéon*, où se réfugièrent tous les débris des factions révolutionnaires, où les doctrines de Babeuf trouvèrent un auditoire, et qui fut fermé par les ordres du Directoire. La plus grande partie de ces bâtiments est occupée aujourd'hui par le collége Henri IV ou *lycée Napoléon*. Quant à la bibliothèque, elle était restée jusqu'à ces dernières années dans la belle galerie des Génovéfains; mais, sous prétexte que ce local, si magnifique, si regrettable, menaçait ruine, elle vient d'être transférée dans un vaste édifice construit à grands frais sur l'ancien collége Montaigu. Cette bibliothèque renferme aujourd'hui deux cent cinquante mille volumes.

La principale rue qui débouche dans la rue de la Montagne-Sainte-Geneviève est celle des *Noyers*.

Cette rue, ouverte sur le clos Bruneau, doit son nom aux arbres qui garnissaient le bas de la Montagne-Sainte-Geneviève. Dans une de ses maisons est né J.-B. Rousseau. Deux rues importantes débouchent dans la rue des Noyers: ce sont les rues des *Carmes* et *Saint-Jean-de-Beauvais*.

Dans la rue des Carmes, au n° 6, était le collége de Presles, fondé en 1323 par Raoul de Presles, conseiller de Charles V: Ramus s'y cacha à la Saint-Barthélémy, y fut découvert, poignardé et jeté dans la rue. Au n° 23 était le collége des Lombards, fondé en 1331 et transformé en 1682 en séminaire pour les Irlandais.

La rue des Carmes a pour prolongement la rue des *Sept-Voies*, dans laquelle se trouvait l'église Saint-Hilaire, qui avait donné son nom à une partie de la Montagne-Sainte-Geneviève, dite mont Saint-Hilaire. On y trouvait de plus: au n° 9, le collége-hospice de la Merci, fondé en 1515; au n° 18, le collége de

Reims, dont les bâtiments sont occupés aujourd'hui par le collége Sainte-Barbe; au n° 25, le collége Fortet, qui a eu Calvin pour élève et qui a été le premier berceau de la Ligue: là furent élus les Seize dans une assemblée de quatre-vingts personnes; au n° 26, le collége Montaigu, qui avait été fondé en 1314 et qui ne recevait que de pauvres étudiants: «Dans le commencement, ils allaient aux Chartreux recevoir avec les pauvres le pain que ces religieux faisaient distribuer à la porte de leur monastère. Jamais ils ne mangeaient de viande et ne buvaient de vin; ils jeûnaient perpétuellement; leur habillement consistait en une cape de gros drap brun, ce qui les faisait appeler les pauvres capettes de Montaigu.» Ce collége a eu Érasme pour élève. En 1790, il fut transformé en hôpital, puis en prison militaire; on l'a démoli récemment pour construire sur son emplacement la nouvelle bibliothèque Sainte-Geneviève.

Dans la rue *Saint-Jean-de-Beauvais* étaient: le *collége de Beauvais*, fondé en 1370 par Dormans, évêque de Beauvais, dont la famille y avait sa sépulture: ce collége a eu pour professeurs François Xavier, le cardinal d'Ossat, le bon Rollin et le savant Coffin; le *collége de Lizieux*, fondé en 1336 et qui compte parmi ses élèves le poëte Delille; enfin, les *écoles de droit*, fondées en 1384, transférées en 1771 sur la place du Panthéon, et dont nous reparlerons. En face de ces écoles étaient, à l'enseigne de l'*Olivier*, la maison et la boutique des Estienne, cette famille de savants qu'on a numérés comme les dynasties royales, tant elle compte de membres célèbres. C'est là que Robert Estienne Ier publia ses onze éditions de la Bible; c'est là que ses successeurs imprimèrent plus de douze mille ouvrages, commentaires, glossaires, traductions, où nos modernes érudits vont prendre leur bagage tout fait pour l'Institut. François Ier et sa sœur Marguerite de Navarre visitaient souvent l'imprimerie des Estienne, et, quand ils trouvaient Robert Estienne Ier ou Henri Estienne II corrigeant une épreuve de la Bible hébraïque ou du Thésaurus, ils attendaient, appuyés sur la barre de la presse, la fin de son travail. «Dans ce temps-là, dit Piganiol, les dieux de la terre se familiarisaient encore quelquefois avec les gens de lettres.» «La France, dit de Thou, doit plus aux Estienne pour avoir perfectionné l'imprimerie qu'aux plus grands capitaines pour avoir étendu ses frontières.» Et néanmoins, cette famille, pour prix des plus pénibles veilles, des plus parfaites productions, des plus coûteux sacrifices, ne recueillit que la pauvreté, l'exil et les persécutions du clergé, une prison pour dettes au Châtelet, un lit à l'hôpital de Lyon pour le plus illustre de ses membres, un grabat et une bière à l'Hôtel-Dieu de Paris, en 1674, pour son dernier représentant, Antoine Estienne III [74]!

Près de l'imprimerie des Estienne était la seule imprimerie de musique qu'il y eût en France: elle appartenait à la famille Ballard, qui avait obtenu son privilége de Henri II et le possédait encore en 1789.

§ II.

Rues Descartes et Mouffetard.

La rue *Descartes* se nommait autrefois *Bordet* et date du XIIIᵉ siècle; elle avait, près de la rue des Fossés-Saint-Victor, une porte de l'enceinte de Philippe-Auguste, qui fut détruite en 1683. Un décret de 1807 lui donna le nom de Descartes, dont le tombeau avait été, par ordre de la Convention, placé au Panthéon.

La rue *Mouffetard* n'est autre que la grande voie romaine du *mont Citard*, dont elle a pris le nom: elle était alors bordée de tombeaux et traversait des vignobles. Plus tard, elle devint la rue principale du bourg Saint-Marcel et forme aujourd'hui la partie la plus populeuse du faubourg Saint-Marceau. On y trouve:

1° Une caserne, qui a été le théâtre de combats dans les journées de juin. C'était autrefois le couvent des *Hospitalières de la Miséricorde*, fondé en 1653 pour le soulagement des femmes malades.

2° Le *Marché des Patriarches*.--C'était autrefois un fief considérable composé d'une maison et de grands jardins, qui, au XIVᵉ siècle, appartint successivement à deux cardinaux ayant le titre de *patriarches*. En 1560, ce fief était possédé par un conseiller au Parlement, qui le loua aux calvinistes pour y faire leurs assemblées. Le 27 décembre 1561, ceux-ci, se trouvant incommodés par les cloches de l'église voisine de Saint-Médard, invitèrent le curé à cesser de sonner; leurs envoyés furent maltraités, et les catholiques fermèrent les portes; alors les calvinistes vinrent assiéger l'église, brisèrent les portes, livrèrent un combat dans le saint lieu, blessèrent ou tuèrent cinquante personnes et emmenèrent triomphalement leurs prisonniers dans Paris. Le lendemain, les catholiques attaquèrent la maison du patriarche, la dévastèrent et pendirent quelques-uns des assaillants de la veille devant l'église de Saint-Médard. Dans le siècle suivant, la maison et le jardin du patriarche furent transformés en une grande cour environnée de bâtiments qui étaient occupés par des artisans, et où l'on établit, à la fin du XVIIIᵉ siècle, un marché. Ce marché a été entièrement reconstruit en 1830, et trois rues nouvelles en facilitent les abords.

3° L'*église Saint-Médard*.--C'était, dans l'origine, une chapelle qui avait été construite dans un clos dépendant de l'abbaye Sainte-Geneviève. Détruite par les Normands, elle fut rebâtie au XIIᵉ siècle et devint la paroisse du hameau appelé Richebourg ou bourg Saint-Médard. Dans cette église, qui a subi de nombreuses restaurations, étaient enterrés Nicole et Patru. C'est aujourd'hui une succursale du douzième arrondissement.

Dans le cimetière Saint-Médard, aujourd'hui supprimé, était le tombeau du diacre Pâris: cet homme vertueux, dont la mémoire a été si ridiculement déshonorée, fils d'un conseiller au Parlement, était né dans ce quartier, rue des Bourguignons. Diacre, et n'ayant jamais voulu prétendre à la prêtrise, janséniste, et ayant toute la sévérité de mœurs et de doctrine de ces sectaires évangéliques, il se retira dans une pauvre maison du faubourg, y vécut dans la plus austère pénitence, au milieu des ouvriers avec lesquels il travaillait, les aidant, les consolant, les instruisant. A sa mort, les jansénistes l'honorèrent comme un saint. Des fous, des imbéciles et des intrigants vinrent sur son tombeau demander des miracles; de là les absurdités et les scandales des convulsionnaires qui ont fait tant de bruit dans le XVIIIe siècle.

4° *Place de la Collégiale*, sur l'emplacement de laquelle était l'église collégiale de *Saint-Marcel*.

Si l'on en croyait les légendes du moyen âge, qui abondent en détails merveilleux sur l'enfant de la Cité devenu évêque de Paris, une chapelle aurait été fondée par saint Denis sur le mont Citard, saint Marcel y aurait été enterré en 436, et le paladin Roland, neveu de Charlemagne, aurait transformé cette chapelle en église. Il est certain que, parmi les tombeaux qui bordaient la grande voie du mont Citard, se trouvait le tombeau très-vénéré de saint Marcel; que, au temps de Grégoire de Tours, il s'était déjà formé autour de ce tombeau un bourg assez bien peuplé; enfin, que ce tombeau se trouvait, au IXe siècle, renfermé dans une église qui fut brûlée par les Normands. Les reliques de saint Marcel furent alors transportées à Notre-Dame et y restèrent. L'église Saint-Marcel fut reconstruite au XIe siècle, et elle devint *collégiale*, c'est-à-dire ayant un chapitre de chanoines dont la juridiction temporelle s'élevait «sur la ville Saint-Marcel, le mont Saint-Hilaire et une partie du faubourg Saint-Jacques.» Au milieu de cette église était le tombeau de Pierre Lombard, évêque de Paris, mort en 1164 et qu'on appelait le *maître des sentences et des théologiens*. En 1792, une émeute ayant éclaté dans ce quartier pour le prix du sucre, le peuple se retrancha dans cette église, qu'il entoura de barricades, et il fallut employer la force pour l'en déloger.

L'église Saint-Marcel a été détruite en 1804; des maisons ont été bâties sur son emplacement, et il ne reste de ce monument vénérable, origine d'un grand quartier de Paris, que le nom de *Pierre Lombard* donné à la rue qui mène à la place de la Collégiale.

Près de cette basilique était autrefois une église de Saint-Martin, qui lui servait de chapelle ou de paroisse: elle a été démolie en 1806. Derrière cette église, dans l'ancien cimetière Saint-Marcel, on a découvert en 1656 soixante-quatre cercueils de pierre, qui dataient probablement du IVe siècle. Sur l'un de ces tombeaux étaient gravés deux colombes, le monogramme du Christ placé entre un alpha et un oméga, et une inscription latine qu'on peut traduire ainsi:

VITALIS A BARBARA, SON EPOUSE TRES-AIMABLE, AGEE DE VINGT-TROIS ANS, CINQ MOIS ET VINGT-HUIT JOURS.

5° *Manufacture des Gobelins*.--La Bièvre, dont les eaux sont, dit-on, favorables à la teinture, avait attiré sur ses bords quelques drapiers et teinturiers. Vers le milieu du XVᶜ siècle, l'un d'eux, Jean *Gobelin*, acquit une grande fortune, qu'il laissa à ses descendants. Ceux-ci continuèrent l'industrie de leur père, agrandirent ses établissements et devinrent propriétaires de si vastes terrains sur les bords de la Bièvre, que cette rivière et le quartier prirent leur nom. Le faubourg Saint-Marcel en devint célèbre, se peupla de guinguettes et de *folies*, et l'on alla par plaisir visiter les teintureries des Gobelins. La famille des Gobelins, dans le XVIIᶜ siècle, renonça à sa glorieuse industrie pour entrer dans la noblesse, et l'un d'eux, Antoine Gobelin, marquis de Brinvilliers, devint l'époux de la femme perverse qui fut brûlée pour ses crimes en 1676. Les teintureries passèrent aux frères Canaye, qui en firent une manufacture de tapis, puis à un Hollandais nommé Gluck et à un Flamand nommé Jean Lianssen. En 1667, Colbert acheta l'établissement pour en faire, sous le titre de *Manufacture des meubles de la couronne*, une véritable école d'arts et métiers; la direction en fut donnée à Lebrun, et après lui à Mignard. L'édit porte que «le surintendant des bâtiments et le directeur sous ses ordres tiendront la manufacture remplie de bons peintres, maîtres tapissiers, orfévres, fondeurs, graveurs, lapidaires, menuisiers en ébène, teinturiers et autres bons ouvriers en toutes sortes d'arts et métiers; qu'il sera entretenu dans ladite manufacture soixante enfants pendant cinq ans, aux dépens de Sa Majesté, lesquels pourront, après six ans d'apprentissage et quatre années de service, lever et tenir boutique de marchandises, arts et métiers auxquels ils auront été instruits, tant à Paris que dans les autres villes du royaume.» Cette magnifique institution, qui a rendu tant de services, est aujourd'hui bien déchue de son importance: c'est simplement une belle manufacture de tapis de luxe, qui est dans la dépendance de la couronne, et à laquelle on a ajouté une école de dessin pour les ouvriers et un cours de chimie appliquée à la teinture.

Parmi les rues qui débouchent dans les rues Descartes et Mouffetard, nous remarquons:

1° Rue de la *Contrescarpe*, bâtie sur l'emplacement des remparts de Philippe-Auguste. Dans cette rue demeurait Catherine Thiot, cette folle qui se disait la mère de Dieu et qui regardait Robespierre comme un nouveau Messie.

Elle a pour prolongement la rue *Neuve-Saint-Étienne*, où le sage et modeste *Rollin* a demeuré près de cinquante ans [75]. Sa maison occupe le n° 14, et l'on y lit encore ce distique qu'il y avait fait inscrire:

ANTE ALIAS DILECTA DOMUS QUA, RURIS ET URBIS INCOLA TRANQUILLUS, MEQUE DEOQUE FRUOR.

Dans cette même rue a demeuré, avant la révolution, Bernardin de Saint-Pierre: c'est là qu'il a fait les *Études de la nature*.

2° Rue de l'*Arbalète*.--On y trouvait le couvent des *Filles de la Providence*, fondé en 1634 par madame Pollalion, «l'associée de saint Vincent de Paul pour toutes ses œuvres de charité.» On y élevait des jeunes filles pauvres jusqu'à l'âge de vingt ans: «C'était, dit Jaillot, un séminaire où les vierges privées des biens de la fortune trouvaient un asile assuré pour conserver ceux de la grâce et de la chasteté.»

Au n° 13 sont l'école de pharmacie et le jardin de botanique, fondés en 1578 par Nicolas Houel et dont nous allons parler tout à l'heure.

Dans cette rue débouche la rue des *Postes*, dont le nom dénaturé vient des *poteries* qu'on faisait dans cet endroit. Cette rue est depuis longtemps célèbre par les établissements religieux ou d'éducation qui y sont ou qui y étaient situés. Ceux qui existent encore sont: (1° n° 24 et 26) le *séminaire du Saint-Esprit*, fondé en 1703 pour des prêtres qui se destinaient aux hôpitaux et au soulagement des pauvres. La maison a été occupée par l'école Normale de 1810 à 1820. Les prêtres du Saint-Esprit l'ont rachetée et en ont fait un séminaire. C'est là qu'est mort le père Loriquet.--2° (n° 34) le *collége Rollin*, fondé en 1816 sur l'emplacement du couvent des Filles de la Présentation-Notre-Dame.

Ceux qui n'existent plus sont: *la congrégation des Eudistes*, fondée en 1643 par le père Eudes pour former des prêtres qui renonçaient aux dignités ecclésiastiques et servaient dans les pauvres paroisses, dans les postes déserts et dans les missions; 2° les *Religieuses de Notre-Dame-de-la-Charité* ou Filles Saint-Michel, fondées par le père Eudes en 1641 pour les filles pénitentes; 3° les *Orphelins de l'Enfant Jésus*, fondés en 1700 pour les orphelins de père et de mère.

3° Rue de *Lourcine*.--Son nom lui vient d'un champ de sépultures sur lequel elle a été ouverte et qui s'appelait *Locus cinerum*. Au XIVe siècle, c'était un fief appartenant à la commanderie de Saint-Jean-de-Latran et où les ouvriers pouvaient travailler en franchise. On y trouvait:

1° L'*hôpital de Lourcine*, situé alors à l'entrée de la rue, près de la Bièvre, et sur l'emplacement de la rue Pascal: il avait été fondé par la veuve de Saint-Louis. Dans le XVIe siècle, il se trouva abandonné, et un arrêt du Parlement, en 1559, ordonna «qu'il serait saisi et mis en la main du roi, et que les malades affligés du mal honteux y seraient logés, nourris, pansés et médicamentés.» Il est probable que cet arrêt fut mal exécuté, car, en 1578, un autre acte du Parlement dit que cet hôpital était désert, «abandonné pour mauvaise conduite, tout ruiné, les pauvres non logés et le service divin non dit ni célébré.» A cette époque, Nicolas Houel, marchand apothicaire et épicier, avait demandé la permission d'établir un hôpital «pour un certain nombre d'enfants orphelins qui seraient d'abord instruits dans la piété et dans les bonnes lettres et pour après en l'état d'apothicaire, pour y préparer, fournir et administrer gratuitement toutes sortes de médicaments et remèdes convenables aux pauvres honteux de la ville et des faubourgs de Paris.» On donna à cet homme généreux l'hôpital de Lourcine; il employa toute sa fortune à l'agrandir et à le réparer, et c'est lui qui acheta le terrain destiné à la culture des plantes médicinales, qui forme aujourd'hui le Jardin de botanique. L'hospice prit le nom de *Maison de la Charité chrétienne*. A la mort de Houel, tout cela fut changé: Henri IV sépara l'école et le jardin des apothicaires de l'hôpital de Lourcine, et il ordonna «que les pauvres gentilshommes, officiers et soldats estropiés, vieux ou caducs, seraient mis en possession de la Maison de la Charité chrétienne et qu'ils y seraient nourris, logés et médicamentés.» On sait que c'est là l'origine de l'institution des Invalides. Louis XIII, ayant transporté ces Invalides au château de Bicêtre, l'hôpital de Lourcine fut successivement occupé par plusieurs communautés, uni à l'ordre de Saint-Lazare, enfin donné à l'Hôtel-Dieu.

2° L'*abbaye des Cordelières* ou Filles de Sainte-Claire de la Pauvreté-Notre-Dame, fondée en 1284 par Marguerite de Provence, veuve de saint Louis. Cette abbaye occupait tout l'espace compris entre les rues de Lourcine, Saint-Hippolyte, du Champ-de-l'Alouette, et la Bièvre: elle renfermait de beaux bâtiments, de grands jardins arrosés par la Bièvre et une église où l'on conservait comme relique le manteau royal de saint Louis. La veuve de ce roi portait la plus vive affection à cette maison qu'elle avait pieusement accolée à son hôpital de Lourcine: elle passa le reste de sa vie dans un *châtel* attenant à ce couvent, et qui, après sa mort, y fut annexé. Blanche, sa fille, veuve du roi de Castille, s'y fit religieuse. La situation de cette abbaye, située en dehors et dans le voisinage de la ville, l'exposa souvent à des dévastations: sous le roi Jean, sous Charles VI, pendant les troubles de la Ligue, les religieuses furent obligées de l'abandonner et de se réfugier à Paris. En 1590, les troupes de Henri IV campèrent dans son enceinte et la détruisirent presque entièrement. Les Cordelières de Sainte-Claire appartenaient au même ordre que les religieuses de l'*Ave-Maria* et les Capucines de la place Vendôme, et nous avons dit que leur règle était d'une austérité qui nous semble aujourd'hui surhumaine.

Cette abbaye ayant été supprimée en 1790, trois rues furent ouvertes sur son emplacement, les rues *Pascal, Julienne* et des *Cordelières*. Quant aux bâtiments, une partie fut détruite, l'autre partie servit successivement de fabrique, de maison de refuge, d'hospice pour les orphelins du choléra. En 1836, on a transformé la dernière en *hôpital* dit de *Lourcine*, qui remplace l'ancien hospice de même nom, et, comme lui, est destiné aux femmes atteintes de maladies vénériennes. Cet hôpital renferme trois cents lits.

3° Rue de la *Reine-Blanche*.--Dans cette rue était un hôtel bâti par Blanche de Bourgogne, femme de Charles-le-Bel. Il appartenait en 1392 à Isabelle de Bavière, qui y donna plusieurs fêtes. «Il fut démoli, dit Sauval, comme complice de l'embrasement de quelques courtisans, qui y dansèrent avec Charles VI ce malheureux ballet des Faunes si connue.»

La rue Mouffetard aboutit à la *barrière d'Italie*, qui ouvre la route de Fontainebleau. Cette barrière est tristement fameuse par le meurtre du général Bréa et du capitaine Mangin, le 24 juin 1848.

A une demi-lieue de cette barrière, est l'hospice de *Bicêtre*, qui tire son nom d'un château bâti en 1290 par un évêque de Wincester. Ce château étant tombé en ruines, Louis XIII y établit, pour les soldats invalides, un hôpital que Louis XIV donna en 1656 à l'Hôpital général pour y enfermer les pauvres mendiants. Avant la révolution, c'étaient un hôpital et une prison, qui offraient la réunion de tous les maux et de tous les crimes, et qui avoient pour habitants des fous, des vieillards, des épileptiques, des estropiés, des voleurs, des faux monnayeurs, des assassins, mêlés, confondus, traités avec la même indifférence, la même cruauté, enfin présentant le spectacle le plus horrible, le plus dégoûtant [76]. Aujourd'hui, ce n'est plus qu'un hospice pour des fous et des vieillards.

CHAPITRE III.

RUE ET FAUBOURG SAINT-JACQUES [77].

§ Ier.

La rue Saint-Jacques.

La rue et le faubourg Saint-Jacques forment, avec les rue et faubourg Saint-Martin, la grande artère qui coupe la capitale du sud au nord, en passant par le milieu de la Cité; c'est l'une des deux grandes voies romaines qui joignaient Lutèce à l'Italie [78]. On y entrait autrefois par le Petit-Châtelet, et l'on y trouvait deux portes: la première, de l'enceinte de Philippe-Auguste, vers la rue des Mathurins; la deuxième, de l'enceinte de Charles VI, vers la rue Saint-Hyacinthe. Son nom lui vient d'une chapelle de Saint-Jacques, près de laquelle les Dominicains s'établirent vers l'an 1218, et d'où ils ont pris le nom de Jacobins. Avant cette époque on l'appelait la *grant rue*, la *grand'rue outre le Petit-Pont*, la *grand'rue Saint-Benoît*, etc. Le quartier que traverse cette voie publique, si importante par sa position, forme la transition entre le faubourg Saint-Marceau et le faubourg Saint-Germain, c'est-à-dire entre les quartiers pauvres et les quartiers riches de Paris méridional; mais il a plus de ressemblance avec le premier qu'avec le second, quoiqu'il ait une population moins triste, moins chétive, des industries plus heureuses, un aspect moins souffrant. C'est le centre de cette partie de la capitale qu'on appelle vulgairement le *quartier latin*, à cause des nombreux établissements d'instruction qui y sont situés. Dans cette rue fut établie en 1473, par les frères Gering, la première imprimerie, dans une maison à l'enseigne du *Soleil d'or*, située vis-à-vis la rue Fromentelle, et qui, jusqu'à la révolution, a été habitée par des imprimeurs. Cette rue devint alors, et elle est restée jusqu'à nos jours, la rue des imprimeurs, des libraires, des graveurs, des marchands d'images, etc.; là étaient les fameux Cramoisy, «ces rois de la rue Saint-Jacques parmi les libraires,» dit Guy Patin. Quelques fabricants ou marchands d'images religieuses y demeurent encore; mais le reste de la rue n'a plus d'autre industrie particulière que celle des hôtels garnis, des petits restaurants, des tabagies à l'usage des étudiants. La rue Saint-Jacques, sombre, étroite, tortueuse, montante, a dû prendre part à tous les événements de l'histoire de Paris; nous mentionnerons seulement, dans les temps anciens, l'entrée des troupes de Charles VII dans la capitale; la première émeute populaire contre les protestants, qui tenaient clandestinement leur prêche dans une maison voisine du collége du Plessis; enfin, l'attaque des troupes de Henri IV sur la porte Saint-Jacques. Dans les temps modernes, elle n'est pas restée étrangère aux journées révolutionnaires;

mais elle n'a pris un rôle important que dans la bataille de juin, où elle a été le centre de la lutte sur la rive gauche de la Seine. Les monuments ou édifices publics qu'elle renferme sont:

1° Le *Collége de France*, fondé par François Ier, en 1530, pour l'enseignement des langues hébraïque et grecque, des mathématiques, de la médecine, etc. Il eut pour premiers professeurs Pierre Danès, François Vatable, Martin Poblacion, Ramus, Oronce Finé, etc. Henri II y ajouta une chaire de philosophie; Charles IX, une de chirurgie; Henri III, une de langue arabe; Henri IV, une d'anatomie et de botanique; Louis XIII, une de droit ecclésiastique; Louis XIV, une de langue syriaque et une de droit français; Louis XV, des chaires de mécanique, de langues turque et persane, de droit des gens, d'histoire naturelle, etc. Il y a aujourd'hui vingt-quatre cours. Les plus illustres professeurs qui ont enseigné dans cet établissement sont: Gassendi, Guy Patin, Rollin, Tournefort, Daubenton, Lalande, Darcet, Portal, Vauquelin, Cuvier, Ampère, Lacroix de Guignes, Delille, Andrieux, etc. L'utilité du Collége de France était incontestable sous François Ier et ses successeurs, alors que les livres étaient rares, la science difficile à acquérir, l'enseignement tout oral: aussi les professeurs étaient-ils appelés *lecteurs du roi*, *lecteurs publics*. Aujourd'hui elle est fort douteuse, les cours n'ayant pas de but déterminé, ne formant pas un système d'enseignement, ne s'adressant qu'à un auditoire vague et passager; enfin, comme le disait déjà Piganiol en 1750, «des études qu'on y fait ne menant à rien,» ils semblent moins des voies d'instruction supérieure que des moyens de dotation pour quelques savants. Le Collége de France resta longtemps sans édifices pour ses cours, et les professeurs durent faire leurs lectures dans les colléges voisins de Cambrai, de Tréguier, de Lyon. «Les *lecteurs du roi*, écrivait Ramus à Catherine de Médicis, n'ont pas encore d'auditoire qui soit à eux; seulement ils se servent, par manière de prest, d'une salle ou plus tost d'une rue, les uns après les autres, encore sous telle condition que leurs leçons soient sujettes à être importunées et destourbies par le passage des crocheteurs et lavandières.» Ce ne fut que sous Louis XIII qu'on commença à construire, sur l'emplacement des anciens colléges de Tréguier et de Cambrai, le monument qui existe aujourd'hui: il n'a été terminé qu'en 1774 et a reçu en 1840 des agrandissement considérables, qui en ont fait l'un des plus remarquables édifices de Paris.

2° Le *collége du Plessis*, fondé en 1322, réuni à la Sorbonne en 1647, fut transformé en 1794 en une prison pour les détenus qui ne trouvaient pas place à la Conciergerie: on l'appelait alors *Maison de l'Égalité*. Administrée par Fouquier-Thinville et placée sous sa surveillance immédiate, cette prison était la plus dure et la plus triste de Paris: les détenus, qui y furent entassés jusqu'au nombre de dix-neuf cents, étaient traités avec cruauté, et la plupart n'en sortirent que pour aller à l'échafaud. Là furent renfermés Saint-Huruges, la

Montansier, la belle-fille de Buffon, les cent trente-deux Nantais, enfin Fouquier-Thinville lui-même. Cet édifice resta sans emploi jusqu'en 1830, où il fut assigné à l'école Normale: c'est aujourd'hui une dépendance du collége Louis-le-Grand.

3° Le *lycée Louis-le-Grand*.--Ce collége fut fondé en 1564, sous le nom de *Clermont*, par les jésuites, dont l'établissement à Paris venait d'être reconnu par le Parlement. C'est de là que la fameuse société dirigea le mouvement de la Ligue, c'est là que se tinrent les conciliabules des Seize. Après l'attentat de Châtel, «tous les prestres et escholiers du collége de Clermont et tous autres soy-disants de la compagnie de Jésus furent condamnés comme corrupteurs de la jeunesse, perturbateurs du repos public, ennemis du roy et de l'Estat, à sortir dans trois jours de Paris et dans quinze jours du royaume.» Ils rentrèrent en 1603, mais n'obtinrent la permission d'enseigner qu'en 1618. Sous Louis XIV, ils prirent le plus grand ascendant; leur collége fut agrandi et déclaré de fondation royale; enfin, le roi étant venu le visiter en 1682, ils lui donnèrent le nom de *Louis-le-Grand*. Alors ce collége, par le choix de ses professeurs et l'excellence de ses études, devint l'établissement d'instruction publique le plus renommé de la France: presque tous les jésuites célèbres en ont été successivement élèves et professeurs, tels que Rapin, Bouhours, Commire, Hardouin, Brumoy, Charlevoix, Berruyer, Tournemine, etc. Presque tous les hommes illustres du XVIIIᵉ siècle en sont sortis: nous n'en citerons qu'un seul, Voltaire. Après la suppression de l'ordre des Jésuites, le collége Louis-le-Grand fut donné à l'Université, qui y établit ses archives, son tribunal, sa bibliothèque, y tint ses assemblées et y forma, au moyen de la suppression de tous les petits colléges voisins, Narbonne, Beauvais, Reims, etc., un collége général. Celui-ci eut un grand succès et réunit jusqu'à six cents élèves, parmi lesquels il faut nommer Camille Desmoulins et Robespierre. A l'époque de la révolution, le collége Louis-le-Grand survécut seul à tous les établissements de l'ancienne université: il devint une institution particulière, mais protégée et subventionnée par le gouvernement, et il prit en 1793 le nom d'*Institut de l'Égalité*. La Convention le vit sans ombrage donner une même éducation aux enfants de presque tous les hommes célèbres de cette époque, girondins, montagnards, émigrés, Vendéens, enfants dont l'État payait les pensions et qui étaient au nombre de sept cent cinquante: on remarquait parmi eux les fils de Brissot, de Carrier, de d'Elbée, de Condorcet, de Dillon, de Louvet, etc. Sous le Directoire, l'Institut de l'Égalité reçut une subvention de 200,000 francs et le nom de *Prytanée français*; la loi du 11 floréal an X en fit le *Lycée impérial*; il reprit en 1814 son nom de Louis-le-Grand, et forme depuis cette époque l'un des cinq grands lycées ou colléges de la capitale.

Parmi les monuments détruits que possédait la rue Saint-Jacques, nous remarquons:

1° La *chapelle Saint-Yves*, au coin de la rue des Noyers. Elle avait été fondée en 1348 par des écoliers bretons en l'honneur d'un gentilhomme de leur pays qui, après avoir étudié à Paris, s'était fait l'avocat des pauvres, et avait mérité, par cette vertu si rare, même dans le moyen âge, d'être canonisé. Les avocats et les procureurs avaient pris ce saint pour patron; mais Mézeray dit que c'était sans prétendre à imiter son désintéressement et sans ambitionner les honneurs du royaume des cieux, se contentant humblement des biens de ce monde [79]. «Il n'y a pas longtemps, ajoute Millin, qu'on voyait suspendus aux voûtes de cette église une multitude de sacs de palais. Comme ils présentaient un aspect désagréable, les administrateurs de Saint-Yves ont fait disparaître ces monuments poudreux de la simplicité de nos pères et de leur haine pour les gens de robe. Un plaideur dont le procès était terminé suspendait son sac à la voûte, comme un boiteux redressé suspend sa béquille dans la chapelle d'une madone.»

2° L'église *Saint-Benoît*, ou, plus exactement, de la *Saincte-Benoîte-Trinité*. Sa fondation remontait au VIIe siècle, quoiqu'on lût sur un de ses vitraux: «DANS CETTE CHAPELLE, SAINT DENIS A COMMENCE A INVOQUER LE NOM DE LA SAINTE TRINITRE[** TRINITE?].» C'était une église collégiale, c'est-à-dire ayant chapitre de chanoines, lesquels avaient juridiction temporelle sur une partie du quartier: aussi le cloître renfermait-il une prison. L'église Saint-Benoît, monument très-vénéré de nos pères, avait été reconstruite en 1517 et renfermait les sépultures du jurisconsulte Domat, du professeur Daurat, de Claude et Charles Perrault, du graveur Gérard Audran, du comédien Baron, et, dans son cimetière, celles d'un très-grand nombre d'imprimeurs, libraires et graveurs, non-seulement de ce quartier, mais des quartiers voisins. Parmi eux nous citerons Badius, Vascosan, les Morel, les Nivelle, les Dupré, les Cramoisy, Édelink, Mariette, etc., noms chers aux lettres et aux arts, qui reportent la pensée vers ces temps, hélas! si loin de nous, de calmes méditations, de sérieuses études, de travaux consciencieux et honorés! Dans ces derniers temps, l'église Saint-Benoît était devenue, par une odieuse transformation, un ignoble théâtre où les étudiants et les blanchisseuses du quartier allaient applaudir les vaudevilles graveleux qui se débitaient dans l'ancien sanctuaire. Ce théâtre est aujourd'hui devenu une maison particulière.

3° L'église *Saint-Étienne-des-Grés*, située au coin de la rue du même nom, était très-ancienne; une tradition prétendait qu'elle avait été bâtie et dédiée par saint Denis, et que son nom était, non pas des *Grés* (*de Gradibus*), mais des *Grecs*, parce que saint Denis et ses compagnons venaient d'Athènes. Il est certain qu'elle existait au VIIe siècle. Sept siècles après sa fondation, ce quartier n'était pas encore bâti, et elle se trouvait entourée de vignes, où l'on voyait le *pressoir du roi*. Elle a été détruite pendant la révolution. Dans son cimetière on a trouvé trente cercueils romains du temps de Constance Chlore.

Voici les principales rues qui aboutissent dans la rue Saint-Jacques:

1° Rue de la *Bûcherie*, ainsi nommée du port au bois qui en était voisin. Dans cette rue furent établies en 1481 les écoles de médecine et de chirurgie. Jusqu'à cette époque, la Faculté de médecine, qui datait de 1280, n'avait pas eu d'écoles particulières. L'amphithéâtre d'anatomie fut construit en 1617: la maison subsiste encore au n° 13. L'École de médecine fut transférée dans la rue des Cordeliers en 1769, et nous l'y retrouverons.

Dans la rue de la Bûcherie aboutissent: 1° la rue des *Rats* ou de l'*Hôtel Colbert*. Au n° 20 est une maison qui a appartenu au grand ministre de Louis XIV et dont la construction date du XVIe siècle: on y remarque des frises sculptées et des bas-reliefs d'une belle exécution, qui ont été faussement attribués à Jean Goujon.--2° La rue *Saint-Julien-le-Pauvre*, ainsi appelée d'une église qui existait déjà du temps de Grégoire de Tours, car, lorsque ce prélat venait à Paris, il y logeait dans des bâtiments affectés aux pèlerins. On sait que saint Julien était le patron des voyageurs, et un grand nombre d'hôtelleries ou d'hospices avaient été construits sous son nom par la piété des fidèles. Cette église, détruite par les Normands, fut rebâtie au XIIe siècle, et l'Université y tint pendant quelque temps ses séances. A l'époque où les métiers étaient unis par les liens de la fraternité religieuse, elle devint le siége des confréries des papetiers, des couvreurs et des fondeurs. Réunie à l'Hôtel-Dieu en 1665, elle lui sert aujourd'hui de chapelle. Son architecture est du style le plus gracieux.--3° La rue du *Fouarre*, ainsi appelée d'un vieux mot qui veut dire paille. Les écoles, d'abord restreintes à la place Maubert, s'étendirent jusqu'à cette rue, qui prit son nom de la paille où les écoliers s'asseyaient pour écouter les leçons de leurs maîtres et dont ils faisaient ample consommation. Cette rue est célèbre dans les écrits de Dante, de Pétrarque, de Rabelais, etc. En 1535, le Parlement ordonna d'y mettre deux portes pour empêcher le passage des voitures pendant les leçons.

2° Rue *Galande* ou *Garlande*.--«On voit, dit Jaillot, dans un cartulaire de Sainte-Geneviève, que, en 1202, Matthieu de Montmorency et Madeleine de Garlande, sa femme, donnèrent leur vigne, appelée le clos de Mauvoisin, à cens à plusieurs particuliers, à la charge d'y bâtir. Ainsi se formèrent les rues Garlande, du Fouarre et autres, qui se trouvent entre la rue de la Bûcherie et la place Maubert.» Dans cette rue était la chapelle de Saint-Blaise et de Saint-Louis, bâtie en 1476 par les maçons et charpentiers de Paris, et qui était le siége de leur confrérie. Elle n'existe plus.

Le prolongement de la rue Garlande est la rue *Saint-Severin*, où se trouve une église dont l'origine est inconnue. «Sous le règne de Childebert, dit Jaillot, il y avait à Paris un saint solitaire, nommé Severin, qui s'était retiré près de la porte méridionale. Il est probable que la vénération que ses vertus avaient inspirée aux Parisiens les engagea à bâtir sous son nom un oratoire au lieu même qu'il avait habité.» Cette église a été reconstruite à diverses époques; sa dernière restauration est de 1489, mais elle a des parties du XIVe siècle aussi élégantes que délicates. Elle renferme les tombeaux d'Étienne Pasquier, d'André Duchesne, de Moreri, des frères Sainte-Marthe, etc. Sa porte latérale était autrefois couverte presque entièrement de fers à cheval: ces fers y avaient été mis comme ex-voto par des voyageurs en l'honneur de saint Martin, l'un des patrons de cette église, et qu'on invoquait ordinairement au commencement d'un voyage.

3° Rue du *Foin*.--Dans cette rue était le collége de maître Gervais, «souverain médecin et astrologien du roi Charles V.» Ce collége était devenu une caserne d'infanterie qu'on vient de détruire. On y trouvait encore la chambre syndicale des libraires et imprimeurs, établie en 1728. C'est dans cette chambre que, deux fois par semaine, on apportait de la douane toutes les balles de livres et d'estampes qui arrivaient à Paris; elles y étaient ouvertes et visitées par les syndics en présence des inspecteurs de la librairie. C'est aussi dans cette chambre que s'enregistraient les permissions et les priviléges pour l'impression des livres.

4° Rue des *Mathurins*.--Cette rue est très-ancienne, car c'était là que se trouvait l'entrée principale du palais de Julien: aussi s'est-elle appelée longtemps rue des *Thermes*. Elle prit son nom actuel d'un couvent bâti dans le XIIIe siècle et qui appartenait à l'ordre de la Trinité ou des Mathurins, fondé en 1228 pour le rachat des captifs de Terre-Sainte. Dans cette église était inhumé l'historien Robert Gaguin, général de l'ordre de la Trinité, qui avait fait reconstruire la plus grande partie du couvent. Ce couvent, qui était vaste et riche en marbres précieux, était le siége des confréries des libraires et imprimeurs, des messagers de l'Université, des maîtres paumiers. C'était aussi dans le cloître que l'Université tenait ses assemblées avant 1764. Il en reste une partie transformée en maisons particulières.

Au n° 12 est l'*hôtel de Cluny*, aujourd'hui *musée des antiquités françaises*, et qui, bâti sur une partie du palais des Thermes par les abbés de Cluny en 1340, fut reconstruit en 1505 par Jacques d'Amboise, neveu du ministre de Louis XII. Ce charmant édifice, où le moyen âge et la renaissance s'implantent si gracieusement sur des fondations romaines, servit de retraite à la veuve de Louis XII, et c'est là qu'elle épousa le duc de Suffolk; il abrita en 1625 les religieuses de Port-Royal pendant la construction de leur maison de Paris; il a été souvent le séjour des nonces pontificaux; enfin, pendant la révolution, il a servi d'observatoire aux astronomes Delisle, Lalande et Messier. Le savant Dusommerard, devenu propriétaire de cette maison, y rassembla un musée d'antiquités françaises, dont l'État a fait l'acquisition après sa mort. «C'est, dit Charles Nodier, l'Herculanum du moyen age.» On y trouve de belles armes, des faïences de Flandre et d'Italie, des poteries de Bernard de Palissy, de magnifiques émaux, des œuvres de serrurerie et de menuiserie, des curiosités historiques, etc.

Vis-à-vis de l'hôtel de Cluny se trouvait l'ancien hôtel du maréchal de Catinat, qui, dans le siècle dernier, était devenu le siége de la librairie Barbou, si chère aux lettres par les belles éditions qu'elle a mises au jour.

Dans la rue des Maçons, qui aboutit rue des Mathurins, a demeuré Racine[80]. Au n° 1 est mort Treilhard, membre de la Convention et du Directoire. Au n° 20 est mort Dulaure, l'auteur de l'*Histoire de Paris*.

5° Rue des *Écoles*.--Cette rue nouvelle, qui doit aller de la place Sainte-Marguerite à l'École polytechnique, absorbe l'ancienne *place Cambray*. Cette place, où est situé le Collége de France, communique avec la rue *Saint-Jean-de-Latran*, où étaient autrefois une église et une commanderie des Hospitaliers de Saint-Jean-de-Jérusalem. Cette commanderie avait un enclos où était l'hôtel du commandeur, avec une tour carrée servant aux pèlerins et des maisons hideuses où logeaient en franchise des artisans et des mendiants. Dans l'église était le tombeau du grand prieur Jacques de Souvré, mort en 1670: c'était l'œuvre très-remarquable des frères Anguier. Depuis la révolution, on a donné du jour et de l'air dans ce cloaque; mais il est toujours pauvrement habité. Quelques restes de l'église subsistaient encore, ainsi que la tour dans laquelle l'illustre Bichat est mort en 1802; on vient de les détruire.

6° Rue des *Grés*.--Dans cette rue était le couvent des Dominicains ou Frères prêcheurs, qui prirent le nom de Jacobins de la chapelle Saint-Jacques, près de laquelle ils vinrent s'établir en 1218. Saint Louis leur fit bâtir une église et un couvent sur un terrain où se trouvait une tour qui avait servi jadis de Parloir-aux-Bourgeois, près de la muraille d'enceinte de la ville. Ce couvent acquit une grande puissance par ses écoles de théologie, auxquelles saint Thomas d'Aquin donna la plus illustre renommée, par la piété et le désintéressement de ses religieux, parmi lesquels les rois et reines de France, jusqu'au XVI⁰ siècle, choisirent leurs confesseurs, par le grand nombre de saints, de savants, de dignitaires ecclésiastiques qui sortirent de ses murs et parmi lesquels nous nommons Thomas d'Aquin, Albert-le-Grand, Pierre de Tarentaise (Innocent V), l'évêque de Lisieux, Jean Hennuyer, l'architecte Jean Joconde, etc. Ajoutons que de ce couvent est aussi sorti l'assassin de Henri III, Jacques Clément; que les Dominicains ont engagé pendant plusieurs siècles des luttes scandaleuses avec l'Université; enfin que, pour amener des réformes dans cet ordre, il fallut plusieurs fois employer les ordres royaux, les arrêts du Parlement et même la force matérielle.

L'église, bâtie en 1263 et dont l'entrée se trouvait rue Saint-Jacques, était vaste, mais d'une grande simplicité. Elle était d'ailleurs très-remarquable par la foule de monuments royaux qu'elle renfermait et qui faisaient d'elle un autre Saint-Denis. Ainsi, elle possédait les tombeaux de trois princes, tiges de trois maisons royales: Robert de Clermont, fils de saint Louis, tige de la maison de Bourbon; Charles de Valois, frère de Philippe-le-Bel, tige de la maison de Valois; le comte d'Évreux, tige des rois de Navarre; elle possédait encore les cœurs ou les entrailles de Charles d'Anjou, frère de saint Louis, de Philippe III, de Philippe V, de Charles IV, de Philippe VI, les tombeaux de quatorze autres princes ou princesses de la maison royale, etc. On y trouvait, de plus, les sépultures de Humbert II, dauphin du Viennois, de Jean de Melun, qu'on croit l'auteur du roman de la *Rose*, de Passerat, l'un des auteurs de la *Satire Ménippée*, «homme docte et des plus déliés esprits de son siècle,» de la famille de Laubespin, etc.

L'église, le cloître et une partie des bâtiments ont été détruits pendant la révolution; le reste devint sous l'Empire une maison de correction pour les enfants; aujourd'hui, cette maison est occupée par une école municipale et une caserne.

7° Rue *Soufflot*.--Cette rue conduit au Panthéon et doit son nom à l'architecte de ce monument.

L'emplacement du *Panthéon* était occupé, sous les Romains, par une grande fabrique de poteries, pour laquelle on avait ouvert des puits très-profonds, où l'on a retrouvé des fours et des vases nombreux; il fut ensuite occupé par des clos de vignes et enfin par des maisons et jardins dépendant de l'abbaye Sainte-Geneviève. Ce monument, qui tire de sa situation, non moins que de sa masse imposante et de ses riches détails, un caractère si frappant de grandeur, fut fondé en 1758 pour remplacer l'ancienne église Sainte-Geneviève, qui tombait en ruines. Ce n'était plus le temps où l'on bâtissait si aisément des centaines de basiliques avec la foi des peuples et la munificence des rois: on était en plein XVIIIe siècle, c'est-à-dire à l'époque où la philosophie voltairienne battait en brèche le catholicisme; aussi Louis XV pourvut-il aux dépenses de construction de la nouvelle Sainte-Geneviève, non, comme Clovis, avec la dépouille des Ariens vaincus, mais en augmentant le prix des billets de loterie. Le monument n'était pas achevé quand l'Assemblée constituante, en 1791, décréta qu'il prendrait le nom de *Panthéon*, qu'il serait destiné à la sépulture des grands hommes, qu'on inscrirait sur sa frise: AUX GRANDS HOMMES LA PATRIE RECONNAISSANTE, enfin que Mirabeau y serait enterré. Nous avons dit avec quelle pompe les restes du grand orateur furent conduits au Panthéon, et que cette pompe fut répétée pour Voltaire, Lepelletier de Saint-Fargeau, Jean-Jacques Rousseau, Marat, etc. Mirabeau en fut expulsé sous la Convention, Marat après le 9 thermidor.

Pendant ce temps, les ornements du monument avaient été changés: le fronton était d'abord décoré d'une croix à rayons divergents, avec des anges adorateurs, œuvre de Coustou; on la remplaça par un bas-relief symbolique, aussi froid qu'incompréhensible, représentant la Patrie qui récompense la Vertu et le Génie, la Liberté terrassant le Despotisme et la Raison combattant l'Erreur. Sous le porche étaient cinq bas-reliefs figurant la vie de sainte

Geneviève: ils furent remplacés par cinq autres représentant les droits de l'homme, l'empire de la loi, l'institution du jury, le dévouement patriotique, l'instruction publique; enfin, les quatre nefs qui avaient été consacrées à l'histoire de l'Ancien Testament, de l'Église grecque, de l'Église latine, de l'Église française, le furent à la philosophie, aux sciences, aux arts, à l'amour de la patrie.

Napoléon, en 1806, rendit au culte l'édifice, en lui laissant ses ornements philosophiques et son caractère de Panthéon, c'est-à-dire de nécropole des grands hommes; mais il estima comme tels les grands dignitaires de sa cour, et il mit à côté de Lannes, de Bougainville, de Lagrange, des sénateurs et des chambellans inconnus. La Restauration rendit à l'édifice le nom de Sainte-Geneviève, fit disparaître son inscription, les bas-reliefs du fronton, du porche et des nefs, orna sa triple coupole des belles peintures de Gros, qui représentent l'apothéose de la vierge de Nanterre, enfin donna une sépulture à Soufflot dans la chapelle basse du monument. La révolution de 1830 en fit disparaître le nom de Sainte-Geneviève et le culte catholique, lui rendit son nom païen de Panthéon, avec sa destination révolutionnaire, et le décora d'un beau fronton, œuvre de David d'Angers, mais dont la composition historique n'est pas heureuse. Depuis cette époque, le monument resta vide, nu, muet, attendant des grands hommes, attendant un culte, des ornements, des cérémonies, triste et honteux témoignage de notre instabilité, de notre facilité à détruire, de notre impuissance à édifier. Quelques curieux parcouraient sans respect comme sans émotion cette montagne de pierres qui glaçait le corps et l'âme, qui était sans but comme sans signification; et l'on se contentait d'embellir ses abords en attendant qu'on trouvât une destination à ce *temple de tous les dieux*, qui n'a plus de dieu. «Faire du Panthéon la sépulture des grands hommes, disions-nous en 1846, est une idée très-belle et très-nationale, mais il n'est pas besoin pour cela d'en chasser le culte catholique; la religion et la patrie peuvent avoir le même temple; d'ailleurs, nos mœurs et nos habitudes ne comprennent pas des tombeaux sans la croix qui les couronne. N'y aurait-il pas quelque poésie à mettre les cendres des hommes de génie qui ont éclairé ou sauvé la France sous la protection de l'humble bergère dont la douce figure nous apparaît, au fond de nos annales, écartant les barbares de Paris naissant? Un temple à sainte Geneviève; qui aurait pour ornement principal la statue d'une autre bergère, d'une autre patronne de la France, de la sainte martyre de Domrémy, pour laquelle Paris n'a pas eu un souvenir; un temple à sainte Geneviève, qui couvrirait les restes de Richelieu et de Mirabeau, de Descartes et de Bossuet, de Molière et de Voltaire, serait vraiment le Panthéon de la France.» Depuis la révolution du 2 décembre 1852, le Panthéon a été rendu au culte sous le nom de Sainte-Geneviève.

Le Panthéon et la belle place qui le précède ont eu une triste célébrité dans la bataille de juin: c'était le quartier général de l'insurrection sur la rive gauche de la Seine. Aussi, ce fut seulement le 24 juin que les troupes commandées par Damesme, après avoir enlevé toutes les barricades de la rue Saint-Jacques, arrivèrent par la rue Soufflot sur la place du Panthéon, où les insurgés occupaient ce monument, l'École de droit et les maisons voisines. Après un combat acharné, où Damesme tomba frappé d'une blessure qui devait être mortelle, la place fut emportée, le canon enfonça la grande porte du Panthéon, la troupe s'y précipita et s'y fortifia comme dans une citadelle.

Sur la place du Panthéon sont deux bâtiments symétriques destinés à l'ornement de cette place: le premier, construit récemment, est la *mairie du douzième arrondissement*; le second est l'*École de droit*, bâtie en 1771 sur les dessins de Soufflot. Cette école avait été, jusqu'à cette époque, dans la rue Saint-Jean-de-Beauvais: elle manquait d'emplacement; cours et examens y étaient nuls ou dérisoires; les diplômes s'y vendaient. «Ces écoles, dit un écrivain du temps, sont l'abus le plus déplorable et la farce la plus ridicule.» On leur bâtit un édifice, mais on ne les rendit pas meilleures. La révolution les supprima avec les avocats, procureurs et autres clients de saint Yves; l'Empire les rétablit, ainsi que tous les procéduriers de l'ancien régime, et, depuis cette époque, depuis que la division extrême des propriétés a fait des gens de loi la classe la plus influente de l'État, leur importance n'a fait que s'accroître. Nous avons vu dans l'*Histoire générale* que, pendant la Restauration et après la révolution de 1830, les jeunes libéraux des écoles de droit étaient à la tête de toutes les insurrections, de tous les mouvements démocratiques, et que, plusieurs fois, ils ont imposé leur volonté au gouvernement.

Les cours qui sont professés à l'École de droit sont ceux de droit romain, de droit civil français, de procédure, de droit criminel, de droit commercial, de droit naturel, de droit administratif, etc.

§ II.

Le faubourg Saint-Jacques.

Le faubourg Saint-Jacques n'était autrefois qu'une longue suite de couvents ou d'établissements religieux, où se retiraient de pieux solitaires, des courtisans dégoûtés du monde, des dames de haute naissance, qui avaient à pleurer les erreurs de leur jeunesse. Dans la langue si noblement chrétienne du XVIIIᵉ siècle, on appelait du nom de *Thébaïde de Paris* ce quartier couvert de grands enclos, perdu au milieu de nombreuses carrières, situé au-dessus des souterrains appelés depuis catacombes, habité seulement par une population de carriers et de plâtriers, pauvre, paisible, pleine de foi. L'humble église de ce quartier, Saint-Jacques-du-Haut-Pas, n'a été élevée que par le zèle touchant de cette population: les ouvriers travaillèrent sans salaire un jour par semaine, les maîtres donnèrent la pierre et le plâtre, et une illustre pénitente, la duchesse de Longueville, y ajouta l'or et le marbre du sanctuaire. Il y avait, entre les riches solitaires du faubourg et les pauvres gens qui vivaient au milieu d'eux, un pieux accord, un respect mutuel et chrétien, dont on vit un touchant témoignage dans la cérémonie d'édification de l'hospice Cochin. Ce fut le vénérable Cochin, curé de Saint-Jacques-du-Haut-Pas (né en 1726, mort en 1783), qui, avec son modeste patrimoine, fonda cet hospice pour les ouvriers des carrières: la première pierre en fut posée, non par quelque prince, non par quelque magistrat, mais par deux pauvres, élus dans tout le quartier pour cette touchante cérémonie.

La plupart des établissements religieux du faubourg Saint-Jacques sont devenus des hospices; nous allons, en les énumérant, raconter leurs transformations, qui auraient pu être faites avec plus de respect pour le passé.

1° Le *couvent de la Visitation-Sainte-Marie*, établi en 1623. C'est là que se renferma mademoiselle Lafayette, qui inspira à Louis XIII un si respectueux attachement. Ce couvent est aujourd'hui la *maison de refuge des Dames Saint-Michel*, qui est à la fois un établissement religieux et une maison de correction pour les femmes déréglées.

2° L'*église Saint-Jacques-du-Haut-Pas*.--C'était une chapelle en 1566; elle devint une église en 1630 et ne fut achevée qu'en 1684. Elle renferme les tombeaux de Duvergier de Hauranne, abbé de Saint-Cyran, de Dominique Cassini et de Philippe de Lahire. C'est une succursale du douzième arrondissement.

3° L'*hôpital Saint-Jacques-du-Haut-Pas*, depuis *séminaire Saint Magloire*, aujourd'hui *institution des Sourds-Muets*. L'hôpital avait été fondé dans le XIIIe siècle par l'ordre des Frères *pontifes* ou constructeurs des ponts: il recevait des pèlerins et hébergeait des soldats invalides. Il tombait en ruines lorsque Catherine de Médicis y transféra les religieux de Saint-Magloire. Ces religieux furent supprimés en 1618, et, avec leurs revenus, on fonda un séminaire, qui fut dirigé par les pères de l'Oratoire et a fourni pendant deux siècles à l'Église de France les prêtres les plus distingués. «On y a vu, dit Piganiol, tout ce qu'il y a de plus titré et de plus grand nom parmi les prélats.» Ses bâtiments, donnés à l'institution des Sourds-Muets, ont été reconstruits en 1823. Cette institution, qui date de 1774, est due à l'abbé de l'Espée: elle fut placée au couvent des Célestins jusqu'en 1790.

4° La *communauté des Ursulines*, fondée en 1608 par madame de Sainte-Beuve, fille de Jean Lhuillier, président de la Cour des comptes; elle était vouée à l'instruction des jeunes filles et a été le berceau de toutes les maisons de même genre qui se sont établies en France, et qui, en 1790, dépassaient le chiffre de quatre cents. La fondatrice de cette congrégation était enterrée dans la maison. C'est là que madame de Maintenon fut placée dans son enfance et qu'elle abjura le protestantisme. C'est là aussi qu'après la mort de Scarron, elle se retira pendant deux années. Cette maison est aujourd'hui détruite, et, sur son emplacement, a été ouverte la rue des Ursulines. Celle-ci aboutit rue d'*Ulm*, dans laquelle se trouve l'*École normale.*

Cette école, créée par la loi du 30 novembre 1795 pour former des professeurs, fut établie dans l'amphithéâtre du Jardin-des-Plantes. Lagrange, Laplace, Monge, Haüy, Berthollet, Volney, Bernardin de Saint-Pierre, La Harpe y ont professé. Elle eut à peine quelques mois d'existence, fut rétablie en 1808 rue des Postes, supprimée en 1820, rétablie en 1832 dans l'ancien collége Duplessis; elle a été transférée en 1845 dans un palais construit spécialement et qui est un des nombreux exemples du luxe absurde qu'on a prodigué depuis trente ans pour construire des édifices qui ne demandaient que de la solidité et de la simplicité. Quant à l'institution elle-même, ce n'est pas le lieu de la discuter, et nous dirons seulement que, contrairement à ce qui se passe dans la plupart des grands établissements d'instruction publique, qui ne sont que de pompeuses apparences, là les études sont sérieuses, et que les sciences et les lettres y sont cultivées avec un zèle qui fait souvenir des étudiants de l'ancien régime.

5° Le *couvent des Feuillantines*, fondé en 1622 par madame d'Estourmel, et qui est aujourd'hui converti en propriétés particulières.

6° Le *couvent des Bénédictins anglais*, fondé en 1640 et où Jacques II a été enterré en 1701. C'est aujourd'hui une propriété particulière.

7° Le *couvent des Carmélites*, fondé en 1602 par le cardinal de Berulle et par deux princesses de Longueville, dans l'enclos Notre-Dame-des-Champs. Cet enclos était le centre du vaste cimetière romain, voisin du grand chemin d'Italie, qui s'étendait de Sainte-Geneviève au marché aux chevaux: on y a trouvé une multitude de tombeaux, de caveaux, de coffres, de squelettes, de médailles, etc. Au IIIe siècle, un oratoire y fut élevé, où, suivant la tradition, saint Denis célébra les saints mystères. Reconstruit sous le roi Robert, moins la chapelle souterraine, qui a subsisté jusqu'à la fin du XVIIIe siècle, il devint une église très-vénérée dans le moyen âge et desservie par les religieux de Marmoutier. Elle fut cédée en 1605 aux Carmélites, et Marie de Médicis fit alors décorer l'intérieur avec une grande magnificence. On y voyait des tableaux nombreux de Champagne, de Lahire, de Stella, de Lebrun, et c'était l'une des plus riches de Paris. On sait quelle était l'austérité de la règle des Carmélites, et cependant leur ordre comptait en France soixante-dix maisons, et le couvent du faubourg Saint-Jacques, si célèbre dans le XVIIe siècle sous le nom de Grandes-Carmélites, n'était peuplé que de religieuses appartenant à la plus grande noblesse [81], que de femmes dégoûtées du monde ou de la cour, que de grandes dames, qui allaient y ensevelir leurs passions ou pleurer leurs faiblesses. La plus illustre de ces pénitentes est la duchesse de la Vallière, qui, en 1676, à l'âge de trente et un ans, y vint expier ses amours avec Louis XIV, en prenant le voile sous le nom de Louise de la Miséricorde. Bossuet, en présence de la reine et de toute la cour, prononça le sermon de profession de cette touchante «victime de la pénitence.» «Elle fit cette action, cette belle et courageuse personne, dit madame de Sévigné, d'une manière noble et charmante; elle était d'une beauté qui surprit tout le monde.» C'est là qu'elle mourut en 1710, après trente-six ans des plus rebutantes austérités. Ce couvent avait une si grande réputation de sainteté que plusieurs maisons avaient été construites dans le voisinage, où se retiraient des personnes de la cour «pour mourir dans la céleste société des Carmélites» et se faire enterrer dans leur cimetière. «On ne sait mourir que dans ce quartier-là,» disait un courtisan; et, en effet, on y briguait des sépultures. La principale de ces maisons avait été construite par une fameuse pécheresse, qui s'y retira pour y faire pénitence pendant vingt-sept ans: c'était la sœur du grand Condé, la belle duchesse de Longueville, l'une des reines de la Fronde, «dont l'âme, comme elle le disait elle-même, avait été uniquement partagée entre l'amour du plaisir et l'orgueil, durant les jours de sa vie criminelle.» Elle y mourut en 1679. Une autre fut habitée par la princesse Palatine, autre héroïne de la Fronde, qui y mourut en 1685, et dont Bossuet prononça l'oraison funèbre; une autre par la duchesse de Guise, une autre par la maréchale d'Humières, etc. Aussi le cimetière des Carmélites était-il peuplé de morts célèbres, tels que le duc et la duchesse de Montausier, le médecin Vautier, l'historien Varillas, etc. On y avait aussi déposé le cœur de Turenne. Ce couvent a été supprimé en 1790: sur une partie des bâtiments a été ouverte la rue du Val-de-Grâce; dans l'autre partie a été rétablie en 1816 une maison de Carmélites, dont la chapelle renferme le tombeau du cardinal de Bérulle.

8° L'*abbaye royale du Val-de-Grâce de Notre-Dame-de-la-Crèche*, fondée en 1621 par Anne d'Autriche et ornée par elle des plus beaux priviléges. C'était là qu'elle se réfugiait contre les colères de Louis XIII et les persécutions de Richelieu; c'est là que le chancelier Séguier fut envoyé par le terrible cardinal pour saisir sur elle-même sa correspondance avec l'Espagne. En action de grâces de la naissance de Louis XIV, elle fit magnifiquement reconstruire le couvent et bâtir l'église, qui est un des plus beaux monuments de Paris: commencée en 1645 sur les dessins de François Mansard et de Lemercier, elle fut achevée en 1665 par Lemuet; sa belle coupole a été peinte par Mignard; les riches ornements de sculpture qui décorent le sanctuaire sont de François Anguier. Le cœur d'Anne d'Autriche, ainsi que ceux de tous les princes et princesses de la famille des Bourbons étaient déposés dans une chapelle dédiée à sainte Anne, qui fut dévastée pendant la révolution. A cette époque on fit du couvent l'hospice de la Maternité, et de l'église un magasin d'équipements; en 1800, on a transformé le couvent en un hôpital militaire, qui est devenu le plus important de toute la France et qui renferme mille lits. En 1820, l'église a été restaurée et rendue au culte.

9° L'*abbaye de Port-Royal*.--Cette abbaye avait été fondée en 1204 par Matthieu de Montmorency dans une vallée près de Chevreuse; comme elle était située dans un endroit marécageux et très-malsain, elle fut transférée à Paris en 1625 dans une maison du faubourg Saint-Jacques, qu'on éleva avec les dons de la marquise de Sablé, de la princesse de Guéménée, de madame de Guénégaud et de plusieurs autres dames; mais l'ancienne maison, le Port-Royal des Champs, continua de subsister, et, ayant été rebâti, devint en 1669 une abbaye indépendante de la maison de Paris. On sait quelle célébrité Port-Royal des Champs acquit dans le XVIIe siècle par l'austérité et l'indépendance de ses opinions, comment il fut détruit en 1709 par la vengeance des jésuites, comment ses biens furent réunis à ceux de Port-Royal de Paris. Cette maison a eu une existence moins orageuse que celle de sa sœur: néanmoins, ses religieuses eurent aussi à souffrir, à cause de leur attachement aux doctrines des pieux solitaires dont le nom vivra autant que ceux des Arnaud, de Pascal et de Racine. Elle n'en fut pas moins, comme Port-Royal des Champs de la part de tous ceux qui l'avaient habité ou fréquenté, l'objet d'une vénération profonde et de l'amour le plus touchant, et plusieurs personnages célèbres se retirèrent «du service des rois de la terre pour servir le Roi des rois,» dans le voisinage de cette illustre maison. Parmi eux on remarque le sieur de Pontis, l'auteur des Mémoires sur le règne de Louis XIII, qui y était enterré. C'est à Port-Royal que se retira et mourut madame de Sablé [82]. C'est là que voulut être inhumée la duchesse de Fontanges, morte à vingt-deux ans en 1681.

Pendant la révolution, cette maison fut transformée en prison sous le nom de *Port-Libre*, et l'on y renferma la plupart des suspects du faubourg Saint-Germain, les vingt-sept fermiers-généraux, Malesherbes, Lechapelier, d'Espremesnil, le garde des sceaux Miromesnil, les princes de Rohan et de Saint-Maurice, mademoiselle de Sombreuil, les duchesses du Châtelet et de Grammont, etc. «Rien ne ressemblait moins à une prison, dit Riouffe; point de grilles, point de verroux; les portes n'étaient fermées que par un loquet. De la bonne société, excellente compagnie, des égards, des attentions pour les femmes; on aurait dit qu'on n'était qu'une même famille réunie dans un vaste château.» Il n'est pas de prison où l'on ait fait plus de madrigaux et de chansons. Un vieil acacia, sous lequel avaient pieusement rêvé les religieuses de Port-Royal, servait à couvrir les amours des détenus: «C'était le rendez-vous de la gaieté, dit le même historien; on s'y retirait après l'appel, et on y prenait le frais jusqu'à onze heures du soir.» Mais, après la loi du 22 prairial, Port-Libre devint, comme les autres prisons, «l'antichambre de la Conciergerie et du tribunal révolutionnaire,» et la plupart des détenus n'en sortirent que pour aller à l'échafaud.

En 1796, Port-Royal devint l'hospice de la Maternité pour les enfants nouveaux-nés, et, en 1805, l'hôpital d'accouchement, c'est-à-dire l'un des plus tristes asiles de la misère humaine: il renferme cinq cent quinze lits et reçoit annuellement deux mille femmes enceintes. On l'appelle vulgairement la *Bourbe*, à cause du nom ancien de la rue voisine, appelée aujourd'hui Port-Royal. A cet hôpital est annexée une école pratique d'accouchement, où quatre-vingts élèves reçoivent l'instruction nécessaire à la profession de sage-femme. C'est dans une des salles de cet hospice que le cadavre du maréchal Ney, fusillé à quelques pas de là, fut transporté. Comme on le voit, il est peu de maisons dans Paris où les contrastes historiques soient plus heurtés, dont les transformations inspirent de plus tristes réflexions: Port-Royal, Angélique Arnauld, mademoiselle de Fontanges, la Bourbe, Port-Libre, Malesherbes, Ney! Que d'enseignements dans ces noms rapprochés!

10° *Le couvent des Capucins*, fondé en 1613 et transféré en 1783 dans la Chaussée-d'Antin. C'est aujourd'hui l'*hôpital du Midi*, destiné au traitement des maladies vénériennes et renfermant trois cents lits.

11° L'*hôpital Cochin*, fondé en 1779, destiné d'abord à quarante malades et renfermant aujourd'hui cent trente-cinq lits. Le buste du vénérable fondateur décore la salle principale.

CHAPITRE IV.

LES RUES DE LA HARPE, D'ENFER ET DE VAUGIRARD.

§ Ier.

La rue de la Harpe.

La rue de la *Harpe*, qui est aujourd'hui en pleine démolition, partait de la place du Pont-Saint-Michel sous le nom de la *Vieille-Bouclerie*, qu'elle quittait bientôt pour prendre celui qu'elle porte depuis le XIIIe siècle et qu'elle doit à une enseigne. Cette rue avait été ouverte sur l'emplacement des bâtiments les plus importants du palais des *Thermes*.

Ce palais occupait tout l'espace compris entre les rues de la Harpe et Saint-Jacques, depuis la rue des Grés jusqu'à la Seine; son parc et ses jardins s'étendaient du mont Leucotitius (Sainte-Geneviève) au temple d'Isis (Saint-Germain-des-Prés), et il avait de grands souterrains qui couraient sous presque tout le quartier. Un aqueduc lui amenait les eaux d'Arcueil. On croit qu'il fut bâti par Constance Chlore; Julien, Valentinien et plusieurs autres empereurs l'ont habité, ainsi que la plupart des rois francs des deux premières races. Clotilde y demeurait avec les enfants de Clodomir quand Clotaire Ier les attira dans le palais de la Cité et les y égorgea. Ce palais était immense; il renfermait, outre les jardins, des cours, des portiques, des galeries, des salles de jeux, des magasins de vivres et d'armes, etc. C'était en même temps un endroit fortifié: Fortunat l'appelle *Arx celsa*. Il en reste deux salles contiguës d'une architecture très-simple, mais dont les voûtes sont si solidement construites qu'elles ont résisté non-seulement à l'action du temps pendant quinze siècles, mais encore à une épaisse couche de terre plantée d'arbres, sous laquelle elles sont restées, jusqu'à nos jours, enterrées. La première de ces salles a trente pieds de longueur sur dix-huit de largeur; la seconde, soixante-deux pieds sur quarante-deux; leur hauteur est de quarante pieds. Elles servaient probablement de *frigidaria*, c'est-à-dire de salles de bains froids. A dix et seize pieds au-dessous du sol de ces salles se trouvent deux étages de souterrains. A la fin du XIIe siècle, les jardins des Thermes avaient été partagés et vendus; quant au palais, il commençait à tomber en ruines; Philippe-Auguste le donna à l'un de ses courtisans après qu'il en eut détruit une partie pour faire le mur d'enceinte de Paris. En 1228, on construisit, avec une partie des bâtiments, le couvent des Mathurins, et, en 1340, l'hôtel de Cluny.

A cette époque, le grand chemin des Thermes était devenu, depuis près de deux siècles, une rue populeuse et dans laquelle s'établirent de nombreux colléges: collége de Séez fondé en 1427; de Narbonne, fondé en 1317; de

Bayeux, fondé en 1308; d'Harcourt, fondé en 1280 et qui devint le plus célèbre de tous: on compte Diderot parmi ses élèves. Sur son emplacement est le *collège Saint-Louis*, fondé en 1820, et qui occupe aussi l'emplacement de l'ancien collége de Justice, fondé en 1353, ainsi qu'une partie des jardins des Cordeliers. Jusqu'à ces dernières années, cette rue tortueuse, sale, montante, était habitée en grande partie par des étudiants, et n'offrait rien de remarquable. Elle subit aujourd'hui une transformation complète et doit être presque entièrement absorbée dans la grande voie qui prolonge sur la rive gauche de la Seine le boulevard de Sébastopol. Les souvenirs historiques qu'elle rappelle sont nombreux: au coin de la rue des Deux-Portes était un hôtel du XVIe siècle, qu'on vient de détruire et qui a été habité par l'abbé de Choisy, par Crébillon, lequel y est mort dans un appartement occupé en 1793 par Chaumette, enfin par Hégésipe Moreau, qui en sortit pour aller mourir à l'hôpital. En face de l'église Saint-Côme ou de la rue Racine demeurait madame Roland: c'est là qu'elle fut arrêtée en 1793. Au n° 171 demeurait l'imprimeur Momoro, l'un des chefs du parti hébertiste, qui périt sur l'échafaud et dont la femme figurait la déesse de la Raison. Enfin, la rue de la Harpe a été l'un des théâtres de l'insurrection de juin.

Les principales rues qui débouchent dans la rue de la Harpe sont:

1° Rue de l'*École-de-Médecine*.--Cette rue a été ouverte vers le XIIIe siècle sur l'emplacement du mur de Louis VI; elle s'appelait rue des *Cordeliers* à cause du couvent des Franciscains, qui y fut établi. Cette maison, qui touchait à l'enceinte de Philippe-Auguste, avait pour titre: *Le grand couvent de l'Observance de Saint-François*. Son église, très-vaste, avait été construite par saint Louis; elle fut détruite par un incendie en 1580 et réédifiée en 1585. Son grand cloître, regardé comme le plus beau de Paris, datait de 1673; c'était le collége de l'ordre: saint Bonaventure et Jean Scot y étudièrent. Il est sorti de ce couvent plusieurs papes et cardinaux; mais les désordres de ces moines exigèrent souvent des réformes qui ne s'effectuèrent pas sans résistance. C'était la communauté la plus nombreuse de Paris: aussi son réfectoire, bâti des dons d'Anne de Bretagne, était-il très-vaste: «La marmite est si grande, dit Piganiol, qu'elle a passé en proverbe, et le gril, monté sur quatre roues, est capable de tenir une mannequinée de harengs.» Dans ce couvent se faisaient les assemblées de l'ordre de Saint-Michel. Là se tinrent les États-Généraux de 1357. Sous Louis XI, le frère Fradin y attira la foule par ses prédications contre les grands; et, quand on lui défendait de parler, le peuple, le couteau à la main, le forçait de monter en chaire. En 1589, la duchesse de Nemours, du haut des marches de l'église, annonça au peuple, qui l'applaudit, la mort de Henri III. Cette église n'avait rien de remarquable, mais elle pouvait rivaliser avec celle des Jacobins pour les tombes royales qu'elle renfermait: ainsi, on y avait inhumé les femmes de Philippe III, de Philippe IV, de Charles IV, le cœur de Philippe-le-Long, et, en outre, Jean Scot, le connétable de Saint-Pol, que fit décapiter Louis XI, l'historien Belleforest, les membres des familles parlementaires de Maisons, de Bellièvre, de Lamoignon, etc. Ce couvent ayant été fermé en 1790, la section dite du Théâtre-Français siégea dans la salle des cours de théologie, et un club, dit des Cordeliers, tint ses séances dans le réfectoire. On sait quelle influence ont eue sur la révolution les résolutions de ce club fameux: c'est là, dans ces mêmes lieux qui avaient retenti des demandes audacieuses d'Étienne Marcel, des prédications populaires du frère Fradin, que Danton fit ses motions révolutionnaires. Plusieurs Montagnards demeuraient dans le voisinage de ce club: ainsi, Danton habita successivement la cour du Commerce et la rue des Cordeliers; Camille Desmoulins et Fabre d'Églantine demeuraient rue et place de l'Odéon; Billaud-Varennes, rue Saint-André-des-Arts; Barbaroux et Chambon, rue Mazarine; Manuel, procureur de la Commune, rue Serpente; Robert Lindet, rue Mignon; Simon, le geôlier de Louis XVII, rue des Cordeliers, etc. Enfin, c'est dans cette dernière rue, au n° 18, que demeurait Marat, dans un logement obscur situé au fond de la cour, au premier étage: c'est là qu'il fut assassiné par Charlotte Corday. Son nom fut donné à la rue des Cordeliers, et celle-ci le garda jusqu'au 9 thermidor. Quelques parties du couvent des Cordeliers existent encore: le réfectoire est occupé par le musée d'anatomie qui porte le nom de Dupuytren; dans les jardins et le cloître, on a bâti, outre des maisons particulières, l'hôpital des cliniques de médecine, de chirurgie et d'accouchement, renfermant cent vingt lits, lesquels sont réservés aux affections qui présentent de l'intérêt au point de vue de ces trois branches de l'art de guérir. La première pensée de cet établissement est due à Lamartinière, chirurgien de Louis XV.

En face de ce dernier bâtiment est l'*École de Médecine*, monument lourd et fastueux, dont la façade semble s'enfoncer en terre, et qui n'est nullement approprié à sa destination: il se compose de quatre corps de bâtiments occupés par l'amphithéâtre, qui peut contenir douze cents personnes; la bibliothèque, qui renferme trente mille volumes; une salle d'assemblée, un magnifique cabinet d'anatomie, un cabinet de physique, etc. Cet édifice a été construit de 1769 à 1786, d'après les dessins de Gondouin, sur l'emplacement du collège de Bourgogne, fondé en 1331 par la veuve de Philippe V. Le conseil des Cinq-Cents y siégea le 18 fructidor. Le nombre des élèves de l'École de Médecine est annuellement de trois mille. «On a calculé, dit le docteur Reveillé-Parise, que, si l'on défendait pendant dix ans toute réception de docteurs, il en resterait encore assez pour les besoins publics.»

Dans la rue des Cordeliers, au coin de la rue de la Harpe, était l'*église Saint-Côme et Saint-Damien*, qui fut bâtie en 1212 et devint le siége de la confrérie des chirurgiens. Cette confrérie datait de Pittard, chirurgien de saint Louis: elle fut agrégée à l'Université, mais elle resta soumise à la Faculté de médecine, qui traitait ses membres avec le plus profond et le plus injuste dédain [83].

Un de ses statuts portait que les chirurgiens devaient alternativement venir à Saint-Côme pour y examiner les pauvres blessés et leur fournir les médicaments nécessaires. Près de là fut établie en 1706 l'Académie royale de chirurgie, dans une maison qui, depuis 1765, est affectée à une école de dessin. Dans l'église Saint-Côme ont été enterrés Omer Talon, Pithou, La Peyronie, etc.; elle a été détruite pour ouvrir la rue Racine.

A l'autre extrémité de la rue des Cordeliers, près de la rue du Paon, se trouvait la porte Saint-Germain de l'enceinte de Philippe-Auguste, détruite en 1672.

2° Rue *Neuve-de-Richelieu* et place *Sorbonne*.--Robert *Sorbon*, chapelain de saint Louis, ayant fondé en 1250, avec l'aide de ce prince, un collége pour les pauvres clercs, ce collége devint la Faculté de théologie, et une sorte de tribunal qui rendit de grands services à l'Église et devint célèbre dans tout le monde chrétien; ses docteurs traduisaient à leur barre non-seulement les ouvrages et les opinions théologiques, mais les papes, les rois, les magistrats. Il faudrait un livre pour raconter les sentences portées par ce tribunal contre Jeanne d'Arc, contre les protestants, contre Pascal, contre Voltaire, Buffon, Montesquieu, etc. On sait qu'il décréta la déchéance de Henri III et s'opposa, jusqu'à la prise de Paris, à la reconnaissance de Henri IV. L'Estoile appelle les docteurs de Sorbonne «trente ou quarante pédants, maistres ès arts crottés, qui, après grâces, traitent des sceptres et des couronnes.» C'est pourtant dans une salle de la Sorbonne que furent faits à Paris les premiers essais de l'imprimerie. «En 1470, dit Jaillot, Guillaume Fichet et Jean Heynlin de la Pierre, docteurs de Sorbonne, firent venir d'Allemagne Ulric Gering et ses deux associés Martin Krantz et Michel Friburger; ils les placèrent dans la maison même de Sorbonne, où ces imprimeurs établirent leurs presses. Ainsi, la première imprimerie de Paris et de la France eut son berceau dans l'asile même des sciences dont elle a pour objet de faciliter l'étude.»

Richelieu fit reconstruire, sur les plans de Lemercier, le collége de Sorbonne, où il avait été reçu docteur. L'église, dont le dôme se distingue par sa coupe élégante et dont la coupole a été peinte par Philippe de Champaigne, a deux façades, l'une sur la cour du collége, l'autre sur la place Sorbonne; elle n'a été achevée qu'en 1659. Dans la nef est le tombeau du grand ministre, chef-d'œuvre de Girardon. L'Assemblée constituante supprima la Sorbonne «au nom de la raison, qu'elle avait tant de fois outragée.» La Commune de Paris donna à la place de Sorbonne le nom de *Châlier* et à la rue Neuve-de-Richelieu le nom de *Catinat*, né, disait-elle, dans cette rue: «le nom de Sorbonne rappelant un corps aussi astucieux que dangereux, ennemi de la philosophie et de l'humanité.» L'église devint, pendant la révolution et sous l'Empire, un atelier de sculpture et une section de l'École de droit; en 1820, elle fut rendue au culte, et c'est là que Choron, fondateur de l'institut de musique religieuse, fit entendre ses concerts sacrés. Quant aux bâtiments du collége, après avoir servi de logement à des artistes et à des gens de lettres, ils renferment depuis

1818 les bureaux universitaires de l'Académie de Paris, et c'est là que se font les cours des Facultés des sciences et des lettres. Ces cours, qui font double emploi avec ceux du Collége de France et qui ont à peu près le même caractère et la même utilité, ont eu une grande vogue sous la Restauration, quand l'histoire, la littérature et la philosophie étaient si éloquemment professées par MM. Guizot, Villemain et Cousin.

Sur la place Sorbonne se trouvait encore le *collége de Cluny*, fondé en 1269 pour les religieux de cet ordre. La chapelle a servi d'atelier au peintre David: c'est là qu'il fit le tableau du Sacre et que Napoléon vint le visiter. Elle a été détruite en 1833.

§ II.

La rue d'Enfer.

A l'extrémité de la rue de la Harpe se trouve la *place Saint-Michel*, qui, dans les temps anciens, a joué un grand rôle: là était l'entrée de la place d'armes qui précédait le palais des Thermes; là aussi aboutissaient les deux voies romaines qui sont devenues les rues d'Enfer et de Vaugirard, et que nous allons successivement décrire: entre elles était un camp dont l'emplacement est occupé aujourd'hui par le Luxembourg. Quand l'enceinte de Philippe-Auguste fut construite, elle passa sur cette place, et alors fut établie une porte dite *Gibart, Saint-Michel, de Fer* ou d'*Enfer*, qui a été détruite en 1684. Au levant de cette porte était une tour qui a servi de Parloir-aux-Bourgeois, et dont il reste quelque chose dans un jardin de la rue Saint-Hyacinthe. On croit que la rue d'*Enfer* était autrefois appelée *Via inferior*, par opposition à la rue Saint-Jacques, qui aurait été appelée *Via superior*; de là lui serait venu son nom. D'autres disent qu'elle était appelée ainsi par corruption de la porte Saint-Michel, «qui anciennement était dite porte de Fer.» On l'a aussi appelée *chemin de Vauvert* et *faubourg Saint-Michel.*

Cette rue, étant la voie romaine qui menait à Issy, était bordée de villas; l'une d'elles devint le château de Vauvert, bâti par le roi Robert au milieu de prairies délicieuses, d'où l'on dominait la Seine et Paris, et qui occupait à peu près l'emplacement actuel de la grande allée du Luxembourg. Ce château, ayant été abandonné par ses successeurs, passa pour le séjour du diable, à cause des carrières voisines où se réfugiaient de nombreux malfaiteurs. Saint Louis le donna aux Chartreux, qui s'y établirent en 1259, et ils obtinrent des rois suivants des terres si considérables que leur enclos avait plus de quinze cents arpents et renfermait des maisons, des vignes, un moulin, un pressoir, etc. Leur église [84], construction très-élégante, avait été commencée par Eudes de Montreuil en 1260 et ne fut achevée qu'en 1324; elle renfermait des tableaux précieux de nos meilleurs peintres, les tombeaux de plusieurs seigneurs et des menuiseries sculptées avec un rare talent par un chartreux, Pierre Fuzilier, qui y consacra presque toute sa vie. Le grand cloître était immense et entouré des cellules des religieux, lesquelles avaient par derrière chacune son jardin; il était orné de peintures et de bas-reliefs du XIIIe siècle, et avait au centre un pavillon qui se trouve aujourd'hui dans la grande pépinière du Luxembourg. Le petit cloître était enrichi de vingt-deux tableaux peints par Lesueur de 1643 à 1648 et représentant la vie de saint Bruno, chefs-d'œuvre d'expression, de naïveté, de sentiment, où tout respire l'austérité monacale, l'enthousiasme religieux, la foi simple et mélancolique. Ces tableaux, dégradés d'abord par les profanations de l'envie contemporaine, ensuite par le respect même des religieux, qui, en les mettant sous clef, les privèrent de jour et d'air, enfin par les restaurations inhabiles qu'ils ont subies, sont aujourd'hui au musée du Louvre. C'est à l'ombre de ces chefs d'œuvre, dans les bras de ces bons religieux qu'il avait émerveillés par son génie, qu'il édifiait par sa piété, que vint mourir en 1655, à l'âge de trente-huit ans, ce grand homme, qui, dans un siècle si favorable aux arts, passa inconnu, incompris, après une vie de labeurs et de souffrances. On sait combien la règle des Chartreux était austère; malgré cette règle, l'ordre n'eut jamais besoin de réforme, et la Chartreuse de Paris était l'un des couvents les plus vénérés de la France. L'entrée de l'église était interdite aux femmes; mais le cloître, les jardins, le cimetière recevaient souvent de pieux visiteurs, parmi lesquels on compte Catinat. Ce couvent fut supprimé en 1790, et, dans ses bâtiments, Carnot, en 1794, établit une manufacture d'armes: «Les boutiques garnissent tous les cloîtres, dit-il dans son rapport à la Convention (3 novembre 1794); les cellules sont habitées par des ouvriers; et ce local, jadis consacré au silence, à l'inaction, à l'ennui, aux regrets, retentit du bruit des marteaux et offre le spectacle de l'activité la plus utile.» Plus tard, le couvent fut détruit, et sur son emplacement l'on a agrandi le jardin du Luxembourg, ouvert les avenues du Luxembourg et de l'Observatoire, construit les rues de l'Est et de l'Ouest.

La rue d'Enfer, outre le couvent des Chartreux, renfermait d'autres établissements religieux. Au n° 2 était le *collége du Mans*, qui occupait l'ancien hôtel Marillac. Au n° 8 était le *séminaire Saint-Louis*, fondé en 1683 et occupé aujourd'hui par une caserne. Au n° 45 était le *couvent-noviciat des Feuillants*, fondé en 1633. Au n° 74 était *l'institution de l'Oratoire*, fondée en 1650 pour le noviciat de cette illustre congrégation (Voir rue Saint-Honoré p. 239); c'était en même temps une maison de retraite «pour d'illustres solitaires, dit Piganiol, qui en sont sortis pénitents,» tels que l'abbé de Rancé, réformateur de la Trappe, le cardinal Lecamus, le chancelier Pontchartrain, le maréchal de Biron, qui y mourut en 1756. C'est aujourd'hui l'hospice des Enfants-Trouvés, dont nous allons parler.

Les édifices publics que renferme aujourd'hui cette rue sont:

1° L'*École des Mines*, occupant les bâtiments de l'hôtel de Chaulnes, «d'un des plus parfaits, dit Piganiol, qu'il y ait à Paris.» Cet hôtel avait été construit en 1706 par les Chartreux et leur appartenait. De grands embellissements y ont été récemment opérés, et l'on vient de lui ajouter une façade monumentale. L'École des Mines, fondée en 1783 et réorganisée en 1794, a de très-riches collections, qui renferment plus de cent cinquante mille échantillons.

2° L'*hospice des Enfants-Trouvés* (n° 71).--Dans les temps anciens, les évêques de Paris avaient près de Notre-Dame une maison destinée à recevoir les enfants abandonnés, lesquels étaient exposés dans l'église même pour exciter la pitié des fidèles; nonobstant, la plupart de ces malheureuses créatures périssaient sans secours. En 1552, un arrêt du Parlement ordonna de mettre les enfants trouvés à l'hôpital de la Trinité et enjoignit aux seigneurs ecclésiastiques, haut-justiciers de Paris, de pourvoir à leur entretien. Cet arrêt ne fut qu'à demi exécuté, car les seigneurs, au nombre de seize, donnèrent seulement une rente de 960 livres par an. En 1570, on établit les enfants trouvés dans deux maisons voisines du port Saint-Landry; mais ils continuèrent à mourir, faute de soins, ou à être l'objet du plus infâme trafic, «le prix courant des enfants trouvés étant de vingt sols.» En 1638, Vincent de Paul réunit les dames pieuses avec lesquelles il opérait toutes ses fondations charitables, et leur proposa de fonder un hospice pour les enfants trouvés. Cet hospice fut établi près de la porte Saint-Victor, mais ses ressources étaient encore si faibles qu'on fut obligé de tirer au sort les enfants qu'on élèverait et d'abandonner les autres. Trois cent douze furent ainsi conservés. En 1641, le roi donna aux enfants trouvés le château de Bicêtre et douze cents livres de rente. En 1667, le Parlement ordonna aux seigneurs haut-justiciers de fournir une rente de quinze cents livres pour leur entretien. En 1670, il fut résolu de leur bâtir un hospice dans le faubourg Saint-Antoine, et la reine Marie-Thérèse en posa la première pierre. En 1800, cet hospice a été transféré rue d'Enfer, et il renferme sept cents lits ou berceaux: on n'y reçoit que des enfants qui ont moins de deux ans; passé cet âge, ils sont envoyés à l'hospice des orphelins; mais ce chiffre de sept cents lits ne représente qu'une partie de la population secourue par cet hospice, la plupart des enfants étant envoyés en nourrice dans les campagnes. Ce dernier chiffre s'est élevé à 22,615 pour 1850. En 1670, le nombre des enfants admis dans l'hôpital ou entretenus par lui était de 500; en 1700, de 1,750; en 1740, de 3,150; en 1770, de 6,000; en 1790, de 5,800; en 1795, de 3,200; en 1812, de 5,400; en 1840, de 4,800.

3° L'*infirmerie de Marie-Thérèse*, fondée en 1819 par la duchesse d'Angoulême et madame de Châteaubriand, pour les prêtres infirmes et malades. Auprès d'elle est la maison qui fut habitée longtemps par Chateaubriand: «Je m'y trouvais à la fois, dit-il lui-même, dans un monastère, dans une ferme, un verger et un parc.»

La rue d'Enfer est coupée dans sa partie supérieure par l'*avenue de l'Observatoire*, qui est le prolongement de l'avenue du Luxembourg. C'est à l'extrémité septentrionale de cette avenue que le maréchal Ney a été fusillé le 7 décembre 1815. Un monument a été élevé à la place où cette illustre victime de nos discordes est tombée sous les balles royalistes. L'avenue de l'Observatoire aboutit en face de cet édifice, lequel se trouve ainsi dans l'axe du palais du Luxembourg.

L'*Observatoire* fut fondé en 1667 par Louis XIV et construit sur les dessins de Claude Perrault, pour servir aux observations astronomiques: c'est un monument très-simple, formé d'un bâtiment carré avec des tours octogones au midi. Sa destination n'a jamais changé, et il a reçu depuis cinquante ans de nombreuses améliorations.

La barrière d'Enfer ouvre la grande route de Paris à Orléans. On trouve dans son voisinage l'*hospice de la Rochefoucauld*, maison de retraite pour les vieillards, fondée en 1781; l'*embarcadère du chemin de fer de Sceaux*; enfin, dans la cour du pavillon ouest de la barrière, la principale entrée des *Catacombes*. On donne ce nom aux vastes souterrains et carrières qui existent sous la plus grande partie de Paris méridional et qui proviennent de l'extraction des pierres avec lesquelles on a bâti la ville. Jusqu'en 1775, on ne s'inquiéta pas de ces excavations, faites depuis le temps des Romains et surtout depuis le XIIIe siècle, sans soin et sans précaution; mais, des éboulements et des affaissements ayant jeté l'alarme, une visite fut faite, et l'on s'assura «que les temples, les palais et la plupart des voies publiques des quartiers méridionaux de Paris étaient près de s'abîmer dans des gouffres immenses.» Alors de grands travaux furent entrepris pour consolider les voûtes de ces carrières, et ces travaux, continués jusqu'à nos jours, ont fait disparaître toutes les craintes.

C'est dans une partie de ces souterrains qu'ont été transportés les ossements du cimetière des innocents et des autres cimetières de Paris supprimés en 1785 et pendant la révolution, auxquels on a ajouté les restes des personnes tuées dans les combats d'août 1788, dans l'affaire Réveillon, dans la journée du 10 août, enfin dans les massacres de septembre. On suppose que huit à dix millions de squelettes, composant presque toute la population de Paris depuis Clovis, ont été ainsi transférés dans les Catacombes; mais au lieu d'y être respectueusement et obscurément déposés, on en a tapissé les murs avec une certaine recherche, dans un but de décoration et pour faire de ces gouffres une sorte de palais de la Mort. On éprouve une douloureuse impression en voyant ces milliers de têtes symétriquement alignées en cordon, ou enlacées de mille manières, ou bien formant des colonnes, des piédestaux, des obélisques; des autels funéraires. Rien ne distingue les ossements de l'homme vulgaire et de l'homme illustre; aucun souvenir n'a été conservé; quelques inscriptions apprennent seulement de quel cimetière ou de quelle église ces tristes débris ont été extraits. Cette étrange, monotone et presque sacrilége architecture a été faite sous l'Empire par les ordres du préfet de la Seine, Frochot.

§ III.

La rue de Vaugirard.

Nous avons dit qu'une ancienne voie romaine, venant de Vaugirard, aboutissait jadis vers la place Saint-Michel. Cette voie a formé la grande rue de Vaugirard, qui, au moyen du détour que fait la rue des Francs-Bourgeois, aboutit encore à cette même place. Cette rue est restée une route presque déserte pendant douze ou quatorze siècles: on ne commença à y bâtir que dans le dix-septième; il y a cent ans à peine qu'elle n'était bordée que de couvents, de jardins, de terrains en culture. Aujourd'hui, c'est une des voies les plus importantes de Paris; mais elle a un tout autre aspect que celles que nous venons de décrire; elle est paisible, peu fréquentée, excepté dans sa partie inférieure, et n'a qu'une population disséminée. Dans cette rue était l'hôtel de madame de La Fayette, où demeurait La Rochefoucaud, rendez-vous des beaux esprits et des grandes dames du XVIIᵉ siècle, tant visité, tant vanté par madame de Sévigné. Plus loin était en pleine campagne la maison écartée où la veuve de Scarron vivait retirée et solitaire pour élever en secret les enfants de madame de Montespan. Au n° 11 est mort en 1778 l'auteur tragique Lekain. On trouve dans cette rue:

1° Le *théâtre de l'Odéon*, qui a été construit sur l'emplacement de l'*hôtel Condé*. Cet hôtel occupait l'espace compris entre les rues de Condé et des Fossés-Monsieur-le-Prince, qui en ont pris leur nom. Il avait été bâti par Arnaud de Corbie sur le clos Bruneau; le maréchal de Retz l'agrandit et le vendit au prince de Condé en 1612; il joua un grand rôle dans les troubles de la Fronde et fut ensuite le théâtre de fêtes pompeuses [85]. En 1778, on le détruisit, et, sur son emplacement, les architectes Wailly et Peyre bâtirent pour la comédie française le premier théâtre monumental qu'ait possédé la capitale. Il fut ouvert le 7 avril 1782. C'est là que fut joué en 1784 le *Mariage de Figaro*, «comédie, dit un journal de la révolution, sans laquelle le peuple n'eût pas appris tout d'un coup, le 12 juillet 1789, à secouer ce respect de servitude que les grands avaient imprimé sur la nation entière.» En 1793, quelques acteurs ayant été arrêtés comme suspects, les autres se séparèrent, et le théâtre végéta pendant quelques années, sous le nom de théâtre de la Nation et ensuite d'*Odéon*. En l'an III et en l'an V, on y joua d'étranges comédies: le 2 octobre 1795, les royalistes des sections y convoquèrent les électeurs pour résister aux décrets de la Convention, ce qui amena la journée du 13 vendémiaire; le 4 septembre 1797, le conseil des Cinq-Cents vint y siéger et y fit le coup d'État du 18 fructidor. «Les loges étaient remplies, dit un contemporain, d'une foule de citoyens placés là pour applaudir à tout ce qui allait se faire.»

Il fut brûlé en 1799. Reconstruit par Chalgrin, il fut rouvert en 1808 sous la direction de Picard et avec le nom de théâtre de l'Impératrice. En 1814, il reprit le nom d'Odéon, et l'on y joua des comédies. En 1818, il fut de nouveau brûlé. En 1819, il se rouvrit sous le nom de Second-Théâtre-Français. Depuis cette époque, il n'a cessé de se fermer, de se rouvrir, et d'essayer tous les genres, sans avoir pu jamais attirer la foule dans sa belle salle.

2° Le *palais du Luxembourg*.--Sur l'emplacement de ce palais était autrefois un camp romain, qui, probablement, n'était habité que pendant les séjours des empereurs au palais des Thermes: on a trouvé dans le sol de très-nombreux débris d'ustensiles, d'armes, de vêtements, etc. Vers le milieu du XVIᵉ siècle, il y avait sur cet emplacement une maison et des jardins qui avaient été bâtis par Harlay de Sancy: ils furent vendus en 1583 au duc de Piney-*Luxembourg*, dont le nom est resté à la propriété, malgré les transformations qu'elle a subies. En 1612, Marie de Médicis l'acheta avec plusieurs terrains voisins et une partie du clos des Chartreux, et y fit construire, sur les dessins de Jacques Desbrosses, un palais aussi remarquable par la beauté de ses proportions que par sa grandeur et sa magnificence. Il fut achevé en 1620. Rubens y peignit la chambre à coucher de la reine et décora les galeries de vingt-quatre tableaux.

A la mort de Marie de Médicis, le palais passa successivement à Gaston d'Orléans, à la grande Mademoiselle, à la duchesse de Guise, à la duchesse de Berry, fille du régent, qui en fit le théâtre de ses débauches: «La duchesse, dit Duclos, pour passer les nuits d'été dans le jardin du Luxembourg avec une liberté qui avait plus besoin de complices que de témoins, en fit murer toutes les portes, à l'exception de la principale.» D'ailleurs, tous les maîtres de ce beau séjour s'étaient plu à l'enrichir de tableaux et de sculptures, et ce palais était célèbre dans toute l'Europe par ses belles collections. Vers la fin de la monarchie, il était la demeure du comte de Provence (Louis XVIII), qui avait fait bâtir dans le voisinage, rue de Madame, une maison pour sa maîtresse, madame de Balbi. C'est de là qu'il partit secrètement le 20 juin 1791 pour quitter la France.

En 1793, le Luxembourg devint une prison qui renferma jusqu'à deux mille détenus, la plupart tirés de l'aristocratie du faubourg Saint-Germain. C'est là que furent aussi envoyés Custine, Dillon, Danton, Desmoulins, Hérault de Séchelles, Fabre d'Églantine, Phélippeaux, Bazire, Hébert, Chaumette, Ronsin, Charles de Hesse et une multitude d'autres. C'est là que fut inventé cet abominable mensonge de la conspiration des prisons, dont les terroristes se servirent pour envoyer tant de victimes à l'échafaud. Le Luxembourg, où d'ailleurs les détenus montraient autant d'insouciance pour la vie que de frivolité et d'amour pour les aventures galantes, devint alors la pourvoirie ordinaire du tribunal révolutionnaire. Une simple clôture de planches, garnie de sentinelles, séparait la prison du public et des promeneurs, et une partie du jardin était occupée par cinquante-quatre forges pour la fabrication des canons. En 1795, le Luxembourg fut assigné pour séjour au Directoire. «Lorsque les directeurs y entrèrent, il n'y avait pas un meuble. Dans un cabinet, autour d'une petite table boiteuse, l'un des pieds étant rongé de vétusté, sur laquelle ils déposèrent un cahier de papier à lettres et une écritoire qu'ils avaient eu heureusement la précaution de prendre au Comité de salut public, assis sur quatre chaises de paille, en face de quelques bûches allumées, le tout emprunté au concierge, ils rédigèrent l'acte par lequel ils osèrent se déclarer constitués [86].» On sait que Barras, par ses orgies, rendit au Luxembourg la réputation scandaleuse qu'il avait eue du temps de la régence. Le 10 décembre 1797, le Directoire y donna une grande fête à Bonaparte pour célébrer ses victoires d'Italie et le traité de Campo-Formio. Après le 18 brumaire, deux des consuls provisoires y demeurèrent jusqu'au 19 février 1800. Alors ce palais fut attribué au sénat conservateur: c'est là que ce corps trop fameux rendit tous ces décrets adulatoires qui devaient être clos si honteusement par l'acte de déchéance. A cette époque, le Luxembourg fut restauré et embelli; on agrandit le jardin au moyen du clos des Chartreux; on ouvrit l'avenue qui joint si heureusement le Luxembourg à l'Observatoire; on commença son musée, qui ne fut ouvert qu'en 1815.

En 1814, ce palais devint le siége de la Chambre des pairs: le 21 novembre 1815, le maréchal Ney y fut condamné à mort par 121 voix contre 17. Après 1830, la pairie, privée de son privilége héréditaire, s'y montra aussi souvent une cour de justice qu'une assemblée politique: là furent jugés les ministres de Charles X, les républicains de 1834 et 1839, Louis Bonaparte et ses adhérents, les assassins Fieschi, Alibaud, Lecomte, Quenisset, etc. On agrandit alors le palais aux dépens du jardin pour y construire une salle des séances, une bibliothèque, des appartements, et l'on se plut à décorer ce dernier asile des derniers débris de l'aristocratie avec une magnificence digne de l'ancien régime.

Le 24 février 1848, la pairie disparut. Alors le palais du Luxembourg devint le siége de la commission des travailleurs, présidée par M. Louis Blanc, et où le socialisme prêcha toutes ses chimères. Le 6 mai, le Luxembourg fut assigné pour demeure aux cinq membres de la Commission exécutive, qui y restèrent jusqu'au 24 juin. Il fut alors occupé par une partie des troupes de l'armée de Paris. Il est aujourd'hui redevenu le palais du Sénat.

A côté du Luxembourg et compris dans son enceinte est un hôtel qu'on appelle le *Petit-Luxembourg* et qui a eu des hôtes très-divers. Cet hôtel fut bâti en 1629 par Richelieu, qui l'habita tant que le Palais-Cardinal ne fut pas achevé. Alors il le céda à la duchesse d'Aiguillon, qui en fit un autre hôtel de Rambouillet. Là, Pascal, en présence des beaux esprits et des grands seigneurs du temps, «expliqua, dit Tallemant, des expériences de physique et inventions mathématiques». «Et l'on le traita d'Archimède,» ajoute la Gazette en vers de Loret. Le Petit-Luxembourg passa ensuite à la maison de Condé et devint la demeure de la princesse Palatine, Anne de Bavière. Celle-ci l'agrandit en 1710 et fit construire de l'autre côté de la rue de vastes dépendances. Bonaparte habita le Petit-Luxembourg tout le temps qu'il fut consul provisoire: «Il occupait, dit Bourrienne, l'appartement du rez-de-chaussée à droite, en entrant par la rue de Vaugirard; son cabinet se trouvait près d'un escalier dérobé, conduisant au premier étage, où demeurait Joséphine.»

A côté du Petit-Luxembourg était le couvent des religieuses du Calvaire, fondé par Marie de Médicis et le père Joseph en 1622. Les bâtiments qui ont servi de caserne et de prison viennent d'être démolis.

Les autres maisons remarquables de la rue de Vaugirard sont des couvents. Au n° 70 était le couvent des *Carmes*, fondé en 1601, et qui occupait quarante-deux arpents de terrain; c'était un des plus riches de Paris: ses religieux avaient fait bâtir ou possédaient presque toutes les maisons et hôtels des rues du Regard, Cassette, etc. Ce couvent fut transformé en prison en 1792, et l'on y renferma d'abord deux cents prêtres, qui y furent massacrés dans les journées de septembre; plus tard, les comtesses de Custine, de Lameth, d'Aiguillon, de Beauharnais, le ministre Destournelles, le poëte Vigée, etc. Cette prison fournit au tribunal révolutionnaire quarante-six victimes. C'est aujourd'hui une école de hautes études pour le clergé. Au n° 67 est la maison des Bernardines de l'ancien Port-Royal; au n° 98 est la congrégation des sœurs de la Providence; au n° 108, celle des Dames de l'Assomption; au n° 112, celle des Dames de la Visitation, etc.

Les rues remarquables qui débouchent dans la rue de Vaugirard sont:

1° Rue de *Condé*.--Dans cette rue, au coin de la rue des Quatre-Vents, le 9 mars 1804, fut arrêté Georges Cadoudal. Au n° 28 a demeuré le diplomate Alquier.

2° Rue de *Tournon*.--Au n° 2 était l'hôtel de Montpensier, qui occupait aussi une partie de la rue du Petit-Bourbon: là demeurait la fameuse duchesse de Montpensier, qui, en apprenant la mort du duc et du cardinal de Guise, y ameuta le peuple et «devint ainsi, dit Sauval, le flambeau de la Ligue qui embrasa tout le royaume.» Au n° 6 était l'hôtel Brancas, où a demeuré Laplace. Au n° 10 était l'hôtel du maréchal d'Ancre, bâtiment remarquable construit par le favori de Marie de Médicis, presque à la porte du Luxembourg, et qui fut dévasté par le peuple après sa mort; il devint plus tard l'hôtel de Nivernais, et il est aujourd'hui transformé en caserne de la garde de Paris. Au n° 12 était l'hôtel d'Entraigues, où est morte en 1813 madame d'Houdetot. Enfin, dans cette rue a demeuré la fameuse Théroigne de Méricourt, l'une des héroïnes de la révolution, qui est morte folle en 1827.

3° Rue du *Pot-de-Fer*.--Au n° 12 était la maison-noviciat des Jésuites, bâtie par Desnoyers, ministre de Louis XIII, qui y fut enterré, et dont la chapelle était ornée du tableau de François Xavier par le Poussin. Après la destruction de l'ordre, on établit dans cette maison une loge de francs-maçons, où Voltaire, en 1778, se fit recevoir, «dans la même salle, dit Mercier, où on l'avait tant maudit de fois théologiquement.» En face de cette maison était le couvent des Filles de l'Instruction chrétienne, dont l'emplacement est occupé par le séminaire Saint-Sulpice. Au n° 20 a demeuré Roger-Ducos.

Cette rue aboutit sur la *place Saint-Sulpice*, qui n'a été ouverte que depuis cinquante ans, et où l'on trouve: 1° une belle fontaine, œuvre de Visconti, qui est ornée des statues de Bossuet, de Fénelon, de Massillon et de Fléchier; 2° la *mairie du onzième arrondissement*, bâtiment nouveau et d'une construction remarquable; 3° le *séminaire Saint-Sulpice*, fondé en 1641 et qui se trouvait alors dans le prolongement de la rue Férou, à quelques pas du portail Saint-Sulpice: ses bâtiments ont été reconstruits en 1820; 4° L'*église Saint-Sulpice*: à la place de cette église était autrefois une chapelle dépendant de l'abbaye Saint-Germain. Cette chapelle, agrandie à plusieurs époques, devint une église paroissiale dans le XVe siècle et tombait en ruines sous Louis XIV. On commença alors (1646) un nouvel édifice sur les dessins de Levau, mais qui resta interrompu jusqu'en 1718, où le curé Linguet, à force de persévérance et avec les dons de ses paroissiens, parvint à le faire achever. Le portail, construit en 1733, et qui n'est pas terminé, est de Servandoni: c'est une œuvre originale et l'un des plus beaux monuments de la capitale. Dans cette église ont été enterrés les érudits Claude Dupuy, d'Herbelot, Étienne Baluze, le médecin Bourdelot, l'illustre architecte de la porte Saint-Denis, Blondel, qui fut «maître des mathématiques du dauphin et maréchal des camps et armées du roi,» Élisabeth Chéron, le marquis de Dangeau, le peintre Jouvenet, l'amiral Coetlogon, le curé Linguet, etc. Pendant la révolution, on fit de cet édifice un théâtre de fêtes publiques; la plus remarquable est le banquet donné à Bonaparte trois jours avant le 18 brumaire.

4° Rue du *Regard*.--Au n° 13 est l'*hospice des Orphelins de la Providence*, et au n° 17 l'*hospice Devillas*. On y trouvait de nombreux hôtels: hôtels de la Guiche, de Châlons, de Bannes, de Croï, de Toulouse, etc. Ce dernier est occupé par les conseils de guerre de la première division militaire.

5° Rue *Notre-Dame-des-Champs*.--On y trouvait un bel hôtel construit par l'abbé Terray et qui a été occupé par le collége Stanislas.

6° *Boulevard Montparnasse*.--Ce boulevard intérieur ne présente rien de remarquable. Dans le voisinage et hors du mur d'enceinte se trouve le *cimetière du Sud* ou du Montparnasse, fondé en 1810, et qui renferme un petit nombre de tombeaux célèbres.

CHAPITRE V.

LES RUES SAINT-ANDRÉ-DES-ARTS, DU FOUR, DE BUSSY, DE SÉVRES, ETC.

La longue et tortueuse voie que nous allons décrire appartient par son commencement au vieux Paris, par sa fin au nouveau: c'est la partie la plus ancienne du faubourg Saint-Germain, c'est-à-dire le quartier qui a été engendré par la grande abbaye Saint-Germain-des-Prés; c'en est aussi la partie la plus populeuse et la plus marchande. Sauf la librairie, qui habite quelques rues voisines de la Seine, il n'y a point de grandes industries dans ce quartier, mais on y trouve de nombreux établissements religieux.

La rue *Saint-André-des-Arts* a été ouverte sur les clos ou jardins du palais des Thermes, clos qui portaient au XIe siècle, à cause de ce palais ou de cette forteresse, le nom de *Li arx*, *Lias* et *Laas*: de là vient le surnom de la rue Saint-André, qu'il faudrait écrire *ars*. Ces terrains étaient plantés de vignes et appartenaient à l'abbaye Saint-Germain quand celle-ci, en 1179, permit d'y bâtir *à cens*. La rue s'appela d'abord *chemin de l'abbaye*, parce que, artère du vieux Paris, elle envoyait par le Petit-Pont et la rue de la Huchette la population de la Cité vers la basilique de Saint-Germain. Elle s'arrêta d'abord vers le point où débouche la rue des Grands-Augustins: là était probablement une porte de l'enceinte de Louis VI; puis elle franchit cette enceinte et alla jusqu'à la rue Contrescarpe, où était une porte de l'enceinte de Philippe-Auguste. Cette porte fut rebâtie en 1350 par Simon de Bucy, président du Parlement, dont l'hôtel était dans le voisinage. C'est cette *porte Bucy* que livra aux Bourguignons, en 1418, Perrinet-Leclerc, qui demeurait à l'entrée de la rue Saint-André. Les Anglais la firent murer, et on ne la rouvrit qu'en 1539. C'est par là que, le jour de la Saint-Barthélémy, les chefs protestants s'échappèrent de Paris; enfin, elle fut démolie en 1672.

A l'entrée de la rue Saint-André se trouvait une église de même nom, bâtie en 1212, agrandie et refaite en 1660, et qui occupait l'emplacement d'une antique chapelle élevée dans le jardin des Thermes par quelque roi mérovingien. Le fameux ligueur Aubry fut curé de cette église. L'historien de Thou y avait sa sépulture, monument précieux de François Augier, ainsi que Jacques Cothier, le savant Tillemont, le jurisconsulte Dumoulin, Henri d'Aguesseau (père du chancelier), Lamothe-Houdard, le président Cousin, l'abbé Lebatteux, le savant André Duchesne, le généalogiste d'Hozier, l'illustre graveur Robert Nanteuil, le prince de Conti, qui fut élu roi de Pologne, et sa mère, nièce de Mazarin, «la fleur des dames de la cour, dit Guy Patin, en sagesse, en piété, en probité.» L'épitaphe de cette *sainte princesse*, ainsi que l'appelle madame de Sévigné, disait que, «durant la famine de 1662, elle avait vendu toutes ses pierreries pour nourrir les pauvres du Berry, de la

Champagne et de la Picardie.» L'église Saint-André était bien délabrée quand la révolution arriva; elle servit aux stupidités du culte de la Raison et à des clubs révolutionnaires, et fut démolie en 1807. Son emplacement est occupé par une place assez laide, qui demande une fontaine pour l'assainir et l'égayer.

La rue Saint-André, aujourd'hui habitée par des étudiants, des libraires, des aubergistes, était autrefois une rue du grand monde et de la noblesse. On y trouvait les hôtels du cardinal Bertrand, près de la rue de l'Hirondelle; des comtes d'Eu et du chancelier Poyet, près de la rue Pavée; d'Orléans, appartenant au frère de Charles VI, et allant de la rue de l'Éperon à la porte Bucy. Ce dernier hôtel fut habité par Valentine de Milan, lorsqu'elle vint demander justice du meurtre de son époux. Louis XI en donna une partie à Jacques Coitier, qui s'en fit une belle maison, dont nous avons parlé ailleurs [87].

Dans cette rue était encore: le *collége d'Autun*, fondé en 1348 et transformé en 1767 en école gratuite de dessin; la maison du président Lecoigneux, «d'une des plus belles de Paris, dit Tallemant, mais depuis on a bien raffiné.» Au n° 38 a demeuré l'écrivain royaliste Royou; au n° 40, Billaud-Varennes.

La rue de *Bucy* ou *Bussy* continue la rue Saint-André et aboutit à la place Sainte-Marguerite. C'est dans cette rue qu'était le jeu de paume de la Croix-Blanche, où Molière ouvrit son *Théâtre illustre* en 1650. C'est aussi à l'entrée de cette rue que les massacres de septembre ont commencé: cinq voitures, qui conduisaient des prêtres à la prison de l'Abbaye, furent arrêtées et quatre des prisonniers égorgés. Cette horrible scène eut lieu presque en face du cabaret Landelle, où se réunissaient Collé, Panard, Crébillon fils, et qui avait retenti de tant de joyeux refrains.

A la place Sainte-Marguerite commence la rue du *Four*, qui doit son nom à un four banal de l'abbaye Saint-Germain et qui n'a rien de remarquable; elle aboutit au carrefour de la *Croix-Rouge*, ainsi appelé d'une croix jadis élevée dans ce lieu, qui est l'un des plus fréquentés de Paris. Là commence la rue de *Sèvres*, qui ne date que du XVIe siècle et qui s'appelait autrefois de la *Maladrerie* et des *Petites-Maisons*, à cause d'un hôpital dont nous parlerons. Cette rue, très-large et qui n'a été peuplée que dans le siècle dernier, ressemble à un faubourg et contient principalement des hospices et des maisons religieuses:

1° L'*église* et la *communauté de l'Abbaye-aux-Bois*.--Cet humble édifice ne tire pas son nom des bois qui ont peut-être existé dans ces lieux; il ne date que de 1650, où Anne d'Autriche le fit construire pour donner asile à des religieuses de Picardie, lesquelles avaient été chassées de leur véritable Abbaye-aux-Bois par les incursions des Espagnols. Il est occupé aujourd'hui par des religieuses du Sacré-Cœur de Jésus, qui y ont établi un pensionnat et une maison de retraite pour des dames veuves. C'est là que, depuis 1816, se sont retirées un grand nombre de femmes célèbres sous la République et sous l'Empire, pour se consoler dans la religion de leur beauté, de leur jeunesse, de leur fortune perdues. C'est là qu'a régné jusqu'en 1849, époque où elle est morte, une femme qui a joué un rôle extraordinaire sous le Directoire et le Consulat par sa beauté pour ainsi dire mythologique et les hommages presque fanatiques dont elle fut l'objet: madame Récamier, cette illustre amie de madame de Staël et de Benjamin Constant, s'était retirée à l'Abbaye-aux-Bois après la restauration des Bourbons, qui la rappelèrent de l'exil, et son salon devint bientôt aussi célèbre que jadis son splendide hôtel de la Chaussée-d'Antin [88]. Ce cénacle, où n'était admise que la fleur du royalisme et de la mysticité, a eu sous la Restauration une influence politique très-grande et mal connue. Après 1830, ce cercle réduisit son influence aux choses littéraires, et il devint en quelque sorte l'hôtel Rambouillet du XIX⁰ siècle. Chateaubriand et Ballanche y dominèrent. C'est là que se formaient toutes les réputations dans les lettres et dans les arts; c'est là que se faisaient les élections à l'Académie française.

2° *La communauté des Dames de Saint-Thomas-de-Villeneuve* (n° 27), fondée en 1700 et destinée à desservir les hôpitaux et à élever de pauvres orphelines. C'est un des rares établissements religieux qui ont traversé les orages de la révolution sans bouleversement.

3° L'*Hospice des Ménages.*--C'était autrefois la maladrerie Saint-Germain, affectée aux lépreux; on la détruisit en 1544, et sur son emplacement la ville fit construire un hôpital «pour les mendiants incorrigibles, les personnes pauvres, vieilles et infirmes, les fous, etc.» Cet hôpital, appelé vulgairement, les *Petites-Maisons*, renfermait environ quatre cents malheureux. Depuis 1801, il est devenu une maison de retraite pour les vieillards des deux sexes mariés, et il en renferme dix-huit cents, partagés en trois classes: ménages ayant versé une somme de 3,200 francs; veufs ayant versé une somme de 1,600 francs; veufs ayant versé une somme de 1,000 francs.

4° L'*Hospice des Incurables-Femmes.*--En 1637, une veuve, Marguerite Rouillé, un prêtre, Jean Joullet, et le cardinal de la Rochefoucauld fondèrent cet hospice pour les pauvres des deux sexes attaqués de maladies incurables, ou, comme le dit l'ordonnance de fondation, «pour ceux qui, privés de fortune et de secours, n'ont pas même la consolation d'entrevoir un terme aux maux dont ils sont affligés.» En 1802, on transféra les hommes dans le faubourg Saint-Martin, et l'établissement est resté affecté aux femmes, dont le nombre s'élève à six cents. Dans l'église est le tombeau du cardinal de la Rochefoucauld, de Camus, évêque de Belley, du financier Lambert, commis d'un trésorier de l'épargne, qui mourut à trente-sept ans, ayant gagné quatre millions. Là mourut aussi M⁰ᵉ de La Sablière en 1693.

5° La *Maison des Prêtres de la Mission* ou *Lazaristes*--Cette congrégation, qui était avant la révolution dans la rue Saint-Victor, a été rétablie en 1816. La chapelle est sous l'invocation de Saint-Vincent-de-Paul.

6° Le *couvent des chanoinesses de Notre-Dame*, vulgairement appelé *des Oiseaux*: c'est une maison d'éducation très-renommée.

7° L'*Hôpital des Enfants malades*.--C'était autrefois la communauté des Filles de l'Enfant-Jésus, fondée en 1735 par le curé Languet de Gergy. Voici ce que Mercier dit de cet établissement: «Plus de huit cents pauvres femmes et filles y trouvent une retraite et la nourriture en filant du coton et du lin. Elles gagnent leur vie par le travail et on leur donne l'instruction. On nourrit dans une basse-cour des bestiaux qui donnent du lait à plus de deux mille enfants; on y entretient une boulangerie qui fournit par mois plus de cent mille livres de pain aux pauvres, etc.» Cette maison fut convertie, en 1792, en hospice pour les orphelins, et, en 1802, en hôpital pour les enfants malades. Il renferme six cents lits.

8° L'*Hôpital Necker*.--C'était autrefois le couvent des Bénédictines de Notre-Dame-de-Liesse, qui fut supprimé en 1779; madame Necker acheta la maison et y fonda un hôpital, qui renferme aujourd'hui trois cent vingt lits.

La rue de Sèvres aboutit à la barrière de même nom, près de laquelle est l'*abattoir de Grenelle*. C'est dans cet abattoir qu'a été percé par M. Mulot le puits artésien, qui va chercher l'eau jaillissante au-dessous de la grande masse de craie sur laquelle repose Paris, à 548 mètres de profondeur. Ce travail a duré sept ans (1834-1841) et donne un million de litres d'eau par vingt-quatre heures, lesquels sont distribués au moyen des réservoirs de l'Estrapade dans le quartier Saint-Jacques.

Voici les rues les plus remarquables qui débouchent dans les rues Saint-André-des-Arts, de Bussy, du Four, de Sèvres:

1° Rue *Hautefeuille*.--Elle doit son nom aux grands arbres qui se trouvaient jadis sur l'emplacement où elle fut construite et qui appartenaient probablement au jardin des Thermes. Ouverte dans le même temps que la rue Saint-André, elle était comme elle bordée de grands hôtels, dont il reste quelques débris: ainsi, l'hôtel des comtes de Forez, au coin de la rue Pierre-Sarrazin; l'hôtel Joly de Fleury, au coin de la rue des Deux-Portes, etc. A l'extrémité de cette rue était le collége ou prieuré des *Prémontrés*, fondé en 1252, et dont il reste une chapelle transformée en café.

2° Rue *Gît-le-Cœur*.--Cette rue était autrefois nommée, d'un de ses habitants, *Gilles-Queux*, d'où est venue par altération la dénomination actuelle. Au coin de la rue de l'Hirondelle se trouvait un hôtel qui avait appartenu à Louis de Sancerre, connétable de France, et qui fut acheté par François Ier pour sa maîtresse, la duchesse d'Étampes. Il s'étendait jusqu'à la rue de Hurepoix [89], et le monarque fit reconstruire toute la partie voisine de cette rue, dont il forma un petit palais. «Les peintures à fresque, dit Saint-Foix, les tableaux, les tapisseries, les salamandres (c'était le corps de la devise de François Ier), accompagnés d'emblèmes et de tendres et ingénieuses devises, tout annonçait dans ce petit palais et cet hôtel le dieu et les plaisirs auxquels ils étaient consacrés.» «De toutes ces devises, dit Sauval, que j'ai vues il n'y a pas encore longtemps, je n'ai pu me ressouvenir que de celle-ci: c'était un cœur enflammé, placé entre un alpha et un oméga, pour dire apparemment: Il brûlera toujours!» «Le cabinet de la duchesse d'Étampes, continue Saint-Foix, sert à présent d'écurie à une auberge qui a retenu le nom de la *Salamandre*; un chapelier fait sa cuisine dans la chambre du lever de François Ier, et la femme d'un libraire était en couches dans son petit salon des délices, lorsque j'allai pour examiner les traces de ce palais.» Cette partie de l'hôtel d'Étampes existe encore au moins en débris; quant à celle qui était au coin de la rue Hurepoix, elle devint l'hôtel d'O et appartint au chancelier Séguier: c'est là que, dans les barricades de 1648, ce magistrat se sauva à toute peine: «Le peuple rompit les portes, dit le cardinal de Retz, y entra avec fureur, et il n'y eut que Dieu qui sauva le chancelier et l'évêque de Meaux, son frère, à qui il se confessa, en empêchant que cette canaille, qui s'amusa de bonne fortune pour lui à piller, ne s'avisât de forcer une petite chambre dans laquelle il s'était caché [90].» Cet hôtel prit ensuite le nom de *Luynes*, et fut détruit vers la fin du règne de Louis XIV.

3° Rue des *Grands-Augustins*, ainsi appelée d'un couvent situé près de la Seine et dont nous avons parlé ailleurs [91]. Elle se nommait au XIIIe siècle rue des *Écoles-Saint-Denis*, à cause d'un collège bâti par les religieux de Saint-Denis et qui occupait l'emplacement de la rue Christine.

Dans la rue des Grands-Augustins débouche la rue de *Savoie*, qui a été ouverte sur l'emplacement de l'ancien *hôtel d'Hercule*, lequel occupait sur le quai l'espace compris entre les rues Pavée et des Grands-Augustins. Cet hôtel, après avoir servi à loger Philippe-le-Beau lorsqu'il vint en France en 1419, fut donné par François Ier au chancelier Duprat, qui l'orna de peintures et d'objets d'art et y reçut souvent le roi-chevalier. Ce fut là que Nantouillet, prévôt de Paris, petit-fils de Duprat, festoya malgré lui Charles IX, le duc d'Anjou (Henri III) et le roi de Navarre (Henri IV), et que les joyeux convives firent, après souper, piller et dévaster la maison par leurs valets: «La vaisselle d'argent et les coffres furent fouillés, dit L'Estoile, et disoit-on dans Paris qu'on lui avoit volé plus de 50,000 livres.» L'hôtel d'Hercule, quelque temps après, fut détruit, et sur son emplacement on construisit l'hôtel de Savoie ou de Nemours, qui fut lui-même démoli, en 1671, pour ouvrir la rue de Savoie.

4° Rue *Dauphine*.--Elle a été ouverte en 1607 sur les jardins du couvent des Augustins, pour servir de débouché au Pont-Neuf. Son nom lui a été donné en l'honneur du dauphin, qui fut Louis XIII. En 1792, ce nom fut changé en celui de *Thionville* en l'honneur du siége de cette ville. C'est une des rues les plus populeuses et les plus fréquentées de Paris. Au n° 50 on voit une plaque de marbre noir placée en 1672 par l'édilité parisienne pour indiquer la situation de la porte Dauphine qui appartenait à l'enceinte de Philippe-Auguste [92]. La petite rue *Contrescarpe* a été ouverte sur l'emplacement du rempart.

5° Rues *Mazarine* et de l'*Ancienne-Comédie.*--La rue Mazarine, qui tire son nom du fondateur du collége des Quatre-Nations, était appelée autrefois des *Fossés-de-Nesle*, parce qu'elle a été construite sur le fossé de l'enceinte de Philippe-Auguste qui bordait l'hôtel de Nesle. Dans cette rue, sur l'emplacement du passage du Pont-Neuf, était un jeu de paume où fut établi en 1669 le premier théâtre de l'Opéra: la première pièce qui y fut jouée fut la *Pomone* de Perrin et Lambert. A la mort de Molière (1673), Lulli, qui venait d'obtenir le privilége de l'Opéra, déposséda la Comédie Française de la salle du Palais-Royal, où l'Académie royale de musique fut placée, et la troupe de Molière vint remplacer l'Opéra dans le Jeu de paume de la rue Mazarine. Elle y resta quatorze ans, et en 1687, fut contrainte, sur les réclamations du collége des Quatre-Nations, de chercher un autre local [93]. Elle s'installa alors dans un jeu de paume de la rue des Fossés-Saint-Germain, dont nous allons parler.

6° La rue des *Fossés-Saint-Germain*, qu'on appelle aujourd'hui de *l'Ancienne-Comédie*, a été ouverte en 1560 sur l'emplacement de la muraille de Philippe-Auguste. En 1687, la Comédie-Française ayant acheté dans cette rue le jeu de paume de l'Étoile, y bâtit, sur les dessins de d'Orbay, une belle salle, qui fut ouverte le 18 avril 1689 et qui portait pour inscription: *Hôtel des comédiens du roi, entretenus par Sa Majesté.* Elle y resta jusqu'en 1770; c'est là que furent jouées les pièces de Voltaire; c'est là que furent applaudis Lekain, Lecouvreur, Clairon, etc. En face du théâtre et à la même époque, s'établit le café Procope, le premier endroit public qui ait été accommodé à l'usage des riches et qui eut pour habitués presque tous les écrivains du XVIIIᵉ siècle, Voltaire, Lamothe, Piron, Marmontel, Duclos, Fréron, etc. C'était une sorte de succursale de l'Académie française, plus puissante que cette compagnie, où se traitaient toutes les questions littéraires, se décidaient les succès, se faisaient les réputations. Ce café existe encore. En 1770, la Comédie-Française quitta la rue des Fossés pour aller aux Tuileries, en attendant la construction de la salle de l'Odéon. Son théâtre devint une maison particulière.

7° Rue de *Seine.*--C'était autrefois un chemin de la porte Bucy à la Seine et qui commença à être bâti dans le XVIᵉ siècle. On y trouvait: 1° l'hôtel de la reine Marguerite, dont la face principale était sur le quai Malaquais et dont les restes furent habités, dans le XVIIIᵉ siècle, par la famille Gilbert des Voisins: 2° l'hôtel de la Rochefoucauld-Liancourt, bâti par les comtes de Montpensier, et qui appartint au duc de Bouillon, père de Turenne; il était fréquenté, du temps de Louis XIV, par la noblesse et les gens de lettres. Sur son emplacement on a ouvert la rue des *Beaux-Arts.*

Dans la rue de Seine débouche la rue des *Marais*, l'une des premières qui aient été bâties dans le petit Pré-aux-Clercs; elle était surtout habitée par des huguenots; aussi, et plusieurs fois, la populace catholique y fit des expéditions et saccagea les maisons. C'est là que demeurait Des Yveteaux, poëte ridicule du temps de Louis XIII et dont Tallemant des Réaux dit: «En ce temps là, il n'y avait rien de bâti au delà de cette rue: on appelait des Yveteaux, à cause de cela, le *dernier des hommes*» Au n° 19 a demeuré mademoiselle Lecouvreur, dans une maison qui, dit-on, fut habitée par Racine: c'est là qu'elle recevait Fontenelle, Voltaire, Dumarsais, le maréchal de Saxe; c'est là qu'elle est morte en 1730; son appartement fut ensuite occupé par mademoiselle Clairon. Dans la rue des Marais était, pendant la révolution, l'imprimerie de Prudhomme, dont le journal, les *Révolutions de Paris*, a eu une si grande influence sur les événements de cette époque.

8° Place *Sainte-Marguerite.*--Sur cette place était encore, il y a deux ou trois ans, la prison de l'Abbaye, qui faisait autrefois partie de l'*abbaye Saint-Germain-des-Prés.*

L'église Saint-Germain-des-Prés fut fondée en 543 par Childebert Ier, à la prière de saint-Germain, évêque de Paris, sur les ruines d'un petit temple d'Isis qui s'élevait dans des prés souvent inondés par la Seine. Elle portait d'abord le nom de Sainte-Croix et de Saint-Vincent, et prit ensuite celui de Saint-Germain, qui la dédia en 558 et y fut enterré en 576 dans un oratoire attenant à l'église et dédié à Saint-Symphorien. C'était alors le plus beau monument de Paris; mais il ressemblait plutôt à une citadelle qu'à une basilique, ayant la forme d'une croix, dont trois extrémités étaient garnies de trois grosses tours carrées: la principale existe encore à l'entrée de l'église, semblable au donjon d'une forteresse. La façade n'était ornée que par un porche très-bas qui a été reconstruit dans le XVIe siècle, et dont la voûte portait huit statues qu'on croit contemporaines de la fondation. Elles représentaient Clotaire, Ultrogothe, Childebert, Clodomir, Clotilde, Clovis et Saint-Remy. Quant à l'intérieur, «les arceaux de chaque fenêtre, dit un contemporain, étaient supportés par des colonnes de marbre très-précieux. Des peintures rehaussées d'or brillaient au plafond et sur les murs. Les toits, composés de lames de bronze doré, frappés par le soleil, éblouissaient les yeux. Aussi, d'après sa magnificence, appelait-on cet édifice le *palais doré de Germain.*» Childebert fut enterré dans la basilique qu'il avait fondée, et après lui, Ultrogothe, sa veuve, et ses deux filles, Chilpéric Ier, Frédégonde, dont le tombeau très-curieux se trouve aujourd'hui à Saint-Denis, Clotaire II et sa femme, et plusieurs autres princes francs. La plupart de ces tombeaux étaient dans le chœur avec ceux de plusieurs abbés; quant à celui de Saint-Germain, après avoir été transporté dans le sanctuaire par Pépin-le-Bref, il fut mis, en

1408, dans une châsse très-riche placée au-dessus du grand autel et qui était un monument d'orfévrerie.

Pillée deux fois par les Normands et presque détruite en 861, l'église fut réparée par l'évêque Gozlin en 869 et de nouveau dévastée en 885. Elle resta en ruines jusqu'à la moitié du Xᵉ siècle, où elle fut reconstruite presque entièrement par l'abbé Morard, qui mourut en 990 et dont le tombeau a été retrouvé au-dessous du maître-autel. Alors furent rebâties les deux tours latérales, la flèche de la tour d'entrée, le chœur, etc. Mais cette réédification ne fut terminée qu'en 1163, époque à laquelle le pape Alexandre III fit de nouveau la dédicace de l'église. Telle était d'ailleurs la solidité primitive de l'édifice, que, malgré toutes les dévastations et réparations qu'il venait de subir, il ne perdit pas le caractère imposant qu'il avait à l'époque de sa fondation; et encore bien que les réparations modernes, surtout celles du XVIIᵉ siècle, lui aient été plus nuisibles, sous le rapport de l'art, que le marteau des Normands, il doit être regardé comme la relique la plus précieuse du vieux Paris. Sa partie la plus ancienne et la plus curieuse, après la tour d'entrée, est la nef, formée par cinq arcades en plein cintre, dont les piliers, composés de quatre colonnes de dimension différente, ont des chapiteaux chargés d'ornements bizarres, de fleurs, d'oiseaux, d'animaux chimériques: ces sculptures datent du Xᵉ siècle.

Outre les tombeaux des princes mérovingiens dont nous avons parlé, cette église possédait des tombeaux modernes: celui de Jean Casimir, roi de Pologne, qui fut abbé de Saint-Germain-des-Prés; celui du cardinal de Furstemberg, autre abbé de Saint-Germain, qui fit de grandes reconstructions dans l'abbaye; celui de Pierre Danet, le plus ancien des lecteurs du Collége de France; celui d'Eusèbe Renaudot, celui de la famille de Douglas, etc. En outre, elle possédait un riche trésor en vases précieux, ornements, reliques, croix, antiquités, et qui fut dévasté en 1793 [94].

L'abbaye, qui fut fondée en même temps que l'église, comprenait un vaste enclos dont l'emplacement serait borné aujourd'hui par les rues Jacob, Saint-Benoît, Sainte-Marguerite et de l'Échaudé. Ses bâtiments, détruits par les Normands, furent reconstruits dans le Xᵉ siècle par l'abbé Morard. Au XIVᵉ siècle, ils furent enveloppés d'une haute muraille crénelée, soutenue par des piliers garnis de tourelles et défendue de loin en loin par de grosses tours rondes; les fossés étaient remplis d'eau au moyen d'un canal dérivé de la rivière, large de quatre-vingts pieds, et qui occupait l'emplacement de la rue des Petits-Augustins. Les entrées principales étaient: 1° vers l'emplacement de la prison militaire de l'Abbaye, où étaient un fossé et un pont-levis conduisant à la porte méridionale de l'église; 2° du côté de la rue Saint-Benoît, où était une porte dite Papale; flanquée de deux tours rondes; 3° du côté de la rue Furstemberg. Dans l'enceinte de cet enclos se trouvaient, outre l'église et les bâtiments conventuels, la chapelle Saint-Symphorien, qui servait de paroisse aux artisans réfugiés dans l'enclos, une sacristie, un cloître, enfin deux monuments admirables de Pierre de Montreuil: le réfectoire, où l'on établit dans le XVIIe siècle la bibliothèque; la chapelle de la Vierge, où l'architecte de la Sainte-Chapelle et de Saint-Martin-des-Champs avait été dignement inhumé.

L'abbaye Saint-Germain relevait immédiatement du saint-siége: c'était une des plus riches et des plus illustres du monde chrétien. L'abbé jouissait, au XVIIIe siècle, d'un revenu de 172,000 livres, et l'abbaye d'un revenu de 350,000. Elle possédait féodalement dans le moyen âge plus de la moitié du Paris méridional, et tenait sous sa juridiction temporelle et spirituelle tout le faubourg Saint-Germain. En conséquence, elle avait de fortes prisons, une échelle patibulaire, où se firent de nombreuses exécutions, un pilori, devant lequel quatre protestants furent exécutés en 1557. Comme place forte, elle a joué un très-grand rôle dans l'histoire de Paris et fut plusieurs fois prise et pillée: ainsi, dans la révolte des Maillotins, on y poursuivit les juifs et les collecteurs d'impôts, qui y furent en partie massacrés.

Dès le XIe siècle, et à l'ombre de ses fortes murailles, un bourg, composé de ruelles étroites et tortueuses, s'était formé autour de l'abbaye, et il était habité principalement par les vassaux et les valets des moines. Ce bourg, composé des rues du Four, des Boucheries et de toutes les petites rues qui avoisinent aujourd'hui le marché Saint-Germain, fut plusieurs fois ravagé par les guerres civiles ou étrangères; il fut souvent attaqué par les écoliers de l'Université, dont les querelles avec l'abbaye furent incessantes et dont le récit suffirait à remplir des volumes; enfin, il devint, pendant les guerres de religion, le refuge des protestants, qui y avaient formé une *petite Genève*. A la fin du XVIe siècle, on le reconstruisit presque entièrement; des rues nouvelles y furent ouvertes, de belles maisons bâties, et, au milieu du XVIIe siècle, il commença à devenir un quartier nouveau, qui prit une grande extension et dont nous parlerons plus tard. Alors l'abbaye se dépouilla de son aspect sinistre des temps féodaux; elle détruisit ses murailles, combla ses fossés, ouvrit son enclos par quatre portes qui ne se fermaient jamais et qui étaient situées: à l'entrée de la rue Bourbon-le-Château, dans la rue Sainte-Marguerite; à l'entrée de la rue d'Erfurth (ses débris ont été détruits récemment); dans la rue Saint-Benoît (la porte existe encore); dans la rue Furstemberg, près de la rue du Colombier, où l'on en voit des restes. Un palais abbatial avait été commencé en 1585 par le cardinal-abbé de Bourbon; il fut achevé par le cardinal-abbé de Furstemberg, et il en reste une partie dans la rue de l'Abbaye. En 1631, on éleva la prison abbatiale, transformée depuis en prison militaire aujourd'hui détruite; en 1699, on construisit sur l'emplacement des fossés les rues Abbatiale et Cardinale, et, en 1715, les rues Childebert et Sainte-Marthe. Dans le même temps, l'abbaye, qui, depuis sa fondation, était indépendante de l'évêque et des magistrats de Paris, eut sa juridiction temporelle et spirituelle réduite à l'enclos, et les Bénédictins de la congrégation de Saint-Maur ayant été introduits dans ce couvent, qui avait besoin d'une réforme, «avec eux entrèrent la religion, la science, la méditation, les recherches savantes, les travaux d'érudition, la renommée et la gloire.» Alors fut établie par les soins de Montfaucon, dans le réfectoire de Pierre de Montreuil, une magnifique bibliothèque et un cabinet d'antiquités, qu'on livra au public et qui s'enrichirent des collections du géographe Baudrand, de l'abbé d'Estrées, de Renaudot, de Coislin, évêque de Metz, etc.

A l'époque de la révolution, l'abbaye devint le théâtre de sanglants événements. On fit de la prison abbatiale une prison politique, où l'on entassa les royalistes arrêtés après le 10 août et les Suisses qui avaient combattu dans cette journée. C'est par cette prison que commencèrent les massacres de septembre: cent trente et un prisonniers y furent égorgés, quatre-vingt-dix-sept délivrés «par le jugement du peuple.» Plus tard, elle reçut d'autres victimes de nos discordes: madame Roland y fut enfermée, et c'est là qu'elle écrivit ses mémoires; Charlotte Corday y attendit sa condamnation et son supplice. Sous l'Empire, cette prison redevint prison militaire, et, sous la Restauration, on y enferma les généraux persécutés par la réaction royaliste, Belliard, Decaen, Thiard, etc. Le général Bonnaire y mourut de désespoir après sa dégradation sur la place Vendôme.

Cependant l'abbaye avait subi de grandes et malheureuses transformations. L'église, devenue paroisse constitutionnelle en 1790, fut fermée en 1793 et changée en fabrique de salpêtre! On fit une poudrière de la jolie chapelle de la Vierge! et, celle-ci ayant fait explosion, la belle bibliothèque fut incendiée, et l'on sauva à peine les manuscrits et la moitié des livres. Quant aux bâtiments conventuels, ils furent vendus, détruits en grande partie, et, sur leur emplacement, l'on ouvrit les rues de l'Abbaye et Saint-Germain-des-Prés. La rue de l'Abbaye occupe, par son côté méridional, la place du cloître, du chapitre, de la sacristie; par son côté septentrional, la place du réfectoire et de la chapelle de la Vierge. L'église, rouverte en 1797 par les théophilanthropes, fut rendue au culte catholique en 1800. Sous la Restauration, on y transporta les tombeaux de Descartes, de Mabillon, de Montfaucon, de Boileau; on y fit de nombreuses réparations, et l'on démolit les deux tours latérales, qui menaçaient ruine. Dans ces dernières années, on a entrepris de peindre et de dorer les murs latéraux, les voûtes, le chœur, la nef avec ses piliers si curieux, et on les a chargés d'ornements lourds et maniérés qui donnent à la basilique mérovingienne l'aspect d'un monument égyptien. C'est aujourd'hui une succursale du dixième arrondissement.

9° Rue *Montfaucon* et *Mabillon*.--Ces rues portent les noms de savants bénédictins enterrés dans l'église Saint-Germain; elles conduisent au *marché Saint-Germain*, le plus élégant et le mieux distribué de Paris, qui a été ouvert en 1819 sur l'emplacement de la foire Saint-Germain. Cette foire, dont nous avons déjà parlé (t. I, p. 58), datait du XIIᵉ siècle, et commença à devenir célèbre sous Louis XI, qui lui donna de grands priviléges. Elle durait du 3 février au dimanche des Rameaux. On sait comment elle fut, à l'époque de la Ligue, sous Henri IV et sous Louis XIII, un théâtre presque continuel de débauches, de violences, de plaisirs et d'émeutes. Sous Louis XV, «c'était un des plus singuliers et des plus brillants spectacles que Paris pût offrir aux habitants et aux étrangers. Tout ce qu'il y avait dans la ville de personnes de considération, de la première noblesse, souvent même des princes et princesses, venaient s'y rendre tous les soirs, et les rues de la foire étaient si pleines que l'on avait de la peine à s'y promener [95].» Ce grand bazar, dont la vaste charpente était regardée comme un chef-d'œuvre, fut incendié en 1762. On le reconstruisit; mais la foule cessa d'y aller, et il fut fermé en 1786. Sous l'Empire, on bâtit à sa place un marché avec les rues voisines qui portent les noms de bénédictins célèbres: *Mabillon*, auteur de la *Diplomatique*, mort en 1707; *Félibien*, auteur de l'*Histoire de Paris*, mort en 1719; *Lobineau*, auteur des *Histoires de Paris et de Bretagne*, mort en 1727; *Montfaucon*, auteur de la *Collection des saints Pères* et des *Antiquités dévoilées*, mort en 1741; *Clément*, auteur de l'*Art de vérifier les dates*, mort en 1793.

10° Rue du *Cherche-Midi*, ainsi appelée d'une enseigne. Dans cette rue, qui a le même aspect que la rue de Sèvres, étaient de nombreux couvents: les chanoines réguliers de l'ordre des Prémontrés, qui s'établirent au coin de la rue de Sèvres en 1661; le prieuré de *Notre-Dame-de-Consolation*, sur l'emplacement duquel a été ouverte la rue d'Assas; le couvent du *Bon-Pasteur*, occupé aujourd'hui par l'entrepôt des subsistances militaires, etc. Au n° 44 est mort Grégoire, l'ancien évêque de Blois; au n° 73 est mort Hullin, l'un des vainqueurs de la Bastille, gouverneur de Paris, président de la commission qui condamna le duc d'Enghien; au n° 91 est mort Garat, membre de trois assemblées révolutionnaires, ministre de la justice en 1793.

11° *Boulevard des Invalides*.--Ce boulevard intérieur, qui commence à se peupler et à devenir une voie très-fréquentée, ne présente rien de remarquable que l'institution des *Jeunes-Aveugles*.

CHAPITRE VI.

LE FAUBOURG SAINT-GERMAIN, LES INVALIDES, ET LE CHAMP-DE-MARS.

§ Ier.

Le faubourg Saint-Germain [96].

L'abbaye Saint-Germain a été l'origine du quartier célèbre qui porte vulgairement son nom et qui ne se compose pas, comme les faubourgs Saint-Jacques, Saint-Antoine, Saint-Martin, d'une seule grande rue populeuse, sur laquelle s'embranchent de plus petites rues, mais d'un vaste quartier formé de trois grandes rues parallèles entre elles et à la Seine, ayant leur origine soit à l'enclos de la vieille abbaye, soit aux rues qui en étaient voisines. Ces grandes voies de communication sont les rues de l'*Université*, *Saint-Dominique*, de *Grenelle*, lesquelles vont, en traversant l'esplanade des Invalides, former les artères du quartier du Gros-Caillou et finir au Champ-de-Mars. Nous y ajouterons les rues de *Lille* et de *Varennes*, qui leur sont parallèles, ont la même origine et sont beaucoup moins longues.

Tout ce vaste espace était encore, au XIVe siècle, couvert de prairies, de marais, de vignobles: la plus grande partie s'appelait le petit et le grand *Pré-aux-Clercs*. Le petit Pré, situé entre la Seine et le mur septentrional de l'abbaye, était borné d'autre part par le mur de la ville, entre les portes de Nesle et de Bucy, et par la petite Seine, canal dérivé de la rivière dans les fossés de l'abbaye, qui occupait l'emplacement de la rue des Petits-Augustins. Au delà de la petite Seine était le grand Pré, qui s'étendait jusqu'à la rue du Bac. Ces deux prés appartenaient à l'Université; mais, comme ils avoisinaient les terres de l'abbaye, ils furent le théâtre de rixes innombrables entre les vassaux des religieux et les écoliers de l'Université. Le petit Pré renfermait d'ailleurs un champ clos pour les combats judiciaires, et il était le lieu d'assemblées populaires qui devinrent surtout fréquentes à l'époque où Charles-le-Mauvais y venait haranguer les Parisiens. En 1540, la petite Seine fut comblée, et le petit Pré concédé à cens et à rentes pour y bâtir. Alors furent ouvertes les rues Jacob et des Marais; mais elle se bâtirent lentement; les protestants seuls vinrent les habiter, et les Parisiens allaient par curiosité les entendre chanter en chœur, dans le petit Pré, les psaumes mis en vers par Marot. Ce lieu devint, pendant la Ligue et sous Henri IV, le rendez-vous des *raffinés* et des duellistes. En 1600, la reine Marguerite de Valois fit construire, dans la partie voisine de la Seine, un bel hôtel avec de grands jardins, et, vers la même époque, le couvent des Augustins ayant commencé à être bâti au delà de la petite Seine, l'Université vendit successivement ses terres du grand Pré, lesquelles furent acquises par des magistrats, Séguier, Tambonneau, Bérulle, Pithou, Lhuillier. Alors les rues de l'Université, des Saints-Pères, du Bac, etc., furent tracées, et l'on commença à y bâtir; mais elles ne furent d'abord habitées que par des gens de mauvaise vie ou qui fuyaient la justice et trouvaient sûreté dans leur isolement. «Le faubourg Saint-Germain, dit un contemporain, est comme l'égout et la sentine du royaume tout entier. Impies, libertins, athées, tout ce qu'il y a de plus mauvais semble avoir conspiré à y établir son domicile. Les coupables, à raison de leur grand nombre, y vivent dans l'impunité.» Sous le règne de Louis XIV, la noblesse commença à s'y bâtir de belles habitations, mais ce ne fut que sous Louis XV que se multiplièrent dans ce quartier ces maisons d'une architecture toute française, somptueuses et élégantes, imposantes et simples, qui ont un caractère saisissant de noblesse et d'agrément, qu'on ne retrouve nulle part, ni dans les incommodes palais d'Italie, ni dans les lourds châteaux allemands, ni dans les squares glacés de l'Angleterre; dignes demeures de l'aristocratie la plus civilisée, de la société la plus polie, la plus spirituelle qui fut jamais. La révolution n'a que faiblement modifié l'aspect de ce quartier, qui, avec ses rues droites, régulières, bien aérées, peu nombreuses, ne ressemble point aux autres parties de Paris: c'est toujours la ville de l'ancienne noblesse et des couvents, «le dernier boulevard de la vieille aristocratie, disait Napoléon, le refuge encroûté des vieux préjugés [97];» c'est seulement en plus la ville de la bureaucratie, les hôtels des ministères étant presque tous de ce côté de la Seine. Excepté dans la rue du Bac, qui est la grande voie de communication avec la rive droite, il s'y fait peu de commerce. Les révolutions qui ont agité Paris n'ont jamais pris pour théâtre ces rues solennelles et silencieuses, et tous les événements historiques de ce quartier se sont passés dans l'intérieur de ses hôtels et sur le tapis de ses salons.

I. Rue de *Lille*.--Elle a son origine à la rue des Saints-Pères et finit à la rue de Bourgogne. On l'appelait autrefois de *Bourbon* et elle a été nommée de *Lille* en 1792 en l'honneur du siège de cette ville. C'est une rue large et droite, remplie de beaux hôtels, où le commerce commence à prendre pied. On y trouve: l'hôtel de Montmorency, occupé longtemps par l'état-major de la première division militaire; les anciens hôtels de Lauraguais, de Valentinois, d'Ozembray, de Rouault; l'hôtel du maréchal Jourdan, qui y est mort en 1822; l'hôtel de Choiseul-Praslin, bâti en 1721 par le maréchal de Belle-Isle, l'une des plus magnifiques habitations de Paris; l'hôtel d'Eugène de Beauharnais (n° 86), qui fut habité par le roi de Prusse en 1814; l'hôtel qui servit de demeure au maréchal Mortier; l'hôtel Masséna, où est mort en 1817 le vainqueur de Zurich: les nouveaux hôtels de Noailles et de Mortemar; les anciens hôtels de Forcalquier, de Grammont, du Maine, d'Humières, de Bentheim, etc. Dans cette rue ont demeuré: au n° 34, le peintre Carle Vernet; au n° 60, le conventionnel Garnier de l'Aube; au n° 63, mademoiselle Clairon, qui y est morte en 1803; enfin, au n° 75, madame de Tencin: là se tenait ce cercle si redoutable par ses attaques satiriques et que fréquentaient Marmontel, Marivaux, Fontenelle, Helvétius, etc.

Les principales rues qui débouchent dans la rue de Lille sont:

1° Rue des *Saints-Pères*, dont l'ancien nom était *Saint-Pierre*: elle l'avait pris d'une chapelle qui servait de paroisse aux domestiques et vassaux de l'abbaye Saint-Germain, et près de laquelle les frères de Saint-Jean-de-Dieu ou de la *Charité* [98] fondèrent en 1606 un hôpital, qui a été agrandi et renferme cinq cents lits. Dans cette rue se trouve l'école des ponts et chaussées. Au n° 13 a demeuré Dupont de l'Eure, et au n° 46, Augereau.

2° Rue du *Bac*.--Son nom lui vient d'un bac établi vers l'an 1550 à la place où est aujourd'hui le pont des Tuileries. C'est une rue très-fréquentée et aussi commerçante que populeuse. On y trouve:

1° L'*église* et la *communauté des Missions étrangères*, fondées en 1663, par Bernard de Sainte-Thérèse, pour propager la religion chrétienne dans les contrées sauvages. Cet établissement, supprimé en 1792, fut rétabli en 1804; il envoie des missionnaires dans l'Inde, dans la Chine, dans l'Océanie. Nous avons parlé ailleurs [99] du rôle politique qu'a joué cette maison pendant la Restauration. L'église est une succursale du dixième arrondissement.

2° La *communauté des sœurs de la Charité*, qui occupe l'ancien hôtel de la Vallière. Cette institution, fondée par Saint-Vincent-de-Paul en 1633, est destinée aux soins des malades et des pauvres, et à l'instruction des jeunes filles; il n'en est pas de plus populaire et de plus respectée. Les sœurs de la Charité, au nombre de 2,500, desservent trois cents maisons en France, et, à Paris, douze hôpitaux et trente écoles.

On trouvait jadis dans la rue du Bac: les couvents des Filles de la Visitation, fondé en 1673; de l'Immaculée Conception ou des Récollettes, fondé en 1637; l'hôpital des Convalescents, fondé en 1628 par madame de Bullion et supprimé en 1792. «On y admettait, dit Piganiol, les convalescents sortis de la Charité, excepté les prêtres, les soldats et les laquais, exclusion bien singulière!»

Il serait trop long d'indiquer les grandes maisons de cette rue et les hommes historiques qui les ont habitées: nous dirons seulement qu'au n° 84 est l'hôtel Galiffet, où était le ministère des affaires étrangères sous l'Empire, et que, parmi ses habitants célèbres, on peut citer Lanjuinais, Chateaubriand, Labédoyère, M. Dupin, M. de Montalembert.

II. Rue de l'*Université*.--Elle commence à la rue de Seine sous le nom de rue *Jacob* et finit au Champ-de-Mars. Son nom lui vient de l'Université, à qui appartenait le grand Pré-aux-Clercs. On n'y trouve d'autre édifice remarquable que le palais du Corps législatif dont nous avons parlé ailleurs

[100], et la place qui s'ouvre devant ce palais: cette place est ornée d'une statue de la loi.

Les anciens hôtels de cette rue étaient: hôtels de Guéménée, de Villeroy, d'Aligre, de Mortemart, de Montesquieu, de Soyecourt, de Mailly, de Périgord, qui appartient aujourd'hui au maréchal Soult; de Noailles, aujourd'hui occupé par le *Dépôt de la guerre*, etc. Au n° 17 demeurait en 1830 le maréchal de Bourmont; au n° 18 demeurait en 1808 Chauveau-Lagarde; au n° 82 a demeuré M. de Lamartine; au n° 90 M. le duc de Broglie, etc. Enfin, dans cette rue demeurait, en 1792, Talleyrand-Périgord, évêque d'Autun, le général Arthur Dillon, le général Montesquiou, etc.

Dans la rue de l'Université aboutit la rue des *Petits-Augustins*, qu'on appelle aujourd'hui *Bonaparte*, et qui se prolonge sous ce nom jusqu'à la rue de Vaugirard.

Cette rue, ouverte en 1600 sur l'emplacement du canal de la petite Seine, a pris son nom des Augustins que Marguerite de Valois fit venir pour desservir une chapelle voisine de son palais. Cette princesse leur concéda six arpents de terre qu'elle avait acquis de l'Université dans le grand Pré, et sur lesquels ils bâtirent en 1625, avec le produit des quêtes faites dans Paris, un couvent et une église. Cette église renfermait les tombeaux du peintre Porbus, du favori de Gaston d'Orléans, Puylaurens, de la famille Leboulanger, etc. En 1791, on fit du couvent des Augustins un dépôt d'objets d'art enlevés aux églises détruites, et ce dépôt devint, sous la direction d'Alex. Lenoir, le *Musée des monuments français*, qui fut ouvert le 1er septembre 1795. Huit grandes salles renfermaient plus de cinq cents monuments, statues, tableaux, bas-reliefs, antiquités, curiosités; l'église, le cloître, les cours, les escaliers, les balcons, les façades, tout était plein de débris disposés avec art et dans l'ordre chronologique; enfin, les jardins, élégamment dessinés, étaient ornés de tombeaux d'hommes illustres, parmi lesquels Abeilard, Descartes, Turenne, Molière, La Fontaine, Boileau, etc. En 1816, on détruisit ce musée précieux, et les monuments qu'il renfermait furent donnés à l'abbaye Saint-Denis, à diverses églises et même à des cimetières; en même temps, l'on ordonna la construction d'un palais pour l'*école des Beaux-Arts*. Ce palais a été commencé en 1819 sur les dessins de M. Debret et continué par M. Duban. Dans la première cour est la façade du château d'Anet, œuvre de Philibert Delorme; elle sert de frontispice à l'ancienne église des Augustins, transformée en musée où l'on trouve des modèles en plâtre, des chefs-d'œuvre de sculpture et une copie du *Jugement dernier* de Michel-Ange. La première cour est séparée de la seconde par la porte du château de Gaillon et par d'autres fragments précieux de la sculpture française. La face principale du musée des études est décorée de colonnes, médaillons, fragments antiques, des portraits en relief de Philibert Delorme, Jean Goujon, Poussin et Lesueur. On trouve dans l'intérieur des galeries destinées à des expositions de peinture, de sculpture et d'architecture, une collection des empreintes des sceaux royaux depuis Clovis, des modèles de monuments antiques, un grand amphithéâtre dont l'hémicycle a été peint par Paul Delaroche, etc.

Dans la rue des Petits-Augustins ont demeuré Vicq d'Azyr, le général Beauharnais, le malheureux amiral Dumont d'Urville, etc.

III. Rue *Saint-Dominique*.--Elle commence à la rue Taranne, qui lui sert de prolongement jusqu'à la rue Saint-Benoît, et finit au Champ-de-Mars. On l'appelait jadis le Chemin aux Vaches, et elle a pris son nom actuel des Dominicains qui s'y établirent en 1632.

Les édifices publics qu'elle renferme sont:

1° L'*église Saint-Thomas-d'Aquin*, bâtie de 1682 à 1740 pour le couvent-noviciat des dominicains réformés, couvent qui avait été fondé par Richelieu et qui a produit des hommes célèbres, le peintre André, l'architecte du pont des Tuileries, Romain, etc. Cette église, qui est richement ornée, est la paroisse du dixième arrondissement.

2° Le *Dépôt central d'artillerie*, situé dans les bâtiments du couvent des Dominicains et comprenant des ateliers de précision et de modèles d'armes, des archives, plans et cartes, un musée d'artillerie, etc. Ce musée, fondé le 24 floréal an II, renferme une collection très-précieuse des armes de tous les temps et de tous les pays; il fut dévasté en 1815 par les alliés, et en 1830 par les insurgés parisiens, qui cherchaient des armes; mais ses pertes ont été réparées, et il renferme aujourd'hui plus de quatre mille armes, modèles, machines, etc.

3° Le *ministère des travaux publics*, établi dans l'ancien hôtel Molé, bâti par le maréchal de Roquelaure.

4° Le *ministère de la guerre*, établi dans les bâtiments du couvent des Filles Saint-Joseph. Ce couvent avait été fondé en 1640 «pour apprendre aux orphelines pauvres les ouvrages convenables à leur sexe jusqu'à ce qu'elles fussent en état d'être mariées, ou d'entrer en religion, ou de se mettre en service.» Il fut reconstruit en 1684 par les soins de madame de Montespan, qui s'y était réservé un appartement et y habita souvent. Cet appartement fut occupé, dans le siècle suivant, par madame du Deffant.

5° L'*hôtel du ministre de la guerre*, bâti en 1730 par la duchesse de Mazarin, qui le céda à la princesse de Conti, dont il prit le nom. Il était habité en 1788 par le cardinal de Brienne. Lorsque ce ministre donna sa démission, une foule de jeunes gens se porta devant son hôtel et y brûla un mannequin à son effigie; les troupes cernèrent la rue Saint-Dominique, tirèrent sur cette foule et firent un grand nombre de victimes. Sous l'Empire, cet hôtel fut habité d'abord par Lucien Bonaparte, ensuite par la mère de Napoléon.

6° L'*église Sainte-Clotilde*, église nouvelle presque achevée, de style gothique, sur la place Belle-Chasse. Cette place a été ouverte sur les jardins du couvent des chanoinesses du Saint-Sépulcre.

7° L'*église Saint-Pierre-du-Gros-Caillou*, succursale du dixième arrondissement.

8° L'*hôpital militaire du Gros-Caillou*, fondé en 1765 par le duc de Biron pour les gardes-françaises.

Outre ces monuments, on trouve encore dans cette rue les hôtels de Luynes, bâti par la fameuse duchesse de Chevreuse; de Broglie, au coin de la rue Bellechasse, bâti en 1704 par le comte de Broglie, maréchal de France; de Châtillon, de Guerchy, de Poitiers, de Lignerac, de Comminges, de Seignelay, de Caraman, de Montpensier, etc. Le plus magnifique est l'ancien hôtel Monaco, depuis hôtel de Wagram, transformé récemment par le banquier Hope en un palais qui est l'habitation la plus somptueuse de Paris.

Au coin des rues Taranne et Saint-Benoît a demeuré Diderot pendant trente ans: au n° 12 de la rue Taranne était l'hôtel du baron d'Holbach; au n° 51 de la rue Saint-Dominique est mort en 1807 le baron de Breteuil; au n° 54, le maréchal Kellermann; au n° 105, le maréchal Davout, etc. Au n° 167 demeurait le conventionnel Goujon, qui se tua après les journées de prairial.

IV. Rue de *Grenelle*, qui commence au carrefour de la Croix-Rouge et finit au Champ-de-Mars. Son nom lui vient, d'une *garenne (garanella)* qu'y possédait l'abbaye Saint-Germain. «On peut regarder cette rue, dit Jaillot, comme une belle avenue qui conduit aux deux superbes monuments de la piété et de la munificence de Louis XIV et de Louis XV, l'hôtel des Invalides et l'École Militaire.»

Les édifices publics qu'on y trouve sont:

1° La *mairie du dixième arrondissement*, établie dans l'ancien hôtel de Feuquières. Cet hôtel était, sous Louis XIV, l'hôtel de Beauvais, où logea le doge de Gênes en 1685; on y établit en 1687 le couvent des Petits-Cordeliers, supprimé en 1749.

2° La *fontaine de Grenelle*, œuvre très-remarquable de Bouchardon, construite en 1739.

3° L'ancienne église de l'abbaye de *Panthemont*, aujourd'hui consacrée au culte protestant. Cette abbaye avait été fondée en 1672; une partie de ses bâtiments sert de caserne de cavalerie, et, sur ses jardins, qui touchaient à ceux des chanoinesses du Saint-Sépulcre, on a prolongé la rue Belle-chasse.

4° Le *ministère de l'instruction publique*, établi dans l'ancien hôtel de Brissac.

5° Le *ministère de l'intérieur*, établi dans l'ancien hôtel Conti.

6° L'*école d'état-major*, établie dans l'ancien hôtel de Sens, bâti par le duc de Noirmoutier.

Outre les hôtels que nous venons de nommer, on y trouvait encore les hôtels d'Estourmel, de la Mothe-Houdancourt, de Harcourt, de la Salle, de la Marche, du Châtelet. Les plus remarquables historiquement étaient: l'hôtel de Villars, bâti par le président Lecoigneux et qui fut habité par le vainqueur de Denain; l'hôtel de Maurepas, qui fut habité par le ministre de Louis XVI, etc.

V. Rues de *la Planche* et de *Varenne*, qui commencent à la rue de la Chaise et finissent au boulevard des Invalides. On y trouvait les hôtels de Novion, de Narbonne-Pelet, du Plessis-Châtillon, de Gouffier, de la Rochefoucauld, de Tingry-Montmorency ou de Matignon, de Castries qui fut dévasté par le peuple en 1790. Les plus remarquables sont: l'hôtel de *Rohan-Chabot*, qui fut habité par madame Tallien, dont le salon était fréquenté par toutes les célébrités de la révolution et de l'ancien régime, Barras, Bonaparte, Hoche, Talma, Boufflers, Boïeldieu, etc.; et qui plus tard devint l'hôtel de Montebello; l'*hôtel de Broglie*, habité par Lebrun, troisième consul et duc de Plaisance; l'*hôtel de Biron*, bâti par Peyrenc de Moras, fils d'un barbier enrichi par le système de Law, et qui passa à sa mort à la duchesse du Maine, puis au maréchal de Biron; il devint une maison de détention sous la révolution, puis des ateliers et forges pour la fabrication des armes; aujourd'hui c'est le *couvent du Sacré-Cœur* et l'une des plus vastes et des plus magnifiques propriétés de Paris.

§ II.

L'hôtel des Invalides et le Champ-de-Mars.

L'hôtel des Invalides fut fondé en 1671 par Louis XIV pour les soldats ou officiers blessés ou infirmes, et ce monarque en fit son institution de prédilection, celle où sa gloire est sans nuages. «Il est bien raisonnable, dit l'ordonnance de fondation, que ceux qui ont exposé librement leur vie et prodigué leur sang pour la défense et le soutien de cette monarchie jouissent du repos qu'ils ont assuré à nos sujets.» Ce vaste édifice se compose, outre l'église, de dix-huit corps de bâtiments occupant une superficie de cinq hectares et demi et renfermant plus de trois mille invalides. C'est l'œuvre de Libéral Bruant. L'église, qui est un des monuments les plus parfaits que possède la France, est l'œuvre de Hardouin Mansard: elle est surmontée d'un dôme magnifique, élevé de cent cinq mètres, qui est l'édifice le plus frappant du panorama de Paris; c'est le premier point qui attire les regards quand, du haut des collines environnantes, on contemple l'océan de maisons qu'il domine de sa coupole dorée. Ce dôme recouvre les restes de Napoléon, pour lesquels on a construit un magnifique tombeau. Ce tombeau est placé dans une crypte circulaire, profonde de 6 mètres, large de 23, dans laquelle on descend par un escalier situé près du grand autel. Le cercueil a 4 mètres de long sur 2 de large et 4 de hauteur. Les parois de la crypte sont ornées de bas-reliefs allégoriques, et le parvis est soutenu par des figures colossales en marbre. Au fond est une chambre souterraine où l'on a déposé l'épée que portait Napoléon à Austerlitz, et 60 drapeaux sauvés de la destruction en 1814. Dans l'église et des deux côtés de l'autel se trouvent les tombeaux de Turenne et de Vauban, qui y ont été placés sous le Consulat. De plus les caveaux renferment les sépultures des maréchaux de Coigny, Lobau, Moncey, Oudinot, Jourdan, Bussières, Duroc, Mortier, Molitor, Gérard, Valée, Bugeaud, Excelmans, de l'amiral Duperré; des généraux Éblé, Lariboissière, d'Hautpoul, Damrémont, Négrier, Duvivier, etc.; des victimes de l'attentat Fieschi, etc. Avant la révolution ils renfermaient un arsenal de réserve, qui fut livré au peuple le 13 juillet et servit à la prise de la Bastille. La voûte de l'église était autrefois tapissée de neuf cent soixante drapeaux ennemis: en 1814, ces glorieux trophées furent brûlés par ceux qui les avaient conquis au prix de leur sang, et ils commencent à être remplacés par les étendards enlevés à l'Afrique.

L'esplanade des Invalides a été construite sous Louis XV. En 1804, on y éleva une fontaine, qui était surmontée du lion de Saint-Marc enlevé à Venise. Cette fontaine, dépouillée depuis 1815 de ce trophée de nos victoires, a été détruite en 1840.

Les rues de l'Université, Saint-Dominique et de Grenelle, au delà de l'esplanade des Invalides, traversent un quartier pauvre et populeux qui ne présente rien de remarquable: c'est le *Gros-Caillou*. Au delà de ce quartier est le *Champ-de-Mars*.

Ce champ n'était, en 1770, qu'un terrain cultivé, dans lequel on traça un parallélogramme de mille mètres de long sur cinq cents de large pour les exercices de l'École Militaire. Cette école avait été fondée en 1751 pour l'éducation de cinq cents jeunes gentilshommes; elle fut supprimée en 1787. L'édifice, aussi vaste que magnifique, avait été achevé en 1762, sur les dessins de Gabriel, et il renfermait dix corps de bâtiment, quinze cours, une chapelle, un observatoire établi en 1768, où Lalande fit des observations, etc. Après la suppression de l'École Militaire, il fut destiné à l'Hôtel-Dieu; mais la révolution survint et fit de ce beau monument une caserne, qui servit d'abord à la garde constitutionnelle de Louis XVI, puis à la garde impériale, sous le nom de *Quartier Napoléon*. En 1810, cette garde y donna une grande fête aux autres corps de l'armée. C'est encore aujourd'hui une vaste caserne, dont la façade sur le Champ-de-Mars a été doublée d'étendue, et qui peut loger plus de douze mille hommes et un parc d'artillerie.

Cependant, le Champ-de-Mars était devenu le champ des fêtes de la révolution. On l'inaugura par la fédération du 14 juillet, journée d'enthousiasme et d'espérances si cruellement déçues. Là, le 17 juillet 1791, eurent lieu les rassemblements qui amenèrent la proclamation sanglante de la loi martiale; là furent célébrées toutes ces fêtes symboliques et païennes que nous avons racontées dans l'*Histoire générale de Paris*, commémorations du 10 août et du 21 septembre, du 21 janvier, du 9 thermidor, fêtes de la Constitution de l'an I, de l'Être suprême, de la Constitution de l'an III, etc. Là se firent les grandes revues, les fêtes triomphales de l'Empire, la revue du 14 juillet 1800 après la bataille de Marengo, la fête du 3 décembre 1804 pour la distribution des aigles, enfin la journée du Champ-de-Mai à la veille de Waterloo! Le Champ-de-Mars a été encore le théâtre de grandes cérémonies sous la Restauration et la monarchie de Juillet; mais il a surtout servi, pendant ces périodes de notre histoire, à des solennités hippiques empruntées à l'Angleterre, solennités destinées, dit-on, à améliorer nos races de chevaux, mais dont les résultats sont encore à espérer.

Les barrières voisines du Champ-de-Mars sont celles de l'École-Militaire et de Grenelle, qui communiquent avec la commune de *Grenelle*, commune bâtie et peuplée depuis trente ans et qui s'est établie dans une plaine tristement célèbre par les exécutions qui s'y sont faites: là ont été fusillés, pendant la révolution, des émigrés, des chouans, les conspirateurs *babouvistes* du 23 fructidor an IV; sous l'Empire, Mallet et ses compagnons; sous la Restauration, Labédoyère, Mietton, aide de camp du général Bonnaire, et plusieurs autres officiers de l'Empire.

FIN.

Note 1: **Voyez Hist. gén. de Paris, p. 23.**

Note 2: «L'île Saint-Louis présente le singulier phénomène d'être le seul quartier de Paris qui ne loge pas de filles publiques; toutes celles qui, à différentes reprises, ont voulu s'y établir n'ont pu y rester. Cette particularité peut s'expliquer par les mœurs et les habitudes de ce quartier. Tout le monde s'y connaît: c'est une petite ville au milieu d'une grande; les mœurs graves et austères de l'ancienne magistrature qui l'habitait autrefois s'y sont conservées. Chaque maison a les traditions de ses anciens maîtres; et l'ordre, le travail, ainsi que les vertus privées, font le caractère des négociants qui y habitent aujourd'hui; il n'est pas jusqu'aux ouvrières de toute espèce qui peuplent les combles qui ne se fassent remarquer par leur décence et leur vertu[A].» A: Parent-Duchâtelet, *De la Prostitution, etc.*, t. I. p. 538.

Note 3: Voyez Hist. gén. de Paris, p. 173.

Note 4: Voyez *Hist. gén. de Paris*, p. 11.

Note 5: *Hist. gén. de Paris*, p. 5.

Note 6:

TIB. CÆSARE. AUG. JOVI. OPTUMO.
MAXUMO... M. NAUTÆ. PARISIAC.
PUBLICE. POSUERUNT.

Note 7: Grég. de Tours, liv. VII, ch. VIII.

Note 8: *Hist. gén. de Paris*, p. 172.

Note 9: Les archevêques de Paris étaient seigneurs temporels d'une partie de la Cité, du bourg Saint-Marcel, de la *Ville-l'Évêque* et de neuf autres fiefs dans Paris: la Trémoille ou les *Bourdonnais*, le *Roule*, la *Grange-Batélière*, les *Rosiers*, *Tirechappe*, *Thibault-aux-Dés*, les Tombes, près l'Estrapade, et Poissy, près des Chartreux. Leur revenu s'élevait à 200,000 livres. Ils avaient, dans leur dépendance directe, ou, pour mieux dire, dans leur propriété, les trois églises collégiales de Saint-Marcel, de Sainte-Opportune et de Saint-Honoré, lesquelles étaient appelées les filles de l'archevêque. Leur diocèse comprenait 22 chapitres, 31 abbayes, 66 prieurés, 184 couvents, 472 cures, 256 chapelles, 34 maladreries.

Note 10: Le chapitre de Notre-Dame était presque aussi riche et puissant que l'archevêque: son revenu s'élevait à 180,000 livres, et il avait, dans sa dépendance, les quatre églises collégiales de Saint-Merry, du Saint-Sépulcre, de Saint-Benoît, de Saint-Étienne-des-Grés, lesquelles étaient appelées les *filles de Notre-Dame.*

Note 11: Auguet de Monthyon, conseiller d'état, mort en 1819, a laissé aux hôpitaux une somme de 5,312,000 francs.

Note 12: Piganiol de la Force, t. I, p. 436.

Note 13: *Hist. gén. de Paris*, p. 43 et 82.

Note 14: *Fèvre, faber*, ouvrier. Cette maison a donné son nom dénaturé à la rue aux *Fèves*.

Note 15: Voy. *Hist. gén. de Paris*, p. 4.

Note 16: Cette restauration, ainsi que celle de Notre-Dame, est l'œuvre de M. Lassus.

Note 17: Le Parlement de Paris avait dans son ressort 172 tribunaux inférieurs dits présidiaux, bailliages, sénéchaussées, châtellenies, et distribués dans l'Île-de-France, la Champagne, la Picardie, l'Orléanais, le Perche, le Maine, l'Anjou, la Touraine, le Berry et le Nivernais, ce qui mettait dans la juridiction du Parlement de Paris une population de dix millions d'âmes. Il se subdivisait en grand'chambre, trois chambres des enquêtes et requêtes, et chambre criminelle; et il était composé: 1° des princes du sang et des pairs de France; 2° d'un premier président, de 9 présidents à mortier, de 130 conseillers; 3° d'un procureur général, de 3 avocats généraux et de 18 substituts; 4° de 22 greffiers, de 27 huissiers, de 330 procureurs, et de 500 avocats.

Note 18: On y lit encore: «Aux fosseyeurs des Saints-Innocents, 20 livres, à eux ordonnées par les prévôt des marchands et échevins, par leur mandement du 13 septembre 1572, pour avoir enterré, depuis huit jours, onze cents corps morts, ès environs de Saint Cloud, Auteuil et Chaillot.»

Note 19: On vient de détruire toutes les maisons qui le bordaient, afin de l'élargir et de le mettre en harmonie avec les autres voies nouvelles qui avoisinent l'Hôtel-de-Ville.

Note 20: Voy. *Hist. génér. de Paris*, p. 40 et 85.

Note 21: Voy. *Hist. gén. de Paris*, p. 31.

Note 22: On doit le reconstruire pour le mettre dans l'alignement de la grande artère centrale, dite boulevard de Sébastopol.

Note 23: Aujourd'hui on le reconstruit pour le mettre dans l'alignement du boulevard de Sébastopol.

Note 24: Il y en avait un cinquième, qui n'existe plus, le *Pont-aux-Meuniers*, qui joignait le quai de la Mégisserie au quai de l'Horloge: il fut enlevé par les eaux en 1596, avec ses maisons et ses habitants, «par le mauvais gouvernement et la méchante police de Paris,» dit l'Estoile. Rétabli par un nommé *Marchand*, dont il prit le nom, il fut brûlé en 1621 et non reconstruit.

Note 25: *Tabl. de Paris*, t. I, p. 158.

Note 26: Voy. *Hist. gén. de Paris*, p. 12 et 20.

Note 27: *Tableau de Paris*, t. II, p. 38.

Note 28: En 1818, des fouilles faites dans cette rue ont amené la découverte d'un très-grand nombre de tombeaux en pierre dans lesquels les corps étaient entièrement réduits en poussière.

Note 29: Voy. *Hist. gén. de Paris*, p. 28.

Note 30: Depuis que la rue de Rivoli a été prolongée aux dépens de la rue Saint-Antoine, la rue Pavée n'aboutit plus directement dans la rue Saint-Antoine, mais dans la rue de Rivoli.

Note 31: La rue *Malher*, c'est le nom d'un jeune officier tué dans les journées de juin 1848.

Note 32: *Mém. de Conrart*, p. 133.

Note 33: Ce tombeau, qui est sans cesse orné de couronnes d'immortelles, n'est pas le tombeau du Paraclet, où furent enterrés les deux époux. Il a été composé de toutes pièces par Alex. Lenoir, avec les débris du cloître du Paraclet, et, lui-même, y a déposé les ossements des célèbres amants. Les figures couchées sur le tombeau sont des statues du XIIIe siècle, auxquelles le statuaire Desenne a ajouté des têtes modelées d'après les crânes des deux époux.

Note 34: «Jamais un homme n'a été regretté si sincèrement: tout ce quartier où il a logé, et tout Paris et tout le peuple étaient dans le trouble et dans l'émotion.» (Mme de Sévigné, *Lettre du 31 juillet 1675*.)

Note 35: On peut se figurer l'emplacement de la tour du Temple, en prolongeant les rues des Enfants-Rouges et du Forez: la tour était exactement à l'intersection de ces deux prolongements.

Note 36: On a fait récemment disparaître le vieux nom de cette rue fameuse, qui n'est plus, aujourd'hui, que la continuation de la rue Beaubourg.

Note 37: Cette école se signala par son ardeur révolutionnaire, et elle figura dans toutes les fêtes jacobines. Le jour de l'apothéose de Marat (1er vendémiaire an III), on la vit sur le théâtre de l'Égalité (Théâtre-Français) donner, dit le *Moniteur*, un spectacle aussi nouveau qu'intéressant: «Associant à leurs jeux le célèbre Préville, ils montraient au public quelle avait été l'éducation sous l'ancien régime et ce qu'elle pouvait être sous celui de la liberté. La pièce qu'ils ont jouée ou plutôt donnée, avait trois actes. Le premier est une parodie grotesque de l'éducation ancienne. Les deux derniers actes ont procuré un plaisir vrai. Avec quelle satisfaction le public a vu ces jeunes gens dans leur atelier, s'occupant de leurs travaux ordinaires. Comme il a applaudi à leurs jeux militaires exécutés avec autant de précision que pourraient le faire des hommes longtemps exercés!» (*Moniteur* du 4 vendémiaire.)

Note 38: Voir les lettres de Mme de Sévigné, a. 1655.

Note 39: Lettres, t. II, p. 514.

Note 40: Il y aurait lieu d'établir ici un nouveau chapitre pour la voie nouvelle dite *Boulevard de Sébastopol,* qu'on ouvre en ce moment entre les rues Saint-Martin et Saint-Denis et parallèlement à ces rues. Mais ce boulevard ne sera achevé que dans quelques années. Il part de la place du Châtelet, coupe successivement les rues des Lombards, Rambuteau, aux Ours, Grenetat, du Ponceau, Neuve-St-Denis, Sainte-Appoline et le boulevard Saint-Denis. Il est entièrement construit entre les faubourgs Saint-Martin et Saint-Denis, et aboutit à l'embarcadère du chemin de fer de Strasbourg; il doit être continué à travers la Cité, sur la rive gauche de la Seine, et ouvrir ainsi tout Paris du nord au sud. Il diminuera singulièrement l'importance des rues Saint-Martin et Saint-Denis, dont il ne sera séparé que par des plaquettes de maisons.

Note 41: Voir rue Saint-Victor, liv. III ch. I

Note 42: Voici une lettre de faire part d'un décès célébré à l'hôpital Sainte-Catherine: "Un de vos frères vient de perdre sa fille. "Conformément à la sixième et dernière section des pratiques des théophilanthropes, décrite dans leur Manuel, p. 50, un des lecteurs rappellera la défunte au souvenir des assistants dans la fête religieuse et morale qui sera célébrée dimanche prochain, 7 mai, octodi 18 floréal an V, à onze heures précises du matin, rue Denis, 34, près celle des Lombards. "Le père vous invite à venir avec lui attacher une fleur à l'urne de son enfant et prier le Créateur de la recevoir dans son sein paternel."

Note 43: Voir rue Saint-Jacques, liv. III, ch. III.

Note 44: Cette porte et l'enclos ont disparu récemment et sont absorbés dans le boulevard de Sébastopol.

Note 45: Il avait fait son *étude* d'une première chambre «fort grande et fort claire,» où ses dix mille volumes étaient «rangés en belle place et bel air.» «J'ai fait mettre, dit-il, sur le manteau de la cheminée un beau tableau d'un crucifix qu'un peintre me donna en 1627. Aux deux côtés du bon Dieu, nous y sommes tous deux en portrait, le maître et la maîtresse; au-dessous du crucifix sont les deux portraits de feu mon père et de feu ma mère; aux deux coins sont les deux portraits d'Erasme et de Scaliger. Vous savez bien le mérite de ces deux hommes divins. Outre les ornements qui sont à ma cheminée, il y a, au milieu de ma bibliothèque, une grande poutre qui passe par le milieu de la largeur, de bout en bout, sur laquelle il y a douze tableaux d'hommes illustres d'un côté et autant de l'autre; si bien que je suis, Dieu merci, en belle et bonne compagnie avec belle clarté.» (*Lettres*, t. II, p. 584.)

Note 46: Voyez chap. X.

Note 47: Sauval, t. I, p. 510.

Note 48: «Tout autour de ce jardin on a construit des loges en bois, ayant chacune une porte et une croisée, avec un numéro au-dessus de la porte. Il y en a 138, toutes égales, propres et peintes. Le jardin a deux entrées, l'une, dans la rue de Grenelle, et l'autre, dans la rue des Deux-Écus, avec des Suisses aux portes et des corps de garde. Une ordonnance du roi défend de laisser entrer ni artisans, ni laquais, ni ouvriers.» (*Journal de* Barbier, t. I, p. 45.)

Note 49: «Nous traversâmes une fort petite antichambre, où des ustensiles de ménage étaient proprement arrangés; de là, nous entrâmes dans une autre chambre où Jean-Jacques était assis en redingote et en bonnet blanc, occupé à copier de la musique... Près de lui était une épinette, sur laquelle il essayait de temps en temps quelques airs. Deux petits lits de cotonnade rayée de bleu et de blanc comme la tenture de sa chambre, une commode, une table et quelques chaises, faisaient tout son mobilier... Sa femme était assise, occupée à coudre du linge; un serin chantait dans sa cage suspendue au plafond; des moineaux venaient manger du pain sur les fenêtres ouvertes du côté de la rue, et, sur celle de l'antichambre, on voyait des caisses et des pots remplis de plantes telles qu'il plaît à la nature de les semer. Il y avait, dans l'ensemble de son petit ménage, un air de propreté, de paix, de simplicité, qui faisait plaisir.» (*Oeuvres* de Bernardin de Saint-Pierre, t. XII, p. 41.)

Note 50: C'est dans cet hôtel qu'a été composée une des meilleures descriptions de Paris, celle de Piganiol de la Force, gouverneur des pages du comte de Toulouse.

Note 51: Le corps de Colbert fut conduit la nuit, de son hôtel à l'église Saint-Eustache, de peur qu'il ne fût insulté par le peuple, qui attribuait au grand ministre la lourdeur des impôts.

Note 52: On lit dans le Journal de Dangeau, à l'année 1707, à propos de ce couvent: «On veut établir une grande réforme dans les Petits-Pères de Paris, et on en a chassé plusieurs qui menoient une vie un peu scandaleuse. Ces Petits-Pères avoient des portes par où ils entroient et sortoient sans être vus, et y faisoient entrer des femmes. Ils avoient des chambres et des lits où rien ne manquoit, jusqu'aux toilettes, et on y faisoit bonne chère: à la fin le roi y a mis la main.»

Note 53: La famille Rambouillet fit bâtir alors le fameux hôtel Rambouillet de la rue Saint-Thomas-du-Louvre.

Note 54: En 1641, une autre représentation de cette pièce y fut donnée pour célébrer le mariage de Clémence de Maillé, nièce du cardinal, avec le duc d'Enghien (le grand Condé): «La France, ni possible les pays estrengers, dit un contemporain, n'ont jamais veu un si magnifique théâtre, et dont la perspective apportât plus de ravissement aux yeux des spectateurs. La beauté de la grand'salle où se passoit l'action s'accordoit merveilleusement bien avec les majestueux ornements de ce superbe théâtre, sur lequel, avec un transport difficile à exprimer, paraissoient de fort délicieux jardins ornés de grottes, de statues, de fontaines et de grands parterres en terrasse sur la mer, avec des agitations qui sembloient naturelles aux vagues de ce vaste élément, et deux grandes flottes, dont l'une paroissoit éloignée de deux lieues, qui passèrent toutes deux à la vue des spectateurs, etc... Après la comédie, trente-deux pages vinrent apporter une collation magnifique à la reine et à toutes les dames, et peu après sortit de dessous la toile un pont doré conduit par deux grands paons, qui fut roulé depuis le théâtre jusque sur le bord de l'eschaffaud de la reine, et aussitôt la toile se leva, et au lieu de tout ce qui avoit été vu sur le théâtre, y parut une grande salle dorée et enrichie des plus magnifiques ornements, éclairée de seize chandeliers de cristal, au fond de laquelle étoit un throsne pour la reine, des siéges pour les princesses, et aux deux côtés de la salle des formes pour les dames. La reine passa sur ce pont pour aller s'assoir sur son throsne, laquelle dansa un grand branle avec les princes, les princesses, les seigneurs et dames... »

Note 55: A Ampudia Amanda. Elle a vécu dix-sept ans. Pithusa, sa mère, a fait ce monument.

Note 56: Riouffe, *Mém. sur les prisons*, p. 69.

Note 57: On lit dans ce privilége contre-signé Colbert: «Attendu que lesdits *opéras et représentations* sont des ouvrages de musique tout différents des *Comédies récitées*, voulons et nous plaît que tous les gentilshommes, damoiselles et autres personnes puissent chanter audit *Opéra* sans que pour ce ils ne dérogent aux titres de noblesse, ni à leurs priviléges, charges, droits et immunités...»

Note 58: Il y a vingt ans à peine que le dernier acacia de la dernière guinguette des Porcherons a disparu; il était au coin de la rue de Clichy, près du cabaret Ramponeau.

Note 59: La partie de la rue des Fossés comprise entre les rues de la Monnaie et de l'Arbre-Sec et qui aujourd'hui est absorbée dans la rue de Rivoli, s'appelait alors Béthizy.

Note 60: «Fils d'un riche marchand de vins des halles, qui n'avait rien épargné à le faire instruire.» (Guy Patin t. I, p. 505.)

Note 61: Voyez, dans le chapitre suivant, le palais des Tuileries et la place du Carrousel.

Note 62: *Mém.*, t. II, p. 98.

Note 63: On détruisit alors en partie l'*hôtel du Petit-Bourbon*, qui était situé sur l'emplacement de la Colonnade entre la rivière et l'ancienne rue Jehan Everout. Cet hôtel, bâti sur les ruines d'une maison qui avait appartenu au surintendant Marigny, était la demeure du fameux connétable de Bourbon, sur lequel il fut confisqué. A sa mort, on fit peindre de jaune la porte, le seuil et les fenêtres: «C'était la coutume, dit le Dictionnaire de Trévoux, pour déclarer un homme traître à son roi.» Cet hôtel avait une vaste galerie où l'on établit un théâtre pour les ballets et les fêtes de la cour. Henri III donna ce théâtre à des bouffons italiens «qui avaient tel concours, dit l'Estoile, que les quatre meilleurs prédicateurs de Paris n'en avaient tous ensemble quand ils prêchaient.» Cette galerie fut le lieu d'assemblée des États-Généraux de 1614. En 1645, elle redevint un théâtre pour des comédiens italiens et fut donnée à Molière en 1658: c'est là qu'il fit jouer l'*Étourdi* et le *Dépit amoureux*. La partie conservée de l'hôtel du Petit-Bourbon a servi de garde-meuble jusqu'en 1758, où elle fut détruite.

Note 64: Poussin habita l'une de ces maisons: «Je fus conduit, le soir, raconte-t-il, dans l'appartement qui m'avait été destiné: c'est un petit palais, car il faut l'appeler ainsi. Il est situé au milieu du jardin des Tuileries. Il y a en outre un beau jardin rempli d'arbres à fruits, avec une quantité de fleurs, d'herbes et de légumes.... J'ai des points de vue de tous les côtés, et je crois que c'est un paradis pendant l'été....»

Note 65: Ce monolithe a 22 m. 83 c. de hauteur. Son poids total est de 220,528 kil.

Note 66: Voyez p. 49.

Note 67: «Les corps que l'Hôtel-Dieu vomit journellement sont portés à Clamart: c'est un vaste cimetière dont le gouffre est toujours béant. Ces corps n'ont point de bière; ils sont cousus dans une serpillière et mis dans un chariot traîné par douze hommes, qui part tous les jours de l'Hôtel-Dieu à quatre heures du matin; il roule dans le silence de la nuit; la cloche qui le précède éveille à son passage ceux qui dorment... Il peut contenir jusqu'à cinquante corps. On verse ces cadavres dans une fosse large et profonde: on y jette ensuite de la chaux vive. La populace ne manque pas, le jour de la fête des morts, d'aller visiter ce vaste cimetière, où elle pressent devoir bientôt se rendre à la suite de ses pères. Il n'y a là ni pyramides ni mausolées; la place est nue. Cette terre grasse de funérailles est le champ où les jeunes chirurgiens vont, la nuit, franchissant les murs, enlever les cadavres pour les soumettre à leur scalpel inexpérimenté.» (Mercier, t. III, page 232.)

Note 68: «Les plus pauvres, les chiffonniers par exemple, se réunissent par chambrées, couchent dans des espèces d'auges, sur des chiffons ou sur quelques poignées de paille. Chaque locataire garde auprès de lui sa hotte, quelquefois comble d'immondices, et quels immondices! Ces sauvages ne répugnent pas à comprendre dans leurs récoltes des animaux morts et à passer la nuit à côté de cette proie puante. Lorsque les agents de police arrivent chez les logeurs, ils éprouvent une suffocation qui tient de l'asphyxie; ils ordonnent l'ouverture des croisées, quand il y a moyen de les ouvrir, et les représentations sévères qu'ils adressent aux logeurs sur cet horrible mélange d'êtres humains et de matières animales en dissolution ne les émeuvent point: les logeurs répondent à cela que les locataires y sont accoutumés... La hotte du chiffonnier n'est pas seulement le réceptacle de son industrie, elle est encore le panier de son ménage. Il prend parmi les immondices tout ce qui peut servir à son usage, des racines, pour sa soupe, des morceaux de pain, des fruits et en général tout ce qui lui paraît mangeable.» (Frégier, Des classes dangereuses, t. II, p. 140, et t. I, p. 105.)

Note 69: Voyez page 85.

Note 70: A Clovis-le-Grand, fondateur de cette église. L'abbé et le couvent ont renouvelé d'un meilleur travail et d'une meilleure forme son tombeau, construit autrefois d'une pierre vulgaire et déformé par le temps.

Note 71: Voici comment madame de Sévigné raconte la procession de 1675: «Saint Marcel vint prendre sainte Geneviève jusque chez elle, sans cela on ne l'eût pas fait aller; c'étaient les orfèvres qui portaient la châsse du saint; il y avait pour deux millions de pierreries; c'était la plus belle chose du monde. La sainte allait après, portée par ses enfants, nu-pieds, avec une dévotion extrême. Au sortir de Notre-Dame, le bon saint alla reconduire la bonne sainte jusqu'à un certain endroit marqué, où ils se séparent toujours; mais savez-vous avec quelle violence? Il faut dix hommes de plus pour les porter, à cause de l'effort qu'ils font pour se rejoindre; et si par hasard, ils s'étaient approchés, puissance humaine ni force humaine ne pourraient les séparer: demandez aux meilleurs bourgeois et au peuple. Mais on les en empêche, et ils font seulement l'un à l'autre une douce inclination, et puis chacun s'en va chez soi.»

Note 72: Voici ce que dit Guy Patin de la procession de 1652: «Je ne vis jamais tant d'affluence de peuple par les rues qu'à cette procession. Je ne sais s'il s'y est fait quelque miracle; mais je tiens que c'en est un s'il n'y a eu plusieurs personnes d'étouffées. Si vous aviez vu tout cela, vous auriez appelé notre ville de Paris l'Abrégé de la dévotion.» (T. III, p. 5.)

Note 73: Voyez t. I, p. 173.

Note 74: *Journal des Savants*, oct. 1840, p. 647.

Note 75: «Je commence, écrivait-il en 1697 à M. Lepelletier, à sentir et à aimer plus que jamais la douceur de la vie. rustique, depuis que j'ai un petit jardin, qui me tient lieu de maison de campagne. Je n'ai point de longues allées à perte de vue, mais deux petites seulement, dont l'une me donne de l'ombre sous un berceau assez propre, et l'autre exposée au midi, me fournit du soleil pendant une bonne partie de la journée. Un petit espalier, couvert de cinq abricotiers et de dix pêchers, fait tout mon fruitier.»

Note 76: «Le nombre des malades, comparé à l'étendue des salles, est à peine croyable, écrivait Cullerier en 1787; dans les salles d'expectants, la moitié des malades se couchaient depuis huit heures du soir jusqu'à une heure après minuit, et les autres, depuis ce moment jusqu'à sept heures du matin; il n'y avait qu'un lit pour huit malades... Ce local était noir et tapissé de toute sorte de malpropretés; les croisées étaient clouées ou murées, ce qui avait transformé des salles de malades en cachots de criminels,» etc.

Note 77: La rue Saint-Jacques se terminait autrefois à la rue Saint-Hyacinthe: là commençait le faubourg Saint-Jacques. Depuis 1806, la rue Saint-Jacques se prolonge jusqu'à la rue de la Bourbe; là seulement commence le faubourg; mais l'ancienne division étant restée populaire et ayant d'ailleurs une importance historique, nous l'avons conservée.

Note 78: Cette voie ne suivait la rue Saint-Jacques que jusqu'à la hauteur de la Sorbonne; là, elle passait devant l'enceinte du palais des Thermes, sur la place Saint Michel, où était un camp romain, et s'en allait par Issy vers Orléans.

Note 79: La malice de nos pères racontait que lorsque saint Yves s'était présenté à la porte du paradis, saint Pierre l'avait repoussé, le confondant avec les hommes de sa profession. Le saint s'était alors fourré dans la foule et était parvenu à entrer; mais il avait été reconnu, et, saint Pierre voulant le chasser, il résista et dit qu'il resterait jusqu'à ce qu'on lui eût fait signifier par huissier de sortir. Saint Pierre fut embarrassé et chercha partout un huissier; mais, comme il n'en est jamais entré dans le paradis, il fut impossible d'en trouver un seul, et saint Yves resta ainsi au nombre des élus, à la grande confusion de saint Pierre.

Note 80: Voyez *Hist. gén. de Paris*, p. 80.

Note 81: On compte en effet parmi les Carmélites, des filles appartenant aux familles d'Épernon, de Brissac, de Biron, d'Arpajon, de la Rochefoucauld, de Bouillon, de Béthune, de Boufflers, etc.

Note 82: Dans cette demi-retraite, dit M. Sainte-Beuve, qui avait jour sur le couvent et une porte encore entr'ouverte au monde, cette ancienne amie de M. de La Rochefoucauld, toujours active de pensée et s'intéressant à tout, continua de réunir autour d'elle, jusqu'à l'année 1678, où elle mourut, les noms les plus distingués et les plus divers, d'anciens amis restés fidèles, qui venaient de bien loin, de la ville ou de la cour, pour la visiter, des demi-solitaires, gens du monde comme elle, dont l'esprit n'avait fait que s'embellir et s'aiguiser dans la retraite, des solitaires de profession qu'elle arrachait par moments à force d'obsession gracieuse, à leur vœu de silence.

Note 83: Voir les lettres de Guy Patin, qui n'appelle jamais les chirurgiens que des *laquais bottés*.

Note 84: Le chevet de cette église était à peu près dans l'axe du palais du Luxembourg, et l'on y arrivait, ainsi qu'au couvent, par une ruelle partant de la rue d'Enfer.

Note 85: «Il y eut hier au soir une fête extrêmement enchantée à l'hôtel de Condé. Un théâtre bâti par les fées, des enfoncements, des orangers tout chargés de fleurs et de fruits, des festons, des perspectives, des pilastres; enfin, toute cette petite soirée coûte plus de deux mille louis.» (*Lettre de madame de Sévigné* du 9 février 1680.)

Note 86: *Examen critique des Considérations sur la révolution française*, par M. Bailleul, t. II, p. 275.

Note 87: Voy. *Hist. gén. de Paris*, p. 39.]

Note 88: Voy. p. 233.

Note 89: Le quai des Augustins s'arrêtait autrefois à la rue Gît-le-Cœur, et, pour aller au pont Saint-Michel, on suivait la rue de Hurepoix, dont le côté gauche bordait la Seine. Cette rue a été détruite pour continuer le quai.

Note 90: *Mém.*, t. I, p. 92.

Note 91: Voy. p. 50.

Note 92: «Du règne de Louis-le-Grand, en l'année M. DCL. XXII, la porte Dauphine, qui estoit en cet endroit, a été démolie par l'ordre de MM. les prévost des marchands et eschevins, et la présente inscription apposée, en exécution de l'arrest du conseil du XXIIII septembre au dit an, pour marquer le lieu où estoit cette porte et servir de ce que raison.»

Note 93: Ce ne fut pas chose facile, si l'on en croit Racine, qui écrivait à Boileau: «La nouvelle qui fait ici le plus de bruit, c'est l'embarras des comédiens qui sont obligés de déloger de la rue Guénégaud, à cause que MM. de Sorbonne, en acceptant le collége des Quatre-Nations, ont demandé, pour première condition, qu'on les éloignât de ce collége. Ils ont déjà marchandé des places dans cinq ou six endroits; mais, partout où ils vont, c'est merveille d'entendre comme les curés crient; le curé de Saint-Germain-l'Auxerrois a déjà obtenu qu'ils ne seraient point à l'hôtel de Sourdis, parce que de leur théâtre on aurait entendu tout à plein les orgues, et de l'église on aurait parfaitement entendu les violons. Enfin, ils en sont à la rue de Savoie, dans la paroisse de Saint-André: le curé a été tout aussitôt au roi représenter qu'il n'y a tantôt plus dans sa paroisse que des auberges et des coquetiers; si les comédiens y viennent, que son église sera déserte. Les Grands-Augustins ont aussi été au roi, et le père Lembrochons, provincial, a porté la parole; mais on prétend que les comédiens ont dit à Sa Majesté que ces mêmes Augustins qui ne veulent pas les avoir pour voisins sont fort assidus spectateurs de la comédie, et qu'ils ont même voulu vendre à la troupe des maisons qui leur appartiennent dans la rue d'Anjou, pour y bâtir un théâtre, et que le marché serait déjà conclu si le lieu eût été plus commode. M. de Louvois a ordonné à M. de la Chapelle de lui envoyer le plan du lieu où ils veulent bâtir dans la rue de Savoie; ainsi on attend ce que M. de Louvois décidera. Cependant l'alarme est grande dans le quartier: tous les bourgeois, qui sont gens de palais, trouvant fort étrange qu'on vienne leur embarrasser leurs rues. M. Billard, surtout, qui se trouvera vis-à-vis la porte du parterre, crie fort haut; et quand on lui a voulu dire qu'il en aurait plus de commodité pour s'aller divertir quelquefois, il a répondu fort tragiquement: *Je ne veux point me divertir!»* Si on continue à traiter les comédiens comme on fait, il faudra qu'ils s'aillent établir entre la Villette et la porte Saint-Martin; encore ne sais-je s'ils n'auront point sur les bras le curé de Saint-Laurent.»

Note 94: Voy. p. 174.

Note 95: Piganiol, t. VII, p. 200.

Note 96: Le mot faubourg Saint-Germain est une dénomination très-vague qu'on applique ordinairement à presque toute la partie sud-ouest de Paris; nous la restreignons, d'après la formation historique de ce quartier, à la partie comprise entre les rues de Seine, du Four, de Bussy, de Sèvres, le boulevard des Invalides et la Seine.

Note 97: *Mémorial*, t. I, p. 419

Note 98: Les frères de la Charité étaient tous chirurgiens ou pharmaciens. «Leur établissement, le plus utile qu'il y ait pour l'humanité, dit Jaillot, avait été formé par un homme pauvre et d'une naissance commune, sans autres secours que ceux de la Providence.»

Note 99: *Hist. gén. de Paris*, p. 175.

Note 100: Voir les quais, p. 54.